사주풀이 Z엔진

사주풀이 Z엔진 下

지은이 • 박청화
펴낸곳 • 신지평
펴낸이 • 김종현
표지 디자인 • 아이샨
삽화 그림 • 황기홍
초판 1쇄 발행 • 2010년 12월 30일
인쇄 • 대원문화사
제본 • 천일제책
등록 • 1995년 9월 22일 (제1-1932호)
주소 • 일산동구 장항동 778 보보카운티 428
전화 • (02) 338~4168, 팩스 • (02) 6442~4168
E-mail • kj9694@hanmail.net

각권 정가 35,000원
ISBN 13 • 978-89-85535-34-2 03150
          978-89-85535-37-3 (전 3권)

사주풀이 Z엔진

박 청 화

신 지 평

책을 열며

사주 명리에 입문한 지 어언 30 여년의 세월이 흘렀으니 참으로 감회가 새롭다. 너무 어린 나이에 고민했던 삶의 이유나 구조에 대해 모든 것을 다 정리하지는 못하였지만 음양학만큼 세상과 삶의 구조를 정리해 준 학문은 드물었다.

서구식 학제에 따라 이루어진 사고의 틀을 벗어나 만물을 시간적으로 분석하고 생명 있는 것들에 대하여 운동으로 파악하는 방식은 세상을 새롭게 이해하는 방법이 되었다. 만물의 流轉을 단계별로 정리한 옛사람들의 뛰어난 지혜에 감탄하면서 고전 이론들을 마르고 닳도록 읽었다.

하지만 기존의 여러 이론들이 현대 사회에 그대로 적용되기 어려운 면을 발견하면서 개인적으로 학문적 회의감이나 좌절감도 가끔씩 따랐었다. 이를 극복하기 위하여 다양한 정리와 새로운 정립을 시도하여 보았다. 물론 공부의 초기 시절, 강의 청탁이 들어올 때면 고전 명리의 소개를 통하여 클래식에 대한 종합적인 정리, 이해, 소견을 피력하였지만 현대에 제대로 적용하여 해석할 수 있는 체계의 필요성을 절박하게 느끼고 있었다. 이후 오랜 연구와 고뇌의 밤 끝에 자연학으로서 '춘하추동 신사주학' 체계를 만들었고 새로운 개념 전달을 위해 많은 노력을 기울였다.

음양과 오행의 강약에 따른 中和가 매우 중요하다는 대전제 하에서 새로운 '춘하추동 신사주학' 의 개념을 전달하는 것은 쉬운 일이 아니었다. 그래서 가능한 한 자연의 이치를 위주로 설명하기도 하였고 간지끼리의 구조주의적 해석과 이해를 유도하여 보기도 하였다.

고전 명리를 중심으로 접근하는 방식에 젖어 있는 이들에게 새로운 개념 정립을 시키는 것이 쉬운 일은 아니었다. 씨줄, 날줄 방식으로 이론과 주제를 다양한 형태로 강의하였으나

그 이해가 제 각각이라 새로운 방식에 대한 필요가 절실하였다. 이에 간지끼리의 관계와 해석에 새로운 방안을 가장 간단하게 제시한 것이 'Z엔진 강의'다. 또 배우는 즉시 케이스에 해당하는 해석 능력을 갖추게 함으로써 이론과 실전을 한꺼번에 해결할 수 있는 형식의 책을 고안하게 된 것이다.

고전적인 해석에 익숙한 이들이 방대한 이론을 새로 정립해야 하는 불편을 덜고 실전에 바로 응용하여 쓸 수 있는 원리와 논리를 제시함으로써 그 유용성에 더 치중하였다. 고전 이론들을 과감히 버리기 어려운 사람들도 이 책에 나오는 '구조주의' 형태의 이해에 익숙해진 다면 스스로 새로운 명리 체계를 세울 수 있으리라 확신한다. 구조주의적 접근과 해석에 훈련이 된다면 사주를 직독직해할 수 있고 일종의 날개를 얻어 해석의 속도를 크게 줄이고 자신 있는 감정을 할 수 있을 것이다.

아무쪼록 이 책을 잘 활용하여 사주 해석을 자유자재로 할 수 있는 능력을 갖게 되기를 기원한다.

아울러 본서가 출판될 수 있도록 애써 주신 분들과 오늘의 학문 체계를 정리하여 세상에 발표할 수 있도록 편달해 주신 많은 선생님, 선배님들, 주위에서 응원해 주신 많은 분들에게 심심한 감사의 말씀을 드린다.

2010. 12. 박청화

차 례

下

차 례

上

차 례

中

사주풀이 Z엔진

下

『사주풀이 Z엔진』은 박청화 선생님이 강의
하신 동영상을 바탕으로 편집한 책입니다.
　따라서 책 전체의 편집은 홍익 TV.com에
올려져 있는 『사주풀이 Z엔진』 동영상 강의
순서에 따라 편집되었습니다.
　차례에서 순서가 건너 뛴 부분도 있으나 이
는 동영상 강의 순서에 따른 것이며, 내용 전
개에는 아무 지장이 없습니다.
　또한 동영상을 바탕으로 편집한 것이기 때
문에 문어체 문장이 아니고 구어체 문장인 점
널리 양해 부탁드립니다.

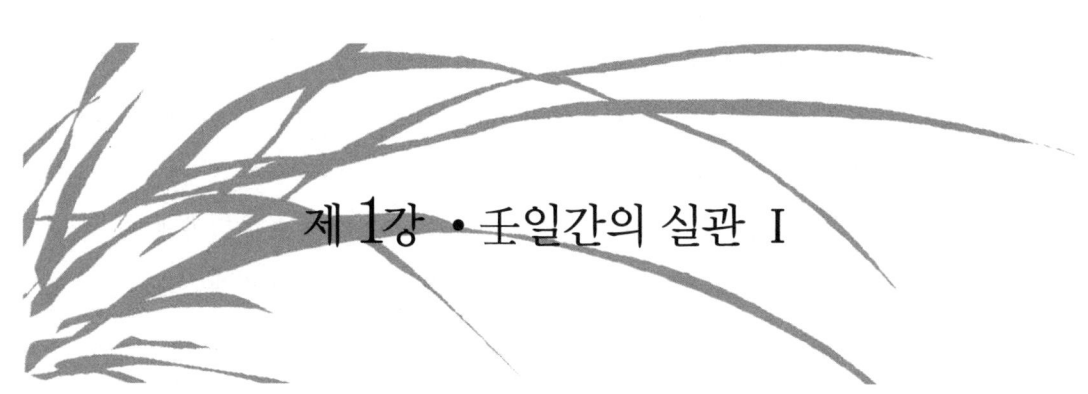

제1강 · 壬일간의 실관 Ⅰ

壬이 子를 볼 때

壬 - 子 /

壬 할 차례죠. 流年에서 관계론, 중요한 게 남아있네….

時	日	月	年
	壬		
		子	

그림 1

자 壬 日柱에 子를 한번 봐 봅시다, 子!

壬 - 子 / 六親

六親상으로 劫財가 되는 것이고 자체로 형성 되는 神殺이 羊刃이다. 이 壬이 子를 보는 羊刃은 대체로 기운적으로, 丙이 午를 보는 것처럼 다른 어떤 干支의 羊刃에 비해서 훨씬 더 융통성이나 힘이 많은 것으로 보면 된다.

그 자체로 이제 子가 一陽이지만 陰의 기운에 많이 에워 싸여 있고, 天干도 陰의 기운에 陰의 뜻과 陽의 뜻, 그러니까 丙이 午를 보는 것은 陽의 기운을 가장 많이 계승하고 있는, 그 다음 戊가 午를 보는 것도 陽의 뜻을 많이 계승하고 있다.

그 다음에 壬이 子를 보는 것도 마찬가지로 陰陽의 편중성이 있으면서 羊刃을 가지고 있으니 그 강도가 다른, 예를 들어서 庚이 酉를 보거나 辛이 戌을 봐서 형성되는 羊刃보다 기운이 좀 더 많다라고 보시면 되겠죠. 편고성이 있다는 거죠.

壬 - 子 / 12運星

12運星으로는 旺地가 되고, 12運星상 羊刃.

壬 - 子 / 他 六親 12運星

他 六親의 12運星에서 偏財가 되는 丙은 胎地가 되죠. 偏財 胎地.

그 다음에 正財 丁은 絶地가 되고, 財星이 絶地에 있다. 그 다음에 偏官, 戊는 마찬가지로 胎地에 들어간다. 그 다음 正官 己는 絶地에, 그래서 財官이 전부 다 絶地에 떨어짐으로써 일반적인 財官의 보조를 통한 어떤 번영이나 발전의 방해가 있다. 보통 壬이 子를 보면 주로 전문 기술이 가장 많다. 전문기술로써 경제적인 목적을 이루는 수단, 그 다음에 이제 교육적인 행위죠. 그러니까 水운동 자체로 계승해서 교육적인 직업 특성이나 활동환경을 주로 가진다고 보시면 되죠.

그래서 이 분야로(전문기술, 교육) 해서 자기 직업에서 대체로 성공이 뚜렷하게 이루어지는 경우가 거의 대부분이다. 이렇게 보시면 되고. 그런데 저런 것이 거듭해 가지고 壬이 子를 중복해서 봤을 때에 보니까, 전문기술 이런 걸 가지고 경제적인 성공을 이룩하는데, 개인적인 보상이나 발전 이런 것에는 한계가 있더라. 그래서 어떤 경우를 보면 실컷 기술 분야를

창업해서 막 돈을 벌어 놓고는, 정작 자기는 많이 못쓰고 자식들에게 다 물려줘 버리는 이런 식으로 결국 財官의 보조를 얻지 못하는 고통을 뒤에 감당하게 되는 수가 많더라는 거죠. 그래서 개인적으로, 직업적으로 기술 분야에서 프로로써 능력을 발휘하는 힘은 대단하다 이렇게 보시면 됩니다.

壬 - 子 / 吉凶

대체로 吉凶에서는, 길조는 대체로 이제 직업에 관해서는 상승 요소가 있고 그 다음에 사회적인 보상, 현실적 보상, 주로 이제 개인적 보상을 의미합니다. 그런 부분에서는 이제 사회적으로 자기한테 얻어지는 보상 면에서 이것이 약한 경우가 대부분이니, 길조 자체를 종합적 吉凶론으로 본다면 완전 다 포섭해 넣을 수는 없지만, 길조가 2~3 나머지 흉조가 7~8 정도다.

그러니까 吉凶論이라든지 福의 논리에서 볼 때는 福은 어떤 이렇게 작은 모양이 된다. 복은 작은 모양이 되는데 경제적인 결과물로 봤을 때는 이게 흉조가 더 많고, 그 다음에 직업적인 성공을 보면 길조가 더 많다. 그래서 이제 子가 드러나 있으면 무조건 프로페셔널이라고 보시면 됩니다. 八字 어디에 들어나 있더라도 壬 日柱가 子를 보고 있으면 프로가 된다.

그래서 성공이냐? 무엇을 성공으로 볼 것이냐? 직업적 성공이나 이런 것으로 봤을 때는 길조라고 보시고, 그 다음에 개인적인 보상이라든지 사회적인 인덕 등을 생각한다면 흉조가 더 많다.

壬 - 子 / 年月日時

年

그 다음에 子가 年에 드러나 있는 경우에 壬 日柱가, 年에 劫財가 있다는 것은 年 劫財의 결과, 주로 이제 결과물을 보니 조상의 금전 활동이나 사회활동이 자기에게 제대로 미치지 못 한다고 보면 된다.

소년에 칼을 많이 보고 자랐다. 험한 꼴 많이 봤다. 그래서 정신적 각오가 대단하다. 그리고 子午卯酉의 뜻을 계승해서 본인이 가문이나 집안의 번영을 구해야 되는 장손으로서의 정신적, 현실적인 능력을 터득하게 된다. 결국 吉凶이 다 섞여 있는 거죠.

月
羊刃, 직업 확실!

月에 말 그대로 羊刃格으로 자기가 그 직업적인 성취를 이루는 청년기에 여러 가지 羊刃에 의한 희생 등이 있는데, 羊刃도 格을 훼손하는 이런 것이 없으면 무조건 좋은 걸로 보시라는 거죠. 직업은 똑똑하다. 직업 확실, 성격 개성 확실로 羊刃이라고 해서 그 자체가 吉凶을 낳는 것이 아니라, 그 格을 훼손함이 없어야 직업이 확실하다.

日
배우자 인연 불안, 食神 空亡, 수명 불안.

子日에 子는 대부분 食傷 空亡을 만들어냄으로써 보통 劫財로 인해서 배우자 인연 불안, 그 다음에 食神 空亡이 된다. 자체로 食神 空亡이 만들어지니까 壬이 子日에 태어나면 壬子日이 寅卯가 空亡이다. 空亡으로써 수명 불안을 조성하는 인자가 된다.

時
庚子, 말년 직업적 활동, 자녀에게 생전 증여, 임대, 건강불안

時에 子가 들어가면 庚子가 된다. 庚子가 되는데 偏印과 羊刃이라고 하는 것은 말년까지 기본적인 직업적 활동인자, 직업적 활동이 가능하다고 보고 그 다음에 劫財라고 하는 것이 자녀상속이다. 자녀에게 생전증여의 환경이 잘 만들어진다. 그 다음에 偏印의 해로움은 임대, 건강불안이다. 환경이 동시에 따른다. 時에 도둑놈이 있다는 말은 羊刃의 뜻을 그대로 확장하는 것이다. 時에 도둑놈이 있다는 말은 자식이 내 것을 가져간다, 훔쳐간다는 뜻이 된다.

壬 - 子 / 운의 해석

時	日	月	年
	壬		
		子	

그림 2

그 다음에 運의 해석에서 壬이 요새 뭐 묵사발이 나 가지고 많이 오죠. 작년에 戊子年 지나갔죠. 戊子年에 10명 중 거의 8~9명이 KO 패. 이 羊刃의 해로움을 그대로 다 당한다.

時	日	月	年
乙	壬		
巳	午	未	

그림 3

그래서 命이 아주 身弱해서 그 財星이나 官星, 財官이 무리지어 있는 모양이죠. 이런 모양에 특별한 변신을 못하고 있다가 子, 이때 벼락치기 형식이죠. 형식으로 뭔가 경제적인 용도를 채우든지, 결혼을 하든지, 이런 경우는 간혹 볼 수 있는데 대부분 羊刃의 해로움을 다 당하고 특히 이제 자가 隔角을 하는 壬午 日柱….

그나마 壬戌은 좀 덜하기 덜한데, 이 子 羊刃에 의해서 밟힐 수 있는 놈들은 최대한 다 밟히는 해로움이 오기 때문에 이때에 결국 財星이 멀어지면서 이를 꽉 물게 되는 거죠. 이를 악물고 주먹을 불끈 쥐고 정신무장이죠.

"내편은 나쁘다!"

이런 정신무장을 남달리 하게 되는 것이, 羊刃을 만나서 이것저것 싹 다 해로우니 이 子에 의한 해로움이 이제 다른 干支에 비해서 심하게 나타난다. 寅午戌은 食神, 財星, 官星이다. 食財官이 子 한방에 전부 다 일종의 절름발이로 만들었다 이거죠.

財 모양을 못 지키도록 바꾸어 버리니까 그런 것에 대한 해로움이 발생한다. 아무튼 정신적으로 크게 작년에, 세상의 비정함을 맛본 과정이 발생하고, 大運에서도 마찬가지로 大運子는 羊刃의 해로움을 해석하는 것보다는 子-陰이다. 陰의 기운이 무르익어 있어서 생기는

해로움인데, 羊刃의 뜻보다는 陰의 기운을 더 많이 해석하시라는 거죠.

그래서 보통 이제 壬 日柱가 子 大運을 지날 때 이런 기술 사업을 하고 있거나 교육 사업을 하고 있다면, 그 사람의 그 업 자체는 보통 잘 돼요.

특히 남자들은 陰을 잘 쓰기 때문에 그렇고, 여자들도 그 子를 주로 밤중에 돈을 벌어들이는 정신적인 일로, 주로 교육적인 일이나 먹이는 일, 유흥에 관련 된 일로써 경제적인 보상은 이룩하지만 결국 劫財의 해로움, 羊刃의 해로움이 인간관계로 인해서 오는 거죠.

실컷 벌어가지고 서방님 사업하는데 다 밀어 줬다든지, 아니면 언니가 돈을 빌려갔는데 거기에 눈덩이를 맞았다든지, 이런 식으로 돈을 벌어들이는 환경으로 이 子는 그런대로 써먹을 만한데, 결국 인덕이라든지 인간관계로 인해서 여러 가지 고통을 겪게 되더라. 남자들은 비교적 여자들보다는 덜 하기는 한데 그래도 인간관계로 인한 고통은 한 번씩 왔다 갔다 하는 희생을 겪으면서 축적 양상이 생기겠죠. 조금씩은 축적을 한다든지 살림살이가 불어나는 효과는 가진다.

大運과 歲運은 해석이 조금 다르다고 보시면 되죠. 歲運에서는 羊刃의 해가 많다고 보고, 大運은 그냥 陰의 기운이 더 위주가 된다. 그러니까 군대에서 위치이동하죠? 밤중을 이용해서 하는 도둑질을 위치이동이라고 하거든요. 그러니까 위치이동이라고 하는 환경은 내 것도 뺏기지만 나도 남의 것을 잘 빼앗아 온다는 뜻이다. 그래서 기술 사업이나 교육 사업을 하고 있는 사람들은 경제적으로 보상을 잘 받고 있더라.

그 다음에 子 자체의 속성에서 壬이라고 하는 것 자체도 원래 수태, 회임을 의미하죠. 여인이 이 陰의 기운을 얻으면 이게 임신한다는 뜻이거든요. 그래서 그 회임의 기운을 유도하는데다가 子는 정자, 난자로 자식을 만드는 행위를 하면서, 결국 이제 애정사들이 다발하는데 특히 여자들은 희생적인 양상이 좀 많이 발생하고, 남자는 득을 보는 양상이 있지만 복잡해지기 쉬우니, 복잡한 어떤 과정으로 인한 해로움이 동반할 수 있다고 보시면 되겠죠.

壬 - 子 / 男女

남자는 대체로 직업적인 성공을 열어준다는 면에서는 긍정적이고 또 陰의 기운을 얻어서 긍정적이긴 한데, 그래도 인덕이라든지 사회적인 보상 면에서는 고달픔이 있다.

여자는 직업적인 성공은 당연히 이루어지지만 陰에 의한 해로움이나 고충이 다발함으로써 소위 애로가 많다. 일은 똑똑하고 잘하는데 어쩌다가 인간 하나 잘못 만나 저렇게 되었느냐고들 하는데, 이런 인자들이 그런 고충을 주는 것으로 작용해 버리니 남녀 共히 官星이 胎地, 絕地에 들어가 있다는 것이 그 인덕을 얻는 데에 굉장한 고충을 많이 준다.

壬 - 子 / 綜合

그 다음에 종합적으로 본다면 壬이 子를 만나면 프로다. 그런데 인덕이 박하다. 그 다음에 月이나 日이나 時에 있어서 劫財로 작용이 활발하면 대체로 배우자 인연이 불안하다. 그것은 건강이 좋지 못하게 되거나, 부부간에 사이가 좋지 못한 데 영향을 준다.

그래서 일단 八字를 보고 子가 있으면 좋은 걸로 보세요. 冲을 만난다고 해도 직업적으로 똑똑한 능력을 갖는다. 그러니까 印星이 투출하지 않았다 하더라도….

1	2	3
戊	丙	壬
午	午	子

그림 4

壬-子, 丙-午를 보면, 丙-午, 戊-午, 壬-子, 이런 것들을 만났을 때에는 印星을 대신할 만큼 자기가 프로로서의 능력을 가지게 된다. 한마디로 이야기하면 둘 다 소위 좀 모질다, 좀 독하다. 어느 한쪽으로 戊-午, 丙-午, 陽으로써 몰려 있고 몰려있으면서 羊刃을 안고 있으니 壬-子 이것은 陰으로서, 陰을 대표함으로서 陰의 기운이 많아 활발한 중에 羊刃이 몰려있는 것이니까 모질다, 독하다. 그래야만 프로가 된다.

惡하다가 아니다. 악한 것은 남의 것을 잘 뺏어 오는 에너지들인데, 이게 악하다는 개념은 아니고 독하다, 모질다로 열심히 뭔가 자기 뜻을 초지일관할 수 있는 에너지가 있다는 것이다. 그러니까 모질어야 잘 살죠.

壬이 丑을 볼 때

壬이 丑을 봤을 때 六親상으로 형태상으로는 正官인데, 亥子丑하고 무리지어 있다. 亥子丑하고 무리지어 있는 土이기에 실제로는 土의 작용력이 그렇게 활발하지는 않더라 하는 거죠.

그런데 다른 곳을 쫓을 데가 없으면 저걸 官으로 쓴다. 일종의 調候라고 할 수도 있고, 陰陽이라고 할 수도 있는데 命의 샘플에서,

時	日	月	年
辛	壬	辛	辛
丑	子	丑	亥

그림 5

이런 식으로 되어 있을 때에 강화된 것은 기본적으로 印星이 강화되었지만, 다른 곳에서 財星을 보고 있지 않다. 그러니까 이걸 官으로 쓰기에는 번거롭고 불편한데 財星으로서, 결국은 財星을 바라보고 자기가 사업성을 발휘할 수 있는 주변 환경 인자가 안 되어 있다.

그럴 때는 할 수 없다, 丑 이거라도 官으로 당겨 쓰자, 이것은 微官, 높은 벼슬이 아니고 낮은 벼슬로 官을 당겨서 쓰다가 이 財 大運이, 財運이 이렇게 運에서 보조가 되거나 이렇게 財運이 오면 그때는 財를 추구하는 방법으로 간다. 그런데 주로 이제 강조된 인자를 무기로 쓰니까 태어난 달에 있는 印星을 쫓아서 가는데, 주로 이제 교육적인 일이나 라이선스에 관련된 일을 자기 사업으로 방향을 틀게 된다. 四柱를 해석해 나갈 때 여러 가지가 있지만 드러난 것은 첫째, 피하기 어려운 환경이다.

그러면 여기서 이제 조후나 陰陽적인 발란스를 찾기 위해서 찾아다니는데 格用論은 결국 格의 조건에 부합되는 열쇠를 찾는 개념이고, 格用論이 아니라 실제로 살아가는 모양을 보면 木火土金水, 여러 가지 글자가 왔을 때 생존의 조건을 찾는다.

그래서 이것을 찾기 위해, 조건을 찾기 위한 양식을 찾는 겁니다. 생존조건을 위한 생활

양식이라고도 할 수 있고 라이프라고 할 수도 있고, 이런 경우에 단순하게 調候論으로 본다면 亥안에 있는 木을 소통으로 삼고, 火가 결국 調候로 보조를 준다고 본다면 土運에 또는 金運에 어떻게 살 것이냐? 보통 이제 格用論적인 입장에서는 열쇠를 찾아 놓고 열쇠가 아닌 것은 나쁘다고 해석하잖아요.

그런데 이 사람이 金運의 해에 힘들게 사는 게 아니고, 微官이지만 폼이 조금 덜 나는 조직이지만, 직장생활은 꾸준하게 한다. 평탄하고 별 어려움 없이 쭉 산다. 오히려 점칠 일이 더 없다.

그래서 이제 생존의 조건. 할 수 없다고 하는 거죠. 格用論에서는 이게 안 되면 할 수 없이 從格, 이런 것만 처리하잖아요. 할 수 없이 이제 從을 한다인데 丑, 이것은 從할 만큼 세력이 없다. 이 글자 자체가 생긴 모양 그대로 의탁한다는 거죠.

예를 들어, 어떤 사람이 물에 빠졌다. 물에 빠졌을 때 사람 하나를 건지는 데 제일 바람직한 것 중에 구조용 튜브가 있다. 튜브를 줄에 달아서 던졌을 때, 이게 가장 이상적이다. 格用에서는 이런 입장인 거죠. 그런데 이런 여러 개의 조건을 찾고 다니는 양식을 보면 그럴 경우에는 대충 스티로폼 조그마한 것 하나 던져도 그거 막 잡고 버티고 있다가, 그 다음에 나무 던져주면 나무 잡고 있다가 하는 식으로, 어떤 글자가 오더라도 거기에서 생존 조건을 찾기 위한 삶의 양식을 구축하게 되는, 그런 구현을 하게 된다.

그런 측면에서 봤을 때, 그런 해석의 여지가 많다는 거죠. 그래서 이런 모양에서 이제 자기가 더러워서 안한다 이거죠. 그런 사람도 있고 또 할 수 없이 안 한다, 안한다 하다가 결국은…. 이제 보통 저런 경우가 예를 들어서 공부하는 것에 자신이 있으니까 고시로 계속 가다가, 그냥 고시로 계속 가다가 7급으로 낮추고, 또 7급 치다가 그것도 안 되니까 결국은 9급으로 또 낮춰서…. 그러면 들어가서 생활을 못하느냐? 그것도 아니고 가서도, 들어가서 생활을 잘해요. 꾸준하게 생활을 잘 하더라는 거죠. 그런 부분에서 저 丑자는 다양한 해석이 가해진다. 이렇게 정리를 합시다.

壬 - 丑 / 12運星

12運星으로 衰地다. 陽干 衰는 기운이 밖으로 많이 남아 있되, 작은 그릇 모양이 된다.

偏財 丙은 養을 아직도 밖으로 드러나지 않은 것이고, 正財 丁은 入墓地가 된다. 偏官 戊도 養地에 걸려있고, 그 다음에 正官 己는 墓地다. 그러니까 이것이 애매하다. 분명히 官인 것 같기도 하고 형태로는 正官이라는 모양이 반듯한데, 五行적인 대세가 매우 약한 모양이기 때문에...

그래서 보통 국가 공직으로 치면 閑職이다. 한가로운 한직의 국가공직 또는, 현대사회에서는 연구직이라든지 교직 쪽으로 주로 많이 간다.

그 다음에 다른 글자에서 조건이 부여되면, 다른 인자에 따라서 수시로 변색이 된다. 다른 인자 따라서 연구직에서 교직, 교수직 쪽으로 가다가 환경이 또 바뀌면 자기가 자기 사업을 해 버리는 방식으로도 전환이 잘 된다는 거죠.

그래서 어떤 그, 제산 선생님은 어떻게 설명하시느냐 하면 12달 중에 어느 달이 제일 좋으냐 하면 辰戌丑未 달이 제일 좋다! 이렇게도 설명한다. 辰戌丑未 月生이 제일 좋다. 그래서 저게 月로 생각한다면 辰戌丑未 月에는 雜氣다. 雜氣財官인데 수시로 조건 따라서 자기가 변할 수 있는 조건을 가지고 있다.

그래서 이 丑이, 壬 日柱에 丑을 官으로 쓸 때 그런 변색의 가능성이 많다. 그래서 어떤 사람들은 이것을 전혀 土처럼 쓰지 않는다. 어떤 사람들은 그대로 官으로 쓰고 있다.

질문

다양하기 때문에 좋다 이거죠?

답변

그렇죠! 다양하게 그 외부적인 인자가 왔을 때 변색을 해서 쓸 수 있다. 그러니까 탱크도 되었다가 펼치면 로봇도 되고 하는 애들 가지고 노는 조립식 장난감처럼, 다중성을 가지면서 변색을 할 수 있고 변모를 할 수 있다.

변모 변색이 가능하다. 그래서 辰戌丑未의 華蓋가 놀고, 華蓋星을 그렇게 다양한 재주星으로 놓는 이유는 조건 따라서 자기 모습을 바꿀 수 있기 때문에…. 현대 사회에서는 오히려 그게 더 설득력 있는 이야기인지도 모른다. 다양한 어떤 조건 따라서 자기를 바꾸어야만 살아남는 세월이 왔으니까.

하나만 잘하고 장렬하게 전사했다. 이런 거 있지 않습니까? 子午卯酉는 그런 인자가 많다. 子午卯酉는 格 자체가 그 자체로 成格이 잘되기 때문에 자기 칼을 못 바꾼다. 그래서 그 辰戌丑未의 여러 가지 변색이나 가능성 속에서 丑 이 모양은 참 헷갈리는 모양이니, 壬이 丑을 봐서 官으로 쓰는 모양 있죠? 해석의 융통성이 많다.

壬 - 丑 / 吉凶

吉凶論으로 따지면 소속이 官星이긴 하지만, 五行적인 調候가 기울어진 官星이기 때문에 壬은 이 辰戌丑未를 전부 官으로 쓴다. 그 중에서 丑은 가장 힘이 약한 모양이 되는데 吉 3~4, 凶 5~6 정도로 본다. 실제로 이게 吉凶 하나로 다 분류하기 어려운 것이, 묘하게도 壬이 丑을 가지고 있는, 이 丑 자체는 계절적으로 섣달이다. 섣달의 기운은 모든 것을 잘 거두어 들여서 새로운 계절을 여는 것이다. 열고 있는 것으로 사람이 활동하는 이것이 뭐냐 하면?

壬
子 (丑) 寅
섣달

그림 6

이것은 子丑寅卯로부터 봤을 때, 사람으로 가장 의미 있는 해석을 가하는 게 寅이다. 寅, 발음도 똑같고 人, 갓도 쓰고 다른 子丑寅卯 중에 갓 쓰고 있는 동물은 이 호랑이밖에 없다. 그래서 이 사람이 태어나기 위한 발판, 만물이 활동을 하기 위한 발판으로 봐서, 보통 부모의 혜택이 다른 地支에 비해서는 많은 달이 丑月이다. 丑月, 이것은 일간에 상관없이 부모라든지, 그러니까 단순하게 달만 가지고 비교를 했을 때, 丑은 일종의 문화유산이다. 문화유산은 흙이 묻어 있다. 까마득한 세월에 물이라고 하는 것이 가버리는 세월이거든요. 그래서 어떤 유산으로서 만물이 한번 운동을 마치고 난 유산으로 곳곳 도처에 있는 것을 소 丑자로 본다. 그래서 그 壬 日柱인 경우에, 正官으로도 못 쓰고 또 五行적 水로도 제대로 잘 못쓰는데 부동산 같은 부모의 유업들이 상당히 많다.

丑안에 辛이 들었다. 이게 보물이다. 축축한 땅에 보물이 묻혀있는 이런 것이, 이제 丑의 어떤 물상으로 봐서 부모 유업을 많이 받아서 조건 따라 활용된다. 물론 저런 경우에 달에 있든(달에 있으면 더 의미는 확대 하겠지만), 보통 貴人 같은 것이 八字에 붙어줘야 된다. 貴人이 붙어 있으면 '땅을 조금 받은 게 있습니다.' 라고 하는데 '2만평' 이러는 거 있잖아요. 그거 뭐 돈도 안 됩니다. '10만평 밖에 안 되는 데요...' 이러면서. 여러분들 상담하시다 보시면 실제로 그런 모양새가 丑月에 壬일간이 많이 나와요.

"그래 부모한테 얼마나 받아 놓았나?" 이러면

"8천평요. 그게 어디 땅입니까?"

이런다니까요.

그게 받을 때는 큰돈이 아니었는데, 세월이 흘러가면서 뒷날에는 큰돈으로 전환이 잘 되더라는 거죠.

壬 - 丑 / 年月日時

年

正官의 흔적. 家統이 있다.

年에 丑이 들어나 있는 경우 丑이라고 하면, 正官의 흔적이죠. 正官의 흔적은 가통이나 가통이 있었던, 그 다음에 벼슬 성공의 조상, 그런데 그 혜택은 현실적으로 제한적이다.

月

형태상 正官격. 교육적 자격. 미관.

月에 丑, 말 그대로 月에 丑은 형태상 正官格인데 雜氣財官에 있어서 官의 형태를 취하고 있는 것으로, 주로 이제 丑 중에 있는 辛金을 활발하게 많이 쓰는 모양이 되어서, 주로 교육적인 일이나 행위, 官으로 간다면 높은 벼슬은 아닌 微官이다.

時

임대사업. 문서재산.

時에 이르면 辛丑이 되고 時에 正印은 대체로 임대사업, 문서재산 중심의 재산 인연이 잘 형성된다.

壬 - 丑 / 운의 해석

運의 해석으로 가서, 印星의 뜻을 공부나 학문적으로 늦게 그 인연을 성취한다고 해석을 붙일 수가 있다.

그 다음에 運의 해석에서는 올해 己丑年에 壬 日柱가 己丑年을 만나면 子의 餘氣가 그대로 따라 들어와 있다. 그래서 歲運에서는 比肩의 해로움이 그대로 놓여 있는, 比肩이나 劫財다. 劫財의 해로움이 그대로 있는 것이고 그 다음에 반가운 것이 偏印 入庫죠. 偏印이 入庫함으로써 자기를, 食傷을 억제하고 있었던 庚金이다. 庚金이 入庫를 함으로써 결국은 이제 활동성이 좋아지기 위한 여러 가지 환경이 조성된다.

단 결과물로 친다면 丑年까지는 그대로 안 좋다. 丑年까지 계속 데미지는 있습니다. 오리야 기리야 하면서…. 大運에서는 보통 陰의 기운이 두터운 것으로 봐서 변화가 작은 일을 하는 사람들은 공직이라든지, 교직이라든지, 사업이라 하더라도 아주 동일한 패턴, 똑같은 어떤 일의 반복이 이루어지는 사업 분야에서는 기본적인 성공이 이루어진다. 단지 丑의 陰의 성질이 강한 인자 때문에 역동적인 변화는 잘 없다. 比肩이나 劫財의 해로움을 많이 부각시킬 필요는 없다. 그런데 어느 정도 성공하려면 이런 고충은 따르게 된다.

壬 - 丑 / 男女

남자는 그래도 변화가 작은 일에 가담을 하거나, 소극적으로 사회활동을 함으로써 평균적인 수준은 보통으로 유지할 수 있다는 뜻인데, 여자는 평균적인 수준을 겨우 유지하는 정도, 아니면 劫財의 해로움에 그대로 희생 양상으로 연결된다. 그런 어떤 고충이 따르는 거죠. 요즘 壬 日柱들은 아주 고생한다.

남녀 모두 壬이 歲運에서 子를 지나오면서 羊刃 丑 중에서 辛金이 뜬다. 辛金이라고 하는 것이 正印, 학문성을 의미하는 거니까, 그 학문성을 크게 이룩할 수 있는 조건이 丑에서 이루어진다.

그것이 偏印 入庫와 연결되어 있다. 나를 붙들어 매고 있는 여러 가지 방해물들을 해소시키는 긍정적인 작용을 하게 된다.

壬 - 丑 / 綜合

종합적으로 봐서 하여튼 뭔가 삶의 수단은 있다. 그래서 직업적으로는 이제 남에게 내세울 수 있는 직업적 환경은 아니지만 삶의 수단은 있다. 그러나 보통 경제적인 보상에는 여러 가지 고충이나 희생이 따른다. 제조업이나 교육을 하는 분들은 보통 이 偏印이 入庫를 함으로써, 상당히 큰 프로젝트라든지 발전의 발판을 보통 이 丑年에 이룩하기도 한다.

또 사회적인 이권으로 납품업을 하는 사람들은 납품 계약 이런 것을 따내면서, 丑年 다음에 寅年에 여러 가지로 보상을 받기 위한 계기가 생기는 거죠.

또한, 조직생활을 하는 사람들은 감투가 높지 않으면 감투 발전의 계기가 온다.

그 다음 壬子와, 子와 丑은, 정신력이라든지 여러 가지 유능함을 만들어내는 수단은 되지만 경제적인 보상이나 발전에는 어차피 한계를 안고 지내야 하는 번거로움을 낳는다.

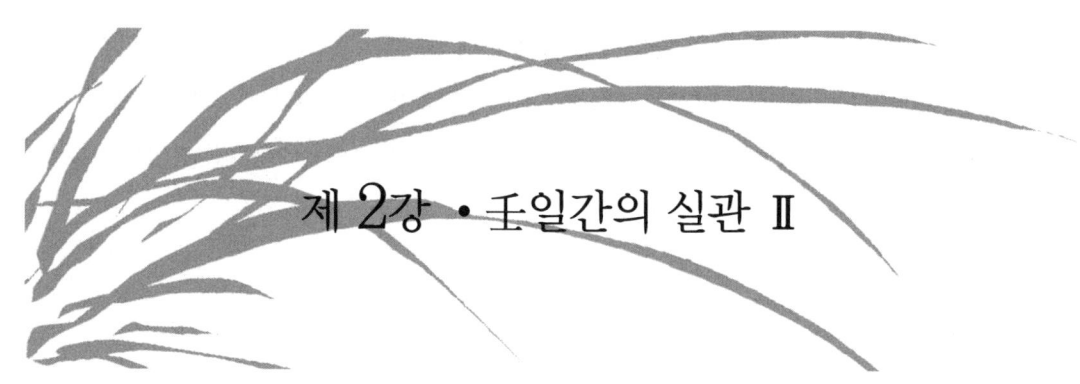

제 2강 · 壬일간의 실관 Ⅱ

壬이 寅을 볼 때

그 다음에 寅, 칭찬할만한 게 너무 많다. 그 글자 자체로 食神이면서, 예를 들어 己가 酉를 보아서 巳酉丑으로는 물론 食神을 쓰는 것도 일반적으로 食神이 무리를 짓지만, 이 경우에는 寅午戌로 감으로써(官星,財星,食傷) 이것을 八字에 대체로 짝이 되는 인자를 그대로 다 안고 온다. 그것을 열어 주는 통로가 寅木이다.

그리고 陰운동을 마치고 냉장고에서 감자가 싹을 틔우고 나온다. 싹을 틔우고 나오는, 겨울을 봄으로 열어 나가는 운동으로 가는 거니까, 이게 그 자체로서 食神이라고 하더라도 저 경우에는 無에서 有가 창출된다. 에워싸여 있던 놈에서 비집고 올라 나오니까 대체로 創新이다. 새로 만들어지는 創新의 모양을 갖춘 食神이다. 신상품이다. 辛자도 보면, 辛 도끼로 나무를 잘라 놓고 다시 삐져서 올라온다.

나무를 베어 버리니까, 옆으로 비집고 올라오는 이 가지가 이제 새로울 新 자죠.

그래서 創新하는 개념이기 때문에 진짜 발명이라든지 개발이라든지 이런 뜻을 제대로 계승하고 있는 食神이기 때문에 또, 큰 大陰陽... 壬이 陰에 속한다면 물론 干支의 次序에 의

해서는 저것이 陽이지만 金水 陰의 운동 극단에서 이제 陽운동으로 확 열려 나가니까 아기가 태어나는 것과 똑같다. 아기가 자궁에 갇혀 있다가 밖으로 머리를 내밀고 나오는 것도, 壬이 결국엔 에워싸 주지 못하고 木의 食神에게 결국 자기 기운을 그대로 계승해 넘겨 버리는 작용이 오니, 壬이 寅을 보는 것을 굉장히 기뻐한다.

壬 - 寅 / 12運星

그 다음에 12運星 상으로는 病地가 되고, 양간 12運星의 病地는 그 뜻을 그대로 계승한다. 그 다음 神殺로 붙는 것이 文昌이다.

壬 - 寅 / 他六親 12運星

他六親에서 偏財 丙이 長生을 하고 있다. 그 다음에 正財 丁이 死地. 그 다음에 偏官 戊가 長生. 물론 이제 木에 의해서 土가 빨리 펼쳐지지 못하는 그 五行적인 生剋 요소는 있지만, 그것도 형태상 長生의 무기를 받고 있다는 것이다. 正官에 己土는 死地로 들어간다. 그 자체가 食神이니 食神 祿은 안 써도 될 것이고, 저런 경우에는 偏財의 기운을 활발하게 쓰고 있다.

그 다음에 偏官의 기운도 조건 따라서 투출이 되면 쓸 수 있는데, 偏財 偏官은 주로 자기 사업인데 자기사업이 만들어 내는 創新이니까 제조다. 어린 木이 어린 것이죠. 어린것에 관련된 것은 주로 교육이고 교육적인 행위 제조에 관련된 행위다. 財星까지 무리 지어 있고, 寅이 午까지 쳐다보고 있으면 시장까지 확보하고 있는 것이니까, 제조 및 유통까지 넘어가 버린다. 다른 글자에서 財星이 드러나 있으면 참고로 壬寅日柱 작년에 결국은 거덜 내더라니까요. 12월 20일 정도에 결국 자기 밥그릇을 팔아 치우더라.

陰曆 12月 몇일이고, 陽曆 立春 前, 5일 전에 결국, 이 子의 압력을 견디지 못하고, 태어난 날이 壬寅인데 결국은 자기 사업장을 팔더라.

그래서 망할 것이다? 팔 것이다? 이것가지고 한참 고민을 많이 한다.

본인은, 이게 어디 가니까 내가 망한다고 하던데 어떻게 되는 거냐?

"망한다고 봐도 되고, 팔린다고 봐도 됩니다."

아니 그렇게 말하지 말고. 망하는 것 하고 팔리는 것 하고는 큰 차이다. 그런데 이제 大運이 지키고 있으니까, 결국 이제 망하지는 않고 팔리더라 이거죠.

너무 싸게 팔았으니 망했다고 볼 수 있다. 결국 신용에만 문제가 가지 않은 것이다. 寅木이 그만큼 남들보다 빠른 도약을 만들어 주고, 중요한 어떤 힘을 밖으로 들이는 채널이기 때문에, 결국 저게 목을 조이면 결국 굉장히 많은 고통을 만나더라.

壬 - 寅 / 吉凶

그 다음에 吉凶을 따져 봤을 때 吉兆가 9. 凶兆가 1 이렇게 보면 된다. 남자들은 결국 偏財를 쓰는 아픔이나 고통을 감당하면서 가는 거니까. 偏財는 正財가 아니다. 그래서 세월 따라서 재물의 굴곡이나 부부 인연의 굴곡으로 나타난다.

남자는 偏財를 쓰기 때문에 오는 굴곡…. 여자는 財星을 열어주고 食祿을 이루어 주는 것은 다 좋은데 즉, 자식이나 재물의 번영에는 좋은데 남편의 조화력에서는 불안함도 만나게 된다.

그런 것을 잘 막아 풀어 주려면 여자일 경우 壬이 있으며 午가 있으면 되겠죠. 그러면 財星을 쭉 따라가 버린다. 따라가서 午 중에 있는 己土를 남편으로 삼는다. 그럼으로써 여러 가지 배우자 안정이 이루어진다.

壬 - 寅 / 年月日時

年
부호 조상.

그 다음에 年에 寅은 말 그대로 조상이 무언가 있었던 자리다. 食神, 食祿이 풍륭했던 거다. 식록이 풍륭했다는 것은 대체로 부호 조상이다. 그러나 寅申巳亥 속성 때문에 혜택은 제한적이다. 하지만 소년에 의식주를 풍륭하게 썼다는 것은 소년 성장이 좋았다라는 말이다.

寅申巳亥는 실제로 아무리 많이 받아도 결국은 자기한테는 제한적이다. 이제 등급 차이는 있겠다. 똑같은 寅申巳亥라도 이 경우는 食神이라는 기본 환경을 줘 놓고, 보통 자기가 어렸을 때부터 성년이 될 때까지 카펫을 밟고 다녔고, 20살 될 때까지도 계속 그 조부의 혜택이 떠밀려 내려와 있다.

그리고 정작 자기가 청·장년으로 20대 중반이나 후반에 본격적인 자기 일을 도모할 때쯤 되면 혜택이 많이 줄어들어 버린다는 거다.

辰戌丑未도 그 자체가 제한성을 의미한다. 누군가가 허물어지고 남은 유산이기 때문에 그 혜택이 제한적이다. 그런데 辰戌丑未 중에서 간혹 크게 제한을 받는 것이 그 자체가 土니까, 별 활용도 안 되는 돌산을 하나 받았는데 뒤에 가니까 시멘트가 왕창 나오더라는 식으로 막 뒤바꾸어 쓴다. 기본적으로 年에 寅申巳亥가 있다는 자체는 이렇게 튕겨져 나가서 새로 쓴다는 것이다.

辰戌丑未는 성공의 번영으로 辰戌丑未 生은 고향땅에도 먹을 게 있고, 잘 나갈 때는 고향땅을 버리는 게 아니고, 고향에 그대로 근거지를 두고, 고향집은 놔두고 객지까지 가서 동시에 돈을 벌어들인다. 그런 식으로 하다가 쇠퇴하면 다시 고향으로 돈이 들어오니까, 굉장히 멀티플레이어가 가능하다

寅申巳亥는 대체로 객지다. 거의 다 객지 중심으로 기본적으로 빠져 나가야 된다.

子午卯酉는 空亡이나 冲이나 손상이 없으면 원래 그 가업이라든지 부모가 있던 그 자리를 계승하여, 계승자적으로 결국은 자기의 보상을 이루어 나간다는 것이 기본이다. 그래서 좀 추잡하고 복잡해도 辰戌丑未가 좋다는 거 아닙니까?

추잡스럽다는 것은 일관성을 유지하기 어렵다는 겁니다. 만약에 辰戌丑未가 일관성을 유지한다면 이 우주가 무너지지요.

자연 운동을 통해서 어쩔 수 없이 辰戌丑未라는 것의 작용 즉, 陰이나 陽의 극단을 잡아들이는 작용을 해서, 결국은 陰陽 극단을 막아 주는 작용 때문에 다음 계절이 열린다. 그러니까 丑의 申, 이것이 초가을이다. 이 초가을을 잡아들이는 작용을 함으로써 이 둘을 결국 죽이는 작용이 기본 작용이지만 초가을이 열리지 않으면, 즉 봄이 온다는 거잖아요. 寅 이건 복이고 이 丑은 배신자인줄 알았는데, 적금을 넣어가지고 다시 巳에다가, 결국 巳중의 庚金이 가을에 씨앗이 다시 지상에 뿌려지도록 하는 거죠.

그러니까 끌어안고 있다가 결국은 寅이 봄을 열어줬으니 봄의 편처럼 보인다. 그런데 봄

을 열어주기 위한 목적도 있겠지만, 결국 가을을 온전하게 열어주기 위해서…. 이게 좀 추잡한 거죠.

옛날에는 말이야~, 이거 할 때는 말이야…! 주변의 조건에 의해서, 결국은 자기의 역할이 바뀔 수밖에 없는 그것을 아니꼽다고 하는 거잖아요. 꼬아도 할 수 없다면서. 그게 아니면 사실은 四時五行이 없는 거죠. 辰戌丑未의 작용이 없으면 四時五行이 닫히고 열리고가 없어서, 질서가 없는 운행이 되고 마는 거죠.

月
부모의 의식주 유력.

그래서 寅申巳亥의 기본속성은 그렇게 하고, 물론 이게 년에도 있고 월에도 있다. 이런 경우에 年月에 같이 있다는 것은 부모의 食神 유력, 의식주 유력이다. 부모의 衣食住가 유력함으로써 그 혜택을 많이 보게 되고 또, 둘 다 年에 文昌, 月에 文昌 이런 것들이 전부 다 다소년에 학문적 성취나 발달을 유도해 주는 것이다. 거기다가 食神은 食神인데 범표다. 범표니까 남들이 우와~ 해 주는, 寅巳申戌 속성에서 파워풀하다는 것이다.

남들이 해 줄만큼 그 혜택을 보게 되더라. 그런데 寅 재산 자체의 多少면으로 보면 寅 중에 있는 丙火가 偏財다. 偏財 때문에 刑, 食傷으로는 땅도 받고 공장도 받고 다 받았는데 偏財의 자산, 현금자산은 偏財 때문에 많이 받기도 하고 적게 받기도 하고, 왔다 갔다 하더라.

時	日	月	年
	壬		
		寅	

그림 1

실제로 많이 받는 패턴 중에 이런 패턴들이 있다. 이런 패턴들로 月에 寅이 있으면서, 본인의 天干에 辛이 있는 사람들은 天乙貴人이다. 正財, 正官 長生, 그 다음에 범표…. 이 자리는 아무도 없는 거 같지만, 이런 패턴들을 보면 정말로 자산을 많이 받는다. 진짜 어마무시하게~. 제가 봤습니다. 그러나 이것도 刑 맞고, 冲 맞고, 空亡 맞으면 안 되고, 깨끗한 모양으로 이 모양을 유지하니 天乙貴人, 正財, 正官, 長生, 범표까지…. 어마무시하게 봤는데 일본 사람 중에 한사람 봤다. 아무튼 범이라고 하는 자체가 파워풀한 것을 의미하기 때문에 그 혜택도 보통 사람들의 평균적인 수준보다 조금 더 많더라 하는 거죠.

日

태어난 날의 寅일 경우에는 日支 食神이다. 日支 食神으로 의식주 풍륭. 그다음 남자는 일단 처가 財星을 무리짓게 해주는 에너지를 가지고 있기 때문에 보통 처덕을 보는데, 처덕을 보고 난 뒤에 寅 중에 있는 丙火가 자꾸 偏財로 작용을 한다.

偏財로 작용함으로써 처덕은 있으나, 부인과의 조화력은 불안하다. 그 다음에 여자는 의식주 풍융이고 자식도 번영인데, 배우자와의 조화력이 여자는 또 안 좋다. 여자일 경우 의식주 풍융, 이 부분은 공통이고 배우자와의 어떤 조화력은 불안하다.

時

말년 의식주, 휘하, 자식번영.

時에 오면 壬寅이 되죠. 壬子의 중복이라는 것은 무엇을 장악하는 에너지와 힘이 저장하는 에너지가 강하다는 뜻이 되고, 時에 食神이 있다는 뜻은 말년 의식주 그 다음에 휘하, 자식 등의 번영을 상징하는 인자로 매우 긍정적이다.

그래서 壬 日柱에 사실 이만큼 좋은 것도 별로 없다. 다른 글자들 작용력을 보면 寅만큼 아주…. 그 글자 자체가 뭐냐면 이제 좋은 말에 올라탄 騎手와 같은 말을 이미 얻은 것과 같다.

壬 – 寅 / 운의 해석

외형 발전.

그 다음 運의 해석에서 大運 寅을 해석해 나갈 때는 조금 이 자체로 활발한 사회활동이라든지, 陽운동에 의한 여러 가지 보상, 食神의 작용, 偏財의 長生이라고 해서 외형 발전이 당연히 되겠죠.

남자들은 陽의 해로움이 있기 때문에 대체로 名高利薄이다. 소문난 잔치에 먹을 게 작은 모양이 되어서 자꾸 밖으로 벌어지려고 한다. 木운동이 활발해져서 외형은 커지는데, 개인적인 이익은 박한 모양이 된다.

그 다음에 여인들은 名高의 해를 그렇게 많이 당하지 않는다. 그래서 실속과 명실 공히 발전이다. 그런데 단지 食神의 해로움이 있기 때문에 배우자의 활동력에 불안함이 따른다. 배우자 근심….

壬 日柱 여인들이 2010년부터 이혼을 많이 한다. 왜냐 하면 壬 日柱가 亥子丑을 지나갔을 때…, 물론 官星이 戊土든 己土든 絶, 胎地로 빠져있기 때문이다. 그래서 여러 가지 정신적 고충이 있는데, 자기 자신의 현실로 봤을 때 比劫에 에워싸여 있으니까, 재물 환경에 어떻게 해요?

時	日	月	年
	壬		
		寅	

亥子丑寅卯

그림 2

확신이 없잖아요, 확신이 없으니까 배우자에 대해서 정신적, 현실적 갈등을 겪으면서도 어떻게 행동을 못하고 있다가, 이 運(寅, 卯)에 들어가면서 陰에 속하는 여인이 木運이 오면 봄바람 나는 거예요.

제일 무서운 게 봄처녀잖아요. 겨울 동안 이 丑은 陰이 쌓여 있다가 봄을 만나면 陽운동의 유혹이죠. 봄이라고 하는 것이 그것을 피하지를 못하는 거죠. 그러니까 무서운 것은 봄바람이고 봄처녀인데, 寅이나 卯를 보니 "됐다!" 이거죠. "됐다!" 이제 이거면 내가 의식주 환경도 해결할 수 있으니 이만 하면 골치 아프게 끌고 갈 것 없이 마무리 짓자고 해서 寅年, 卯年에 배우자 運은 상당히 불안해진다. 그래서 大運에 있는 陽의 이로움은 대체로 있다고 봐서, 그 안방은 편하지 않더라도 남자들을 상대로 한 도움을 많이 볼 수 있다고 보면 된다.

그 다음은 歲運에서는 創新. 새로운 사업이다. 새로운 사업도 무대 발전 또는, 식구 발전으로 전체적으로 다 늘리고 하는 동작이 자발적으로도, 주변 환경 때문에 피동적으로도 이루어져 자동피동 다 된다고 보면 됩니다.

壬 – 寅 / 男女

남자는 새로운 食神, 밥그릇 넓히는 운동에 의해서 외형발전이 크게 이루어져 좋기는 좋지만 名高利薄이라고 하는 요소를 안고 있다. 그 다음 여인은 동그라미 2개. 단, 배우자 덕에 대한 불안이 발생한다.

壬 – 寅 / 綜合

종합적으로 봐서는 아무튼 재물의 의식주, 식구 등이 전체적으로 번영한다. 전체적으로 길조다.

時	日	月	年
	壬		
	寅	午	

그림 3

흉조로 할 게 그렇게 많지는 않다. 결국은 배우자와의 관계에서는 偏財의 고달픔, 食神이 財星을, 官星을 억제함으로써 오는 정도이고, 五行的으로 그것을 소통시키는 火가 있으면, 그 시기만 넘어서면 寅이 午를 만나서 五行的인 소통 요소가 있으면 배우자와의 갈등도 쉽게 午를 따라서 가버린다. 火를 따라서 해소되어 버린다.

그래서 甲木이 午에 死地로 따라 간다는 말은, 결국 자기 기운을 그쪽으로 넘겨 주게 되어 있다. 甲木이 이런 모양에서 五行的인 대세가 지나치게 치우쳐 있지 않을 경우 밥장사를 하면 엄청 잘된다.

時	日	月	年
	戊		
	申	子	

그림 4

손님들 바글바글 하는 거 있죠. 왜냐면 食神生財의 모양 속에서 저렇게 合을 지어 무리 지어 있는 게, 戊가 申子를 보는 것이다. 그래서 저런 경우에 食神이 生財를 하는 五行적인 요소를 가지고 있으면서 그 자체로 무리를 짓고 있다.

그 다음에 壬寅에 午를 보고 있는 것도 食神이 財星을 무리를 짓고 있는 것이죠. 그럼으로써 이런 모양에서 남자에게는 〈그림4〉가 더 좋다. 그리고 여자는 〈그림3〉이 더 좋은 거죠.

그런데 여자로써 〈그림4〉, 이런 사람을 봤는데 진짜 횟집을 하는데 장사가 너무너무 잘 되니까, 그 횟집 하나 가지고 거의 사돈의 팔촌까지 먹고 산다고 보면 됩니다. 그런데 남자가 안 되는 거예요.

기본적으로 陰에 에워싸여 있는데다가 食神이 官星을 잘 용납하지 못한다. 그래서 이 경우에 여자들은 이 申, 子 陰物을 쓰니까 남자가 잘 안되고 남자들은 〈그림4〉를 쓰면 좋아요. 다른 것에 비해서는 좋다. 단지 좋은데 좀 자기가 째가 빠지게 뛰어다니고 있다는 것이다. 자기가 부지런히 움직여야 되지만 하는 일이 잘되는 거니 나쁘다고 할 수는 없고, 둘 다 그 食神이 財星과 무리를 잘 짓는 모양에 걸려드는 거죠.

時	日	月	年
	乙		
	午	戌	

그림 5

다른 것들은 그렇지 않다. 다른 것들을 보면 食神이 財星을 무리짓는다 하더라도, 乙木이 午를 보아서 戌, 이런 식이다. 이 戌이 財星으로서 어떤 기운이나 활동이 활발하지 않다. 그러니까 다른 글자도 쭉 해보면….

時	日	月	年
	己		
	酉	丑	

그림 6

이런 글자에 丑은, 丑중에 있는 癸水를 무리지어서 쓰는 것으로, 그래도 比劫에 의하여 가려져 있는 모양이니, 다른 글자들도 다 그렇다.

時	日	月	年
	甲		
	巳	酉	

그림 7

丙 말고 甲에서 그나마 나은 것이 이제 食神이 官을 끌어안아 버리는 것이다.(巳-酉)

時	日	月	年
	辛		
	亥	卯	

그림 8

傷官이 끌어안는 경우는 이 亥水가, 辛亥가 卯를 끌어 안는 모양이 된다. 그런데 결국은 傷官이 하고, 食神이 傷官의 시기 따라서 히트와 쇠퇴가 크게 이루어질 수 있는 것이고 그림 3, 그림4, 이것은 매일이다. 매일, 만날, 천날 꾸준한 모양을 유지해 나갈 수 있는 모양은 이런 데 있다는 것이다. 食神이 財星과 무리를 지어 주는 것. 하여튼 壬이 寅을 만나면 좋다, 이렇게 보고, 그래도 배우자와의 조화력은 남녀 공히 불안한 과정을 겪는다.

남자는 偏財를 쫓아가는 것이니까, 결국은 남의 여자가 많이 자꾸 오빠 부대가 되는 것이다. 남자한테 寅은 신체 부위에서도 삐져나온 것이다. 팔 다리 말고 범표다. 범표라는 것은 날쌔다, 힘이 세다. 그러니까 오빠부대가 잘 생긴다는 거예요. 그래서 여자 문제 때문에 이래저래 만날 마누라에게 도망 다닌다.

실제로 보니 제대로 된 사람이 5명이라면 4명은 그렇다. 한명은 잘 지내는데 지금 運이 별로 안 좋을 때라 저기 마산에서 주유소를 하는데(寅-午), 이게 불 지르는 거잖아요. 주유소도 하고 몇 가지 업을 하고 있는데 부부가 사이가 좋다 해서 이거 이상하다 하면서, 틈만 나면 오빠부대가 생기겠다고 그랬는데 運이 별로 안 좋을 때였다. 그럴 때는 할 수 없다. 그런 경우 외에는 그런 기운이 많이 따라다닌다.

여자들도 보면 장사는 잘 돼요. 잘 되는데 남자들 때문에 애를 많이 먹죠.

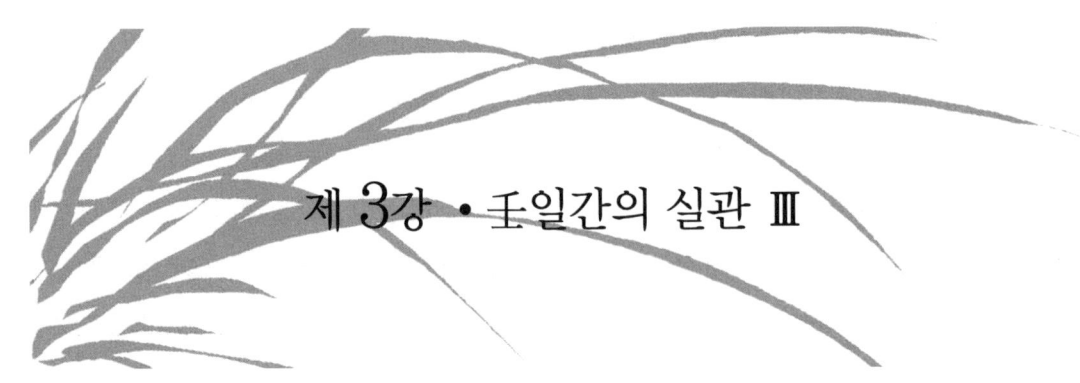

제3강 • 壬일간의 실관 Ⅲ

壬이 卯를 볼 때

壬이 卯를 만났을 때다. 六親상으로는 傷官이다. 傷官이면서 天乙貴人에 걸린다.

그러면 壬이 卯를 쫓아 가는 것도, 水가 木을 만나서 陰 운동을 마치고 陽 운동을 밖으로 구현하는데 있어서 굉장히 강한 작용들이 이루어진다. 그래서 이때 보통 집 나가는 순이 마음 하고 비슷하다고 보시면 됩니다.

壬이 卯를 만나면 보통 일종의 傷官이라고 하는 것이 金水傷官, 木火傷官, 이런 것들이 일종의 정신적인 충일성을 가지고 일관성을 가진다면, 壬은 웅크려 있다가 튕겨져 나가는 거니까, 고유의 기질이나 운동이 지켜지지 아니하고, 결국은 튕겨져 나가는 방향, 그러니까 壬이 卯를 만나는 것이 집 나가는 순이… 이렇게 이해를 해 두시면 됩니다.

壬 - 卯 / 12運星

12運星으로 보면 死地에 이르고, 死라고 하는 것이 五行적으로 陽干에서는 다음 기운을

열어가면서 가장 화려한 유혹이 깔리는 것이다.

壬 - 卯 / 他 六親 12運星

他 六親의 12運星으로 偏財의 丙은 浴地가 된다. 그 다음에 正財 丁은 病地가 되고, 偏官 戊는 運氣상으로 따지면 浴地가 되고, 正官 己土는 똑같이 흘러가니 그렇죠. 壬日柱는 그래서 官星도 세력이 약하고, 또 偏官은 運氣상으로는 상승 흐름인데 浴地에 해당하는 작용이 온다. 그 다음 偏財 丙도 運氣상으로는 상승 흐름이지만 浴地에 걸림으로써 결국 財官이 모두 다 형태가 조금 애매한 모양이 된다.

그래서 卯의 특성을 쫓아서 보통 기술이나 교육이 가장 위주가 된다. 기술이나 교육이라고 하는 분야 즉, 官星이나 財星을 그대로 활용하지는 않는다.

壬 - 卯 / 吉凶

吉凶은 재물에 관해서 폭은 좀 크더라도 상승작용은 한 번씩 피크를 이루어 주는 작용을 가진다. 天乙貴人 때문에 그렇죠. 그래서 흉조는 인덕이라든지 官이 허물어져 있으니 타인과의 어떤 조화력 이런 것에는 불안한 기운이 많이 조성된다.

길: 재물 7~8

흉: 인덕, 조화력 2~3

그래서 보면 수치화를 하기에는 그렇기는 하지만 재물 활동에 대해서는 7~8, 그 다음에 인덕에 의한 여러 가지 희생요소는 2~3 정도로 보면 된다.

壬 - 卯 / 年月日時

年

貴人흔적, 재물, 명예.

年에 卯가 오는 경우 貴人 흔적인데, 조상 인연에 貴人 흔적은 있지만 傷官의 속성을 그대로 가지고 있으므로 주로 재물이나 명예 어느 한쪽의 성공 인자가 있다 하더라도, 둘 중 하나가 좋으면 다른 하나가 약한 모양이 된다.

그러니까 재물과 명예 중에서 재물이 좋으면 명예가 불안하고, 또 재물이 나쁘면 명예가 상승하는 이 두 가지 패턴으로 드러날 수 있는데, 傷官이라는 것은 결국 법통을 그대로 그 자신이 내려 받지 않는다는 것을 뜻하게 된다.

그래서 경제적인 혜택이 있다 하더라도 결국은 그것이 제한적이다. 그러나 본인이 子午卯酉로 장남 역할을 수행한다는 말은 정신적인 뜻을 그대로 계승해 온다는 뜻이다.

月

月 卯는 말 그대로 그 자체로써 傷官格이 형성된다. 傷官格이 형성되고 貴人格이 그대로 따라 붙는 모양이다.

부모 혜택의 모양도 굉장히 다양하고, 직업도 다양하게 천종이다. 그래서 외부적인 인자나 간섭자에 의해서 왔다 갔다, 바꿨다 말았다 하게 된다.

時

時에 이르면 癸卯時가 되는데 보통 자식을 貴人으로 본다. 자식 貴人. 대체로 남자 八字에서는 여자가 딸이다, 딸의 번영 傷官인자를 쫓아서….

그 다음에 여자는 남녀 구별이 없는데 자녀 貴人. 그런데 그 傷官의 해로움이 劫財와 에워싸여 있기 때문에 말년에 고독성 등이 많이 만들어지는 인자가 되기도 한다. 그러니까 직업적으로 굉장히 다양해요. 水가 木을 쫓아 가는 것은 교육적인 행위도 되고, 문필이나 官星의 간섭이 있으면 특수행정, 그리고 기술 중에서도 無에서 有가 튀어 나오는 제조 생산 또는, 개발에 의한 것도 된다. 그래서 직업적으로 굉장히 다양한 모양을 갖는데 개중에는 운동선수도 있다. 木 운동 자체도 역동적으로 움직일 수 있는 에너지로 보통 보니까, 子丑寅卯의 陽이 4단계가 진행된 것을 傷官으로 쓴다는 것은 강한 운동성을 통해 食傷을 드러낸다는 뜻도 되기 때문에, 스포츠도 가능하다. 직업적으로는 굉장히 다양하다.

壬 - 卯 / 운의 해석

運의 해석에서 大運 卯는 뭡니까? 토끼하고 未하고 무리를 짓는 거죠.

그래서 未定의 인자, 富貴貧賤을 모두 정하기 어렵다. 어느 한쪽에 정착하기 어렵다. 그러나 貴人의 작용과 傷官의 작용이 같이 놓임으로써 여러 가지 발전 보상이 있다. 그리고 남자는 주로 未定하고, 貴人 傷官이 섞여 있어 외형발전에 비해서 실속이 부족하다.

여자는 대체로 의식주 확장이 이루어지는데 官의 활동력을 억제한다. 그러면서 배우자, 남편 덕의 불안이 발생한다.

그 다음에 歲運에서, 歲運 卯는 보통 의식주 확장이다. 의식주 확장, 식구발전 그 다음에 조직생활을 하는 사람이 官을 중요하게 쓰는 구설이다. 구설잡음, 소모. 의외의 뜻밖의 횡재도 됩니다.

이런 것들이 卯에 이루어진다. 그래서 天乙貴人의 작용, 傷官의 작용이 상승을 이뤄 줄 때에는 뜻밖의 횡재로도 넘어간다.

壬 - 卯 / 男女

남자는 아까도 설명하였지만 貴人의 작용, 외형 발전의 작용도 여러 가지 있지만 대체로 좋다고 하더라도 未定의 모양새다.

그리고 여자는 재물이나 사회활동이 좋은데 배우자의 덕, 六親, 배우자 불안 등이 발생한다

壬 - 卯 / 綜合

종합적으로 봐서 이제 壬이 卯를 본다는 것은 금전이나 활동에는 상승을 주지만, 未定 상태의 지속성이 남아 있는 것이라서 결과물은 보통 일반적인 수준에 그치기 쉽다.

잘 못 쓰이면 약간 사기꾼으로 넘어간다. 토끼가 갖는 것은 화려함, 食傷의 모양새를 보

고 그러는데 이것이 官을 잘 용납하지 않는 모양이 된다.

未가 오면 木이 더 旺해 버리니 이 未가 土로서의 작용력을 많이 일으키기보다는 卯로서의 작용력을 더 많이 일으킴으로, 官星을 허무는 작용도 잘 발생하는 모양이 된다. 지상에서 제대로 壬이 큰 陰陽의 뜻에 맞추면서 짝이 될 만한 것은 正官이면서 土의 뜻을 그대로 가지고 있으니 未다. 그런데 이것을 허물어 버리고 법을 자꾸 훼손하는 동작이 많이 가해지니 일종의 범법, 변태 이런 것들이 된다.

질문
선생님 戊이 옆에서 간섭할 때에는 어떻게 되는 겁니까?

대답
卯戊 자체로 두 개 써먹는 거죠. 卯도 써먹고, 戊도 써먹고. 이제 조건이 卯가 강해지는 五行적인 흐름으로 갈 때에는 卯를 위주로, 그 다음에 戊을 더 돕는 五行적인 흐름으로 갈 때에는 木이 활발하지 않고 土가 더 활발한 것으로 이렇게 왔다 갔다 하면서 쓰는데, 보통 저렇게 合이 드러나 있는 경우에는 두 개 다 써먹는다.

그러면 특수행정, 언론방송 그러니까 조직성이 있으면서 하는 것, 필설이라든지 이런 것들을 한다. 그 다음에 偏官이 손님을 자꾸 응대하는 모양새로 접객성이 있어서, 유흥이라든지 오락이라든지 이런 것에 관련된 조직이나 자기사업을 왕래하게 된다.

하여튼 이 傷官은 여러 가지 조건에 따라서 변색이 많이 된다.

그래서 보통 청소년들의 경우 壬 日柱가 卯年을 만나면 가출을 잘 한다. 이 卯가 어떤 작용을 하느냐 하면, 天干에 乙이고 이 壬을 五行적으로 억제해 주는 인자인 戊,己,未 이런 글자들이 이제 가장 위주가 되는데, 乙木이 戊나 己나 未를 다 허물어 버린다. 깨뜨려 버리는 작용을 한다.

지상으로 내려오면 卯가 되고 이 卯가 결국은, 壬 日柱는 官制…. 官을 만나서 자신의 모양이 어느 정도 갖추어 있을 때 원래 水의 성질이, 고유의 성질이 갖추어 진다. 그런데 저수지에 댐처럼 자기 성질이 허물어지고 있을 때는 土라도 있어서 가두어 둬야 하는데, 壬의 상태로 있다는 것은 결빙이다.

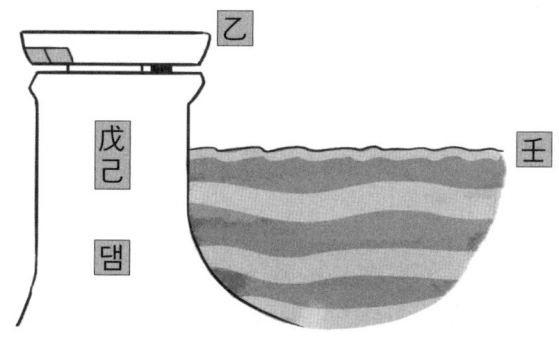

그림 1

얼어 있을 때는 댐이 없어도 된다는 것이다. 댐이 없어도 자기 스스로 잘 웅크려서 壬의 고유 운동을 하고 있는데, 평상시에 외부적으로 火가 있든지 하면 평소에 액상으로 존재한다. 그러면 土가 있어서 가두어 줘야 되는데, 乙木이 戊나 己의 작용을 깨뜨려 버린다.

그러니까 여기에서 둑이 터진다. 둑이 터져서 물이 내려갈 때는 어디로 갈지 모른다. 그래서 집 나간 소녀가 된다. 내가 왜 이런지 나도 몰라요, 이러면서. 그런 시기에는 어떤 작용을 하기 때문에 청소년들이 집을 나가게 된다.

시집 안 간다고 바락바락 버티던 여인들이 시집가겠다고 용 쓸 때도 마찬가지다. 壬水라고 하는 자체가 회임, 씨앗을 만드는 작용이 원래는 고유하게 있는데, 이게 다른 조건 때문에 이렇게 발산하지 못하고 있기 때문에, 그 木이 오면 그냥 기존의 여러 가지 틀을 다 깨버린다. 자식을 만드는 여인들은 보통 土를 만나면 시집을 가고, 官星을 만나서 일반적으로 시집을 가는 경우도 있고, 食傷을 만나서 가는 경우도 있다.

金水 食傷은 그 자체에 정신적인 충일성은 있지만 陰운동이다. 그런데 이제 水→木을 만나서 陰에서 陽으로 전환된다. 전환이 되니까 못 참겠다! 하면서 시집을 간다. 확 가버리는 거죠. 木운동! 꼭 그래서 陰에서 陽으로 넘어 가는 이 논리는 꼭 日柱만이 해당되는 것이 아니고 보편적으로 여인들이 陰에 속하기 때문에 陽운동이 시작 되는 초기 단계에 이르면 시집이 가고 싶어진다.

그래서 봄처녀를 꼭 외우고 있어야 된다. 그래서 시집가고 싶어 죽겠다 하고 막 이런 기운으로 木운동이 시작될 때 陽의 유혹이 시작된다.

그래서 傷官적인 뜻이 들어간다는 말은, 부모의 말을 무시하고 나는 갈 테야라고 하는
것이다. 2010년도 하반기나 2011년도에 이런 현상들을 많이 보게 될 것이다.

그러면 어떻게 하면 되겠습니까? 집을 나간다? 잡아야 된다? 일단 한번 갔다가 오라고
해야 된다? 갔다가 오라고 해야 됩니다. 나가 있어 보면 재미없다. 나가기 전에는 압축 이후
에 발산을 하기 때문에 안 나가고는 안 되는데, 나가고 난 이후에는 금방 압력이 해체되어 버
리니까 결국 나갔다가 스스로 돌아온다. 그것이 빠르지는 않더라도 별 재미가 없는 거다. 나
가 보니까 별 재미가 없더라. 그런 식의 상황이 되는 것이다.

壬이 辰을 볼 때

壬 - 辰 /

時	日	月	年
	壬		
	辰		

그림 2

辰에 이르면 이제 陽의 단계가 5개의, 실제로 이게 卯가 子丑寅卯 4陽이다. 子丑寅卯 4
陽. 4陽之處에서 결국 5陽之處로 넘어가는 흐름이 되니까 이 卯의 기운이 많이 남아 있는 것
으로 보면 된다.

壬이 辰을 바라보고 있을 때는 물론, 조건 따라서 土로 강하게 움직여야 되는 것은 주변
에 火가 있으면 그렇게 된다. 偏官 六親상으로 偏官, 그 다음에 卯 餘氣, 卯의 餘氣가 많이 남
아있다. 그래서 晩春. 봄이 무르익어서 천지만물이 아지랑이처럼 꿈틀꿈틀 솟아오르는 달.

陰曆 3월, 陽曆 4월이다.

4월에 가면 陰曆으로 이제 2월 달부터 서서히 밖으로 터져 나오기 시작한다. 그 기운이 그대로 펼쳐져 있는 것이 辰이니, 그 다음에 自坐入墓다. 그래서 보통….

질문

저 경우에 辰이 入墓하는 것을 전생 수행의 인자로 봤을 때, 辰과 未하고 戌과 丑은 아무래도 전생 수행의 인자로 볼 수 있겠지만, 辰과 未도 수행 인자하고 관계가 있을까요?

답변

그 辰하고 未도 自座入墓라고 하는 것도 전생 수행의 인자가 많아, 원래 墓가 있는 것 자체만 해도 墓의 논리에 발달해 있다는 뜻이다. 그래서 墓의 논리라는 것은 살아 움직이는 공간 말고 무덤 속의 어떤 정서들이 많이 깔려있는데, 이 壬水라고 하는 자체가 道一無다. 道生一하고 〈道德經〉에 보면 道生二라고 그런다.

壬 :　一生一

　　　一生二

　　　三生만물

그 다음에 一生二, 二生三, 三生 萬物 하고…. 여기서 이제 1의 숫자라고 하는 것이 가장 道의 근원적인 본질이 바로 운동성으로 첫 번째 드러내는 것이 1이라고 하는 것을 상징하는데, 이 1이라는 것이 壬수의 뜻을 계승하고 있다.

그러니까 壬水라고 하는 것 자체가 원래 흙 土자 위에 陽氣 一點만 있는 이 상태이다. 1점이라는 것은 1개라는 말이 아니고 하나로 되어 동그랗게 뭉쳐 있다는 것이다.

질문

선생님 일반적으로 戌이라고 하는 글자와 丑은 아무래도 亥子丑 道門하고….

답변

그렇죠 아무래도 정서적으로(戌,丑) 이것은 일간에 상관없이 戌亥子丑은 사람들의 활동 영역이 아니고 戌時, 亥時, 子時, 丑時는 夜中이다. 그래서 눈에 띄지 않는 곳에 그런 기운적인 영향을 많이 받는다는 것은 눈에 안 보이는 것을 자꾸 자기의 삶의 영역으로 받아들임으로써 정신적으로 가는 것이 되는 것이고, 壬 자신이 道門에 뜻이 통해 있다는 것이다.

질문

그러니까 辰이나 壬 日柱에 辰이나 壬을 보거나, 甲 日柱에 未를 본다 하더라도 마찬가지로 전생수행의 인자로 볼 수 있다라고 하는….

답변

그렇죠 일단 기본으로 볼 수 있는데 그 强弱을 논한다면 壬이 辰을 봐서 入庫된 모양이 강하겠느냐, 甲이 未를 보아서 한 게 더 道 닦는 것에 관한 동작이나 기운이 가깝겠느냐로 보면 (壬→辰)이게 당연히 더 가깝다는 거죠. 甲 자체가 밖으로 생명을 드러내 버리는 것이고, 뭘 가둬서 陰의 상태로 만들기 어려운 것을 의미하는 거잖아요. 그리고 未라는 공간 자체도 드러난 공간, 남들이 다 보고 있는 공간이기 때문에 墓로서의 의미가, 어떤 사람이 떠난 자리라는 의미가 약한 거죠.

실제 저하고 산에서 공부하던 친구가 명조가 어떻게 되느냐 하면, 이것은 학문을 위해서….

時	日	月	年
辛	壬	壬	丙
丑	子	辰	午

그림 3

八字에 (丑-子-辰)官星을 만나, 羊刃은 偏官을 만나서 기뻐한다. 羊刃이 偏官을 만나서 기뻐하는 모양이고, 財星이 午年에 빠져 나가 있다.

그래서 이 경우에 五行적인 대세를 본다면 辰中에 있는 卯木을 쫓아 가거나 또는 財星을 쫓아 가는 것이 기본적으로 활동 분야가 되는데, 결국 辰이 안에 있는 卯를 쫓아 들어가 이게 入墓자로 들어가 버린다. 大運이 어디로 가느냐 하면,

戊 丁 丙 乙 甲 癸　　大運
戌 酉 申 未 午 巳

이게 財運이 지나가버리잖아요. 젊은 날에 財運이 나이가 들어서 또 丙申으로 가버린다. 丁酉, 그러니까 이 未運쯤에 이르니까 아~야! 이러면서 나는 갈란다~. 91년도에 머리를 깎았으니까 지금 벌써 한 17~18년 된다. 그러면 중 맞다고 봐야죠. 그 생에 활발하게 활동해야 될 때 18년 정도 공직을 했으면 이제 業이죠. 직업….

그래서 환속할 꿈은 전혀 없어요. 환속할 꿈은 전혀 없고 西方으로 빨려 들어간다. 서방으로 달려 들어가 버리니까, 지금 아마(酉, 申) 이 大運쯤에 바뀔 때쯤 되었을 겁니다. 전혀 나올 생각 없다면서 결국 월 墓의 작용…. 글자의 유혹이거든요. 만약에 大運이, 財 大運이 酉 쯤에 있었으면 안 있었겠죠.

그런데 원래 그릇 자체가(丙-午) 財星을 바라보고 있고, 龍의 偏官이다. 龍 偏官이니 총무같이 잡다한 것을 다 모아 놓았다. 龍은 이것저것 다 모아 놓은 것이니 총무, 실제로 총무, 財務 등이다. 丙 이것 때문에, 전공은 商科였어요. 그래서 총무, 재무를 하게 되는 인자가(丙-辰), 이 인자 때문에 그렇죠.

성질은 있다? 없다? 일지에 羊刃 있고, 羊刃은 칼 있고, 偏官은 주먹이 있으니 칼 있고 주먹 있으니 잘못 풀리면 깡패인데, 산중의 깡패 맞아요. 보면 딱 이렇게 해 가지고 돈 가져 왔나?

밖에는 위장옷을 입고, 옷을 일부러 너덜너덜하게 해 가지고, 옷 맞추러 갑시다 할 때까지 버티고. 그래서 산의 길목을 지키는, 어떻게 보면 한명 더 있어요. 이 경우 이 산중은 제법 봉우리 있는 산에 이런 곳에 가 있고, 이런 길목에 있는 산중에 또 이 偏官 羊刃이 있다. 칼 차고 주먹 쥐고 있거든요. 옛날에는 이게 단속 많이 했는데 고속도로 가면 차 세워 놓고. 그게 偏官 羊刃 폴리스, 이쪽에는 偏官 羊刃이 폴리스.

그래 이제 運이 좋으면 폴리스가 되는 것이고, 만약에 면허증 없이 하면 잘못하면 이거

산적이잖아요. 길 가는 놈 붙들어 놓고,

"야! 돈 내 놔라, 벌금이다."

이것도 이제 여기로 가는 거죠.

그 다음에 길거리 한 복판에 간판 붙여 놓고 있는 도둑이 하나 있죠? 그게 뭐냐면 도사다.

"너 잘못하면 죽는다!!"

일종의 도사는 하늘의 羊刃, 偏官을 쓰는 사람들이다. 하늘 계급장에서 이런 羊刃이나 偏官을 쓰고 있다. 사람은 이렇게 우주의 법이다. 우주의 법이 결국은 道다.

사람이 만든 법은 이 폴리스가 집행하지만 우주법은 여기서도 팔아먹고, 저기서도 팔아먹고 하거든요. 이쪽에서 팔아먹는 것은 대체로 자연의 원리나 기운이고, 여기 브랜드는 누구의 법에 따르면서 거기에는 그 나름대로 佛國이라고 한다.

나라라는 말을 붙인다. 세속적인 기준으로 보면 말이 안 된다. 일종의 국가 반역이다.

나라에 무슨 또 나라가 있다는 말인가? 대한민국은 민주공화국이다. 이 헌법을 정해 놓고 영토 표시 다 해 놓았는데, 그 나라 위에 또 불국을 세웠다. 그것이 '정신세계의 나라다.'라는 뜻이 된다.

이 墓의 자리가 일으키는 작용을 보니 이렇게 가까이 지내봤으니까 아는데 결국은 어느 날 문득 그해가 申年, 壬申년. 이 驛馬를 따르고, 壬이 壬을 만났다. 이게 1992년이다. 壬이 壬을 만나니까 자아 발견하는 거예요. 君臣對坐….

그 다음에 申子辰으로 驛馬를 쫓는다. 水局으로. 水局은 나이트클럽 아니면 산속이다. 빛이 들지 않는 곳, 정신세계로…. 그런데 말년에 머무르는 모양을 보니까 辛, 여기에 십자가 아니면 불상을 모셔놓고 丑이 자리로 가겠다. 丑이 있다 함은 계곡 옆이나 바로 옆에 논이 있다는 거죠.

그래서 참 사람이 여기 있는 글자에 지금은 辰, 여기서 작용하고 있겠죠. 이 정도의 작용이니까 (子-辰)羊刃 쓰고, 偏官 쓰고, 羊刃 쓰고 偏官 쓰고 하니….

"신도 여러분! 여러분들이 불공 안 들이면 어떻게 되는지 압니까? 지옥 가요."

羊刃하고 偏官 쓰고 있겠죠. 그렇게 하다가 印星으로 다시 돌아오겠죠.

壬이 辰을 만나서 墓의 작용이 이렇게 이루어져서 결국은 이제 거기서 십몇 년을 하고 있다. 17년 중에 아마 총무, 재무를 쉬었을 때가 2~3년 밖에 안 되고, 계속 절 살림을 살았다. 그러니까 살림이 道 닦는 것 하고는 시간적으로 안 되는 것이다.

壬 - 辰 / 12運星

12運星상으로 하면 墓다. 墓인데 壬水의 뜻을 계승한 것을 숨겨 놓았으니, 그것이 우주의 법을 자꾸 추구하는 정신적인 분야로 잘 가더라.

壬 - 辰 / 他六親 12運星

他六親의 12運星에서는 偏財. 丙은 冠帶地에 이르고, 正財 丁은 衰地에, 偏官 戊는 마찬가지로 冠帶가 된다. 그 다음에 正官 己는 마찬가지로 衰地로, 형태상으로는 官星의 모양을 하고 있다. 그런데 辰戌丑未는 항상 조건 따라 잘 움직이는 것이니 훼손함이 없으면 그대로 偏官이 冠帶로서, 財星이 偏財가 冠帶로서 작용이 될 것이다.

그래서 보통 辰자를 偏官으로 쓰는 사람들은 직업 전변이 많거나 종합성이 있는 조직에 있다. 가장 대표적으로 저런 偏官을 써서 하는 것은 특수 행정도 있지만, 종합성 조직 중에 가장 대표적인 것으로 天干의 뜻을 잘 계승하는 것이 언론방송, 사통팔달했다는 것이다.

地支에 辰戌丑未의 뜻을 그대로 계승하는 것은 주로 건축이다. 자~ 올라간다. 이러면서 이야~ 이래 가지고, 이 위에 안테나도 붙여 놨네.

龍이 승천하고 있는 이것이 건축물이다. 龍이 昇天하고 있는 건축물. 부산의 바닷가에도 이와 비슷한 것이 하나 있죠. 변태적으로 세워진...

그래서 건축에 종합적으로 다 들어가고, 정신적인 뜻을 계승하면 언론방송, 교육으로도 보는데 교육이 워낙 종합성이나 다양성을 가지고 있다. 국가 조직에서는 특수행정인데 주로 대민 특수행정이다.

그 다음에 龍문이 붙어있는 관청은 왕의 어떤 통제 하에 있다는 이런 말이죠. 龍무늬가 붙어 있는 특수행정, 그래서 대민 업무가 있다는 것은 폴리스가 그런 것에 해당한다.

壬 - 辰 / 吉凶

길조로 친다면 직업군에 대해서는 좀 종합성 조건에 따라서 다양하게 쓸 수 있는 길조가 되고, 食傷이 무리 지어 있다는 것도 의식주에 별 무리 없이 살아간다는 뜻이니 길조가 조금 더 많다.

그 다음에 흉조는 自坐入墓, 그리고 偏官의 조화력 유무를 갖추는 데 방해가 있기 때문에, 凶조가 똑같이 4~5 정도 섞인다고 본다.

壬 - 辰 / 年月日時

年

年에 辰이 있으면 辰戌丑未의 뜻을 그대로 계승해 오는데, 偏官 속성의 조상이 머물러 있다는 뜻으로, 龍은 실제 존재하지 않고 상상, 이상 속에서만 존재하는 정신적인 것으로 정신적 계승의 인자가 있다 하더라도, 그 현실적인 혜택은 좀 미미하다.

그 다음에 龍이 있는 자리에 辰戌丑未의 쇠락 인자로 인해서 그 혜택이 제한적이다.

月

月에 辰이 있으면 말 그대로 月墓格. 물론 뭐 雜氣財官으로 처리하지만, 月에 墓가 있음으로써 결국은 開庫할 때 運이 크게 발달한다.

運에서 해석을 하는데 있어 月墓는 무조건 開庫의 운에, 발달의 運이라는 뜻인데 대체로 현대 사회에서는 종합성이다. 이것저것 다 뒤섞여 있는 그런 성격의 조직사회, 조건에 따라서 수시로 변색될 수 있는 조직사회다.

日

日은 壬辰이 되면 그대로 魁剛이 된다. 魁剛이 됨으로써 보통 배우자와 자식과의 관계에서 계속 굴곡이 있는 것은 아니고, 잘 가다가 굴곡이 생긴다.

여자 八字에서는 偏官도 좋은 뜻이다. 龍을 偏官으로 쓴다는 말은 상당히 유력한, 사회적으로 오지랖이 넓은 어떤 능력을 가진 배우자 인연을 통해서 일정 세월 동안은 쭉 잘 간다. 그런데 龍의 변색, 龍의 추락들이 발생하면 남편의 운세 쇠락이 발생하더라. 이런 경우 많이 봤습니다. 보통 남편이 실력이 있고 실력 행사가 가능한 국가공직이나 이런 쪽으로 쭉 발전 하다가, 갑자기 관재구설 등에 휘말려서 남편이 옥중으로 가 버리는 경우가 있다. 그 이후에 빨리 재기 발달을 못하는 그런 케이스들을 제가 많이 봤어요.

그래서 이 때 꺾였나? 안 꺾였나? 하는 것을 잘 보시라는 거예요. '壬辰 日柱의 여인이 왔다.' 그랬을 때에는 '大運의 官이 흐트러졌는가? 흐트러지지 않았는가?'

그런데 大運의 영향도 있지만, 어떤 급락성 때문에 나쁜 運이 벌써 진행이 되었을 때에도 멀쩡하다. 최고 잘 나가고 있을 때가 많다. 최고 잘 나가고 있는 그 자리에서 사회적으로 물의를 일으키는 일들이 터져 나와 갑자기 추락하는 일들이 다발한다.

남자를 기준으로 하면 배우자 자리도 되고 자식의 자리도 된다. 그래서 자식의 운세 변화가 급격할 수 있다. 時에 甲辰은 이 자체도 白虎大殺이다. 白虎大殺의 작용도 魁剛만큼 폭이 크지 않더라도 운세의 어떤 급변이 다발한다는 뜻인데, 食神과 偏官이 같이 있다는 것은 말년에 의식주에 별 문제가 없는데, 말년에 호랑이를 만났다 함은 노인이 호랑이를 만난 것이라 의식주는 무난하더라도 질병의 위험이 있다.

건강 이런 쪽에 문제가 생기는데 주로 신체 거동의 불편함이 아니면, 정신과적인 질병 등도 많이 생긴다. 왜냐 하면 노인들이 호랑이를 보면 놀라거든요. 갑자기 벙어리가 된다든 지 하는 식으로, 그러니까 질병의 요소로 인해서 운세 급락의 인자가 잘 발생한다.

그게 잘 조화가 된 것이 그 〈임기용배〉이다. 壬이 용 辰자를 잘 올라타고 있는 모양의 格 이 있다. 여러분들이 正格, 特殊格을 뒤져 보면, 잘 올라타면 魁剛을 만난 것처럼 남들이 가 지지 못한 능력을 엄청나게 발휘하다가 갑자기 꺾이기도 하지만, 잘 가다가 굴곡을 겪는 이 런 인자를 만난다고 보시면 됩니다.

이때까지 저는 오리지널 〈임기용배〉는 한명도 못 만났습니다. 비슷한 사람은 봤어요. 비 슷하게 龍이 거듭하여 있는 거죠. 용띠에 용달에 壬辰이다는 식으로….

거듭되는 龍을 본적은 있는데, 옛날에 格의 분류가 어떻게 보면 特殊格으로 분류는 했지 만 좀 지나치게 명분론에 치우쳐서 格을 삼았다. 한사람을 예를 들어 모든 걸 다 이렇게 해석 하는 기준을 삼을 수 없기도 하지만, 우리가 많이 경험했던 것을 보면 실제로 壬辰 日柱같은 경우에 여자들 특히, 서방님이 잘나간다. 물론 偏官의 일반적인 속성에 들어가지만 그 폭이 남들보다 훨씬 크다라고 하는 면에서 현실적으로 입는 데미지가 크다. 작년에도 그런 경우가 있었다. 壬辰 日柱 여인에게 戊子年이 오니까 이 子가 辰을 확 허물어 버렸다. 허물어져 버림으로써 조금은 객관적으로 볼 때 억울하기는 하지만…. 죄를 지은 게 없다고 갔는데 상대방이 '돈을 줬는데요.' 이러니까, 공직에 있는 남편이 실력이 있는 공직이었고 통장에도 근거가 없고, 아무 근거도 없는데 상대방이 줬다고 계속 우기니까 결국 못 나오더라고요.

아직도 못 나오고 있는데 이제 억울하니까 남편이 항소를 해서 대법원까지 가야 되는데 일심, 이심에서 一年을 받았으니까 이미 7~8개월은 구치소에서 보낸 거죠. 형이 확정되기 전까지 구치소에서 붙들려 있었기 때문에 형 확정 받고 한 3~4달 있으면 나오는 것이죠. 그런데 다시 항소, 항고를 하려면 골치 아픈 거예요. 그러니까 이 子運에 그런 일이 생기더라. 그러니깐 羊刃에 의해서 남편을 뺏긴다는 별도 되고, 또 여러 가지 재물이라든지, 사회적인 어떤 좋은 어떤 것들을 잃어버리는 작용이 오더라는 거죠.

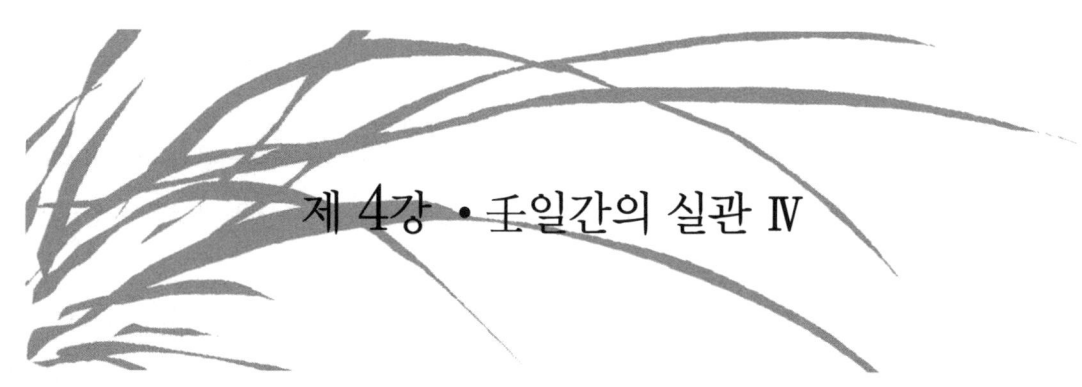

제 4강 · 壬일간의 실관 IV

壬 – 辰 / 운의 해석

運의 해석에서 辰 大運, 그러면 보통 辰戌丑未는 이중성이 발생한다. 지금 대체로 보니 陰의 기운이 좀 더 강조된 모양이니까 남자들은 入墓로, 入墓는 대체로 엎드려 있는 상태, 수 그려 있는 상태, 자기를 잘 드러내지 않으려는 상태, 변화가 작은 조직이나 조직 일에 가담하여 사회활동을 구하니 큰 무리는 없더라 하는 거죠. 꾸준히 기반을 다지더라. 대신에 외부적으로 폼 나는 일을 하면 반드시 문제가 있다. 偏官의 그 일반적인 뜻을 따라가 버린다. 그러면 소문난 잔치에 먹을 것이 별로 없는 모양으로 다가오죠.

여인은 기본적으로 陰의 기운에 에워싸여 있고 밖으로는 陽이다. 5陽之處이면서 수시로 陰으로 변색된다. 偏官이라는 것은 대체로 사람을 많이 상대하는 일을 통해서 보상을 받기는 하지만 굴곡이 생긴다. 그 다음에 용띠 해에는 대체로 자기가 고개를 숙이고 있으면, 임금님 앞에 내가 절을 하고 뭘 받는 게 되는 것이므로 명예의 상승이 된다. 龍 마크를 받는 거니까. 대체로 이런 것으로 보는데, 나이 든 사람들이 자꾸 엎드리면 自坐入墓가 되어서 건강 불안이다.

壬 - 辰 / 男女

남자는 수시로 龍이 陰의 작용을 일으킴으로써 길조의 여러 가지를 동반하니까 결국은 대체로 긍정적으로 잘 쓰는 경우가 많고, 여인은 사회활동에 따른 보상은 받더라도 인덕은 제대로 못 받는 환경을 잘 만난다.

그래서 보통 여인들은 사람을 상대하는 접객성이 있는 일이든지, 사람을 많이 상대하는 대민적인 일을 한다. 주로 食傷과 무리를 지어 쓰면 건축이다. 건축, 장식, 패션, 꾸며서 장식하는, 龍의 비늘을 붙이는 일이다. 그래서 장식, 패션 인테리어 쪽에 관련된 일을 하게 되는데, 결국은 개인적인 보상이 이렇게 자꾸 굴곡이 생기는 과정이 오더라.

壬 - 辰 / 綜合

종합적으로 봐서는 길조도 있지만, 흉조도 남녀 간에 쓰는 차이를 두고 왔다 갔다 하더라. 그런데 다른 글자에 비해서는 긍정적인 인자가 많으니 평균적인 것보다는 조금 좋다고 보면 된다. 여기서 항상 유심히 볼 것은 辰에 子가 와서 亥子丑 水운동에 의한 활동성 둔화, 寅卯辰 木氣에 의한 土의 작용 훼손, 巳午未에 따르는 고유의 土의 작용은 유지, 이렇게 구간별로 龍은 조건 따라서 자꾸 자기의 기운이 왔다 갔다 쏠린다. 이런 것을 전제로 해서 해석을 해야 한다.

壬이 巳를 볼 때

時	日	月	年
	壬		
	巳		

그림 1

六親상으로 偏財면서 天乙貴人이 붙는다. 안에 庚金이 長生하고 있다. 이 뱀 巳자를 보는 순간에 또, 偏官 戊土도 祿地에 앉아 있다. 그러니까 官印 자체가 地藏干에 깔려 있고, 天乙貴人이고 偏財고, '대충 좋겠네!' 답은 나오죠.

壬 - 巳 / 12運星

12運星 상으로 자체로 絕地.

壬 - 巳 / 他六親 12運星

他 六親에서 偏財 丙은 祿地에 해당하고, 正財 丁이 旺地에 걸려들고 그 다음에 偏官 戊도 祿地에 걸린다. 祿, 正官 己는 다시 旺地에 간다.

그래서 財星, 正財, 偏財 正財 전부. 그 다음 偏官, 正官, 다 財官이 글자 하나에 세력을 가지고 있다. 壬 日柱에 巳자가 하나가 있어도 무엇을 할 수 있다? 먹고 살 수 있는 조건인데, 한시적으로 가담을 하느냐? 조건이 있는 차이로 가담을 하느냐? 그 차이는 있더라도 그거 하나만으로 '우리 동네 가면 진짜 물건 싸게 파는 마트가 있거든요! 그죠?' 하는 식의 똑같은 효과를 갖는다.

그리고 직장도 마찬가지로 내가 가기 싫어서 안 가는 것이지 언제든지 내가 출근할 곳은 있다. 오라는 곳은 있다 하는 것이, 財官이 무리 지어서 다 짝을 이룰 수 있게 八字 내에 드러난 거죠.

그래서 하다못해 이런 경우에는 본인이 아무리 命이 身弱해서 게으르기 짝이 없는 그릇일지라도, 우리 삼촌이 누구 아니냐?! 그래서 놀아도 뭐는 준다? 생활비는 준다. 이런 식의 조건이 부여되어 있는 것이 뱀 巳 자입니다.

질문
길조···. 길조들은 보통 해당사항들이 좀 없습니까?

답변

좋은 것은 뭐 좀 해당사항이 없는가 봐요. 전부다 아이 씨! 이러면서 좋겠다 이러면서.

그래서 八字에 아무리 命이 身弱해도, 저런 게 있는 사람들은 어디에 드러나 있다 하더라도, 자기가 어떤 문제가 생겼을 때 해결을 받을 수 있는 존재가 가까운 어떤 六親이나 가족 환경에 놓여 있다 이렇게 보시라는 거죠.

더욱이 그 사람이 偏財나 偏官의 세력을 가지면서 天乙貴人이잖아요. 貴人이라는 것은 실질적인 힘의 발휘에 있어서 보통 사람들보다 월등하다는 뜻도 되고 또, 경제적인 어떤 능력 발휘도 훨씬 크다라는 뜻이기 때문에 단위를 키워 주는 작용이 있죠.

질문

冲을 맞든지, 한 반 정도 삭감하든지 그런 것은 없나요?

답변

冲을 맞더라도 조건부로 써야 되는 거죠. 우리가 볼륨을 업 시켜 주는 寅巳申戌에 걸려 있잖아요. 파워풀…. 세상을 보니 참 고르지 않은 것이라. 좋은 것은 한쪽으로 몰아넣고, 안 좋은 것은 안 좋은 것대로 있고.

冲을 맞는다면 冲을 만든 조건 驛馬星으로 쓰든지, 刑을 만났다면 刑의 조건이 섞였을 뿐이지, 그 역량이 완전히 없어지는 것은 아니다.

질문

저런 八字에 개띠가 되면 무기가 2개가 있는 것으로 봐야 됩니까?

답변

元嗔도 되고 戌이 와서 간섭해 버리면 巳의 역량도 삭감되고, 戌의 역량도 삭감된다. 살아가면서 처음에는 어디에 근무했다가, 국정원에 근무했다가, 그 다음에 한국은행에 와서 근무한다 하는 식이죠.

그런데 거기서 둘 다 안정된 모양으로 지낼 수 없었다. 이런 것이 결국 元嗔의 해로움이 되는 거죠.

질문
좋은 곳은 다 가 보네….

답변
그래 좋은 곳은 다 가보는 거죠. 八字에….

질문
선생님 옆에 亥가 있으면 驛馬로 쓰면 됩니까?

답변
그렇죠. 驛馬殺로 쓰면 되죠. 驛馬殺로.

질문
卯日柱가 亥月이면….

답변
예예예….

질문
辰巳가 되면...

답변
예예. 이 例하고는 다릅니다만….

時	日	月	年
丙	丁	辛	壬
午	丑	亥	寅

그림 2

이렇게 되는데 (丑-亥) 이 둘이 隔角되죠? 그 다음에 官印이 소통되는데 범띠를 둘렀잖아요. 범의 印星이잖아요. 그리고 寅이 그 다음, 亥水가 위아래 바꿔 솟구쳐 있다. 이렇게 唯一로 국립, 국가와 관련된 여인이다.

이 八字가 젊은 날에 관인 소통이 기본적인 형태가 되어 있잖아요. 그런데 약간 모양새가 조금 꼬여 있죠. 꼬여 있어도 자기가 속해 있는 조직의 무늬로, 무늬는 壬水, 亥水를 계승하고 官印소통을 間隔. (丑-寅)이게 조금 떨어져 있어도 官印 소통이 되어 있는 모양이죠. 이 八字에서 이제 大運이 훼손이 없으면 大運에서 삭감을 안 했다. 삭감을 안 하면, 삭감을 조금씩 하는 運을 지나갔다 해도 원래 八字 안에 있는 글자들을 그대로 따라간다. 그래서 전공을 원래 행정직, 그 자체도 되지만 이 丑 글자와 寅이 전체적으로 간섭되는 大運이 어디로 가느냐 하면,

戊 己 庚　大運
申 酉 戌

財 大運으로 가버린다.

天干에는 食傷의 간섭으로 언론, 어학, 예능이 가능한데 이 경우에는 예능을 한 것이죠. 미술을 전공했고 생긴 모양이 (亥-壬)로 일부러 따져 묻지는 않았는데 대부분 다 서울대학이죠. 아니면 나라이름을 따온 고려, 한양 대학이다.

歲運에 따라서 간섭을 더하고 덜 받고 있겠죠. 歲運을 펼쳐 봐야겠지만 그것이 주제가 아니니 일일이 체크하지 않겠지만, 그것을 전공한 다음에 언론사예요. 언론사인데 국가 언론. 국가 언론 아니면 나라 이름을 딴 거니까 조선. 그런데 국민도 있는데 왜 조선이냐? 범표양말 이것이 壬이라고 하는 게 유일성 일등이라는 뜻으로 국가, 국립 그 다음에 범표는 권력

성이다. 그런 것에 무조건 무늬를 따와 가지고 있다. 조선일보 이런 곳으로 간다.

그러니까 마찬가지로 壬자의 속성을 드러내는데 이 유일성을 가진 壬자가 힘 있는 곳에 지금 머물러 있는 거잖아요.

八字 내에 巳午未가 무리지어 있어서,

時	日	月	年
丁	壬		
未	午	巳	

그림 3

이런 식으로 놓여 있으면 보통 帝旺, 帝旺이면서 개인적으로 强弱을 따지면 弱이다. 그래서 이것을 금융권으로 치자. 금융권인데 印星의 투출이 없으니 제2금융으로, 官印 소통이 매끄럽지 못 하기 때문이다. 또는 유통 분야로 유통 또는 대규모 무역이죠. 午 말이 팡팡 날아다니는 거예요.

날아다니는 財貨. 그리고 뭐냐면 財星 자체가 득세를 했으니까 대규모 유통 또는 무역을 하고 있는 조직 사회에 자기가 약한 벼슬을 하고 있을 때에는 무리 없이 가는데 그 조직의 속성은 파워풀하다.

그래서 이 양반이 검수를 하든, 뭘 다루든, 이 물건을 가지고 체킹을 한다면 한해 결제가 몇 백억, 몇 천억 하는 식으로 큰 단위로 온다는 거죠.

그게 사인이 몇 백만원, 몇 십만원씩 천 번 해 봐야 이 양반 사인 한 번에 안 된다는 거죠. 그래서 巳는 머슴이 되더라도 큰 곳에서 머슴이 되는 거죠.

壬 - 巳 / 吉凶

吉凶적으로 보면 吉兆는 대체로 건강에 대해서는 水가 자기의 성질을 많이 잃어버리고 일복에 많이 노출되는 거죠.

그럼으로써 건강에 대한 불안은 1 정도로, 길조는 8~9, 偏財는 1, 2다. 대체로 남자는 한 곳에서 正財를 에워싸지 못하는 고충이나 애로가 따른다. 正財를 에워싸지 못하는 애로가 따름으로써 여인은 대체로 富家貧人이다.

부잣집에 머슴 格으로 자신이 자꾸 일을 해야 하니 남편이 동업을 하더라도 남편의 번영을 내가 돕게 되는 환경에 있어, 개인적인 보상을 이루는데 세월이 걸린다. 이런 것들이 답답한 거죠. 남들은 엄청나게 좋게 봐 준다.

壬 － 巳 / 年月日時

年

年에 巳가 있을 경우 天乙貴人이죠. 偏財星이 있다는 것은 祖父의 큰 경제적 번영으로 巳 자라고 하는 자체는 남의 눈에 六陽之處니까, 눈에 띌 정도의 경제적인 번영이 있었던 조상 인연이겠죠. 그러나 결국 寅申巳亥의 속성에서 구체적인 혜택은 제한적이다. 다른 글자에 비해서 여러 偏財라든지 食神등의 간섭. 비교적 巳는 혜택을 좀 더 보는 모양이 많더라.

月

그 다음에 月에 있는 巳는 말 그대로 月 偏財인데, 이것이 변색이 잘 돼요. 그러니 왕창 받을 줄 알았는데, 실제로는 많이 못 받고 조금 받는다. 이런 식으로의 혜택이 많은 거죠. 그리고 경제적인 힘이든 정신적인 역량이든 어떤 貴人 부모 인연은 맞겠죠.

日

구조적으로 태어난 날은 없는 것이고.

時

巳는 乙巳가 된다. 乙巳의 時에 傷官, 偏財 등은 말년의 금전 활동이 되겠죠. 그 다음에 자식 자리에 貴人이 있으면 자식이 신분적으로나 사회적으로 유능한 사람이거나 유명한 사람이 될 수 있는 인자다. 傷官이 득세했다는 것은 대체로 딸의 발복, 발전, 발달이 대체로 빠르다고 보면 된다.

그 다음 대체로 말년에 부지런히 움직인다는 것은 건강에 관해서 불리한 인자로 작용합니다. 건강 유의를 요한다. 별무리가 없죠. 그런데 어느 쪽이든 하나라도 드러나는 것이 좋습니다. 月에 있든 年에 있든, 없는 사람보다는 훨씬 낫다.

壬 – 巳 / 운의 해석

運의 해석에서 직업 연결의 분야라고 할 때는 금융, 재무, 유통, 특수행정 그리고 폭발물 취급 등이죠. 취급이기 때문에 가공이나 제조를 한다면 무시무시한 물건을 취급하거나, 간섭하는 자에 따라서 가공도 된다. 그래서 무기도 되고 연료도 되고 무시무시한 물건으로 또, 약도 되겠죠. 한방에 보낼 수 있는 약 이런 것들의 제조, 취급, 가공. 그래서 보통 사람들이 다루기 어려운 것을 다루고 사실은 경제적인 보상의 기회가 훨씬 더 많다고 보면 됩니다.

그 자체 驛馬로써 잘 쓰니까 驛馬 관련 분야, 주로 뱀의 뜻을 가장 잘 계승하고 있는 것이 통신, 항공, 전기 등이다. 전기도 한방에 가는 것이죠.

壬 – 巳 / 운의 해석

巳 大運은 활발한 활동이죠. 누구든지 巳에 이르면 천지만물이 환하게 밝아져 있어서 잠을 자지 못한다. 잠을 자지 못하면 움직일 수밖에 없다 그래서 활발한 활동을 이룩하는데 그 자리가 偏財고 天乙貴人이어서, 그 단위가 크거나 폼 나는 것을 다루게 되는 환경에 나가게 되는 것이죠. 그런데 결실의 매듭을 완벽하게 짓는 것은 아니다. 미정은 아니지만, 워낙 더운 기운이 많이 펼쳐져 있으니 결실 매듭의 인자는 미약하다. 그래서 富貴貧賤이 크게 뒤바뀌는 경우가 드물어요.

그래서 왕성한 활동을 하고 외부적인 활동 무대가 대체로 넓혀지는 환경을 주로 많이 만나는데, 어떤 富貴貧賤이 완벽하게 정해진 모양으로는 잘 가지 않는 이유가 결실 매듭의 인자가 약하기 때문이다.

歲運에서 여인은 巳가 결국은 陽운동으로 가장 화려한 곳으로 끌고 가서, 巳酉丑으로 변해 버린다. 그래서 자꾸 남편 덕이 오는 척 하다가 중간에는 깨갱하고 변색을 잘한다는 거죠. 물론 흘러 들어오는 방향성에 따라서 차이는 있겠지만, 大運이 辰巳 大運을 지나올 때 辰運을 거쳐 오면서 벌써 辰運의 중반부부터 뭔가 陰의 해로움에 당하고 있고, 巳 大運에 들어와서 결론이 나는 경우가 많거든요.

거꾸로 午에서 巳로 들어올 때 계속 陽運인 줄 알고 왔는데, 이 巳가 변색을 하기 시작하면서부터 남자나 배우자로부터 배신을 당하는 고통을 동반할 수 있다. 그래서 巳運이나 辰運 초의 부분에서 보통 부부 이별이 잘 일어나죠. 배신도 이제 여러 가지인데, 갑자기 병이 걸려가는 것도 배신으로 봐야 되는 것이거든요. 왜냐면 같이 천년, 만년 검은 머리 파뿌리 되도록 맹세해 놓고 약속도 못 지키고 가버렸으니까.

歲運은 보통 왕성한 활동에 따른 경제적인 보상으로 활동무대의 확장으로 봐서, 직장에서 진급이 된다든지 직책이 좋아지는 효과가 잘 발생하죠. 또 天乙貴人이 놀고 있다는 것은 말뚝효과를 조장한다. 오래도록 뭔가 내가 가담해 써먹을 수 있는 그런 일이나 문서 등을 잡을 수 있다.

이런 것들이 이제 보통 巳운에 이루어지죠. 물론 歲運에서도 이제 巳가 제대로 작동되지 않도록 酉나 丑, 申, 亥들이 있으면 그 작용은 반감되지만 일단 기본적으로 이런 작용이 이루어진다.

壬 - 巳 / 男女

男女 吉凶에서 보통 남자는 吉兆나 기본적인 번영을 이룩하는 것이 되는데 보통 未定 때문에 그렇다. 여자는 금전 활동에 대해서는 긍정적인데 반해 배우자의 덕은 변색될 수 있다. 그런데 戊土가 祿이니까 변색이 빨리 되지는 않는다. 巳가 酉라든지 申이라든지 이런 것을 에워싸 버리면 배우자의 덕에 대한 변색 결과가 빨리 나오는 것은 아니고, 서서히 진행되어 그로 인한 고충이 따른다.

壬 - 巳 / 종합

종합적으로 봐서는 남자든 여자든 금전 활동의 기회가 많다는 거죠. 이런 면에서는 긍정적이다. 또 사회적인 성취 보상도 긍정적이다. 단지 여자들은 배우자 덕이 조금 왔다 갔다 한다.

그 다음 남자는 어떤 결실 매듭이 조금 왔다 갔다 한다. 그렇게 하는 기운이 약하다는 거죠. 물론 경제적인 성취는 이루어진다는 뜻인데, 어떤 완벽한 위치, 신분을 확정하는 것에는 방해가 조금 따른다.

질문

선생님! 진도하고는 상관없지만 올해 윤달이 들어 있어서 들어 오는 질문들 중에 좋은가 안 좋은가…?

답변

사실은 학문적으로 별 근거가 없는 질문이죠. 이제 달력의 曆法을 몰라서 그런 건데 윤달이라고 하는 것이 일종의 置閏法치윤법이다. 置자가 둘 치자로 윤달을 매워 넣는 방법인데…. 먼저 치윤법의 원칙은 정하기 나름이에요. 역학적으로 한해의 기준을 삼는 것은 節氣죠. 節氣, 閏節 이런 것들이다.

立春이 두 개라는 이런 건 못 들어 보셨죠. 그 節氣는 그냥 고정 되어 있는 거죠. 거기서 우리가 陰曆 같은 것을 보면 29.51, 약 29.51의 朔望삭망. 그믐과 보름이 왔다 갔다 하게 되니 그믐과 보름이 29.5에 달해 1年에 × 12 하면 약 열흘이 모자라요. 10일 내외 정도가 부족한 거죠. 그래서 10일이 모자라니까 3년째에는 치윤으로 메워주는 거죠. 공달을 메워서 그 절기와 달력과의 왜곡을 바로 잡아 준다는 거죠.

질문

학문적으로…?

답변

그것은 장자나 장손의 띠를 기준으로 장손이 예를 들어서 돼지띠로 亥生이면 올해 丑年

이 왔잖아요. 그러면 해가 움직이는 기운이 왔잖아요.

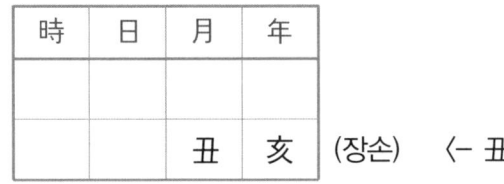

時	日	月	年
		丑	亥

(장손)　〈- 丑

그림 4

이럴 때에 年月日時가 있으면 亥, 이게 장손의 조상이잖아요. 장손의 조상 자리에 隔角이 왔잖아요. 그래서 亥 여기에 冲이 오거나 隔角(巳, 酉) 이런 것들이 오면 장손이 근거지를 옮긴다는 말인데, 본인이 실제로 움직인다는 말은 조상과의 조정 요소라는 거죠. 본인이 가만히 있다는 말은 "조상 니가 움직여라." 이거죠.

이런 것들이 발생하든지 가벼운 刑이 발생할 때에는 墓를 손볼 일, 족보를 손을 보는 일 등 가볍게 손을 보는 일들이 다발한다. 그래서 올해 丑年에 墓를 이장하거나 손 볼 일이 많다는 말은 장자나 종손이 亥卯未생이라고 보면 된다.

그 다음에 나머지 생들은 부분적으로 뭐 하나만 옮긴다.

질문
亥卯未 생이면 확실하게 옮겨도 되는 상황이…?

답변
그렇죠. 올해 달의 중복은 丑자리에 부모가 놓여 있다는 것인데, 그 자리에 丑을 가한다는 말은 리메이크 해준다. 다시 보상을 해 준다라는 뜻이기 때문에 올해 같은 경우에는 亥卯未, 巳酉丑에 리메이크 또는 이동….

그래서 이건 구조적인 해석이죠. 이게 六親이다 뭐다가 아니고 이미 年이라고 하는 것은 화분이라고 했잖아요.

그 다음에 줄기는 부모요, 나는 지엽에 매달린 꽃이요, 결국 결실이라는 것이 자식이다. 이렇게 보기 때문에 화분이 불안, 동요 한다는 말은 전체적으로 조상과 나의 위치에 조정을

그림 5

가한다고 보면 되는 거죠.

　그래서 올해 같은 경우에 亥生들이, 亥卯未생들이 자연스럽게 할 일이 자꾸 생겨요. 본인이 원치 않더라도 개발이 되어버린다든지, 땅이 수용이 된다든지 이런 식으로 해서 자꾸 생겨난다.

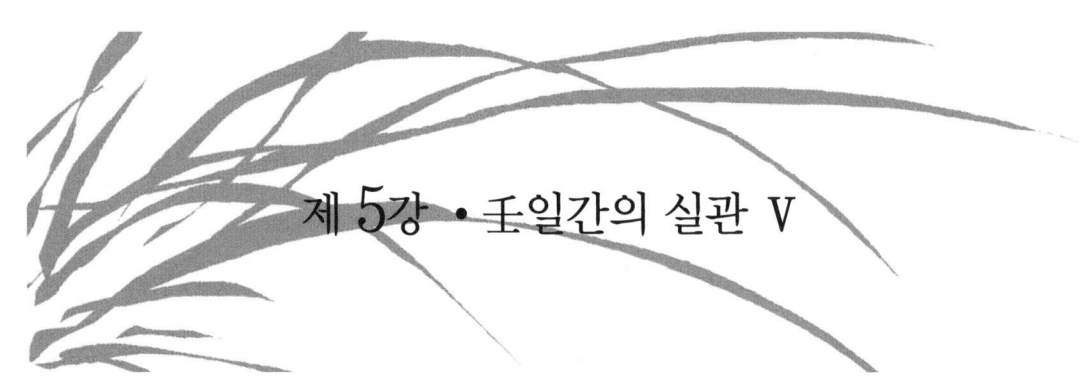

제 5강 • 壬일간의 실관 V

壬이 午를 볼 때

壬 - 午 / 六親

壬이 午를 보면 六親상으로 正財면서 자체 안에 己 地藏干이 있다. 그래서 土의 정신을 가장 많이 계승하고 있는 것이 午 중에 있는 己土와 地支의 未인데, 壬, 午를 크게 보면 大 陰陽이다. 金水가 陰에 속하고 木火가 陽에 속하고, 또 글자 자체로써 陰陽, 자기는 陽에 속하고 六親상으로는 陰에 속함으로써 결국 正財가 이루어지는 모양이다.

이렇게 짝이 좀 이상적으로 잘 맞아 있는 그런 모양이다. 午중에 있는 己土 작용 때문에 官星이 드러나지 않았다 하더라도 상당히 세력이 있고 좋은 官星을 안고 있는 것이다.

格에서 보면 財官雙美格이라고 '財星과 官星이 두 개 다 地支에 있으므로 상승 작용을 일으킨다.' 인데, 財星도 강하지만 官星도 강한 癸巳 日柱하고, 壬午 日柱가 財官雙美에 들어가는 형태다.

壬 - 午 / 12運星

12運星 자체로 보면 胎地에 해당한다. 胎地로 보면 財官이 득세해 가지고 있는 모양이 됨으로써 결국 五行적인 대세는 胎가 되는 거죠.

壬 - 午 / 他 六親 12運星

他 六親에서는 偏財인 丙이 旺地에 들어가고, 正財인 丁이 祿地에 들어가고, 偏官 戊가 旺地에 들어가고, 正官인 己가 祿地에 들어가 있어서 財官이 모두 祿, 旺地에 놓이는 구조를 가짐으로써 壬이 午 하나만 쳐다봐도 그것을 항상 짝지어 쓰는 긍정적인 작용을 일으킨다.

壬 日柱가 午 하나만 쳐다보더라도 그것을 세상살이에서 다양한 결과나 보상을 이루는 인자로 결국은 쓰게 된다.

壬 - 午 / 吉凶

좋고 나쁨을 따진다고 하면 吉이 9~10까지, 凶이 1 정도로 財多身弱이 되어버리는 경우가 있겠죠.

時	日	月	年
丁	壬		
未	午	午	

그림 1

壬이 午에 月에 이런 식으로 해서 地支에 財官이 너무 강하게 무리를 짓는 저런 패턴들은 財多에 身弱이 되어서 富家貧人으로, 부잣집에 가난한 사람이다. 실제로 여자들은 媤家가 財星이 기본 득세를 했으니, 媤家가 경제적으로 사회적으로 번영하는 곳인데 자기가 어떤 결재권을 마음대로 장악하지 못하므로 부잣집에 가난한 사람이 된다.

남자들은 보통 가족 중에 안정적인 사업을 한다든지 규모 있는 사업을 하는데, 거기에 자기가 거의 머슴형태로 활동을 하게 되는 그런 모양을 주로 많이 갖죠. 남자들 중에 거의 셔터맨들이 많아요. 그래서 마누라가 장사나 사업을 잘하고 있고 개인적인 보상이나 발전은 별로 흡족하지 못하게 세월은 흘러가지만, 자기가 독립적으로 일을 하면 일이 또 잘 안돼요. 그게 참 희한하죠. 그래서 평생 마누라 말 잘 들어라. 이런 패턴들이죠.

특히 壬午에 걸리면 申酉 印星이 空亡이 된다. 印星 空亡이 됨으로써 결국 결재권을 장악하는 힘이 많이 떨어져 버리니 보통 배우자와 동업, 부인과 동업을 하는 장사들은 잘 되는 편인데 처가 모든 권한을 쥐는 모양이 되는 것이다.

壬 - 午 / 年月日時

年

年에 午가 출연했다는 것은 대체로 그 재물 번영의 조상 인연이라고 보면 된다. 재물 번영은 조상 인연이고 보수성이 짝을 지었다는 것은 보수성, 수구성을 의미하는 것이죠. 소년의 금전, 의식주 환경은 吉하다.

月

月에 午가 이르게 되면 말 그대로 正財格이다 正財格으로써 부모의 혜택이 크게 원만해지는 어떤 과정을 보통 만나게 되고 직업도 부모의 선택에 의해서 많이 만들어진다. 부모의 선택에 따른 직업 연결이 가장 많죠.

그러니 현대 사회에서도 가업 가담의 10 케이스 중에 3 케이스 정도는 될 정도로 부모의 혜택이 따른다. 이런 케이스를 몇 번 봤는데 대강 그렇게 현금으로 환산해 보니 옆에서 약간 삭감이 되었을 때 한 50억, 반듯하게 생겼을 때 한 100억 정도 받더라. 거기서 도와 주는 인자가 더 많으면 상승효과를 주겠죠.

日

일에서는 그 자체로 壬午가 되고 보통 배우자 덕이 대체로 원만하다. 간혹 이런 명조를 가지고 있는 여자분들이 물으러 오면, 잘난 서방 때문에 피곤해 죽겠다, 너무너무 사는 게 따분하고 지루하다는 유형들입니다. 그러니까 소위 못 가진 게 없다는 뜻입니다. 서방이 못 났나? 금전적으로 자기가 쓸 돈이 없나? 살아가면서 그렇게 크게 어려움이 없는 구조인데, 그 자체가 지루함과 정신병으로 간다는 것이죠.

사는 것이 너무 재미없다면서, 그렇다고 자기가 힘든 일을 감당할 수 있느냐? 그것도 아니에요. 너무 완벽해도 꿀 먹은 벙어리… 할 말이 없는 거죠. 살면서 크게 재미날 일도 없고, 뭔가 크게 채워져 버렸기 때문에. 이런 패턴을 가지고 있는 사람들을 보면 우리하고 상담할 때에 보통 부귀빈천을 많이 따져주니 이야기꺼리를 많이 파생 안 시키고, 괜히 스님들한테 가 가지고 묻고 있다니까요. 사는 게 뭔데요? 하면서, 스님들하고 인생 이야기를 한다. 뭐 인생살이가 이러니저러니 이렇게 한참 하는데, 실제로 해결능력은 본인에게 채워져 있기 때문에 갖고 있는 것이지, 이 子를 가지고 있어서 羊刃을 안고 피나게 열심히 할 수 있는 형은 아니다.

그러니까 이게 답답하다고 할 수도 있는 거죠. 이 자체로 午 중에 있는 丁火 하고 스스로 暗合이 잘 된다. 그러니까 자체 일지에 그 暗合者가 발생하면 자기 마음이 오락가락 한다니까요.

질문

日柱에 自化干合이 있을 때는 다 그래요?

답변

예. 自化干合이 있을 때…. 그런데 이런 경우에 못 채워진 사람은 괜찮아요. 뭔가 못 채워진 사람은 왔다 갔다 하고 싶은데, 틈이 나면 자기가 해야 될 일이 널려 있고 해결해야 되니까…

그런데 이제 이렇게 채워져 있으면서 自化干合을 하고 있으면 자기 마음이 스스로 오락가락 하는 거죠. 일종의 환몽의 세계, 우주가 이러니저러니 소리를 해 싼다니까요.

그런 사람 간혹 볼 수 있을 겁니다. '등 따시니까 배부른 소리 하고 자빠졌네!' 그런 사람 있잖아요. 뭐 우주가 이러니 저러니 당장에 살아가는 데 필요한 여러 가지 과제가 있으면 그런 생각 안하죠.

그래서 특이한 취미를 갖는다든지 이런 것들이 이렇게, 자체로 午 중에 있는 丁火와 自化干合이 되어서 水와 木으로 왔다가 갔다가 하는 경우에 그런 작용이 오더라는 거죠.

그래서 제가 두 번 정도 쫓아 보낸 적이 있어요. 우리 집에 오지 말고 저 산에 가서 스님하고 인생이, 우주가 어떻다, 스님하고 이야기 하라고.

時

그 다음에 時가 午時에 걸리면 丙午時가 되죠. 보통 이제 偏財의 출연이라고 하는 것은 말년에 활발한 금전 활동을 의미하고, 偏財의 속성상 이 사회를 위해서 보통 재물 희사를 하는 인자가 발생하더라.

묘한 점은 이제 설명을 붙일 수 있지만 印星 空亡의 인자들 때문에 남의 입장을 고려하는 힘이 많이 떨어진다. 자기가 정한 원칙대로 배려는 해 주되, 결국은 뭔가 목적을 달성하기 위해서 印星을 버린다. 즉 때로는 도덕을 버린다. 이렇게 뻔뻔하게 하면서도 뭐가 잘못되었다고 생각하지 않는다.

이 地支에 食神이 寅이나 卯, 天干으로 치면 甲이나 乙이다. 이것이 五行적으로 寅이 午를 만나서 甲이 午에 死하는 것처럼 세력이 약해진다. 甲木도 마찬가지고 乙木은 傷官이 이제 長生을 띄우는 모양인데 午하고 卯 차이는 六親상으로 破가 되거든요. 그런데 대체로 이런(甲,寅,卯) 글자들이 午에 안정된 모양이 아니기 때문에, 보통 자기는 괜찮지만 자식 걱정이 이래저래 많은 모양이 運命적인 특성으로 드러난다.

그러니 이 세상을 살면서 다 좋은 게 있을 수는 없는 거잖아요. 다른 글자에 뭔가 허결함을 가지고 오는 건데, 그것 때문에 만날 골치다. 아이 때문에 만날 골치다 하면서도 정작 자기가 채워져 있으니 그것을 적극적으로 해결하는 행동 등은 잘 못하더라. 대부분은 그것을 이제 금전적인 힘으로 '저놈 저렇게 하다가 안 되면 돈 물려주고 하면 되겠지!' 하는 식으로의 해결 방식이죠. 그런 해결 방식이 됨으로써 자식의 걱정거리라든지 애를 쓰는 경우가 많더라 하는 거죠.

壬 - 午 / 운의 해석

運의 해석에서 大運에 들어오면 남자와 여자가 쓰는 것은 조금 다르기는 하지만 대체로 경제적인 번영이다. 또 외형의 발전이다. 남자는 왕성한 누라고 하는 것은 짝을 짓지 못하는 것이니, 아주 활발하게 활동을 하는 것이 되겠죠. 여자들은 본인이 활동을 안 해도 배우자라든지 친정 가족들의 활동력으로 경제적인 번영이나 보상이 잘 이루어지더라 하는 거죠.

歲運에서 대체로 현금 재산 또는, 자산의 발전들이 잘 이루어진다.

壬 - 午 / 男女

남자 여자가 쓰는 게 다르기는 한데 남자는 경제적인 번영이나 발전은 이루어지지만 대체로 名高利薄, 陽의 기운이 많이 깔려있다. 午가 名高利薄이다. 소문난 잔치에 먹을 것이 별로 없는 모양으로 계속 지속적으로 외형의 발전 인자를 가지고 있지만 名高로 실속은 없다. 그래도 '그만 둘래?' 하면 '그만 안 둔다.' 하면서 계속 또 달라고 하는 거죠. '正財란 좋은 것이여!' 하면서. 여자들은 대체로 여러 가지 긍정적인 발전인자가 많은데 주변 변동, 주변 혜택 또는 활동을 통해서 그런 것이 이루어지더라.

壬 - 午 / 綜合

종합적으로 금전적으로 봐서는 어쨌든 금전에 대해서는 대단히 긍정적이다. 六親이라든지 건강 등에 대해서는 애매한 것들이 많더라 하는 거죠. 그래서 八字 안에 午가 드러나더라도 그것을 따라 가려고 해요.

時	日	月	年
	壬		
	(申)	子	午

그림 2

壬日柱에 午가 年에 있고 子하고 있잖아요. 그러면 (壬-午)이것을 쫓아가려고 한다니까요. 이게 年에 들어나 있고 일지에 이런 모양이 되어 있다. 그러면 이것을 잡으러 다니기 위해서 그 업태도 거기서 짜지는 거죠. 그러니까 이게 冲이 되어 있거나 여기서 驛馬가 만들어진다. 그러면 驛馬殺을 쫓아 가니 무역업이 되겠죠. 무역인데 正財니까 고정적인 유통 요소가 발생하는 범용성이 있는 것. 기초 의류, 식품 연료…. 이런 것들이 무역업 또는 유통이라 하더라도, 正財의 속성을 따라서 그냥 그대로 쫓아가는 어떤 직업 구성을 이제 따른다는 거죠.

누가 이때 지독스럽게 (申-子)이걸 피하고 싶겠죠. 그런데 이게 완전 껌처럼 붙어 있다. 그러니 이 子 劫財를 만나고 나면 다시 午를 나는 죽도록 쫓아 간다. 실컷 벌어 가지고는 또 분배를 좀 해 줘야 되는 삶의 내용이 만들어지는 거죠.

질문

調候적인 것 때문에 만들어지는 겁니까? 아니면 壬 日柱이기 때문에 만들어지는 겁니까?

답변

調候라고 볼 수도 있는 것이죠. 大陰陽이 채워져 있어, 金水하고 甲이 午를 보고 甲이 未를 봐서 짝을 짓는 어떤 힘보다 壬, 午가 짝을 지어서 하는 것이 훨씬 에너지가, 서로 끌어 당기는 견인력이 엄청나게 강한 거죠.

甲은 기본적으로 陽에 속하고, 未도 干支 상으로는 陰이지만 干支의 순서에 의해서는 陰이지만, 놓여 있는 자리는(寅卯辰 巳午未) 陽운동에 위치해 있잖아요. 그러니까 뿌리를 내리고 있지만 壬이 午를 짝 짓는 것만큼의 陰陽 결합은 아니다.

壬이 未를 볼 때

時	日	月	年
	壬		
	未		

그림 3

未는 지상에서 그 午하고 작용력이 비슷하거든요. 처자인연법을 쓰실 때 있죠? 처자인연법을 쓸 때에도 未生이 아니면 午生을 짝지어 쓰는 방식으로 午하고 未하고 서로 대체되어 있다.

壬 - 未 / 六親

六親상으로는 正官이고, 午의 餘氣가, 丁의 餘氣가 未에 남아 있음으로써 그 午처럼 이상적인 財官이 짝을 지워진 것은 아니더라도, 財와 官星이 무리지어 있는 모양이기 때문에, 상당히 다른 조합에 비해서 짝을 강하게 지으려고 하는 어떤 성향을 갖는다. 그런데 官星이 더 위주가 되겠죠.

壬 - 未 / 12運星

12運星 상으로는 五行적인 대세가 養地에 이른다.

壬 - 未 / 他 六親의 12運星

他 六親에서 偏財 丙은 旺地를 지나 衰地로 들어간다. 衰地는 그래도, 陽干 衰地는 밖으로 세게 드러나 있다. 12運星 상으로 正財 丁은 冠帶地다.

偏官 戊는 마찬가지로 12運星 상으로 衰, 正官 己는 똑같이 冠帶가 된다. 己 자체가 未를 보면 羊刃이다. 帶라 하더라도 陰干으로서의 帶라고 하는 것이 세력이 있는 것이지만, 羊刃의 자리에 앉아 있다는 것은 그 己土가 드러나면 강력한 작용을 하게 된다.

時	日	月	年
	壬	己	
		未	

그림 4

그래서 그 壬 日柱에 예를 들어서 己未月로 되어 있는 경우에 어떤 권력성은 寅巳申戌 이런 글자에 해당하지 않음으로써, 권력성은 약하지만 규모가 크다든지 中央이라든지 상징 성이 굉장히 강한 조직에, 국가조직 사회의 관리자로 성공이 이루어지는데, 印星이 크게 불 안한 모양이 아니라면 고시성 시험을 통해서 관료로서 상당히 크게 성공하는 八字가 되고, (午) 財氣를 未 餘氣에 숨겨 놓고 있죠.

財氣를 안고 있는 것은 주로 財經으로 재물을 다루는 어떤 분야···. 未라고 하는 것은 타 인의 시선이 다 집중되어 있는 분야다.

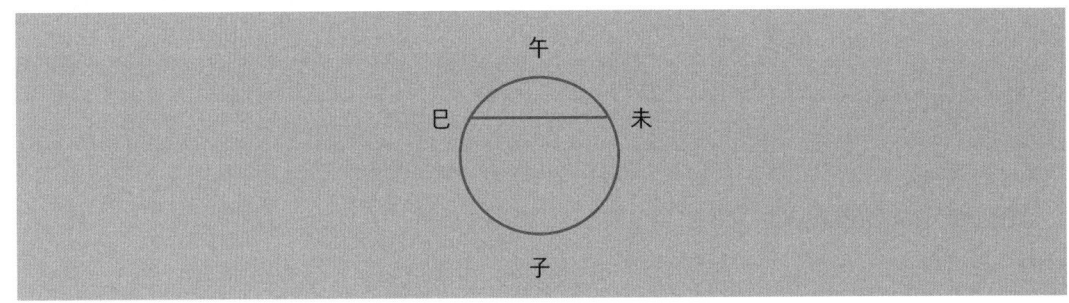

그림 5

未는 이제 공간적으로 본다면 子를 맨 아래로 보고, 높낮이를 본다면 午가 가장 높잖아 요. 그리고 巳午未라고 하는 것이 남들 눈에 잘 띄는 곳이잖아요. 이것을 官으로 쓴다는 말은 자기가 출근하는 직장이 중앙청이나, 자타가 다 공인을 할 만한 어떤 조직사회에 자기가 관 리자로서 발전을 하고 있다고 보면 된다.

壬 - 未 / 吉凶

吉凶론에서 吉이 최소한 8 정도 되고 凶은 食神이 入庫하므로 다른 食神의 入庫보다는 해가 좀 적어요. 왜냐면 大陰陽이 짝짓고 있기 때문에,

"너는 가만히만 있어라! 그러면 다 나온다. 월급도 다 나오고 빵도 준다더라."

그러니까 食神 入庫라고 하더라도 이런 것과 똑같은 거죠. 庚 日柱가 壬水를 食神으로 쓰는데 辰을 만나서 食神 入庫되어 당하는 모양과, 壬 日柱가 甲이 食神 入庫되어서 未에 있는 것과는 달라요. 辰 이 자체가 뭡니까? 庚이 偏印이라고 하는 별을 만나서 활동성이 극히 제약된다. (庚-辰)은 그 자체로 (庚)陽이고 (辰)陽이라 짝이 잘 지어진다.

또 壬은 陽이고, 未는 陰이잖아요. 그러니까 陰陽 짝이 있으면 되는 것이라. 그러면 월급 주고 돈 주고, 먹을 것 가져다 주고 가만히 있으면 되는 식이니까 食神入庫도 그 強弱의 차이가 상당히 많다는 거예요.

그 중에 食神 入庫의 해가 가장 작은 모양은 壬이 未를 만났을 때이다. 食神 入庫도 強弱과 급수 차이가 엄연히 나고 있다.

食神入庫 때문에 받아 먹는 이 경우에는 안 움직이면서도 짝을 지어 받아 먹는 경우가 많잖아요. 그러니까 전형적으로 보면 굉장히 보수성이 강한 공직에 있는 사람들이 이런 패턴을 많이 가지고 있다.

그래서 입장이 곤란하면 '다음에 조치해서 연락해 드리겠습니다.' 하고 입 딱 닫아 버리는 거죠. 그래도 官의 혜택은 자기가 보고 있고, 財의 보상도 받고 있는 식이니까 가만히 있어도 비교적 食神 入庫의 해를 작게 당하는 모양이 되겠죠.

壬 - 未 / 年月日時

年

명예성공의 조상, 오래된 재물.

年에 未가 드러났다는 것은 말 그대로 年에 正官이면서 자타가 공인하는 모양이니, 대체로 명예 성공의 부모 조상이다. 부모보다는 조상, 또 명예성공이 아니라면 午 중에 있는 丙火의 뜻을 계승해서 오래된 재물, 그러니까 오래도록 그런대로 잘 먹고 잘 살았던 재산과 조상이 되겠죠.

그 未라고 하는 자체가 남의 눈에 띄는 것이니 보통 전답이라든지 자타가 인정할 만한 재산과 대체로 인연이 되어 있다. 단 辰戌丑未의 속성상 그 혜택은 제한적이다. 그러면 食神 入庫의 불편함은 발생해 있기 때문에 어렸을 때 성장이라든지 활동성은 제약을 받는다.

月

月에 未는 말 그대로 正官格의 형태이다. 雜氣라고 하더라도 워낙 짝을 잘 지었기 때문에 거의 正官格과 비슷하다. 子午卯酉 正官格 하고 거의 비슷할 정도다. 雜氣라고 하더라도 그 혜택이 正官하고 거의 맞먹는다.

日

자! 그 다음에 일은 구조적으로 없는 것이고...

時

말년 안정성, 재산.

時에 이르렀을 때 丁未時다. 그러면 보통 말년에 안정적인 재산이 들어온다. 말년에 안정성 재산, 보통 실물자산으로 未에 해당하는 임대사업, 이런 걸 많이 하죠.

그런데 未가 생긴 모양이 쭉 올라가다가 깎아 놓은 모양이 된다. 더 올라가지 말라고 이렇게 깎은 모양이 되는데 이게 건물이다. 亥卯未의 木 운동이라고 하는 어떤 기운이 발생하면 여러분들이 건설적인 행위로 보면 된다.

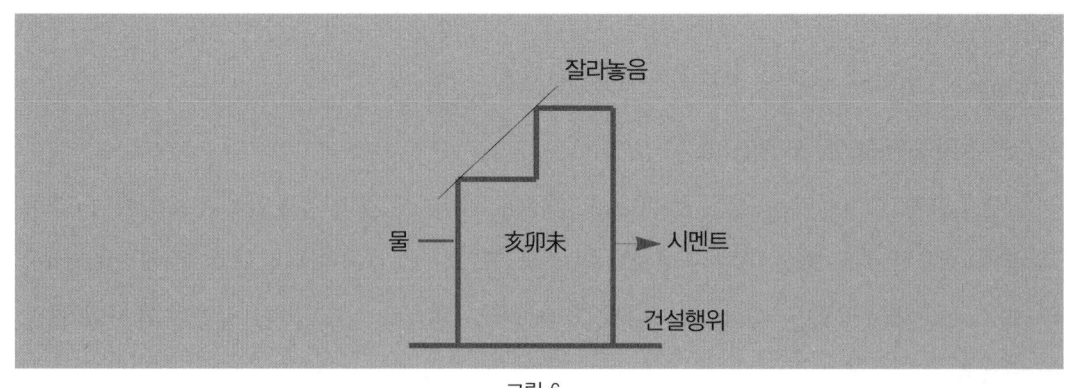

그림 6

물론 이제 未라고 하는 것이 흙의 바탕에서 卯의 운동성을 얻음으로써 未가 시멘트, 亥가 물, 다음에 木운동이다. 亥卯未라고 하는 것이 꾸며서 올리는 것들이 되니. 건설 행위에 많이 걸리기 때문에 주로 건물을 가지고 임대 사업을 하는데, 正財라고 하는 것은 고정적인 임대 소득이 있는 임대 사업 쪽으로 많이 간다.

이런 영감님들 몇 분 아는데 점심으로 칼국수 사 먹습니다. 칼국수 사먹는 사람들 많이 봤습니다. 왜냐면 正財가 時에서 딱 결국 되어 있다는 것은…. 대문 밖의 남자는 八字를 보면 財星과 官星이 대문 밖에 있어, 마누라가 대문 밖에 자식까지 안고 있다. 보통 가정적으로 보면 양쪽 집을 두고 있는 경우가 많다. 그 자식하고 칼국수 먹으면서도 자식이나 대문밖에 부인한테는 끔찍하게도 잘해 준다.

여자 八字는 八字상으로 볼 때 활동을 벌이는 공간이 주로 財官이 무리 짓는 곳인데, 이 壬 日柱에 丁未가 되면 금전 활동을 하는 곳, 財官만이 있다고 해서 무조건 단정 짓지는 않지만, 未 안에 食傷적인 행위가 들어 있어 官星과 食傷적인 행위가 만들어질 수 있는 모양이 되어 있다.

그 食傷적인 행위라는 것은 자식이나 종족번식을 위한 용도를 채울 수 있는 것이 되기 때문에 직장 활동이나 사회활동의 공간에서 어떤 인간관계나 인연을 만든다고 보면 된다. 官星과 食傷이 어울려 있으면 자식 만드는 자리, 자식 만드는 남자잖아요.

壬 - 未 / 운의 해석

大運에서 未大運이라고 하는 것은 기본적으로 명예나 기본 재물이다. 기본 재물의 번영은 이루어진다. 단 남자들은 未定의 인자를 많이 받는다. 부귀빈천이 모두 다 정해지지 않는다. 뭔가 이루고 있는 과정이다. 그리고 폼을 잡으면 껍데기다.

그 다음에 午 大運을 지나서 未로 가느냐? 未에서 午로 올라가느냐 이거에 따라서 조금씩 차이가 난다. 未는 午를 만나기 위한 어떤 과정으로 발판이 될 것이고, 그 다음에 午는 크게 써먹었던 運에서 서서히 힘이 떨어져 잘 망하지도 않고 잘 흥하지도 않는다는 거죠.

그러니까 결국 申으로 들어가기 시작하면 활동 환경이 크게 바뀌고, 금전적인 보상의 형태도 午와 申은 차이가 크다. 그래서 大運이 흘러가는 방향을 조금 챙길 필요가 있죠. 여자는 그렇게 부지런히 움직일 필요가 없다. 주변혜택으로 금전, 의식주 번영은 되겠죠.

歲運에서는 해석을 조금 달리 해야 하는데, 大運은 큰 계절이나 환경 틀 등으로 보고 歲運은 보통 사건이라고 보시면 됩니다. 歲運은 항상 午未申酉로 달려가죠. 보통 未年에 食神 入庫의 행위가 발생한다. 이것 때문에 길조, 흉조가 조금 더 발생한다.

時	日	月	年
	庚		
	辰		

巳午未申

그림 7

庚 日柱는 辰을 만나서 食神 入庫가 되더라도 그 다음에 官星이 들어와서 조금 짝을 짓죠. 물론 比劫이 점점 세력이 강해지는 흐름이지만, 이 중간에 午나 未나 官星이 짝을 짓는다. 짝을 짓는 작용이 이루어지는 반면에 壬 日柱는 甲木 食神이 未年에 入庫된다는 거죠.

申酉戌亥子까지 요즘 의외로 물으러 오시는 분들 제법 있을 거예요. 壬 日柱들…. 壬 日柱들 전부 未의 중반부나 후반부에 食神 入庫의 행위에 가담하죠. 이때 저질러 놓은 것이 丑까지 가야 수습이 된다. 최근에 제일 흔히 있는 모양은 주로 부동산이 午年에 돈이 좀 돌아가니까 만날 봄날인줄 알고 이만하면 됐다고 해서 부담을 안든지, 이 분위기가 지속될 것이라 보고 未年에 저질러 버리는 거죠.

저질러 버린 다음에 申 이때부터 서서히 멍이 들기 시작하죠. 이 때 戌은 庚이 午를 만나서 官星과 짝짓는 모양과는 다르고 똑같이 官星이라도 戌은 偏財 入庫다. 이제 현금 다 말랐다는 거예요. 偏財 入庫의 官星이 되는 것은 이래저래 시달리기 시작해가지고 亥年, 子年, 子年에 거의 눈덩이 많이 맞고 丑, 드디어 올해 죽다 살아나는 과정이 오는데, 그래도 丑까지는 水의 기운이 그대로 쭉 밀고 들어와 있다.

특히, 이 未年에 여러분들이 상담을 해주실 때 조심 하셔야 해요. 이 巳午未에 이제 財運이 잘 돌아가고 未까지는 저게 짝이 되고 하니까, 좋다고 해서 무엇을 진행해라! 그런데 진행을 한 것이 부동산이라든지 장기적인 돈이 묶일 만한 일에 일을 벌인 거예요. 그 이후로 눈덩이 맞아 가지고 요새도 그냥 눈물의 곡절입니다. 壬 日柱 10명 중에 7명이 다 눈물의 곡절이라니까요.

그래서 歲運을 해석할 때 官星이다, 진급이다 이런 것만 하지 말고 보통 조직생활을 하는 사람들은 未, 이 때 未年이나 申年에 새로운 결재권을 줌으로써 감투 발전이나 관리자 발전의 인자가 발생하는데, 결국 食神 入庫의 행위를 함으로써 묶이고 엮여 들어간다. 그래서 未를 볼 때 이 부분을 꼭 생각하셔야 됩니다.

壬 - 未 / 男女

남자는 아무리 그래도 未니까 사회적인 보상을 이루더라도 피곤하게 이룬다. 여인은 수월하게 또는 활동을 하지 않더라도 여러 가지 발전이나 보상을 쉽게 이룩한다. 단지 食神入庫의 해로움은 조금 따르겠죠. 그러니까 자식이 드물거나 그 자식을 기르는데 있어서 여러 가지 방해, 번거로움이 따른다.

時	日	月	年
庚	壬		
戌	午	未	

그림 8

실제로 저게 월령에 해당하면 예를 들어서 壬午에 午가 있고 調候가 조금 실조되는 식으로 있다면, 그러면 地支에 土의 기운이나 火의 기운이 조금 무리지어 있고 食神이 조금 드러나 있다 하더라도, 수태 자체가 잘 안 되어 자식을 낳는 과정에서 여러 가지 어려움을 겪는다. 실제 불임도 많아요.

壬 - 未 / 綜合

종합적으로 봐서는 재물이나 사회적인 명예에 관해서는 상당히 긍정적이다. 길조로 작용하는데 이제 활동성, 건강 이런 쪽에는 흉조가 많겠죠.

食神 入庫는 안 움직이고도 목적을 달성한다는 뜻이 된다. 움직이지 않고 목적을 달성하니 사람이 게을러질 수밖에 없는 것이고, 받아 먹는 것을 좋아할 수밖에 없는 것이다. 결국은 받아 먹는 기운이 많은 것은 어린아이라는 것이다. 정신적으로 어린이 기질이 있다. 특히 공직에 있는 분들 중에 저런 패턴이 있다. 조금만 움직여도 안 되겠다고 그렇게 이야기를 한다. 食神 入庫로써 이미 짝을 짓고 있으니 안 움직이고도 된다는 뜻이거든요. 움직여라 하면 굉장히 싫어하죠.

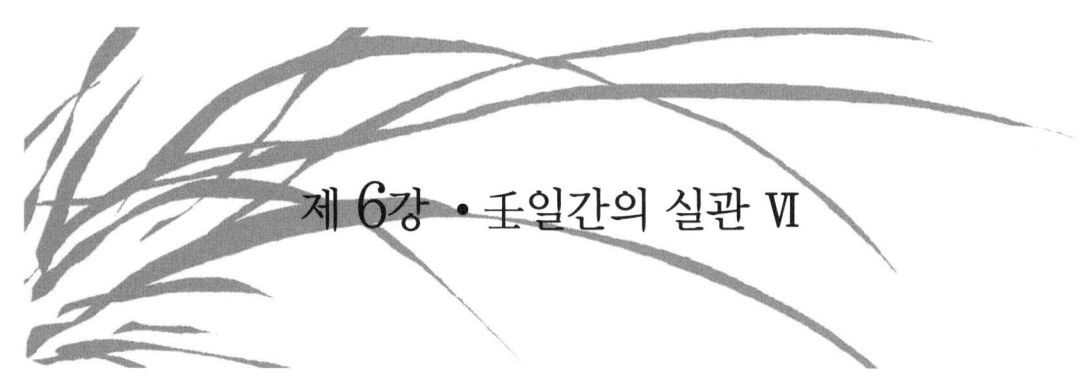

제 6강 · 壬일간의 실관 Ⅵ

壬이 申을 볼 때

申부터 서서히 이제 머리가 아파지기 시작한다. 글자 자체로 偏印이면서 五行적으로 調候가, 오늘 庚과 辰이 자꾸 나오는데, 이 庚과 辰사이는 큰 陰陽 사이다. 金水에 해당하고 寅卯辰 巳午未. 그럼으로써 偏印이라도 짝이 되잖아요. 견딜만하다. 나를 때려 패는 이유는 뭔가 주기 위해서 때린다인데, 이 경우에는 둘 다 陰에 속하는 놈끼리 모여 가지고 딱 발목을 붙들고 있으니, 이때의 답답함이나 고충이 다른 어떤 모양보다 훨씬 심하다는 거죠.

壬 - 申 / 六親

그래서 六親적으로 보면 偏印, 壬이 申을 봤을 때 제가 샘플로 자주 썼는데 콩쥐처럼, 아니면 성냥팔이 소녀 있죠. 답답함의 정도나 에너지가 훨씬 강한 거죠.

壬 - 申 / 12運星

12運星 상으로는 運氣상으로 長生지에 해당함으로써, 水의 기운으로 壬水가 세력을 많이 가지고 있는 金水가 결국은 무리를 지어 있는 모양이죠. 그래서 삶의 내용도 굉장히 고달픈데, 일단 기후는 강하다. 하여튼 金水의 기운이 몰려 있으니까 씩씩하다.

壬 - 申 / 他 六親의 12運星

偏財 丙이 病地에 이른다. 病地에 이른다는 말은 모양은 있으나, 내용과 힘이 내용상으로 많이 무력화되는 것이다. 正財 丁은 浴地가 되죠. 偏官 戊는 마찬가지로 病地. 正官 己土도 浴地에 놓임으로써 官星과 財星이 안정되지 못하고 불안한 모양이다. 이런 불안한 모양이 깔려 있으니 저 印星이 주로 寅巳申戌이다.

寅巳申戌이니 偏印으로 씀으로써 뭔가 강력하다. 그래서 보통 남들이 가지기 힘든 기술, 자격 또, 교육 이런 어떤 형태로 연결된다. 그래서 財官을 쉽고 만만하게 쓸 수 없는 모양이죠.

壬 - 申 / 吉凶

직업이나 기술, 자격 이런 면에서는 긍정적이다. 그러나 현실적인 보상 이런 면에서 본다면 길조가 3~4, 흉조가 6~7 정도다. 그러니까 어떤 세속적인 보상이나 발전에는 한계가 있다. 이 분야에서 좀 유명한 사람이 되거나 유능한 사람이 되는 경우는 제법 많다.

사업도 실제로 저런 사업을 하면, 壬이 子를 봤을 때 했던 것처럼 기술 사업을 하면 사업 자체는 성공한다. 개인적인 보상을 못 받는 거죠. 그러니까 돈은 실컷 벌어놓고 65~70 다 되어갈 때 그 정도면 크게 성공했지만 그 때부터 몸이 아프기 시작하고, 누리는 것은 자식들이 누리고…. 이런 방식으로 자기 생 자체는 직업적으로는 남들보다 유능한 어떤 것을 가지게 되는데, 결국 개인적인 보상에는 한계가 있다.

조후가 실조되거나 그릇 자체의 밸런스가 안 맞으면 말 그대로 험한 것도 되고, 실제로 도둑놈도 되고…. 偏印은 偏印인데 가장 기적을 꿈꾸는 偏印이다. 담장을 넘어 간다든지, 그냥 날개 없이 날아간다. 이것을 제대로 꿈꾸는 것이 이 金水가 몰려있는 偏印이다. 물론 도사도 있습니다. 별도로 치우친 편고성이 발생한 교육이기 때문에 종교인, 도사, 도둑, 사기꾼 그리고 기술, 자격…. 食神 絕地에 먹고 살아보라는 것이다. 食神 絕地에 밥그릇 없이 뭘 먹을 것을 달라고 하면 순식간에 가서 뭘 잡아 오는 능력, 에너지, 이런 것이 있어야 되잖아요.

壬 - 申 / 年月日時

年

年에 원숭이가 있으면 원숭이 자체는 대체로 조부의 활동이 두드러져 있다는 것이다. 그러나 그 젊은 날에 혜택을 보는 것은 제한적이죠. 소년은 의식주가 불편 또는, 부족하다. 실제로 그것이 질병으로 드러난 경우도 있습니다. 이렇게 건강 쪽은 똑같은 偏印이라고 해도 陰陽이 확 치우쳐 버리면 건강 쪽으로 많이 넘어가 버린다. 그 다음에 객지 성공, 이런 것들은 당연하다. 할아버지가 한때 활동이 많았던 그런 자리라고 하더라도 자기한테는 偏印이 된다. 偏印이 되니 먹을 것이 오히려 없어지는 모양이다. 寅申巳亥의 속성 때문에 결국은 객지에 나가서 번영을 하게 된다.

月

月에 申은 전문 기술이다. 전문기술, 자격, 교육 그런 분야의 성공이다. 공부 잘 합니다. 대체로 앉아서 버티기 이런 건 진짜 잘한다. 그런데 調候가 확 실조되어 버리면 완전 맹해서 안 움직이는 게 되고, 그래서 調候 실조라고 하는 다른 地支에 어떤 큰 陰陽적인 환경이 완전히 기울어지는 것이다. 그런 경우에 偏印의 부정적인 면만 쓰기 때문에 질병이나 머저리로 가는 겁니다. 아무 것도 안하는 食神이 絕地에 가버렸으니까. 그런데 그게 다른 干支에 陰陽적인 조화가 되었을 때에는 전문기술이나 자격, 교육, 남들이 가지지 못하는 라이선스나 자격 등의 기술을 습득하게 된다.

日

태어난 날에 申이 되면 壬申이 된다. 財官이 壬申일에 놓이면 남자 八字에 財가 偏財는 病地, 正財는 浴地다. 여자 八字에서도 마찬가지로 偏官은 病地, 正官은 浴地다. 이렇게 해서 배우자 인연 불안이 남녀 공히 발생하죠. 직업적으로 떨어져 산다든지 하는 과정이 있어야 가정이 지탱 되는데, 가정이 좀 편안한 경우는 그렇게 많지 않다. 하지만 이 글자는 좀 잘 쓰는 경우에는 이게 金에 속하니까, 남자가 기술이나 자격증으로 돈을 잘 벌어 들인다.

마누라가 조선시대 마누라처럼 그냥 안방에 들어 앉아서 살림이나 돕고, 서방님이 어험! 하면 엎드리고 하는 식으로 지내는 그런 모양으로 가정이 크게 어떤 무리 없이 지내는 경우는 있는데, 대부분은 다 배우자의 인연이 불안하고 상대방의 건강이 좋지 못한 경우가 발생하더라 하는 거죠.

時

時에 들어가면 戊申時가 된다. 時에 偏官이 놓임으로써 이제 말년에 선출직이나 봉사성 중심의 명예가 될 것이고, 자식의 번영이 있긴 있지만 주로 명예 중심의 성공이 되겠죠. 드러난 것이니까 戊의 세력인 地支에 세력은 약하죠. 여자 八字였으면 食神을 꺾어버린 자리가 된다. 그래서 자식의 무덕이나 말년에 만성 건강 불안을 겪는다. 그러니까 食傷이 없다는 말은 만성적으로 건강이 불안한 과정을 겪는다는 뜻이다.

그런데 이상하게 절간에 가 있는 사람도 많다. 壬日柱 자체가 道門이고, 알(卵)이니까. 그래서 어떤 그 본래적인 이런 것을 정신적으로 추구하는 인자가 많은데 申 원숭이가 있는 곳에 앉았다고 함은 神이 노는 골목에 가 있으니까, 몸이 안 좋아서 그런 쪽에 가 만날 神이 노는 골목에서 왔다 갔다 하니까 보통 질병이 낫는 경우를 많이 볼 수 있다. 요새는 해외로 寅申巳亥를 써서 나가 버리는 사람들도 많더라 하는 거죠.

壬 - 申 / 운의 해석

남자와 여자가 써먹는 게 다르기는 한데 大運 申은 食神 絕地의 고달픔이다. 食神 絕地의 고달픔. 그래서 고급 기술, 자격 등을 쫓아서 금전 활동을 하는데 남자들은 거기서 돈을 번다. 남자들은 돈을 버는데 그 자체가 印星이다. 印星이니 부동산에서 자꾸 돈을 벌게 되는데 특히, 도시에 넓지 않은 평수를 쓰는 공장을 하는 분들 있죠. 이런 運에 비좁은 공장 있죠. 공장도 널찍널찍하게 있는 게 아니고 부산 사상이나 이런 데 가보면 지금은 많이 정비가 됐지만 작은 곳에 덕지덕지 붙어 서 있다. 이런 곳에서 기술을 한다. 그렇지 않으면 소위 반지하에서 하는 가내수공업이다. 비좁은 자리 偏印에서 기술 사업을 한다. 그런 기술을 써서 돈은 어느 정도 벌어 들이는데, 六親이라든지 인간관계에서 여러 가지 고충이나 애로가 많이 발생하더라.

또 보통 부귀빈천이 완벽하게 뒤집히지는 않는다. 申의 자리가 보면 부귀빈천이 완벽하게 뒤바뀌는 것은 아니다. 그런데 열심히 하는 중이다. 그 자그마한 땅에서 그 동안 대충 먹고 자고, 대충 줄 것 주고 받을 것 받고 했는데 결국 땅이 경제적으로 보상을 주더라.

여자들은 이런 運에 굉장히 답답한 게 많다. 食神이 絕地에 이르고 大運 申이라고, 본인이 뭔가 기술이나 재능을 발휘해 돈을 벌기는 버는데, 주변에 六親이나 애정이나 이런 것은 전반적으로 머리가 아프다.

질문
그러면 현금화가 되는 시기는 언제쯤 됩니까?

답변
전반적으로 여자들은 현금화가 잘 안 돼요.

서방이 물려준 자그마한 건물이 하나 있는데 그것을 팔아 먹지도 못하고 세도 잘 안 나와서 말 그대로 답답한 세월을 겪을 수밖에 없고, 자식들이 전체적으로 食神이 入庫되어 사회적인 번영이라든지 발전이 안되서 어느 하나에 편안하게 의탁할 수 없다. 그러니까 偏財도 묶여 버리고, 天干에 있는 丙 偏財도 묶여 버리고 午 땅바닥에 있는 것은 隔角이잖아요.

天干에 있는 丁도 마찬가지로 沐浴地로 들어가서 안정된 모양으로 머물러 있지 않고, 財星도 안정이 안 되고, 食神은 絕地에 들어가 있다. 官星은 저렇게 불안한 모양이고. 財, 官, 食이 전부 다 불편할 수밖에 없는 상태다. 할머니들 八字가 실제로 보면 이렇다. 이 원숭이 申자가 八字 안에 있기만 해도 이런 속성 있죠. 申, 만물의 물신. 그러니까 모든 사물에 神이 있는 듯한 그런 영향을 받는데, 印星으로 저렇게 놓여 있는 사람들은 정말로 이런 거 많아요.

그러니까 길가다가 큰 나무 보면 타악~ 이렇게 하는 거 봤죠? 바위 조금만 큰 거 봤다

하면 또 타악~ 이렇게 하고. 다른 사람들은 이해 못하는 거죠.

질문

申만 놓여있는 데도 불교 쪽으로 안 가고…?

답변

예수문으로 간다. 大運이 그렇든지 八字 안에 午나 未나 巳가 있어요. 다른 자리에 전혀 없어요? 그러면 大運에 있겠죠. 大運에 간섭하는 바가 있으면 결국 넘나들게 된다. 다른 종교 하고 넘나드는 과정이 발생하죠. 그 다음에 大運에서 남자들도 경제적인 용도를 채우더라도 불편하고, 여자들도 이것저것 답답함이 많아서 행동, 의식주, 六親 전부 다 불편해진다. 歲運에 이르면 食神 入庫에서 申酉戌 신나게 달려가기 시작한다. 申酉戌亥子丑 食神 入庫, 比劫 太旺, 이렇게 하면서 드디어 우리가 陰의 세상을 만났다.

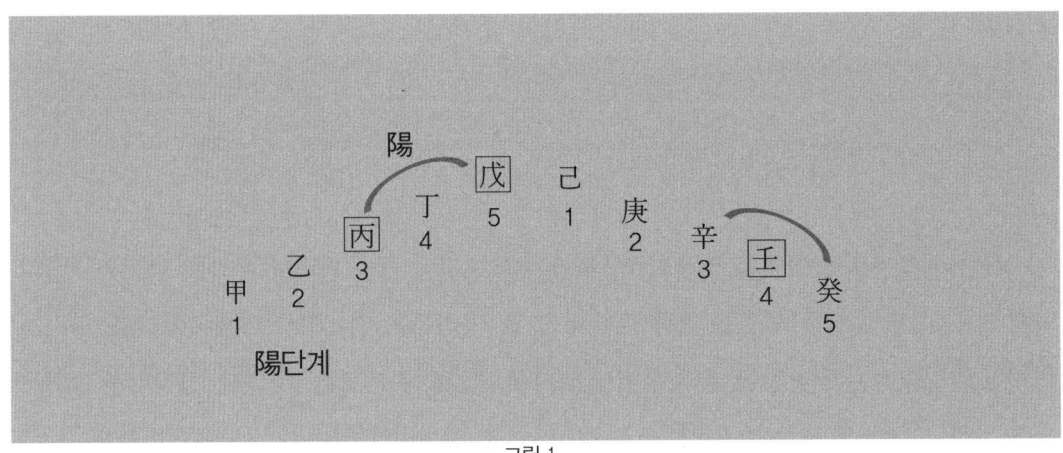

그림 1

네가 陰에도 잘 나간다며? (壬 陰)陰도 1, 2, 3, 4, 5 등수가 있다. 그러면 이제 甲乙 丙丁 戊에 陽운동에서 보통 丙이나 戊는 (丙丁戊)이 구간이 강하고, 丙이나 戊가 陽의 성질이 강하다. 丁은 陰干이라도 속성이 조금 많은 것이고 己庚辛壬癸인데, 辛壬癸에 이르면 陰운동이 많이 펼쳐져 있다. 그 중에서도 껄떡거리는 게 壬이고, 陽의 운동 속성들은 이 壬이 상당히 陰의 기운이 많이 진행된 상태다. 그러니까 단계로 치면 1, 2, 3, 4, 5로 나눈다면 4단계다.

癸는 이제 陰의 극에 달해서 돌아오는 것이다. 드디어 이제 陰이 뭐예요?

申酉戌 亥子丑

지상에서는 크게 氣運的으로 申酉戌亥子丑의 기운이 펼쳐지는 데 진입이다. 동굴 투어를 위해 동굴에 들어가면 첫 입구를 지나가니까 시원하다. 이만하면 감당할만하다. 그런데 동굴을 한참 들어가서, 굴속에 한 시간쯤 들어가 보면 춥다 소리 나오기 시작한다. 거기서 이제 위에서 물이 떨어지기 시작하면, 너무 춥다로 가는 거예요(亥子丑). 그게 이 단계에서 동굴의 입구 申 그래서 未年, 申年에 일을 정말 잘 벌여야 해요. 이 壬日柱들은 이때 잘못 벌여놓으면 大運이 아주 안정된 경우에는 이걸 조금 긍정적으로 써서 부동산의 취득으로 가는데, 대부분 일반적인 흐름에서는 未, 이때에 戌亥子에 눈탱이 맞기 위한 과정으로 봅니다. 최근에 한분이 子年 陰曆 12月 28日 이때 결국 이것저것 해서 자산 한 130억 정도를 35억에 팔더라니까요. 세월 좋을 때 그 정도 가치가 있던 것을 결국은 戊子年 陰曆 12月 28日에…. 그래서 이 양반이 壬寅 日柱인데 신용불량자는 안 되겠느냐?

時	日	月	年
	壬	己	庚
	寅	丑	子

그림 2

절대로 안 된다. 그게 이제 月에 있는 己자 하고 天干에 있는 庚이 드러나 있어서 官印을 억지로라도 엮어 놓고 있거든요. 억지로라도 엮어 놓고 있어서 신용을 잃지는 않지만 막대한 희생을 치룰 것이다.

그래서 그 이야기를 2006년도 가을부터 이야기 했다니까요. 원래 申, 이때부터 이야기 했어요. 그런데 이때는 안 들리는 거죠. 이때에 이제 다른 쪽으로 일을 벌이는 거죠. 다른 쪽에 일을 벌여가지고 앗싸! 이러면서 이게 대박이다 그런 거죠. 앞으로 더 두고 봐야 되겠지만 이때 뭔가 신기술을 개발하고, 아이템 방향을 잡고, 그 동안 투자를 해서 亥年, 子年 초에 완성을 했는데 결국은 현금 유동성인 돈이 많이 묶여 들어가 버리니까…. 戊子年 12월 달, 2009년 1월 달을 잘 대비해야 된다. 그 시기를 陽曆으로 하면 12월 21일쯤 되거든요. 동짓달이죠. 戊子年에 甲子月이여서 戊子, 甲子에 羊刃이 두 개, 壬日柱 중심으로 羊刃이 두 개가 와서 이 寅木의 목을 조르기 시작할 것이고, 그동안 떠밀려온 부담 때문에 결국 희생이 있을 것이다. 그러니까 사람이 눈덩이를 한번 맞으려고 하면 그렇게 떠밀려가다가 눈덩이를 맞는 다니까요.

질문
壬寅日柱면 하반기까지 많이 힘들어진다는?

답변
하반기까지 고생을 하죠. 봄은 무조건 빨리 오지는 않는다. 立春이 지나고도 한참이 흘러야만 지상에 짝이 될 만한 것들이 올라오는데, 좋은 소식은 들을 수가 있겠죠. 하지만 丑年에 결국 八字안에 未 있는 사람은 풀리고, 未가 없어도 丑이, 결국 庚 있는 사람은 丑의 끝 부분이겠죠.

庚 있는 사람은 庚이 偏印인데 결국 丑의 임무는 庚을 入庫시키는 것이잖아요. 壬戌의 기준으로 偏印을 이제 완전히 그동안 괴롭히던 나쁜 놈을 갖다가, 나쁜 놈이라고 하면 좀 그렇죠. 일단 偏印 역할을 하던 놈을 서서히 잡아 가두어 두니 食神이 다시 열리잖아요. 丑年 다음에 寅年에 申年이 결국은 이렇게 추운 동굴로 들어가는 입구인 줄 모르고 대부분 다 이쯤이야 하면서 밀고 나가다가, 결국은 세월이 흐르면서 여러 가지 어려움을 겪더라. 단, 조직 생활을 하는 사람들은 결재권의 변동이나 발전을 통해서 작은 발전이라도 이룰 수 있다.

그런데 자세히 보면 업무의 속성이 특수 업무, 비밀 업무다. 그래서 꼬박 매여 있어야 된다. 아니면 숨어서 편안하게 지낸다. 군대에 가면 그런 보직이 있다. 탄약창지기 같은 보직이다. 특수부 맞거든요. 전부 화약이니까 불이 나면 완전 뼈도 못 추리는 거잖아요. 그런데 가서 하는 일은 탄약창에 가서 하루 종일 자다가 싸인만 해 놓고 오는 거예요.

어느 분이 그걸 써먹었던데 보니까, 신임장교가 전원을 집합시켰는데 탄약창지기는 안 간 거예요. 딱 버티고 있는데 너는 뭐냐 이렇게 된 거죠. 나는 탄약창을 지켜야 되기 때문에 못 간다. 그런데 신임 소대장이 소대장인가 중대장인가 '그런게 어디 있어!' 하면서 나와! 이렇게 된 거죠. 나는 못 나간다. 나는 육군 규정에 의해서 여기를 사수해야 한다.

그래서 빠락빠락 申을 써먹으니 이것도 폭발물이잖아요. 위험한 거잖아요. 만약에 여기에 문제 생기면 '당신이 책임질래!' 하면서 장교하고 싸운 거죠. 자기가 상병 시절에 싸워서 배째라! 그래서 결국 뒤에는 계급장 떼고 한판 할래? 이렇게 된 거죠. 좋다. 그러니까 심각한 상태까지 가서 결국 뒤에 물리적인 충돌은 없었지만, 계급장 떼자고 해서 뒤에 신임 중대장이 와 가지고 사과를 했대요. 그 원숭이라는 것이 하여튼 그런 강한 폭발물이나 에너지를 유지하는 것이니까, 運에서도 그런 유혹이 오면 거기에 빠져들어 가 버리는 거죠. 운에서도 申이야! 이게 진짜 좋아 보인다라면서...

그 다음에 아까 빠진 부분에 戊亥 天門이 空亡이죠. 天門이 空亡해 있으면서 이 偏印을 쓴다는 것은 어떤 종교적인 신통력, 수행, 이런 것들하고 인연이 많다고 보시면 됩니다. 상대방한테 너는 神이 있다고 믿느냐? 등으로 에너지를 주기 때문에 天門이 空亡해 있으면 항상 사람들은 정신적으로 추구하게 된다고 보면 됩니다.

壬 - 申 / 男女

남자는 힘든데도 비교적 긍정적으로 써먹을 수 있다. 아까 잘 풀린 케이스 봤죠? 탄약창 뒤에 숨어 가지고, 뭐 하나? 이러면 탄약 지킨다고. 탄약이 자기를 지키는지 자기가 탄약을 지키는지 구분이 안 될 정도로, 이렇게 陰을 잘 써먹는 패턴일 때 꼼짝 않고 시체놀이만 하면서 군대생활을 하더라.

여자 八字에서는 써먹기 곤란한데다가 여러 가지로 六親이나 인간관계, 애정관계 고충이 많이 발생한다. 특히 申子辰 중에 申子가 애정사 다발을 유도해 주는데 여자는 약간 희생적인 양상이 많이 발생하고, 남자는 그런 양상이 크게 줄어드는 모양새가 되더라.

壬 - 申 / 綜合

종합적으로 봐서 凶이 많고 吉이 3 정도다. 그러니까 吉 3은 직업적 기술, 재치들에 관해서, 재주가 많이 생겨날 수밖에 없는 이유가 원숭이라고 하는 것을 통해서 자기가 사회활동을 이룩해야 되기 때문에, 원숭이를 부리고 있으면 기술이 좋든지, 재주가 좋든지, 재치가 넘치든지, 남다른 노력과 능력 발휘를 통해서 결국 목적을 이루지만, 어떤 결과나 보상에 있어서는 여러 가지 현실적인 애로나 고충을 겪는다.

질문

아까 그 130억을 판 사람은, 그러면 산 사람은 어떤…?

답변

산 사람은 日柱를 확인 못했는데 엉겁결에 거기에 금융 부담이 있으니 35억을 현금을 주고 산 게 아니고 예를 들어 27~8억은 금융이 일어나 있는 거예요. 나머지 차액은 6~7억 밖에 안 되잖아요. 그러면 6~7억 중에서 계약금만 2억을 걸고 나머지는 6~7개월을 통해 5억은 분납해주기로 해서 2억을 가지고 130억을 잡게 된 거죠. 앞으로 그 자리가 굉장히 좋은 자리예요. 그러니까 사람이 그렇게 운이 오르면 누군가의 눈물의 양탄자가 쫘~악 깔리는 게 인생이니까, 그런 과정이다 그렇게 보시면 되죠.

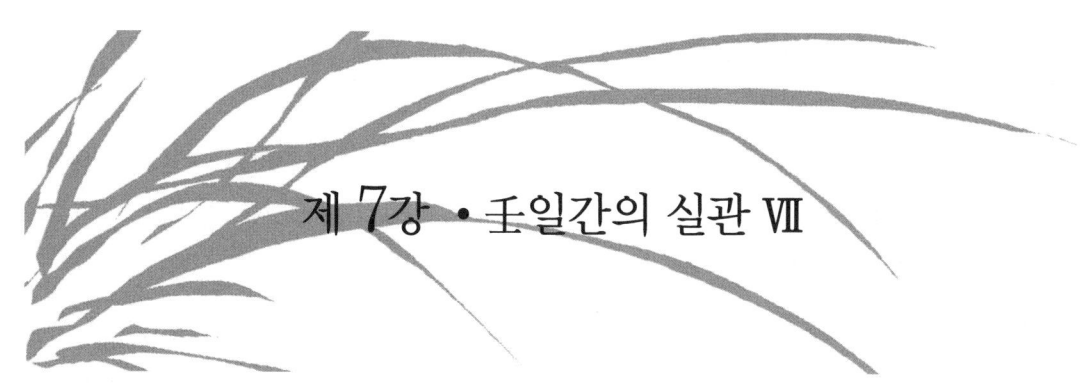

제 7강 · 壬일간의 실관 Ⅶ

壬이 酉를 볼 때

壬 - 酉 / 六親

正印 沐浴을 여기에 두는 이유는 金水, 壬 日柱에 酉의 작용에서는 제일 먼저 떠올려야 될 작용이다.

壬 - 酉 / 12運星

왜 여기서 沐浴을 쓸 것을 쓰지 않느냐? 애정사의 왜곡을 묘하게 많이 만든다. 金水가 旺하면 애정적으로 비밀사, 애정사가 다발한다. 그 패턴 중에 地支 申子의 기본 작용이 있지만, 壬이 酉를 봤을 때 그런 작용이 상당히 많이 발생하는데, 그게 또 12運星상으로 沐浴이라고 하는 것이 桃花 풍류다. 桃花 풍류의 인자를 많이 불러일으키고 실제로 他 六親의 12運星에서 보면 바로 또 알게 돼요.

偏財가 死地에 이르죠. 그 다음에 正財 丁이 長生地, 偏官 戊가 死地다. 똑같이 正官 己가 長生地. 그러니까 이 偏官 戊의 死地가 되죠. 사실 壬은, 天干에 의하면 壬이 己土를 만나는 것보다 戊를 만나는 것을 조금 더 반겨서 쓴다.

陰陽의 대원리와 같다. 己庚申壬, 己는 이미 陽운동을 마치고 陰운동으로 들어가 버렸잖아요. 그래서 壬水는 이상하게 己土한테 감동이 부족이라, 분명히 正官은 맞는데 뽕 가지를 않아요. 그러니까 사실은 좀 더 陽운동의 끝의 戊에 좀 더 제어를 받는 기운이 많기 때문에, 실제로 壬日柱가 뭔가 일이 잘 풀려 나갈 때 보면 戊年에 일이 잘 풀려요. 그러니까 戊는 물론 偏官의 작용을 볼 때 癸水의 劫財의 해로움을 피하게 하는 것이 상당히 긍정적 작용이 많더라 하는 거죠. 그런데 이 偏官은 死地에 들어가고 己土는 형태는 갖추어서 모양을 드러낼 수 있으되, 五行적 대세는 약하다. 그러니까 남편은 대체로 감동 부족. 그 다음에 偏官은 매력이 넘침인데 그 자리가 死地에 이르니까 모양은 있되 작용과 기능은 약하다.

그러므로 애정사에 있어서 여러 가지 왜곡이 많이 발생하는 것이고, 본인도 沐浴의 운동이나 동작이 많다는 말은, 웃통 벗고 싸울 때하고 沐浴할 때 웃통 벗죠. 웃통 벗어 제끼고 밀어붙이는 운동이나 작용. 金 운동, 水 운동의 기운이 좀 더 다른 干支 작용에 비해서 활발하더라 하는 거죠.

형태상 正印이다. 正印임에도 불구하고, 正印 이전에 저런 작용 때문에 산에서 반성하고 내려와서 웃통 벗고 덤벼라! 이 잡것들아! 사랑해주마! 이렇게 되는데 거기 왜곡을 많이 만나게 되더라. 애정의 아픔이 다발하는 형태라고 보시면 되죠. 두드러지고 차별화된 어떤 형태가 이런 기운 때문이다. 그래서 이제 먹고 사는 문제는 正財나 正官의 기본적인 형태에 있어서 調候적으로 심하게 기울어짐이 없으면 그런 부분은 직업적인 특성이나 이런 데에는 별 이상이 없다.

단, 印星의 특성이 月에 잘 채워져 있는 경우에는 직업이 글과 학문과 자격을 떠나지 않는데, 그 자리에 沐浴地에 해당하는 인자가 옴으로써 의료적인 행위, 사람들의 옷을 벗기는 행위와 관련된다. 임대 사업이라고 할지라도 사람들이 옷을 벗는 것, 숙박업, 沐浴湯 등이다. 그런 동작이 많이 발생하는 일에서 경제적인 성공은 있지만 애정적인 왜곡은 잘 발생한다.

壬 - 酉 / 12運星

吉兆나 凶兆에서, 보통 직업적인 성공 인자로 본다면, 正印이 놓여 있다는 것은 대체로 긍정적이다. 직업적인 성공을 본다면 길이 5~6 정도다. 그 다음에 사회적인 보상이라든지 인간관계, 애정관계에 의한 왜곡이 발생한다. 남자 같은 경우에는 正財가 멀쩡한 형태를 갖추고 있다 하더라도 자기가 가서 벗으니 沐浴적인 행위들이 많이 발생해 버린다는 거죠.

壬 - 酉 / 年月日時

年

年에 酉가 있으면 子午卯酉에서 正印이라고 하는 것은 학문이라든지 또 어떤 지역에 근거를 둔, 지역성을 가진 재물들에 인연이 있는 조상이다. 沐浴이라고 하는 것은 남의 눈에 잘 뜨일 수 있는 거니까, 소년에 시선을 받을 만한 능력 발휘 등이 발생한다.

月

月에 酉는 말 그대로 正印格이죠. 그래서 직업이 글과 학문을 떠나지 않는데 이 모양은 다른 곳에 刑이라든지 神殺이 가세하지 않더라도 대체로 의료적인 분야, 자격증 분야 등의 인연이 많다. 물론 교육은 正印의 형태로 취하게 되겠죠.

時

己酉時가 된다. 己酉, 대체로 말년의 금전 활동이 임대사업에 해당한다. 그 다음에 時에 있는 正官을 쫓아서 선출직, 명예 등의 성공이 된다.

남자들은 偏官은 주로 아들을 위주를 삼아서 해석하는데 자식의 자리가 조금 불안한 어떤 과정이다. 여자들도 食神이 胎地에 이르므로, 食神의 활동력이 활발하지 못해 말년에 활동력이나 자식 번영이 조금 위축되는 과정이 잘 발생한다. 또, 말년에 沐浴이 있다는 것도 남의 시선을 받을 수 있는 것들 중에 질병 요소로 인해 병원과 친하게 지내는 것들로 본다.

壬 – 酉 / 운의 해석

運의 해석에서 酉 大運. 酉 大運에 陰이 많이 진행되어 지상에 陰氣가 강하게 진행되어 있는 상태이기 때문에 보통 금전적 발전 기회가 많다. 이에 반해서 남자들은 긍정적으로 陰 干 자체로 壬 日柱 자체가 陰에 속하고 酉도 陰에 속하니까 경제적인 성취 기회가 원래 좀 많 은데다가 大運이 가세해 보충해 주면, 설사 이럴 때 자기 八字의 格 때문에 휴식을 하고 있다 하더라도 경제적인 보상이나 발전 기회가 많다고 보면 된다. 그리고 조직 생활 하는 사람도 조직에서 경제적인 보상을 받을 수 있는 기회가 많이 발생한다. 보통 조직 직장에 있는 분들 은 좋은 자리에 앉아 있어요. 좋은 자리에 앉아 있어서 자기의 결재 요소에 따라 많은 보상을 받는, 주로 부동산이나 문서 재산의 획득들이 잘 이루어지는 시기가 닭 酉자죠.

여자들은 금전적 발전 기회나 사회활동에 따른 보상은 있어도, 본인이 매여서 해야 하는 陽氣 부족의 고충이나 번거로움을 감당하면서 간다. 자기가 활동을 주관해야 되는 어떤 고달 픔이 오게 되고 배우자 덕도 형태상 갖추더라도 五行 대세가 약하고, 감동을 주는 이 戊도 결 국은 死地에 이름으로써, 남편 덕이나 자식 덕을 편안하게 보기 어려운 모양에 여러 가지 陰 의 해로움을 많이 당한다고 보면 되죠.

특히, 壬 日柱들이 辰을 보면, 辰 남편을 상당히 좋아해요. 이게 辰이 陽의 단계로 치면 子丑寅卯辰 5陽이죠. 자기는 陰의 단계로 己庚辛壬, 陰이 많이 진행된 단계잖아요. 그래서 陽을 짝지었을 때 이 辰을 상당히 좋아한다. 이 辰 중에 卯의 餘氣가 들어와 있다. 壬이 卯를 보면 굉장히 좋아하거든요. 壬이 卯를 보면 陰陽이 넘어가고 食傷이 소통되고, 그러면서 辰 에는 戊의 뜻이 많이 계승되어 있죠. 그런데 이제 酉를 만나면, 辰이 결국 酉를 만나서 土의 성질이 크게 삭감되어 버리죠. 그렇게 보면 酉가 남편 덕이나 남자 덕을 편안하게 보기 어려 운 기운이 일어난다는 것을 알 수 있죠.

그래서 酉 歲運에 이르면 官星이 무력화되고, 食神이 묶여 있는 상태가 지속됨으로써 정 신적, 현실적 답답함을 많이 겪는다. 지상에 있는 酉는 지상에 있는 巳를 당긴다. 巳 偏財도 天乙貴人을 酉로 쭉 땅겨 가 버렸다. 天干으로 치면 丙火인데, 丙火가 酉에 그냥 死하는 모양 을 이끌어 내면서 가장 활발한 활동력을 유도해주는 것이 丙火인데, 그 丙을 잡아들임으로써 활동력을 크게 훼손해 버리는 작용이 발생한다. 그래서 돈이 뭐예요?

未申酉

申運에는 申酉戌 할 때 申까지는 뭔가 새로운 일을 벌였을 때, 이 정도로 많이 들어갈 것이라고는 생각하지 못했는데, 결국은 偏財가 死地에 들어갔다는 것은 융통할 수 있는 여러 가지 금전적인 요소를 다 묶어 넣어 버렸다는 거죠. 사실은 이때부터 골병이 든 거예요.

단, 직장생활 하면서 조용하게 지내는 사람은 鬼六種한다. 귀신처럼 사는 거라 했죠. 직장 생활이라는 것이 으~ 해가지고 때 되면 나와서 으~~ 하다가 또, 으~ 집에 들어가고, 그런 사람들은 영향력이 답답함만 있을 뿐 미미하다. 그러나 직장 생활을 하지 않고 개인적인 일을 도모하는 사람들은 이런 偏財 入庫의 해로움을 여러 가지로 만날 수밖에 없다.

壬 - 酉 / 男女

남자는 비교적 그래도 답답함 중에 버틸만한 여러 가지 인자를 가지고 있는 것이고, 여자는 답답함에다가 다시 답답함이 겹치는 그런 환경이 옴으로써 여러 가지로 고달픈…. 특히 酉하고 丑은 陰의 기운이 굉장히 많음으로써 陰의 여러 가지 속성이라는 것이 잡아 가둔다, 응고하는 동작이 활발하게 일어나고 있는 것이 酉, 丑이기 때문에 丑은 이런 陰운동의 끝자락에서 마지막으로 그 기운과 형태를 유지하고 있는 거예요.

酉는 그 동작이 많이 진행되는 거예요. 巳酉丑이라고 하는 三合 운동을 봤을 때 보통 寅申巳亥에서 이 첫 자는 사건, 사물로 본다. 가운데 있는 子午卯酉는 인적인 요소로 본다. 인적은 주로 동작이다. 동작이나 행위가 이루어지는 것이 子午卯酉. 丑은 결과물이라는 거죠. 결과가 딱 나와 가지고 버티고 있는 것이니까. 亥卯未 했죠? 亥卯未는 亥라고 하는 것은 야야야~ 우리가 木 運動을 한번 만들자는 어떤 계기, 사건 이런 게 생긴 거예요. 卯는 깡충깡충 뛰기 시작하죠. 그러니까 동작이 가해지고 未는 그런 동작 끝에 깡충깡충 뛰어서 이루어진 결과물이다.

그래서 辰戌丑未는 결과물 그리고, 어떤 바탕 조건이라고도 봐요. 이런 것들이 갖추어져 있느냐? 아니냐? 옛날에 무슨 광고를 보면 그런 게 있었는데, 두바이에 건물 올라가는 거 있죠. 두바이에 건물이 올라가는 게 빡! 해가지고 음악 나오면서 몇 층까지 다 오픈도 안하고 올라가 가지고 그렇게 하는 거, 이게 토끼가 깡충깡충 뛰고 있는 거죠. 화면이 막 빨리 변하잖아요. 건물이 지어지면서 두바이 몇 층까지는 공개 안하고 지금은 다 지었나 봐요. 그래서 이게 토끼, 그 다음에 未는 결과물, 이렇게 보시면 되죠.

酉 大運에는 인적인 동작이나 행위가 많이 가해짐으로써 陰 운동을 계속 진행시키는 동작이 발생하기 때문에 이 때 富貴貧賤이 상당히 많이 바뀐다고 보면 됩니다. 寅午戌은 불을 질러 버리는 거니까, 건드리면 열 받게 하지 말라면서….

그러면 戌은 불 지르고 난 뒤에 앙상하게 서 있는 건물이라는 거예요. 이게 건물도 될 수 있고 사물도 될 수 있고, 숯 검댕이 안에 불씨가 들어 있는 거죠. 戌이 이렇게 내부에 있는 불씨가 손상되지 않도록 딱 잡아주는 작용을 하는 거죠. 그래서 남자는 아무리 저 酉자가 印星이라고 해도, 보통 제조업을 한다든지 食傷을 쓰는 고달픈 일을 한다. 그런데 힘들 만하면 은행이 빌려주고 또, 빌려주고 또 사회적으로 이권을 따오고…. 현실적으로는 뭔가 답답함이 많이 있는데도 외부적으로 어떤 돕는 사람을 통해서 득 볼일이 많이 발생하는 거죠. 그런데 여자는 이루어 놓으면 인간관계에 치이고 치인다.

壬 - 酉 / 綜合

종합적으로 직업이나 일에 관한 기회로 볼 때는 길조가 많지만 인간관계, 사회적 보상에는 또, 고충이 따른다. 특히 인간관계에서 애정사 왜곡이 많다. 그래서 몸에 金운동이나 水운동이 비교적 잘 발달한다는 말은 인체의 단순한 五行적인 기능으로 볼 때 방광의 기능, 생식 능력을 도와주는 그런 어떤 인자가 많이 발생함으로써 애정사에 어떤 왜곡을 잘 만들어 내는 것이다. 본인도 자신 있다 이거죠.

壬이 戌을 볼 때

애인을 4~5명 동시에 관리하는 사람도 봤어요. 잘 한다 그러니까, 옛날에 험하게 보여줄 때는 잘 한다 이년아! 하면서. 그런데 저런 모양이 官殺이 混雜되어 있고 食傷이 밖으로

빵 떠있는 그런 八字다. 이런 八字들을 보면 애인이 한 4~5명 된다니까요. 전속이 없어요. 전부 다 월~일요일, 전부 연락한다.

時	日	月	年
甲	壬	己	丁
辰	申	酉	巳

그림 1

壬日柱에 壬申, 酉에 甲辰 이런 모양으로 제가 기억을 하는데 食傷이 딱 드러난다. 甲 食傷이 들어나 있고, 食傷이 辰 官星과 어울릴만하죠. 辰 자체는 傷官이 들었다. 거기다가 붙는 기운이 강하죠. 酉는 沐浴이다. 이런 모양으로 있으면서 앞쪽에 관살이 어지러운 모양으로 또 있다. 그러니까 전부 다 壬이 여인에 있어 甲 食神이잖아요. (甲-辰)食神에 내가 정답이다, 아니다. (甲-己) 내가 정답이다, 그러니까 너도 괜찮네! 너도 영양가 있네! 하는 식으로 가는 거예요. 그러면 여기에 예를 들어서 巳가 들어와 있다. 丁巳로 가면 되죠.

나는 (壬-丁)을 추구하려고 하고, 巳중에 있는 戊土는 자신은 貴人이라면서 나도 붙었다며 저런 식으로 合이 중첩해 있으면서 관살이 혼잡되어 있고, 沐浴이 月 沐浴에 있으면 正印格이라도 남자는 어쨌든 내가 놓칠 수 없다면서 붙어서 그렇기도 하고, 이런 식으로 동작이나 환경을 만들어 내더라는 거죠. 하여튼 그 작용을 잘 봐 두시고요. 正印格에도 불구하고 이상하게 그런 작용이 발생을 한다.

壬 - 戊 / 六親

時	日	月	年
甲	壬	己	丁
辰	戌	酉	巳

그림 2

戌에 이르면 六親적으로 형태상 偏官이고, 偏官으로서 작용력이 제대로 안 이루어진다.

또 戌을 만났을 때에 봐야 될 것은 傷官, 偏財의 入庫이다. 乙丙의 入庫작용 傷官이라든지 偏財의 강한 활동력을 조절하는 것인데, 그것이 入庫되어 있음으로써 결국은 밖으로 偏官을 쫓아 가고 이룩하는 것처럼 보이지만, 결과적으로는 食傷이나 偏財의 활동성을 꺾어 버리는 작용을 한다. 함정에 잘 걸려듭니다. 특히 최근에 丙戌年이 지나갔잖아요. 丙戌年 이 때 壬日柱들은 꼬여서, 丙 쳐다보고 드디어 때가 왔다고 해서, 申酉 답답한 해는 지났고, 드디어 배팅을 해 눈덩이 많이 맞았거든요. 이때 주로 부동산의 마지막 배팅으로 최근에 보면 부동산에 마지막 배팅해 가지고 눈덩이 맞고 세월이 흘러가더라 하는 거죠.

壬 - 戌 / 12運星

12運星으로 볼 때 五行적인 대세가 壬水가 크게 활발해지기 위한 조건이 부여되는 帶의 자리에 이른다.

壬 - 戌 / 他 六親의 12運星

偏財 丙이 入庫죠. 卯는 庫藏地에 들어가고 正財는 正財 丁의 養地죠. 養은 밖으로 활발하게 드러난 것이 아니다 하는 뜻이고, 陰干은 기본적으로 모양을 유지하고 있는 것이죠. 偏官 戌는 똑같이 入庫地고, 正官 己는 마찬가지 養地, 그래서 偏財나 偏官의 작용력이 이 경우에 형태는 있되 작용력은 약하다고 보면 된다. 그래서 壬水日柱가 戌土 남편을 만나서 살아가는 고충도 이렇게 여러 번 관찰되었는데, 사실 형태는 戌土의 모양을 가지고 있으면서 작용은 이 정도 작용밖에 없으니, 남편 덕을 편안하게 보는데 여러 가지 방해나 번거로움을 주더라 하는 거죠.

壬 - 戌 / 吉凶

그 다음에 吉凶 작용에서는 偏官을 官星으로 쓸 때 寅巳申戌에 걸린다. 寅巳申戌의 작용에 의해서 결국 戌을 만났다고 하는 것은 직업적으로는 대체로 吉兆가 많지만 사회적인 혜택이나 보상은 적게 보는 모양이니 吉兆는 4~5, 凶兆는 5~6 정도로 보면 된다. 偏官의 부정적인 기능은 많이 따라와요. 저런 모양일 때 송사라든지, 시비들이 같이 깔리게 되는 거죠.

壬 - 戌 / 年月日時

年

오래 전 번영, 쇠몰 조상, 소년 건강불안.

年에 戌이 있다는 것은 偏財의 왕성과 쇠퇴다. 그러니 멀리 오래 전 번영, 현재는 쇠몰, 번영했다가 쇠몰했던 조상이다. 어려서 戌을 만났다는 것은 어린 것이 개를 데리고 놀면 다치는 거죠. 소년 건강 불안.

月

雜氣.

月에 戌이 있으면 雜氣인데 직업을 분류하기가 참 어렵다. 雜氣인데 官星이 세력이 있는 것도 아니고, 직장 형태가 조건에 따라 다양하다. 조건부이기도 하고 다양하기도 하고, 간섭자가 뭐냐에 따라 다르다. 辰戌丑未 속성 때문에 戌이 午를 만나면 財星과 무리를 지으면서, 이제 戌이 힘이 있는 것이니 주로 재무, 금융 쪽의 직장, 회계 등의 업무다.

印星과 친하면 교육이다. 교육하고 무리를 지어 쓴다는 말은 주로 교육이나 교육행정, 교도행정 등이다. 개 戌자는 잡아 가두는 동작을 주로 많이 조장하기 때문에 교도행정, 감사, 심판 등이다.

또, 食傷과 친하면 이 개 戌자는 변신을 자주 할 수 있다. 그래서 '에이 뭐 같은 놈!' 이렇게 하잖아요. 정말 개 같은 놈이다.

(戌-寅)(戌-卯) 이 사이에 붙으면 食傷과 무리지어서 "나는 食傷하고 친했다."

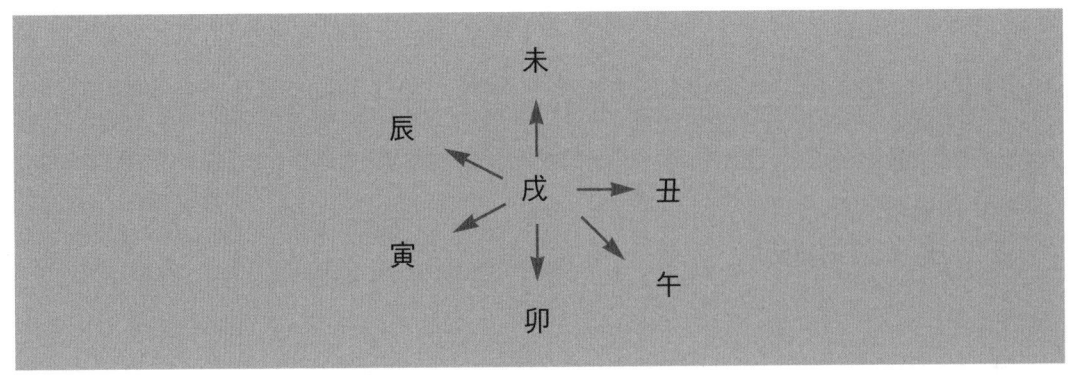

그림 3

寅卯와 어울리면 제조적인 행위, 만들어 내는 행위가 官하고 어울려 있죠? 그러니까 무슨 납품사업이다. 제조 납품사업…. 특히 卯戌 같은 경우에는 밖으로 확 뿌려내는 힘이 토끼 卯이고, 개 戌자는 취합해 내는 능력이죠. 그러니까 언론 방송, 취합, 그 다음에 밖으로 내 펼치는 것. 여자들은 주로 상업예술이죠. 꾸미는 것, 장식, 이·미용, 패션, 디자인 등이다.

多才多能의 인자를 조장해 주는 것이 이 戌이 무엇과 무리를 짓느냐에 따라서 다르다. 여기에 辰, 未, 丑이 오면(丑-戌)(未-戌) 刑이죠. 그 다음 (辰-戌)相冲은 辰은 밖으로 확 튀어 올라오는 것이다. 龍이 그렇다. 昇天하는 것이고, 개는 잡아 가두는 작용을 하죠. 그러니 辰戌이라고 하는 것은 입히고 벗기는 동작이나 기술, 넣고 빼고 하는 동작이나 기술, 건축 행위나 여러 가지 저장성을 가졌다가 밖으로 뽑아내는 컴퓨터, 이런 것들도 (辰-戌)相冲이 작용이 많다. (子-午)相冲과 辰戌 相冲이 컴퓨터들의 움직임이고, (子-午), (辰-戌) 이게 昇降이죠. 子는 降으로 떨어지는 것이고, 午는 밖으로 확 튀어 올라가는 거잖아요. 그러니까 저장했다가 밖으로 뽑아내는데, 이게 불붙는 속도로 튕겨 나오는, 순식간에 잡아 가두는 이런 것들이 子午 相冲의 발생, 통신 컴퓨터 이런 것들이다.

辰戌도 마찬가지로 저장성을 가지고 있는 것들이 워낙 많아요. 辰戌 相冲…. 뭘 심는다, 뽑아 낸다. 이런 것들도 여기에 해당한다. 이게 건설 관련 분야죠. 丑戌未 되면, 官星이 드러났다면 그 조직의 속성이 형벌을 다루는 분야, 丑戌未 이것을 刑으로 써서 수술을 다루는 분야, 의료, 개처럼 물어뜯는다. 수술인자가 따르는 거죠. 그래서 외부적인 어떤 간섭자에 의해 이것저것 다할 수 있다. 제일 해석이 골 때리는 것이 뭔지 아십니까?

時	日	月	年
	丁	戊	丁
	未	戌	卯

그림 4

丁日柱에 戊戌에 卯 붙어 있고, 밑에 未 붙어있고, 이런 八字들이 진짜 해석하기 어려워요. (戊戌)이게 傷官格이 되었다. 傷官格! 그러면 格이 있는 사람이라는 뜻이잖아요. 형태상 格을 갖추었으니까 格이 있다는 것은 印星이 약하더라도 라이선스라든지 자격 등을 취득할 수 있는 모양인데, 傷官이라고 하는 그 자체는 다양성이다. 이것저것 법에 없고, 格에 없는 마음대로 뛸 수 있는 것. 그런데도 개 戊자는 간섭자 따라서 왔다 갔다 한다. 그러니까 이 모양이 얼마나 웃기는 인생을 사느냐 하면 나이트클럽을 해서 돈을 벌었다가, 교육 사업을 했다가, 뒤에 국회의원에 출마했다가 뒤에 의원도 돼요. 뒤에는 광산개발 등을 한다. 그러니 직업이 조건 따라서 굉장히 다양하게 움직여 버린다.

時	日	月	年
	壬	戊	
		戌	卯

그림 5

壬日柱 같으면 이런 경우에는 그나마 格을 갖추면서 戌이 깔려 있잖아요. 이런 경우에는 권력 기관 중에서 특수행정, 傷官이 따라와 있으니까 수사기관, 감사기관, 언론방송 중에서 매니저, 상담 등이죠. 상당히 남들이 인정을 해주는 그런 조직사회를 감으로써 저절로 직업 구성이 이렇게 되는데 수시로 자리변동이라든지 속성의 변화는 일어나더라.

그래서 특히 戊月이 해석하기가 참 어렵습니다. 원래 어떤 日柱라 하더라도 戊月의 해석이 雜氣財官 중에서 가장 변색이 많은 모양이기 때문에, 戊자 들어오면 해석이 복잡 하겠구나 생각하시고 접근하시면 됩니다.

日

그래서 진짜로 골때리는 인생을 뭐라고 하느냐 하면 옛날 영화 제목이 있었는데 〈My life as a dog개 같은 내 인생〉, 개 戌자는 특히 壬 日柱들은 많이 속는다. 戌자에 잘 속는다. 그래서 개 같은 놈. 더 심하게 하면 개 같은 새끼. 여기에 주변 글자 따라서 자기 자신도 왔다 갔다 자신을 변모해야 되니까, 개 자신도 얼마나 고단하겠어요.

壬戌은 그 자체로 白虎大殺이 된다. 그래서 運의 성쇠기복이 다발한다. 남자들도 壬戌 日柱에 처덕 많이 보는 사람 저는 못 봤고, 여자들도 남편 복으로 편안하게 보내는 사람 별로 못 봤어요. 저 日柱 자체가 辛酉, 壬戌, 癸亥… 陰陽差着 맨 마지막 日柱에 辛酉, 壬戌, 癸亥. 陰陽差着에 걸려 버린다. 형태상으로 보면 그럴싸하죠. 官星도 있고 戌中에 丁火도 있고, 財星도 있고, 官星도 있다. 그런데 실제로는 陰陽差着에, 偏財 꽝에 걸린다. 官星도 껍데기이기는 한데, 성질은 성질대로 부리는데, 官星으로의 작용이 제한되어 있다. 그래서 보통 배우자 인연이나 덕의 불안을 의미하는데, 남자 八字에서 몇 케이스 봤지만 자식 때문에 억지로 붙들려서 살더라고요. 戌 자체는 자식, 官星의 모양새가 있다. 마누라는 싫은데 그 官星과는 짝을 꼭 짓고 싶은 것이다.

時	日	月	年
	乙	甲	
	酉	申	

그림 6

그런데 日支 偏官의 경우에 官星 자체 때문에 가정을 허물지 않고 억지로 유지하는 모양이 많은데, 이런 경우보다 더 양상이 복잡하고 갈등이 심하게 깔려 있는 것이 壬戌 日柱 같은 경우이다. 내용은 그럴싸한데 속은 아니다. 아무튼 壬이 戌을 만났다 하는 것은 여러 가지 함정이 많이 깔려 있다고 보시면 됩니다.

時

時에 들어가면 庚戌이 된다. 時에 자체는 魁彊이면서 官星의 활동력을 형태상으로 보여

주기는 하지만, 말년에 무시무시한 개를 만난다 하는 것은 주로 명예나 권력을 한번씩 취할 수 있는 계기가 오더라도, 운세의 급등락의 환경을 잘 만난다는 것이다.

　여자 八字일 경우에도 庚, 이게 偏印이 세력을 가지고 있다. 그래서 의식주 또는 활동의 불편함, 자식의 조화력 부족 등이 잘 발생한다. 물론 재물관리는 임대 사업이 되겠죠. 임대사업인데 개 戌자는 이게 통일이 있지 않은 것이기 때문에, 그 속성이 어떻게 통일되어 있지 않고, 건물 안에 상가도 있고 해서 복잡하게 얽힌 모양이다. 그래서 이 戌은 복잡 다양한 해석이 가해져야 된다.

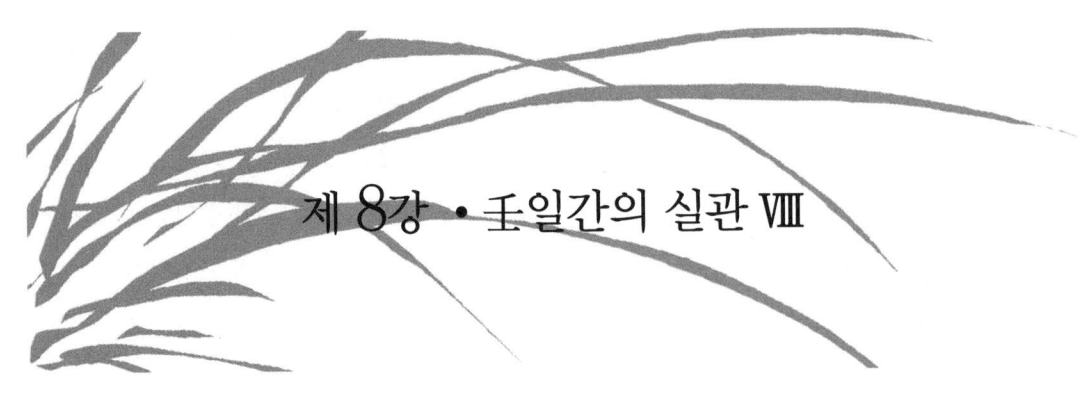

제 8강 · 壬일간의 실관 Ⅷ

壬 - 戌 / 운의 해석

運의 해석에서 大運 戌은 빠져 나오는 방향에 따라 조금 차이가 나는데, 밖으로는 陰운동의 5번째죠. 내부적으로는 수시 陽운동이거든요. 陰운동과 陽운동이 뒤섞여 있는 모양이된다.

그래서 가정환경이나 돈벌이 환경도 대체로 이중생활이다. 그래서 밖으로 벌고 안으로뭔가 밑지든지, 여기서 벌어서 저기에 메우든지, 사랑은 여기서 하고 돈은 저쪽에서 득을 보는 식의 이중생활이 발생하는 양상을 갖는다.

戌-亥
돼지 亥자에서 개 戌자로 올라온 것은, 亥卯未는 생활 패턴의 확정이 잘 되지 않는다. 불확정한 상태에서 확정한 상태로 대체로 넘어오는 작용을 주게 된다.

酉-戌.
酉에서 戌은, 酉 이건 주로 일관성이다. 子午卯酉이니 일관성에서 조잡성으로 넘어가는 거죠. 酉戌 둘 다 金운동이 기본적으로 펼쳐져 있는 것이니 경제적 보상 기회는 수시로 온다. 단 그 결과는 복잡하다. 하나는 偏財 入庫고 하나는 印星이다. 건물을 샀는데 또 뭘 샀는데, 돈을 벌어 뭘 사는 패턴으로 복잡하고 얽히고설켜서 이대로 갈 수 밖에 없다는 식이다.

歲運은 申酉의 답답함을 풀어보기 위해서 여러 가지 행동이 이루어지지만 그 운동 자체는 陰운동으로 달려가 버리니, 결국 여러 가지 복잡한 변동을 구해 보지만 절대 잘 완결되지 않는다. 입맛대로 뭔가 마무리가 잘 안되겠죠.

壬 - 戌 / 男女

남자는 기본적으로 내부에서 陽운동이 수시로 일어나니 寅午戌 火局의 해로움을 당하고, 금전 활동에도 답답함이 많은데 수시로 불 질러 버리니 돈이 들어오려고 하면 시끄러워야 되고, 좀 편하다 싶으면 딴 곳에서 밑지고 있는 식으로 금전 활동이나 사회 활동이 굉장히 복잡하다. 여자인 경우에도 마찬가지로 복잡하죠. 좋은 일, 고달픈 일이 뒤섞여 길흉이 혼재되어 있다.

壬 - 戌 / 綜合

종합적으로 봐서는 시달림이 많고 소득은 부실, 부족한 경우가 많다.

하여튼 개 戌자가 참 복잡하다. 해석도 사실은 복잡하고 일어날 일도 굉장히 복잡합니다. 복잡하니까 壬 日柱가 戌을 만났을 때 그 양상이 財도 아니고 官도 아니고, 또 財가 없는 것도 아니고 官이 완전히 없어진 것도 아니고, 수시로 그것을 이루어 주기도 하고 도로 그것이 食神 傷官이나 偏財의 入庫를 유도해 버림으로써, 결국은 뒷날 장기적으로 눈덩이를 맞게 만든다. 결국은 申酉 지나서 亥子丑으로 들어가죠. 亥子丑으로 들어가 버리니까 亥子에 偏財 入庫의 현실적 해로움을 그대로 쭉 조장해 버리죠.

그런데 묘하게 偏官의 속성 때문인지 자존심은 엄청 강해서 잘 물으러 오지도 않는다. 다른 사람을 묻는데 본인은 곁다리로 끼어서 묻는다. 개 戌자가 끼어서 이렇게 묻는 사람도 많고, 서방이 마누라에 대해 묻는 경우, 또 마누라가 서방에 대해 묻는 경우 이런 식으로, 자기는 보통 잘 안 물어 봐요.

壬이 亥를 볼 때

壬이 癸水를 만난 경우.

天干의 뜻이 그대로 내려와 比肩 벼슬 祿, 그 다음에 하나 더 해 줄 것이 食神 長生이다. 甲木이 長生해 있다. 그래서 업종 따라서 성공 요소가 깔릴 수 있는 것이, 돼지 亥자입니다.

壬 - 亥 / 12運星

12運星 상으로는 자체로 祿이 되고 건록이 된다.

壬 - 亥 / 他六親 12運星

他 六親에서 偏財 丙은 絶地에 들어가 버리고, 正財 丁 또한 胎地, 官星도 마찬가지로 움직인다. 偏官 戊는 絶地에 이르고, 正官 己土는 胎地에 이른다.

이제 亥水를 봤을 때는 항상 머릿속에 정리를 해두십시오.(食神長生)

이 힘 때문에 실제로 大運 亥子丑을 건너가는 사람들이 있다. 大運이 亥子丑으로 건너가든 또, 歲運이 이렇게 子丑으로 건너가든, 그런 사람들 보면 食神이 세력을 갖는 업종에서 성공한다. 食神이 세력을 갖는 업종은 주로 교육이나 요식사업 등이다. 요식인데 陰陽이 편중성에 있죠. 편중성에 있다는 말은 환하게 남에게 밝혀 놓고 하는 장사가 아니다. 그러면 밤에 먹는 것을 다룬다는 말은 유흥이다. 그러니까 먹는 걸 주로 다루기는 하지만, 남들에게 환하게 불 밝히고 하는 것이 아닌 먹는장사나 주점을 할 때는 장사 자체는 보통 잘 돼요.

경기가 아주 불안한 경우에는 저런 것들도 좀 比肩, 劫財의 해로움을 당하기는 하지만 보통 일반적인 경기 흐름에서 보면 교육 사업이나 먹는 사업에서, 교육 사업은 보통 10명 중 8명 정도가 대부분 다 잘 되고 있고, 요식 사업은 한 10명중 6~7명이 잘되고 있다.

즉 食神이 힘을 받기 시작했다는 거잖아요. 食神이 힘을 받기 시작했다는 것은 다른 干支도 힘을 받는데, 이 壬日柱가 亥子丑을 만났을 때의 모양새는 그 모양 그대로 가고 있더라. 그러니까 계속 물 틀어 놓고 있든지, 아니면 계속 밤중에 불 밝혀 놓는다. 불도 주점 같은 곳에는 컴컴하게 해 놓잖아요. 불도 컴컴하게 해놓고 食神 長生의 과정이 만들어지더라. 그래서 먹는 장사나 요식 또, 주류를 다루는 분야에서 성공을 하는데, 여자들은 이 子丑 大運에 지나가면 보통 이런 업종에서 두 가지... 돈은 잘 벌고 있는데 서방이 눈덩이를 자꾸 때리는 거죠. 서방님이 '우리도 뭔가 폼나는 것 좀 해야 안 되겠나?' 해서 '이번에 3천만원만 준비해 봐라! 5천만원만 준비해 줘 봐라! 1억만 준비해라!'

결국은 눈탱이 때려 버리거나 형제가 比肩, 劫財의 해로움을 만들죠. 장사는 잘 했죠. 학원업 자체는 잘했죠. 그런 식으로 흘러가면서 여자들은 눈덩이를 많이 맞고, 남자들은 힘은 들었지만 그것을 통한 경제적인 보상은 이루어졌다. 저 때 작은 기반은 이루었다. 큰 기반은 아니고 작은 기반은 이루었다.

水木食傷이죠. 水가 木을 봐서 食傷 운동이 이루어지면서 드러나는 여러 가지, 물론 다른 食傷도 그런 기본 작용이 있지만, 이런 어떤 모양에서 특히 교육이라고 하는 것이(水木食傷) 이 뜻을 그대로 계승하고 있잖아요.

눈에 보이지 않는 정신적인 것을 바탕으로 길러 내는 것, 어린 것을 길러내는 것, 그리고 사람의 기초적인 행동을 木운동으로 봤을 때 먹여서 활동하게 하는 것, 이게 五行적인 뜻하고 잘 부합이 되는 모양이거든요. 그래서 먹는장사를 해서 돈을 잘 벌고 있다. 그러니까 그 외에 다른 업종으로 비겹과 무리 지어서 안 되는, '유통' 이런 것들은 거의 되지 않고 기타 다른 업종들도 잘 되는 예가 그렇게 많지 않더라. 단지 그 八字 자체에 기술성이나 食傷이 원래 발달되어 있는 사람들 있죠. 그런 사람들은 기술 제조를 통해서 일의 확장성, 일은 점점 커져 나가더라는 거죠.

질문
저것을 정식 종목으로 채택해도 됩니까?

답변

종목은 글쎄요. 종목은 제가 따로 연구를 해본 바는 없는데 또 종목을 나누는 기준은 저 것 하나만 가지고는 아닌데….

질문

주식으로, 주식?

답변

甲木 食神이 長生을 하니 주로 먹는 것. 그러니까 우리가 술이라도 주로 먹는 것 있잖아요. 소주, 맥주 이런 식으로 범용적이고 사람들이 주로 많이 먹는 거요. 소재로 본다면 수분이 많이 들어가 있겠죠. 湯…. 물을 바탕으로 하는 것이 많이 발생하겠죠. 술은 형태는 물이고 작용은 불이니까. 아무튼 그 대체로 食神 長生은 범용적인 어떤 것을 통해서 목적 달성을 하더라.

그래서 물으러 올 때 밤잠을 많이 못자 가지고 얼굴은 회색빛인데 재물은 나름대로 이룩하고 있다.

질문

선생님 찻집을 하면 되겠네요. 녹차집이나...

답변

예. 그러니까 커피를 해도 되는데 액상이라는 거예요. 찻집 같은 것을 해서 돈을 버는 사람이 있는데 거의 子丑 大運에 여자들이 걸려서 찻집을 하면 거의 다 말씀드린 그 모양 그대로라니까요.

그러니까 내도록 자기는 나가 가지고 커피숍을 한다면 일을 해서 저녁 10시쯤 마무리 하고 집에 들어와 있으면, 서방이 그냥 고분하게 직장생활 하면 되는데 '못 하겠다!' 해서 나가서 목돈 마련해 주면, 그거 가지고 밤새 연구해서 톡 까먹는다. 까먹는 것도 시간이 걸린다. 1년 반은 또 조용하다. 그래서 자기가 또 열심히 돈 벌어 놓으면 또 그렇게 해서 20년 세월을 결국은 사는데, 그 중에 보람은 자식새끼만큼은 그래도 좀 니 애비 닮지 마라 하는 식이다.

그 다음에 子丑 大運이니 이 子의 작용이 수시로 왔다 갔다 한다. 예를 들어 내가 커피숍을 한다, 술집을 한다면 꼭 애정을 만들려고 하는 남자가 있어서 내치지도 못하고, 사랑하지도 못한다. 그 이야기 그대로 설명해 보라니까요. 그 글자의 작용 속에 그대로 들어와 있다. 우리는 하도 이야기를 많이 해서 '중요한 이야기만 하자 대충 어떻게 사는지 알거든!' 이렇게 하는데 이런 글자 속에 작용이 잡혀서 사는 내용이 그렇게 정해지더라.

'잘 해주이소!' 하면...

'고생하네!' 이러면서.

壬 - 亥 / 吉凶

그래서 吉凶적으로 보면, 활동성이라든지 이런 면으로 봐서는 吉이 5~6쯤 되겠죠. 경제적인 보상이나 발전에는 한계가 있는 것이니까 凶은 4~5 정도다. 남자들은 변화가 거의 없는 직장생활을 함으로써 무탈하게 쭉 지나가게 된다. 그래서 보통 벼슬길 밖에 출세 길이 없을 때는 亥자를 국가 국록으로 쓴다. 그래서 높지 않은 관직일지라도, 국가조직사회에 인연을 해서 사회활동을 이룩하게 된다. 보통 流年에서 만났을 때는 독립성 강화 때문에 번거로움이 생길 수 있는 것이죠.

壬 - 亥 / 年月日時

年

조상혜택 제한.

年에 亥가 드러났다는 것은 조상 혜택이 제한적이라는 것이다. 없다는 것은 아니죠. 食神은 있다. 食神 長生은 있는데 제한적이다. 소년에 比劫이 있다는 것은 보통 노력, 활동성 인자가 많다. 그 다음에 객지다. 수륙, 물이 祿을 만나 있다는 것은 멀리 흘러가는 것을 의미하기 때문에, 寅申巳亥의 속성과 물의 속성을 좇아서 객지 성공이라든지 활동이 많다

月

月에 돼지 亥자가 있으면 建祿格이죠. 建祿格이면서 偏財나 財星이 세력이 없는 것으로 봐서 建祿의 성질을 그대로 담고 있다. 기본적으로 노력, 활동성으로 부모 혜택은 제한되어 있다.

時

時면 辛亥時가 된다. 辛亥時가 되면 말년에 부동산 임대사업이 된다. 자식들이 長生을 하고 있는데 숨어 있다는 말은 고만고만한 성공이나 번영이 이루어져 있다고 보시면 된다. 여자 八字에서 이 時에 比劫이 에워싸여 있다는 것은 부부 간의 불안한 과정을 의미한다.

壬 - 亥 / 운의 해석

運의 해석에서 亥자가 大運에 들어왔다는 것은 食神長生의 긍정 요소가 있다. 보통 활동에 따른 의식주 확장이지만, 亥卯未 속성 때문에 富貴貧賤이 완벽하게 정해진 것은 아니다.

남자들은 亥卯未의 해로움이 있으니 좀 고달픈 활동에 비해 보상이 부족하다. 여자들도 활동에 따른 보상은 있지만 比肩의 해로움이 있어 봉사 요소, 주변에 베풀어 줘야 되는 요소가 발생하는 거죠. 歲運에서 만나면 독립성, 새 일인데 금전거래나 인간관계의 고통이다. 인간관계 고충이 다발한다.

壬 - 亥 / 男女

남녀에서 남자는 比肩의 해로움을 당하고 번거로움을 씀으로써 여러 가지 희생 양상이 많이 발생한다. 大運에서 丑자가 이렇게 빠져나온 사람들은 陰을 못쓰게 됨으로써 그때부터 엄청나게 많이 헤매요. 그러니 大運이 陰 大運으로 흘러가 丑子亥로 간다. 이 子丑 大運은 잘 쓰든, 못 쓰든 동작이 둔한 陰이다. 陰氣 자체는 강하지만 뭔가 역동적으로 변화를 많이 주지 못한다.

그러니까 보통 丑子 大運에 직장생활을 꾸준히 하다가 亥 大運 오면서부터 갑자기 미쳐서 날뛴다. 그래서 한다고 하다가 거의 다 까먹는데 한 5년 걸린다. 있는 것 다 까먹는데….

20年 동안 모은 것 다 까먹어야 되니 亥運 지나고 戌運에 계속 이중생활로, 낮에는 이 일 하고 밤에는 저 일 한다. 이런 식으로 해서 왔다 갔다 하면서 (亥子丑)이 大運 흘러갈 때 상당히 모양새가 고달픈 것이 많다. 여자는 亥卯未의 반타작으로 써먹는다. 그래도 경제적인 결과나 보상은 부족한 경우가 많다. 교육사업, 요식사업 등을 하는 사람들의 업 자체는 그런대로 잘 굴러가고 있다.

壬 - 亥 / 綜合

종합적으로 봐서 어떤 활동이나 사회적인 보상을 따졌을 때, 일에 관련해 사회적인 보상은 5~6 정도이니 큰 발전은 아니지만 꾸준히 발전할 수 있는 흐름이다. 결국 결과나 인덕이죠. 인간 관계에 의한 여러 가지 덕은 부정적인 것이 많기 때문에 4~5 정도의 凶이 따른다.

보통 이제 소년에 공부하는 학생들은 활동성이나 능력 발휘 기운이 많으니 공부는 잘한다. 文昌의 바탕이 되는 것이 경쟁심. 文昌의 바탕 즉, 天干 食神 그대로 文昌으로 봐도 된다.

물론 이제 調候가 크게 失調되거나 하면 調候의 해로움을 당하지만 調候가 失調되지 않으면, 壬水에 亥水가 있으면 독립심이 강하고 활동성이 강하기 때문에 글공부를 통한 여러 가지 성취나 보상에 긍정적이다.

그러니까 이것을 가지고 손님들 봐 줄 때 그 4개 있으면 일단 읽으면 돼요. 그것만 설명해서 읽는 것만 해도 되는데, 格用을 모르겠으면 大運에서도 그것을 읽어 주고, 쭉 읽어주면 그대로 그렇다 하면서 따라오게 되어 있습니다.

격용론이라는 것이 강약론이고, 강약을 통한 길흉인데 그 해석이 굉장히 오류가 많이 깔려 있는 거죠. 글자 하나도 똑같이 壬日柱가 未를 만나서 食神 入庫되는 것과, 庚 日柱가 辰을 만나서 食神 入庫 되는 것, 그것의 기운 차이라고 하는 것을 우리가 전제를 해 둬야 되는 거죠. 그런 것에 대한 생각 없이 六親만 가지고 계속 八字를 두드려 맞추다 보면 결국은 남의 인생을 골병들게 만듭니다. 그러니까 항상 완전히 좋은 것도 없고, 완전히 나쁜 것도 없다. 항상 吉凶은 상존해 섞여 있다.

이제 干支 자체를 보는 이해나 접근 자체, 이것을 확장해 보세요. 확장을 해 보시면 한눈에 12運星으로 壬이 亥를 만났을 때 '甲은 長生이요, 乙은 死地요'가 나옵니다. 거기에 따른 해석들이 있죠? 그것이 그 사람에게 활발하게 작용하는 정도를 따지면, 대부분 다 우리가 易을 해 주면서 吉凶의 결과를 주려고 하거든요.

吉凶의 결과물! 그러니까,

"선생님 좋다는 말입니까? 안 좋다는 말입니까?" 그러면,

"몰라." 이러면 돼요.

"된다는 말이지요 ?" 그러면,

"되는 것도 있고, 안 되는 것도 있다."

이때는 이것만 되고, 이때는 이것만 되고, 이런 식의 결과물의 吉凶적 해석이 아니라, 결과나 과정의 양상이라는 거죠. 결과의 양상을 설명해 주는 모양새로 가야 실제로 그 사람들이 현실적인 판단이나 결과를 낼 수 있고, 그 사람이 현실적인 어떤 상황을 질문해 왔을 때 가장 부합되는 해석을 해 줄 수 있다. 그래서 항상 여러분들이 머릿속에 염두를 해두시고 (길흉)여기에 익숙한 사람들이 이제 이런 방식으로 자꾸 묻더라도, 이런 결론을 그 사람에게 정보로써 줘야 되는 거죠. 돈은 되지만 사랑은 안 된다, 사랑은 이루어지지만 돈은 안 된다. 이런 양상을 항상 베이스로 두고

"調候적으로 좀 더 반가운 모양이냐? 아니냐?"

"陰陽적으로 반가우냐? 아니냐?"

(吉凶)이것은 오히려 부수적으로 따져 나가는 것이 八字 해석을 정확하게 해 주는 방법인 것입니다.

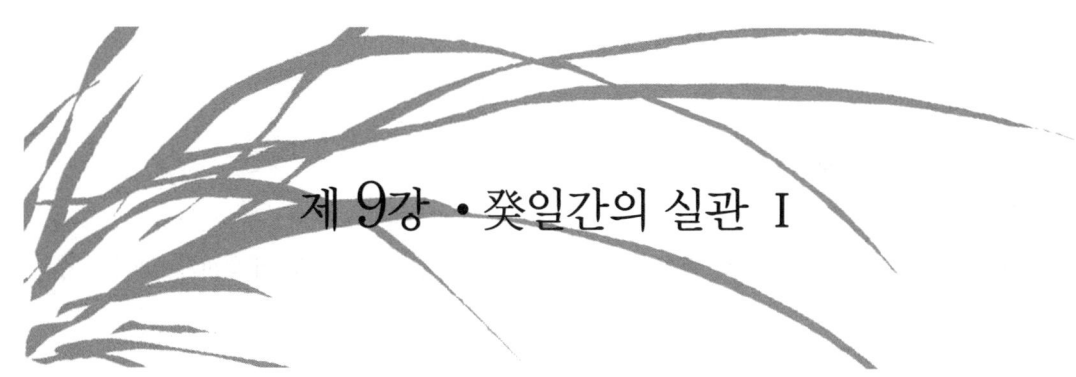

제 9강 · 癸일간의 실관 I

癸가 子를 볼 때

초반부터 요새 개도 문제고 계도 문제라고 언급했죠? 역시 이 癸들이 전부 다 깨지고 있어 가지고 상담 많이 들어올 텐데요. 이 癸 日柱들, 벌써 작년 재작년부터 시작해 가지고 곗돈에 소송 하느냐? 마느냐? 한명 도망가고….

癸 – 子 / 六親

六親 상으로 比肩이고, 癸가 子를 봤을 때는 항상 祿을 갖다가 다른 祿보다 조금 더 의미를 강조해 주는 이유는, 陰의 기운이 몰려서 사회적인 활동을 이룰 때 그것을 많이 하기 때문에 그렇죠. 다른 日柱들의 祿은 財星을 바라보면 財星을 빨리 쫓아가 버리는데, 이 癸 日柱의 子는 전부 陰에 속한다. 사회적인 활동성이 陰의 기운에 많이 강화되어 있는 모양이기 때문에, 祿을 비교적 祿의 정신에 많이 맞추어 쓴다고 보면 된다.

그래서 이제 비중사죠. 그래서 癸 日柱 행동, 속성 자체가 祿의 의미를 좀 더 공직 등에

陰的이라는 거예요.

癸 - 子 / 12運星

12運星 상으로 보면 당연히 祿이 되지만, 이 祿의 뜻을 말 그대로 계승하는 의미로 많이 쓴다.

癸 - 子 / 他 六親 12運星

他 六親에서는 偏財 丁이 絶地에 들어가고, 正財 丙이 胎地에 들어가고 偏官도 마찬가지죠. 偏官을 己土라고 봤을 때 똑같이 絶地로 正財가 正官이죠. 正官 戊가 胎地에 이름으로써, 財星과 官星이 다 絶, 胎地에 떨어져 있는 모양과 환경이기 때문에 사회적인 활동이 활발하지 못한데, 그대로 祿의 뜻을 계승해서 변화가 작은 조직이라든지 교직 쪽에 직업특성이 다른 것에 비해서 두드러지게 더 많이 형성되어 있다고 보시면 되겠죠.

癸 - 子 / 吉凶

吉凶을 따졌을 때는 직업면에서 대체로 吉兆가 많지만, 전체적으로 어떤 財星이나 官星의 흐름으로 볼 때는, 사회적인 성취도나 吉凶을 볼 때는 吉이 5, 凶도 5 정도라고 보시면 되겠죠. 六親관계라든지 이런 데에서 '나는 똑바로 사는데 세상은 왜 이렇게 꾸부정한 거야!' 하는 식이죠. 그러니까 癸자 자체가 겨울이 와서 눈의 어떤 결정 모양을, 그 뜻을 계승해 있는 것으로 봤을 때, 그 눈의 입자를 보면 각도가 정확하잖아요. 정확하고 투명하다는 거죠. 투명하지만 이 子가 있으면 그 투명성을 쫓아서 가는 분야는 만인의 사표가 되는 길이다.

다른 사람들은 甲乙丙丁戊己庚辛壬癸 중에서 癸 빼고는 전부 다 정확성의 의미로 봐서 癸 다음에 辛. 天干에 이 두 日柱들은 '나는 똑바로 사는데 세상은 왜 이러냐.' 는 상당한 피해의식을 많이 가지고 있죠. 간혹 다른 財官의 모양이 많이 간섭을 하면 이런 사람들도 고유의 기질적인 인자보다 사회성으로 많이 넘어가는데, 다른 日柱에 비하면 훨씬 못하죠. 원래 본인의 천성 자체가 투명성이라든지, 이런 것의 정확성을 자꾸 고집하기 때문에 그것 때문에 자기도 눈탱이 맞고, 주변사람 피해도 주고, 뒤에는 한번씩 왕따도 당해요.

그렇게 당하니 본인이 똑바로 산다는 것이 세상에 피해를 준다는 것을 전혀 인식 못하는 사람들이 많죠. 八字에 그렇게 흡사한데, 이렇게 쇠자(쇠로된 자—尺) 하고, 辛金이 쇠로된 자죠. 癸水는 겨울 얼음이다.

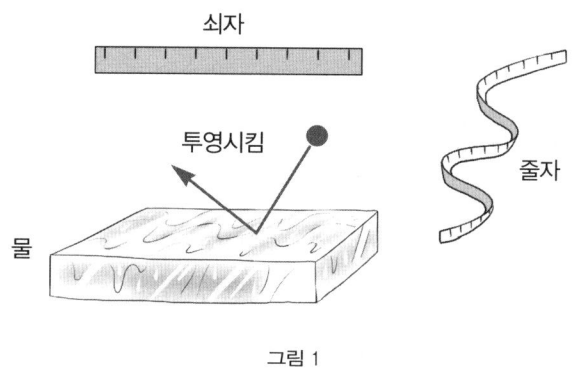

그림 1

옛날에 거울이 없을 때 그냥 물에 비춰봤죠. 물이 수평을 이루어서 그대로 투영을 해서 사물을 투영시켜 내는 그런 힘을 가지고 있는 것이 癸라고 한다면, 이 쇠자는 줄자를 이해 못하는 거죠. 흐트러져 있는 것 같지만 눈금은 있고, 또 오히려 구부러진 것을 재는 감각은 훨씬 더 살아 있는 것인데, 쇠자는 줄자를 이해 못하는 거죠.

辛金이 다른 日柱를 이해 못하는 것은 이거와 거의 비슷하다고 보시면 되죠. 그 다음에 癸水도 마찬가지로 얼음에 딱 결정이 되어 있어서, 그대로 만물을 비춰서 보여줄 수 있는 에너지가 있는 반면에 다른 놈들은 안 그렇거든요.

그 다음에 순진무구 형이 이제 甲입니다, 甲 순진무구…. 丙은 감추지 못해서 이것이 일관성은 아니죠. 건드리면 터진다, 건드리면 터지는 것은 일관성이 있는데, 어디로 튈지는 모른다. 그런 측면에서 볼 때 癸水는 세상을 살면서 이런 자기 고유 기질 때문에, 대인 관계라든지 六親의 덕에서 피해를 간접적으로 많이 보게 되는 거죠. 때로는 왕따도 많이 당합니다. 세상을 자기만 깨끗하게 살려고 하니까 힘들어지는 거죠.

癸 – 子 / 年月日時

年

子가 年에 들어나 있다는 것은 말 그대로 벼슬이나 학문과 관련된 조상이고, 그 조상의 뜻을 계승하는 계승자로서의 기운이 많이 뿌려져있다.

月

月에 子는 더 말할 필요도 없이 建祿格이니까 建祿格으로서 그 특성이나 개성인데, 여러 祿格 중에서도 癸水가 子를 쫓아서 祿을 이루고 있는 모양이 가장 建祿格의 일반적인 특성을 정확하게 잘 보여 줍니다. 陰氣가 어느 쪽으로 쏠려 있다는 것은 甲~癸까지 오면서 陽 운동, 陰 운동 이후에 陰氣가 가장 많이 진행된 단계에 있으니, 다른 干支들의 祿格에 비해서는 陰陽 편중성이 있는 거죠. 그러니 말 그대로 부모나 부모혜택이나 형제의 어떤 혜택도 편중성이 좀 심하게 발생한다. 대신에 공부 같은 것을 잘한다. '앉아서 움직이지 마!' 이러면 '나는 원래 안 움직였어, 책만 봤어!' 그런 동작이나 기운을 가지기 때문에 대단해요.

時

時에 子가 되면 壬子, 甲子가 걸리죠. 보통 朝子에 걸리면 壬子時. 時에 있는 建祿, 祿格도 말년에 선출직 감투가 되기도 하고, 공직이나 교직 쪽에서 자기가 지도적인 위치의 활동을 많이 하게 된다. 단지 경제적인 보상은 그렇게 크지 않다.

그런데 이 자체를 陰운동으로 봐서, 주워 담는 동작이 나온 것으로 봐서는 먹고 사는 경제적인 문제는 해결을 하겠지만, 현금 재산 등의 어떤 재산에 대한 융통성을 많이 발휘하지 못하는 것이니 다른 것에 대한 수집 인자들로 보는 거죠. 현금 재산은 약하니 부동산 등으로 조금 재산을 소유하긴 하지만 가치 자체를 그런 곳에 두지 않는 경우가 많다. 돈 자체를 모으는 것에다 가치를 두지 않고, 콜렉터들 있죠? 이런 것을 이것저것 모아 놓는 사람들이다.

癸 – 子 / 운의 해석

운의 해석에서 子 大運에 이르렀을 때, 인간은 누구나 활동성 둔화가 이루어진다는 일반적인 의미는 두고요…. 癸水가 子의 뜻을 그대로 따라서 比劫도 되고, 祿을 그대로 계승한 것이니 변화가 작은 생활이죠. 변화가 작은 생활, 노인들은 대체로 長病이다. 이 질병적인 치료가 오래도록 요구되고, 다음에 子 자체의 속성상 癸水에 陰 운동과 중복이 되어 애정사의 번거로움이 잘 발생하는 거죠.

子 歲運에서는 말 그대로 벼슬이나 학문을 구하는 사람. 학문적 성취는 대체로 이루어지지만 금전, 사회적인 보상에는 전부 번거로움이나 고충이 생기더라. 그러니 이미 亥水, 亥年, 子年전 亥年에 이미 한번 깨지고 子年에 또 깨지고 丑年에 또 깨진다.

그래서 요새 癸 日柱만 찾아오면,

"아이고 어찌 하겠나?!' 이러면서

"얽히고설키고 복잡하네!"

이 말부터 하면 됩니다. 복잡할 수밖에 없는 거죠.

癸 - 子 / 男女

남자는 비교적 변화가 작은 직장 생활 중에서도 보통 하는 일이 똑같은 공직이다. 아니면 교직에서, 보통 직장생활에서 꾸준히 완만하게 성장하는 어떤 그런 양상을 많이 가지게 된다. 애정사는 남자에게 있어서 남자의 몸이 陽에 속하는데 癸도 陰의 기운이 오고, 大運에서 子까지 쓰고 있으면 애정사의 유리함이니까 보통 처덕이나 여자 덕이죠. 하다못해 우렁각시 덕이라도 보더라. 자시에 출연하는 우렁이 각시. 밤에는 각시가 되었다가 낮에는 우렁이가 되어서 돌아가는 여자 덕을 받더라.

여자는 보통 사회활동 양상은 변화가 거의 없는 직장생활을 하는데, 六親적 피해의식이 많이 발생해요. 또 애정에 의한 희생들. 그 중 제일 큰 것이 보통 결혼한 사람은 배우자에 의한 고달픔으로 남편 덕이 기울어져서 오는 괴로움이니까, 남편이 안 좋으면 比劫의 해를 당하니 자기가 조금 적금 붓고, 곗돈 붓고 해서 모아 놓으면 부모, 형제들에게 그거 톡톡 털어넣을 일이 생기는 식으로 해서 눈덩이 맞고 하는 거죠.

그러니까 있는 현금은 다 주고 겨우 받은 게 얄궂게 얽히고설킨 잘 안 팔리는 아파트를 받았다는 작용이, 뭐냐 하면 辛金이 偏印이죠. 偏印이 子에 長生을 하는 작용이 印星이 들어오기는 들어오는데, 偏印으로서의 작용이 더 활발한 그런 것으로 인해서 결국은 묶이고 엮여서 고달프게 지내게 되더라.

소위 子의 뜻을 그대로 계승한 장사, 소위 물장사, 야간 유흥업을 하는 사람들은 돈은 버는데 六親적 피해가 많이 발생하고 만성질병이 와요.

그래서 여자들은 상당히 고달프지만 신앙심이 철저한 것도 있다. 신앙심 철저, 바르게 살자! 원래 癸水가 바르게 살잖아요. 바르게 살자인데 子水까지 만났으니 역시 그래! 인생은 똑바로 살아야 된다고 고집하게 되는 작용이 많이 발생하기 때문에, 그런 이야기 해주면 좋아라 합니다. 한 2~30분씩 계속 道닦는 세계의 이야기를 한다. 아무튼 고달프다.

癸 – 子 / 綜合

종합적으로 봐서 직업이나 일에 관해서는 긍정적인 요소이지만 六親, 금전, 애정 이런 쪽에 전부 다 번거로움이나 고달픔이 많이 발생하기 때문에 좀 따뜻하게 대해 주세요. 뺏겼다고 생각하지 말고 줬다고 생각해라!

時	日	月	年
	癸		
	酉	子	丑

그림 2

그래서 子 大運에 가서 여기에다 명조 안에 子, 丑, 癸酉 식으로 짜여 버리면 이미 陰陽 편중성이 쉽게 발생해 버린다. 이런 八字들은 정말로 사는 내용이 한번도 놀이동산을 못 만나고 가는 인생이다. 놀이동산이 없는 도시로 보고 그래서 매일 같은 직장 생활하고 살아가다가, 문서 같은 거 잡아서 잠깐 좋았다가, 그 다음에 직장 생활 마치고 나서 대충 자기 시간 조금 갖는 척 하다가 病 걸려서 '그러면 안녕!' 이렇게 되는 거죠.

이런 사람들은 점 칠 일이 별로 없죠. 사실은 점 칠 일을 물어 보았자 그냥 똑같은 이야기를 해 주니까요. 사실은 이런 명조들이 정작 본인 福보다 주변분들 때문에 많이 묻게 되고, 간혹 금전관계나 六親관계로 인해서 여러 가지 어려움이 생기기 때문에 물어 보거든요, 그러니까 따뜻하게 해 주시라니까요. 평생 베풀고 살았으니, 평생 남 좋은 일을 많이 했으니,

"당신은 아마 다음 생에 참 좋은 일이 많이 있을 것이다."

"다음 생이 있나요? 선생님!" 이러면

"분명히 있습니다. 당신 같은 분들 때문에 다음 생은 반드시 있어야 됩니다!"

그러면 우는 사람도 있어요. 어떤 남편 덕도, 이런 것도 사실은 굉장히 많이 기울어지죠.

癸가 丑을 볼 때

子보다 좀 더 하이라이트는 이 丑인데 吉작용과 凶작용이 같이 있는 거죠.

그래서 이 丑은 子의 뜻을 그냥 그대로 80% 해석하고요. 형태상으로 偏官'이라도 실제로는 陰이다. 원조로 水다. 이런 것에 대해서 陰의 기운, 水의 기운을 좀 더 부각시켜 주는 게 좋은 거죠. 거기에다가 그 羊刃이라고 하는 것을 안게 되죠. 羊刃의 피해도 많이 발생을 해요. 태어난 날에 걸리면 〈十惡九醜〉에 걸려들고 해서 정말로 이 陰에 몰려있는 것도 서러운데, 칼도 냉동 칼이다. 따뜻한 칼이 아니고, 냉동 칼을 붙들어서 陰陽의 편중성이 많이 발생해 버리는 거죠.

그러니까 天干으로 甲~癸까지 있으면 陰의 끝이죠. 그 다음에 순서에 의해서는 子丑부터 陽이 시작하지만 실제로 계절로 끊으면 丑에 끊기죠. 丑이나 癸나 陰의 끝자락이잖아요. 陰의 끝자락으로서 陰氣가 가장 많이 몰려있는 어떤 모양이 되죠. 癸亥보다는 현실적으로 陰의 기운이 더 많이 쏠린 것이 癸丑이라고 봐야 되겠죠. 이럴 경우에 생겨나는 것은 죽기 아니면 까무러치기가 되는 거죠.

癸 - 丑 / 12運星

12運星 상으로는 祿 바로 앞에 冠帶가 되죠. 陰干의 冠帶는 기본적으로 세력이 아주 강하게 남아 있는 것이고, 陰干의 冠帶 자리는 다 羊刃이 앉음으로써 陰의 기운이 치우친 인자가 두드러진다고 보면 됩니다.

癸 - 丑 / 他 六親 12運星

他 六親에서도 마찬가지로 보면 이 丁은 入庫다. 偏財가 入墓를 해 버렸다는 것은 세속성이 크게 떨어진다는 거예요. 그래서 偏財가 활동성에 있어서는 시장, 그러니까 다운타운이 되겠죠. 入墓해 버렸다는 것은 다운타운이 없으면 사는 게 재미가 없죠.

여기 丁火가 꺼져버린 도시로 치면 이 巳午未라고 하는 이 환경은 밤에 불이 잘 꺼지지 않는 그런 번화가라는 뜻이 되고, 亥子丑이라고 하는 공간 자체가 적막하다는 뜻인데 본인도 陰의 기운이 에워싸여 적막한 기운이 많은데, 현실까지 이렇게 적막 기운에 에워싸여 있으니까 세속성이 너무나도 많이 멀어져 있는 거죠. 그래서 丙은 養이 돼요.

偏官 己土도 入墓, 다음에 正官 戊土도 養地. 표현만 12運星의 養이죠. 五行적인 대세는 굉장히 약하죠. 戊의 기운이 지상의 陰의 끝자락에 있기 때문에, 戊가 세력을 갖는 寅卯辰 巳午未로 흘러가면 寅 정도에 이르러서 조금 기운이 드러나는데, 丙은 다르다. 丙이 또 長生하고 있는 모양하고는 다르죠.

그러니까 戊는 土가 이 木運에 쉽게 펼쳐질 수가 없잖아요. 이 辰에 이르러서, 陰曆 3월에 이르러서 드디어 무성함이 발생하잖아요. 무성함이 발생하여 여기까지 펼쳐지는 건데, 丑은 12運星상으로 養地라고 하더라도 실제로 陽의 기운이, 陽의 의미가 매우 약하다. 주로 이제 직업적인 연결은 교육 다음에 의료, 연구, 종교 이런 것들이겠죠. 그런 분야의 직업적인 특성을 가지고 있는 사람들은 대체로 이름은 얻을 수 있다 이거죠. 그 분야의 이름은 얻을 수 있는데, 개인적인 보상 이런 것들은 부족하다.

남자들은 저런 기운이 있으면 사실은 어떤 것에 대한 고집이 굉장히 강하고, 집착이 굉장히 강하죠. 한번 고집 피우면 자연의 기운 속에서, 陰의 기운이 가장 강하게 몰려 있으니까, 한번 쥐면 놓지 않는 것 때문에 주변에 일하는 사람들이 굉장히 힘들어 하는 그런 경우가 많습니다.

癸 - 丑 / 吉凶

길조나 흉조에서 볼 때 직업적인 특성을 만드는 것은 길조가 4~5 정도 깔려 있는 것이고 흉조는 5~6 정도로 六親 관계라든지 사회적인 보상, 이런 면에서는 여러 가지 어려움을 많이 만나게 되더라. 그래서 여자 八字에서도 癸 日柱가 丑을 남편으로 쓰고 있다면, 陰이 陰을 짝을 제대로 잘 못 짓죠. 그 글자 자체도 陰에다가, 木火土金水라고 하는 자연의 큰 운동을 볼 때도 똑같이 陰이니 이것이 짝을 못 짓는 거죠. 그러니까 변태 서방이다. 어찌 보면 同性이다 이거예요. 저렇게 한쪽에 짝 지어주는 모양 자체가 正態가 아니고 變態적인 모양이 되어 있으면 팔짱끼고 다니는 同性이 되어버리는 거죠.

질문

戊日柱가 辰을 봐 버려도 동성연애라고 봐도 됩니까?

時	日	月	年
	戊		
	辰		

그림 3

답변

戊 日柱에 그렇죠. 辰이 형태상 同性이잖아요. 陽운동이 진행되어 있는 단계도 마찬가지이고 甲乙丙丁戊, 子丑寅卯辰에 陽이 陽을 짝짓고 있는 모양이니 이건 그대로 동성을 짝짓고 있는 모양이 되겠죠. 그것이 드러나 있기 때문에 감출 수가 없어서 피곤한 것이라면, 이 경우에는 둘 다 쉽게 숨길 수 있는 모양이잖아요. 그래서 일종의 변태적인 짝이 되는 거죠.

癸 - 丑 / 年月日時

年

年에 丑이 드러나 있으면 羊刃의 뜻을 계승한 것이고, 소년에 정신력은 크게 강화가 되지만 성장 환경, 성장에 관련된 여러 가지 요소에 방해가 많고, 경제적인 환경보다 사회적인 환경이 좋지 못하다. 그러니까 丑이 지상에 있는 食神이 되는 卯를 隔角한다. 뒤에 보시면 아시겠지만 이 卯가 굉장히 중요한 작용을 하거든요. 癸 日柱에서 隔角을 시켜 버림으로써 당연히 丑의 작용 때문에 몰락성이죠. 선대에 번영했다가도 몰락하여 적막강산 스님이 된 조상, 이런 식이 되겠죠. 사실 이런 간단한 편중성만 발생하면 그대로, 제명에 못살다가 간 조상으로 봐도 되고, 몰락한 조상, 잘못된 조상 이런 식의 유추가 다 가능한 거죠.

月

月에 丑이 있으면 형태상으로는 雜氣이고 偏官格이지만 실제로는 建祿하고 비슷하다. 주로 정신력이나 공부에는 긍정적이지만 부모로부터 현실적인 혜택을 입는 것은 굉장히 고달픈 모양이 되죠. '그냥 고생했제!' 이 말 한마디만 하면 됩니다.

日

태어난 날에 癸丑은 말 그대로 日支에 偏官이 正態的인 財星도 제 모양으로 잘 앉지 못하고, 官星도 제대로 앉지 못하니 배우자 인연 불안, 배우자와의 조화력이 편중성이 좀 심한 거죠. 다른 干支들의 조합에 비해서 편중성이 많다. 제가 이 癸丑 日柱 같은 경우에는 단 한 명도 배우자가 편한 사람 못 봤어요. 확률적으로 한 만 명에 1/60로 그러면 최소한 1,666명인데, 그 사람들 중에 배우자궁이 편한 사람은 단 한명도 못 봤다. 종교인을 남편으로 두고 있다든지 하는 사람들은 그냥 살아가는 것이지, 남편 덕을 잘 본다는 개념은 아니었다는 거죠. 아니면 그런 경우 四海萬里를 돌아다니는 사람들 있죠?

질문

남자일 경우에 子水가 있으면 그래도 寅방을 연다고 해서 좋은 것 아닙니까?

답변

子丑이 견인을 해서 그것도 運이 보조를 해 줘야 되는 거죠. 運이 보조가 잘 안되면 제대로 열 수가 없는 거죠. 여자들은 두말 할 것도 없고 丑중에 있는 偏印에 의한 辛金 자리에 앉아 있다는 자체가 여자가 짝을 잘 지어 쓰기에는 불편한 모양에다가, 食傷이 태어나 자식이 태어나면 이제 官星과 印星의 자리가 같이 불안해 있는 거죠.

그래서 건너 띄어서 손주를 봐 주고 있다니까요. 자기애들은 자라서 보통 객지로 나가 버리든지, 아니면 남편하고 인연이 멀어져 버린다. 또 애들이 장성하면 동거운이 없어지고, 이게 食傷이 空亡이거든요. 자체로 癸丑일 경우에 자체가 空亡이 되잖아요. 그래서 한사람도 편하게 사는 사람은 못 봤는데, 단 종교인이나 전에 다른 시간에도 해 드렸지만 鬼六種의 직업을 가지고 있는 경우, 그나마 가정 형식을 유지는 하고 있더라.

時

時에 들어가면 癸丑이 또 걸립니다. 마찬가지로 말년에 의식주나 六親 또는, 건강에 장애가 많이 발생하더라. 간혹 남자들은 陰氣의 힘을 이용해서 부동산 같은 것을 꽉 쥐고 있는 사람도 있다. 그런 사람들 보면 산꼭대기에 몇 만 평 땅이다.

"그래 뭐 해요?"

하면 달세 나오고 하는 것도 없고, 활용도도 없다. 활용도는 없지만 부동산 같은 것을 쥐고 있으면서, 재산적인 자유는 좀 있지만 대체로 본인이 만성적으로 건강이 안 좋거나 또, 六親 간에 여러 가지 등지고 사는 갈등 양상을 많이 만들죠.

질문

그러면 癸丑 日柱 여자 같으면 ○○年에 血光之神 때문에 바로 가버리거나 그런 것은 없습니까?

답변

그건 제가 샘플로 책에는 그런 예가 많으니까 했는데, 血光之神 때문에 무조건 남편이 가고, 수명을 잃는 것은 보지는 못했어요. 헤어지거나, 치고 박고 하면서 억지로 가는 것은 많이 봤는데 아무튼 그런 작용이 있다고 봐야 되겠죠. 제가 일부러 통계 처리는 못해 봤는데, 그런 작용은 다른 日柱보다는 좀 더 다른 干支 조합이나 白虎大殺에 비해서 심할 것이라고 봐야 되겠죠. 이런 종류는 뻑하면 白虎大殺, 이래서 무조건 나쁘다 이렇게 생각 안 해도 나쁘잖아요. 그런데 묘하게 이 丑이 子하고 무리를 잘 지으니, 보통 배우자 부정에 의한 것들이 많이 발생해 남편 역할도 한시적으로만 잘 해줬다가 끝나버린다. 보통 배우자 부정이 발생해서 인연이 멀어지는 경우가 많더라. 심지어 아파트 앞 동, 뒷동에 자기 서방은 바로 앞 동에 살고, 그 앞 동에 누구하고 사느냐면 3명 다 초등학교 동창이었다. 子丑 合이 있는 것만으로도 견인되어 있다. 남자일 경우에 우리가 흔히 볼 수 있는 것이 이런 干支 구성이다.

時	日	月	年
癸	戊		
丑	子		

그림 4

이런 干支 구성일 때 마누라가 子는 여기에 있고, 癸는 여기에 대문 밖에 있잖아요. 대문 밖에 있는데 丑 劫財가 있다는 말은 그 사람이 가정을 가졌었거나 가정 형식이 어느 정도 있는 사람이라는 뜻이죠. 그런데 (丑-子), (癸-戊) 이렇게 쫙 붙어 있잖아요. 쫙 붙어 있으니 아파트 앞 동, 뒷동으로 살더라니까요. 이제 그 작은 마누라는 앞에 두고 남자 입장에서 볼 때 작은 마누라는 앞 동에 두고, 베란다에 나와서 뭐 하는지 보는데, 그것도 예를 들어서 자기는 7층에서 살고 작은 마누라는 5층으로, 내려다보기 위해 2~3층 낮게 해서, 베란다에서 쫙 보면 다 보인다. 뭐하나? 불 켜져 있나? 안 있나? (丑-子)근데 이것이 한동안은 안 들켜요. 왜냐하면 子나 丑이라고 하는 것이, 子 바로 옆에 丑이잖아요. 그리고 이것이 전체적으로 어둡다. 이 양반은 아침에 운동복 입고 쪼르륵 내려와서(5층), 이 옆집 수위실 이용해서 여기 있다가 대충 시간 보내고 나와 가지고(7층), 밥은 여기서 먹고(5층), 저녁에 먼저 일찍 올라가서 출근하니까 밥 먹는다(7층).

(5층)여기에 지키는 수위 아저씨가 이 집 남편인줄 알고 있었는데(7층), 여기서 또 만난 거죠. 이렇게 해 가지고 그래서 왜 이집을 가느냐 해 가지고 뒤에 결국은 뽀록이 난 거죠.

질문

언제 뽀록이 났나요?

답변

未年도 아니고 干支적으로는 그 午나 未에 뽀록 나잖아요. 그런데 물론 大運작용도 있고 상대방의 작용도 있겠지만 그 양반은 寅年이다. 申酉戌 亥子丑 (寅卯) 잘 지내고 寅年 아니면 卯年 쯤에 偏官이 들어오기도 하면서, 결국은 뽀록이 나가지고 고생을 엄청나게 하는 걸 봤는데요. 결국은 앞집에도 애를 둔거예요. 아이 때문에 왔다 갔다 하는 거예요. 時에 貴人이 있잖아요. 귀인이 머물러 있으면 분명히 자식이 쓰든, 작은 여자의 배우자가 쓰든 쓰는데, 귀인적인 인자가 있다는 거예요. 자식을 두었다는 말은 이미 배우자와 끝났을 것이고 자식이 거기에 태어났는데 자식이 너무나 보기 좋았겠죠. 이 원리와 마찬가지로 계축일주의 여자 입장에서 볼 때 서방이,

時	日	月	年
壬	癸		
子	丑		

그림 5

나하고 껴안는 것이 아니고 子하고 껴 앉고 있는 모양이다. 그런데 癸하고 子하고 서로 계급장이 비슷하다. 세 명 다 알고 보니, 서방과 이 여자와 3명이 초등학교 동창생이다.

제가 잘 아는 어느 분인데 아파트 앞, 뒷동에 살고 있는 거예요. 그래 가지고 서방을 원망하는 거죠. 부인 입장에서는 남편하고 이 여자하고 이상하다 하는데, 운명에서 보면 셋 다 이상하다. 다 변태다. 이러니까 원망하지 마라. 어차피 일정 세월이 가야 돌아온다라고 밖에 코치 할 수 없는 거죠. 만날 그 소리다 하면서 자기는 원망한다고요.

"그래, 당신만 잘 났다!"

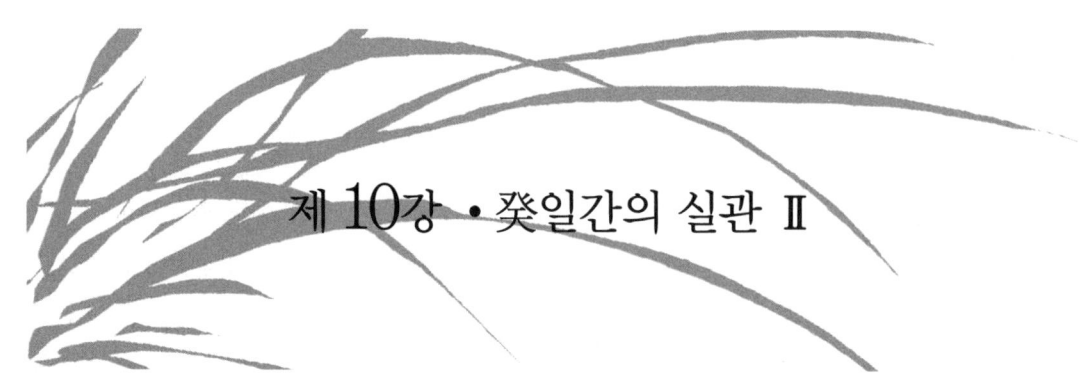

제 10강 · 癸일간의 실관 II

癸 - 丑 / 운의 해석

운의 해석으로 가서 丑 大運은 羊刃, 다음에 陰이죠. 陰氣가 강화되어 있기 때문에 변화를 역동적으로 구하기가 어려운 즉, 변화가 작은 생활이죠.

그러나 사회적인 보상은 제한적으로, 간혹 남자들 중에는 10년짜리, 5년짜리, 7년짜리 이런 소송을 해서 큰 땅을 도로 되찾는 작용으로, 집는 작용으로 부동산 같은 것을 장악하기도 하는데, 그 과정이 羊刃의 해로움 때문에 뭐 송사를 몇 년씩 해서 찾아오고 부딪치고 하더라. 그러니까 여자 歲運 정리를 해보겠습니다만 더 고달퍼지겠죠. 丑 歲運에는 말 그대로 羊刃으로써 매듭짓는 거죠. 피를 본다, 끝을 낸다를 반복하는 것이 丑 歲運이라는 거죠.

간혹 이제 그 丑 歲運에 癸 日柱가 '벼락혼' 같은 것을 해요. 陰의 기운이 순간적으로 피크를 만들면서 '아닌데!' 하면서 시집가고, 장가가고 한다니까요. 올해 癸 日柱들 조심해야 됩니다. 벼락혼이라고 다 나쁜 건 아니지만 특히, 癸 日柱들이 羊刃을 만나서 결혼을 하는 경우를 보면 짝이 아니잖아요. 이게 丑 자체가 편중성이 너무 치우쳐 있어서 제대로 되지 못했기 때문에 벼락 결혼을 하면 대체로 문제가 다 생기죠.

癸 - 丑 / 男女

남자는 그나마 陰의 작용으로 인해서 변화가 작은 생활, 작은 실속, 처덕이 羊刃임에도 불구하고 陰의 작용으로 인해서, 그것이 사이좋게 덕을 입는 것은 아니겠죠. 내가 자연스럽게 처덕을 본다는 것이 아니고 '줘 봐라…!' 서로 윽박질러서 처덕을 받으니까 여자가 결국은 陰의 기운을 채워주는 작용이 있음으로써 처덕, 여자 덕인데 이건 제대로 된 여자 덕이 아니고 피곤해 하면서 하는 거죠. 피곤해서 마누라가 결국 보증 서 준다. 사고 터트려 놓으면 마누라가 그것을 억지로 힘들게 메워주는 식으로…. 진짜 피곤해요. 물론 변화가 작은 생활을 하는 사람들은 이제 직업적인 양상에서 오는 것은 거두어지지만, 다른 어떤 성취나 보상에 있어서는 정말로 피곤해요. 그래서 羊刃의 해로움을 그대로 다 당한다 이거예요. 올해 보니까 벌써 배 한번씩 다 가르고 오더라니까요. 수술하고, 작년에 곗돈 떼이고….

癸 - 丑 / 綜合

종합적으로 봐서 癸가 丑을 보면 보통 이제 직업에서도 편중성이 있죠. 일반적인 것이 아니고 교육, 의료, 연구, 종교 등으로 정신적인 노동이라든지 음성적으로 제한된 공간에서 매달려 해야 되는데, 직업적 성공은 소수 있으나 대부분 다 六親이나 경제적인 보상 등에서는 고달픔이나 희생 양상이 생긴다. 그러나 좋은 일로는, 癸가 丑을 만났다는 것은 보통 학위 취득 있죠? 라이선스, 자격증의 취득, 프로페셔널이다. 뭔가 자기 능력으로 프로로서의 검증을 받는 그런 과정에서 좋은 결과를 이루는 경우다. 재산적으로는 시비 분쟁을 거친 부동산, 사회적인 이권들을 이룩하는 것이 어떤 숨작용으로 이루어지는 것이니, 이런 정도의 분야 외에는 별 재미없는 거죠. 결국 또 시험 쳐서 뭔가 이룩하는 것이다. 시험 쳐서 따는 관직이라든지 이런 것들 외에는 대부분 다 丑年에는 희생 양상이 생기더라.

실제로 제가 두 케이스 정도 봤는데, 종가에서 상속에 관한 것들에 대해 재판을 7년 정도 해서, 丑 大運에 그것을 자기 앞으로 가져 오더라고요. 그러니까 작은 평수는 아니고 한 8만 평인가, 10만 평인가 상당히 넓은 것이었는데, 경제적인 활용 가치는 거의 없어요. 결국 재산이 불어난 거잖아요. 그런 식의 어떤 보상이나 발전이 있더라는 거죠.

丑도 잘 대해 주세요….

오시면 "아이고 열심히 사시네요!" 라고 말해 주세요.

간혹 교수직 이런 쪽에 있는 분들도 있는데, 하여튼 일종의 편집성 때문에 자기 분야의 권위자가 되어 성공하기는 하지만, 사회성은 굉장히 떨어지죠.

癸가 寅을 볼 때

癸 – 寅 / 六親

六親 상으로 傷官 다음에 寅 중에 丙 正財 長生인데, 여기에 癸水가 寅木의 寅 중에 있는 丙火를 쫓아서 짝을 짓는 것을 굉장히 반가워 한다는 거죠.

癸 – 寅 / 12運星

12運星으로는 浴地가 되고.

癸 – 寅 / 他 六親 12運星

他 六親에서 偏財 丁은 死地가 되죠. 正財 丙은 長生地가 되고 偏官 己가 死地, 正官 戊가 長生地, 여기서 봤을 때 이제 六親적으로 숨통이 조금 트이는 게 조금씩 나타나죠. 그래서 正財, 正官 이런 것이 長生의 자리에 오면서 결국은 숨통을 터 나가는 모양이 되는데, 癸가 寅이 있으면 대체로 잘 사는 능력이나 그 의식주 환경이 좋다고 보시면 됩니다. 저거 하나만 있어도 대충 먹고 사는데 지장은 없다고 보시면 됩니다. 그래서 正財 長生이 그만큼 좋은 거죠. 좋은 곳에 癸라고 하는 것이 陰을 거쳐서 다시 陽으로 튀어 나오는 것이니까, 짝지어 쓰는 모양이 굉장히 順하다고 보시면 되겠죠. 순하고 자연스럽다.

癸 - 寅 / 吉凶

길조로 본다면 水木 食傷을 그대로 계승하고 있기 때문에 저 모양은 직업적으로 굉장히 다양해요. 水木 食傷의 뜻을 계승하고 있는 것이 교육이죠. 어린것의 滋養, 길러 주는 작용을 하는 것이 되니까 교육적인 것…. 그리고 傷官이라고 하는 것이 고부가성을 의미하는 거죠. 그래서 보통 기술사업 또는, 木운동을 좇아서 하는 건축 관련 분야, 여자들은 디자인 등이 되겠죠. 또 먹는 것으로 봐서 기호식품, 저 자체를 전기, 전자로 봐서 전기, 전자, 통신에 관한 제조나 유통이 되겠죠. 직업적으로는 다양하기는 한데 아무튼 경제적으로 보상받을 수 있는 환경이 비교적 잘 갖추어지는 運命이다.

단지 傷官 때문에 오는 여러 가지 번거로움은 있겠죠. 그러니까 癸水가 寅을 바라보면 반드시 五行적인 상승 요소가 발생해 버리겠죠. 陰의 기운에 갇혀 있던 놈이 지상에 木의, 甲木의 뜻을 그대로 계승해 줬잖아요. 이 甲을, 日柱를 보면 이 癸가 正印이 되잖아요. 傷官이 되고 그러니까, 陰운동이 이렇게 쭉 이루어져 있다가 한쪽의 균열로 쭉 비집고 일어서 나오는 운동을 가지고 있는 것이니까, 木운동을 소통할 수 있는 인자가 그대로 열려버린 것이니까, 傷官의 속성에 많이 따르겠죠.

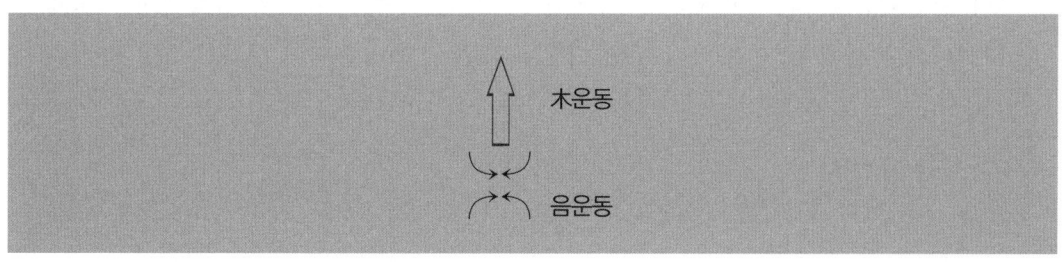

그림 2

그러니까 사회적인 조화력이 떨어지는 거겠죠. 사회적인 조화력! 그래서 그 어떤 금전, 의식주 이런 것을 두고 보았을 때 길조가 7~8이면, 흉조는 官星과 印星이, 印星은 용납을 안 하죠. 이 경우에 金 운동이 이미 陰 운동을 마치고 삐져 올라오기 시작했으니까, 木운동이 정말로 강하게 이루어지고 있으니까 金을 용납하지 않는다.

그러니까 印星이 부족하다는 말은 타인과의 어떤 조화나 절제에서 절제력이 부족한 모양이 되고, 官星과도 조화가 또 허물어지기 쉽겠죠. 그래서 인간관계라고 하든지 조화력에서 문제가 되는 거죠.

癸 – 寅 / 年月日時

年

年에 寅이 있으면 正財 長生地가 있는 것이죠. 즉 직업적인 미천함이 있어도 경제적인 번영으로 먹고 살만했다. 단지 그것이 제한적이다. 寅申巳亥에 대한 속성상 직업적 미천함이라고 하는 것이, 조부나 바로 윗대의 직업적인 미천함이 따랐다고 하더라도 경제적으로는 대체적으로 윤택했지만 제한적이다. 그 다음에 연결해서 생각해 보시면 되죠.

月

그 다음에 月에 寅이 있다는 것은 말 그대로 傷官格의 속성에 준해서 봐도 좋은 거죠. 대체로 身旺해서, 이제 五行적인 대세가 강해서 木을 아주 반겨 쓴다면 格用法에서 假傷官처럼 해석을 해도 별 무리가 없이 되고요. 또 眞傷官이라 하더라도 이 傷官적인 행위나 직업 분야를 그대로 쫓아서 그대로 쓰고 있으면 아주 길게 그대로 간다는 거죠. 안 따를 이유가 없죠.

그러니까 풍선에 물이 꽉 차서 물이 터질듯 한데 그것이 균열이 생겨서 그 균열을 통해서 쫙 빠져나오기 시작해서 木運動을 열어 주는데, 이 구멍으로 안 따라갈 물이 있습니까? 당연히 다 따라 가겠죠.

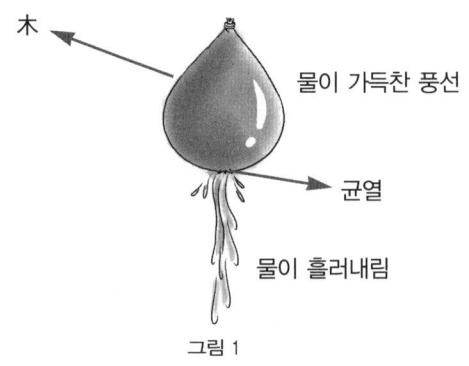

물이 가득찬 풍선

균열

물이 흘러내림

그림 1

그래서 傷官이 眞 傷官이든, 假 傷官이든 傷官이 있으면 거의 다 따르려고 해요. 그것이 뒷날에 망조가 날지라도 일단 시동을 걸고 이리 간다는 거죠.

日

日에는 구조상으로 실제로 직업도 보면요, 이 寅이라고 하는 자체가 파워풀이죠. 寅申巳 亥다. 이 글자에 속해 있기 때문에 저 글자가 조금만 조화를 잘 부려 주면 대단한 재능, 능력으로 넘어가요.

질문

寅申巳戌 이야기 하는 거 아닙니까?

답변

그렇죠. 寅巳申戌 저런 것이 파워풀 에너지가 있으니까 예를 들어서

時	日	月	年
	癸	(갑)	
	巳	寅	

그림 2

癸가 月에 寅을 두고 일지에 巳를 두면 이것이 일지에 刑이죠. 그런데 이 刑을 그대로도 잘 쓴다니까요. 그러니까 (癸-寅)癸水가 그대로 寅을 쫓아서 五行적인 상승을 유도하게 되고, (巳-寅)이건 또 刑 맞은 모양대로 그대로 잘 쓰고, 주로 의료라든지 전문기술이라든지 格의 어떤 형성을 좀 더 도와주는 것이 더 투출되어 있으면 법무라든지 직업적으로 다양하게 나타나는데, (巳-寅)이 글자를 잘 활용해서 그대로 쓴다는 거죠.

이런 사람들은 流年을 보기가 참 힘들어요. 이런 사람들은 두뇌 천재성을 가지고 있는 거잖아요. 두뇌 천재성을 가지고 있으니 子丑寅卯 辰巳午未 어느 해 할 것 없이 시험 치면 어지간한 시험은 다 잘 칩니다. 계속 1등하는 사람들 있잖아요. 천재성에 어떤 바탕을 두는 사

람들이 이런 패턴이죠.

時

時에 이르면 甲寅이죠. 甲寅時. 時 傷官의 해로움을 봐서 보통 남자들은 자식 근심이죠. 또 말년 입지 불안으로 寅中에 있는 丙火가 계속 財의 長生을 유도하고 있기 때문에 의식주에는 별 어려움이 없다. 단지 이제 여기서 말하는 남자들의 자식 개념에서는 아들이다. 딸들은 대체로 傷官이 제대로 세력을 가지고 있는 모양에 있으니, 자식 번창의 에너지가 원만하고 특이하게 출세하는 딸도 있다. 여자들은 時 傷官에 의한 해로움이 배우자 인연 불안이나 배우자 덕 불안으로, 時 傷官은 베푸는 업종이죠. 베풀고 먹이는 일이니 주로 時 傷官은 '식모, 마담 하여 보고', 이게 나오잖아요. 식모는 먹이는 거잖아요. 많은 사람을 먹이고, 베풀고, 기르고 하는 동작을 만들어 주는 인자이니 별로 안 좋다는 말입니다.

베푼다는 것이 좋은 게 아니고 잘 받아 먹는 게 좋은 것이잖아요. 상리에서 우리가 얼굴이 넙적하게 잘 받아 먹게 생겼다. 넓어야 바람을 많이 맞잖아요. 그런 것과 똑같은데 傷官은 보통 받아 먹는 게 아니고 쪼개는 거죠. 이렇게 쪼개서 옆으로 자꾸 흘러가게 만들어버리는 작용을 일으키는 상리적인 어떤 요소와, 조금 비유를 한다면 보통 그 정도로 보시면 되겠죠.

이렇게 너무 할쭉하게 생기면 안 되는 거죠, 이렇게 넙적하게 생겨야 받아 먹는 에너지가 많다고 보면 되니까. 이 時 傷官은 실제로 예를 많이 봤는데 말년에 애 봐주는 일이라도 하더라니까요. 밥장사 안한다고 베풀지 않는 것이 아니라, 할머니가 되어서 자기도 사실은 거동이 불편한데도 어쩔 수 없이, 자식이 예를 들어서 파혼…, 혼인이 깨졌다든지 해서 손자들을 또 걷어서 키우게 된다. 그 손자들 자기가 밥 먹이고, 가르치고, 키우고, 이것이 時 傷官이에요. 傷官은 언제든지 물론 본질적인 의미는 상할 傷자에 벼슬 官자이지만, 간혹 時 傷官을 남자들은 봉사성 성격의 감투로서 수시로 해석할 수 있다고 보시면 됩니다.

癸 - 寅 / 운의 해석

경제적 보상, 대단한 실속.

大運에서 寅을 만나면 대체로 경제적인 보상인데, 이것이 일반적인 수준이 아니고 대단히 실속 있는 것들이 많아요. 특히 여자들이 더 잘 쓰죠. 옷 장사를 하든지, 먹는장사를 하든지, 가게를 차려 놓으면 장사가 너무너무 잘되는 거예요. 단지, 남자 덕은 傷官 작용 때문에 오락가락 하겠죠. 남자들도 대체로 손발이 귀찮지만, 正財 長生의 大運을 잘 쓴다고 보시면 됩니다. 누구든지 이렇게 命을 弱强으로 봤을 때, 命이 지나치게 약하여 財官을 감당치 못하는 정도의 그릇이 아니면 약간 약하다 하더라도 正財 長生의 運을 잘 쓴다는 거죠. 그래서 남자들도 손발이 귀찮아도 경제적인 보상은 대단히 실속이 있다.

그 다음에 傷官 자체로 써서 탈법이나 불법 탈세다. 일종의 탈세 최고 환경들도 발생하는 거죠. 세금을 최고로 많이 떼먹을 수 있는 환경도 되는 거죠. 傷官과 正財 長生이 동시에 만남으로써 이루어지는 거죠.

歲運에서는 불쌍한 亥子丑을 지나 왔잖아요. 물론 이때 변화가 작은 직장 생활을 한 사람들은 영향이 작았겠지만, 그런 생활을 했든 안했든 간에 寅年에 이르면 正財 長生과 傷官의 작용이 옴으로써 금전, 의식주, 사회적인 보상들이 크게 증대되겠죠. 그러니까 IMF 때 이런 경우가 몇 번 있었는데, 癸 日柱들이 보통 큰 흐름으로 볼 때 酉戌亥子丑을 지나 대체로 금전 환경이나 사회적인 입장이 굉장히 답답했다가 寅年이 오면서….

丁丑年 하반기에 IMF가 터지면서 마지막으로 만세를 불렀다가 寅年에 갑자기 돌아온 장고처럼 한판 승부를 확 띄어서 다시 일어서는데, 어제도 왔던 그 분이 癸 日柱인데 이분은 워낙 특이한 형태예요.

時	日	月	年
甲	癸	甲	(무)
寅	巳	寅	(술)

그림 3

이런 식으로 되어 있었다. 月에 甲寅이 들어오려면 이것이 戊나 癸죠. 戊 아니면 戊戌이었나? 조금 특이한 형태였는데, (戊-戌)이 부분은 명확하지 않습니다. 명확하지 않지만 이런 모양이 있어서 印星이 巳 중에 하나밖에 없잖아요.

巳 중에 庚金 밖에 없어서, 물론 財가 너무 旺하면서 印星이 약하면 해로움이 많은데 財

가 숨어 있잖아요. 寅中에 丙火, 巳火로 드러나 있는데 印星이 있어서 적당히, 재성이 아주 치열하게 들어 있지는 않잖아요.

또 傷官이 이렇게 에워싸고 있으니까 변태적인 상황을 만날 수 있잖아요. 그러니까 법이 무너진 상태를 좋아하잖아요.

낮에 한 번씩 술 취해서 전화한다니까요.

전화 해 가지고,

"선생님 뭐 합니까?"

"아시잖아요! 일하고 있는 줄…."

"아니 거기 앉아 가지고 뭐하냐고요? 선생님 그거 백날 해 보이소!"

그래가 기 딱 채워놓고 전화 딱 끊고는, 그 다음날 전화 또 들어와요.

"어제 술 마시고 제가 실수 많이 했죠." 이런다고요.

그렇게 제 정신이 좀 돌아왔는데, 그 다음에 또 그러는 거예요. 하여튼 머리가 기발한 분이에요. 이분이 학위는 경제학 박사까지 다 했다니까요. 八字에 格이 갖추어졌잖아요. 경영학 박사인가 하여튼 미국에서 박사를 해서 '세상은 이렇게 똑바로 살아야 된다.' 항상 말은 하는데 판 벌려 놓은 거 보면 진짜 다 복잡해요.

그래서 91년도인가에 만났을 거예요. 그런데 이분이 92년도부터 눈덩이를 맞더니, 요리조리 계속 피해 다녀도 계속 눈덩이 맞는 거예요. 거의 뭐 丁丑年 IMF 때에는 아뿔싸!! 수준이었다. 완전히 있는 것 없는 것 다 잡혀서 명줄만 따느냐 마느냐였는데, 戊寅年에 들어오니 이 戊가 正官과 딱 짝을 짓잖아요.

물론 傷官의 방해는 당연히 받는 것인데, 寅중 丙火가 正財 長生에 오면서…. IMF 때 부동산, 건설 등을 했는데 부동산을 헐값에 사서 리모델링 같은 것을 해가지고 순식간에 붙여서 그대로 넘겨 버리고, 넘겨 버리는 일이었다. 하여튼 戊寅年에 庚辰, 辛巳 이렇게 또 壬午年까지, 한 2002년까지 좋았잖아요.

이 사이에 어마무시하게 벌었어요. 그것도 傷官의 힘 때문에 그렇다. 正財 밖에 없는데도 불구하고, 傷官이 가세를 하니 왕창 떼먹고 발전하는 것들이 발생하더라 하는 거죠. 등기 안하고 넘겨 버리는 거 있잖아요. 이런 식의 어떤 방법이 이상하게 가더라니까요.

그러면서도 그 官과 뒤틀린 모양이 아니니, 내 마음대로 하고 살아도 경찰서에 거의 불려가는 일이 없는 거예요. 그러니 傷官이 無見官이죠. 이것이 상당히 묘한 게, 자기는 마음대로 하고 사는데 걸리적거리는 놈이 없다. 그래서 寅年에 지난 세월의 절반 이상의 것을 다 커버하더라.

올해 癸 日柱들은 내년에 무조건 다 미루면 됩니다. 내년 아니면 내후년에 무조건 그렇게 됩니다. 내년에 붙들고 있는 것들이 八字 내에 있는 사람들이 있거든요. 그러니까 예를 들어서,

時	日	月	年
	癸		
	酉	寅	

酉 - <卯

그림 4

癸酉가 있다든지 하면 寅이 와도 잘 펼쳐지지 못 하죠. 卯年이 와서 冲을 해줘야 이제 이 金에 의해서 잡혀 있는 것을 五行적으로 풀어준다. 그래서 내년 아니면 내후년에는 내 보내면 됩니다.

癸 - 寅 / 男女

남자는 기본적으로 좋기는 좋지만 좀 피곤하게 쓰는 것이고, 여자는 대체로 금전이나 여러 가지 사회적 보상을 잘 쓴다. 남자는 이게 불안하죠. 남자는 陰의 기운이 강하다.

여자 八字에,

時	日	月	年
	癸		
	丑	子	申

(未)

그림 5

子月 癸丑에 원숭이 申子가 있어서 食傷이 약하고 陰의 기운이 강한, 水운동이 강한 모양을 가지고 있을 때 木을 만나면 말 그대로 자식을 낳으려는 것이다. 寅卯가 空亡이고 자식을 얻으려는 동작에 너무 치중해서 갔기 때문에, 결국은 편안하게 남편 덕을 잘 보지는 못한다. 그래도 이 陰 운동 큰 大陰陽을 항상 전제하시고 보라는 것이죠.

陰氣에 쭉 갇혀 있다가 (未)갑자기 陽氣를 만나니 그쪽으로 쫙 빨려 가버리는 것이다.

癸 - 寅 / 綜合

종합적으로 봐서 금전, 의식주, 사회적인 보상에서는 굉장히 긍정적이다. 그런 면에서는 70~90점. 불안한 것은 傷官의 해로움이죠. 傷官의 해로움, 범법으로 여자들은 배우자의 덕이 불안하다.

남자들은 돈벌이와 傷官, 沐浴, 正財 長生과 맞물려 돈이 꾸준하게 들어오니 만날 빨고 마시고 저녁만 되면 풍악을 울려라 해서, (癸/寅)이 陰이고 적막에서 시끌시끌 소란으로 빠져 나온 것이다. 陽의 단계가 3단계에 이른 것은, 봄은 소란스러움이죠. 그래서 놀랄 驚자죠. 심상으로 볼 때에는 뭔가 감추지 못하고 밖으로 쭉 삐져나와 버린 것들을 의미하기 때문에, 이 運을 만나 大運을 만났다면 돈도 어지간히 벌고 저녁마다 부어라 마셔라 노래 부르자…!

특히 노래를 부르는 동작이나 행위도 木火다. 木과 火 운동이 주로 밖에서 안으로 감추어진 것을 집어 던지는 동작이라는 거예요. 이 水에 갇혀 있다가 木火를 만나서 집어 던지는 모양이니 특히 이런 모양은 전형적으로 전부 부어라, 마셔라. 잘 놉니다!

저도 얹혀 가지고 고생을 했는데, 하여튼 유추의 과정은 여러분들이 이제 훈련이 다 되었다고 생각합니다.

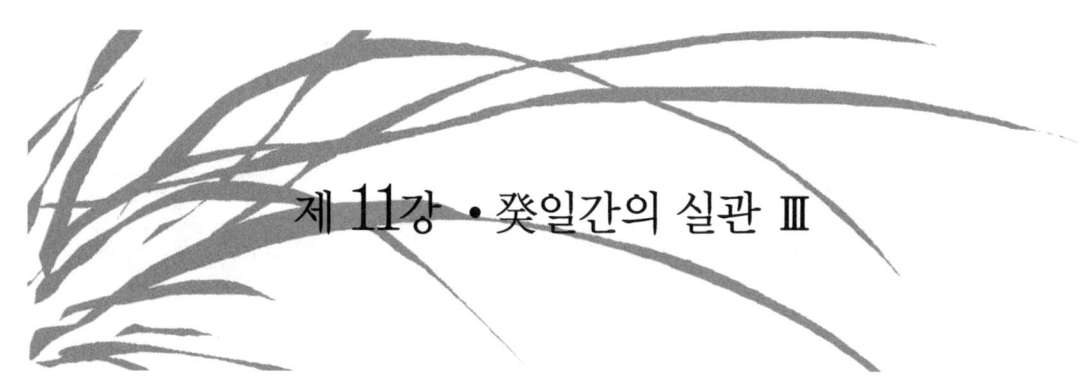

제 11강 · 癸일간의 실관 Ⅲ

癸가 卯를 볼 때

癸 - 卯 /

질문

庚 日柱가 正財 밖에 없을 때, 偏財 長生이 오면 못 씁니까?

답변

예! 결론적으로 이야기를 하면 씁니다. 쓰는데 正財가 망가지는 고통이 오는 거죠.

그러니까 亥 大運을 만나서 쓸 때 이 卯가 乙木이 死地에 들어가잖아요. 正財는 死地로 들어가서 배우자라든지 처의 역할을 하는 인자들은 사라진다. 또 월급, 재산 등의 고정적인 것은 없어지면서, 亥水 偏財를 쫓아서 偏財에 의한 작용이나 활동으로 따라가니 결국 偏財와 짝을 짓는다. 짝을 부득이하게 짓는다. 그렇게 되면 이때부터 사실은 불쌍한 거예요. 불쌍하다고 하기보다는 자연스럽지 않다는 것이죠.

그림 1

이것이 차에 타이어를 卯자를 줬는데, 토끼 卯자 빼고 偏財로 튜닝을 한 거죠. 마징가용으로 이렇게 새로운 타이어를 끼워서 쓰는데, 결국은 正財와 偏財를 바꾸는 교환이 일어나죠. 결국은 마누라는 죽고, 월급재산은 끝나고, 직장생활을 치우고 결국 자기 사업으로 어쩔수 없이 나서서 偏財星으로 쫓아 가서 쓰기 때문에 결국은 불협화음이 생기겠죠. 사업적인 어떤 偏財를 써서 재물의 발전을 이루었다 하더라도, 결국 계속 자기 몸하고 잘 맞지 않는 여러 가지 갈등이나 희생이 생긴다. 조금이라도 기대 하는 것이….

질문
다 있으면 正財는 그냥 안 쓰고 조건적으로 偏財만 쓰게…?

답변
그렇죠! 그럴 때는 처음부터 출고를 두 개하는 그런 차 아니면, 이 뒤에 붙여 놓고 타이어라 할 수 있는 것은 준비를 해 놓은 것이죠. 그래서 상황 따라서 이것을 쓰기도 하고, 저것을 쓰기도 해서 혼잡에 잡놈이다. 그래서 평상시에는 기동성이 떨어지지만 생명력은 또 끈질기다. 하지만 두 가지를 바꿔 쓸 수 있는 것을 선택했기 때문에, 그 지퍼가 다른 승용차보다는 빨리 달리지 못한다. 偏財밖에 없어도 正財 長生에 운을 쓸 수 있는 것을 거꾸로 생각하면되겠죠. 원래 偏財를 쓰기 위해서 초고속 성능으로 하는데, 만약에 이 타이어가 펑크가 났다면 偏財로 타고났는데 결국은 午 大運을 만나면 乙木이 長生되니까 正財 밖에 못 쓰잖아요.

이 때는 사자가 쥐만 잡아먹으면서 으하~ 하는 것과 똑같다. 할 수 없이 다 부득불하다.

질문

그렇다면 正財나 偏財가 없는 庚 日柱라도, 正財 偏財…?

답변

당연하죠. 이 원리 똑같이 여러분들이 머릿속에 그리면 됩니다. 그래서 이런 작용이 이루어질 때 있죠. 八字 안에 正財밖에 못 쓰는 사람이 偏財를 만나 사업을 해서 돈을 번다. 실제 돈을 버는 것도 약간 굴곡은 있어요. 왜냐하면 자기가 正財 패턴이니 드라이빙 자체를 正財인줄 알고 잘 달려도 되는데 살살 달리다가, 이제 잘 될 때도 있고 굴곡도 만나는데 돈을 벌면 '나는 왜 正財가 아닌가?' 하고 술 퍼 먹고 돌아다닌다니까요. 자기 원래 타고난 인자를 제대로 못쓰기 때문에 겪는 갈등이 계속 발생하죠. 그래서 사업해서 돈을 좀 벌어도 매일 그렇게 안정을 못하고 하는 게 대부분 다 이런 어긋남에서 오는 거죠.

다른 日柱도 마찬가지로 확장해서 적용하시면 됩니다. 그런데 그 정도가 굉장히 심한 사람을 많이 봤어요. 돈은 벌었는데 '인생이 이게 뭐냐.' 라면서 '돈 다 필요 없다. 나는 본마누라 하나면 된다.' 하는 거죠. 그런데 인생은 그렇게 친절하지 않습니다. 버티면 더 괴롭히는 거죠. 결국은 중간에서 어떤 영화 멘트 속에 있는데 최근에 나오는 거꾸로 가는 시계, 〈거꾸로 간다〉에 보면 자기가 잘 안 풀릴 때는 하늘을 향해 원망을 해도 좋다, 욕을 해도 좋다, 신을 저주해도 좋다. 그러나 맨 마지막에는 〈억셈〉을 해야 된다. 그것마저 〈억셈〉을 안하는 놈은 진짜 〈갓 땜〉이다 이거죠. 그러니까 運命이라는 것은 어떻게 보면 그 말에 딱 부합되는 것일지도 몰라요. 그러니까 아무리 거부해도 맨 마지막에는 내가 〈억셈〉을 하지 않으면 결국은 나만 손해다. 그래서 원래 그릇대로 다 못 쓰는 경우가 그런 비극이어서, 사실은 술집은 안 사라진다는 거예요.

우리가 상식선에서 생각을 해보면 술 먹고 담배 피는 것은 정신 나간 짓이거든요. 그럼에도 불구하고 끝없이 그런 공간이 만들어져서 굴러 가는 힘은 원래 그릇대로 자기가 삶을 연출해 나가려고 하는 그런 부분을 못 쓰게 만드는 거죠. 春夏秋冬이 왔다는 자체가 온전하게 자기가 가지고 있는 요소들 중 어떤 하나는 희생시키면서 가야 된다는 거죠. 그런 희생이 순환하고 있는 거죠. 그것을 대전제로 해두고 運命을 우리가 해석을 해 나가야 한다. 그래서 간단한 원리가 春夏秋冬 노트에 보시면 있잖아요.

"大運의 반대자가 고통이다." 大運이 여름이라면 水부족의 해로움이 무조건 발생하고, 그것을 무조건 전제로 해 놓고 발생한다는 거죠.

癸 – 卯 / 六親

時	日	月	年
	癸		
	卯		

그림 2

이 卯는 六親상으로 食神이면서 天乙貴人이죠. 貴人 중에서 가장 그 格을 높여 주는 것이 天乙貴人인데, 天乙貴人이 들어와 있는데 癸 日柱에 卯 食神이 굶어 죽는 경우는 한명도 못 봤어요.

癸 – 卯 / 12運星

12運星상으로 長生이다.

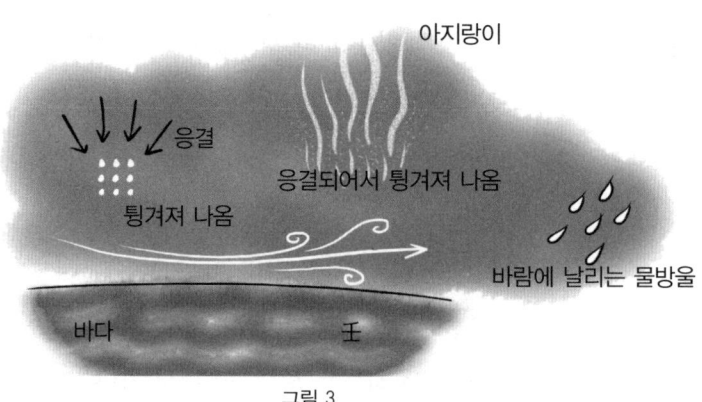

그림 3

그래서 壬이 밑으로 응결하는 작용이라면, 癸는 응결 끝에 도로 밖으로 살짝 튕겨져 나온 거죠. 얼어서 비중이 물보다 낮은 상태죠. 낮은 상태가 되어서 팽창이 되는데, 이것이 卯에 이르면 子丑寅卯 4陽之處죠. 4陽之處에 이르면 물방울이 아지랑이로 올라가잖아요. 이것이 4陽之處에 만나면….

강물이 바다라고 하는 어떤 꼴을 향해 날아가는 물이라고 하고, 이 운동을 壬이라고 한다면 癸는 바람이 불어오는 방향에 날려서 생긴 물방울이다. 그래서 그런 작용을 활발하게 일으켜 주는 것이 卯다 하는 거죠.

癸 - 卯 / 他 六親 12運星

偏財 丁은 病地죠. 正財 丙은 沐浴地가 되죠. 그 다음에 偏官 己土는 마찬가지로 病地에 걸리고 正官에 戊土는 마찬가지로 沐浴地다. 그래서 沐浴작용, 正財 沐浴작용으로 인해서 財星은 보통 남자의 경우, 처와의 조화력은 좋았다 안 좋았다 이러한 과정을 겪습니다. 沐浴이라고 하는 것은 타인의 시선에 뜨일 수 있는, 여러 가지 장점이라기보다도 인자라고 해야겠죠. 그런 인자를 가지고 있어서 財星과의 조화력은 왔다 갔다 한다. 그러나 굶어죽지는 않는다. 그러나 偏財나 偏官은 묶여 있는 모양이죠.

그래서 癸가 卯를 쫓는 것은 水木 食傷의 어떤 전형적인 모양새로 주로 교육적인 일이나 식품제조, 축산, 원예 등이 여기에 다 걸려들게 되어있죠. 卯 자체를 꾸미는 것으로 봐서 보통 未하고 무리를 지으면 건축이나 장식 등이다.

癸 - 卯 / 吉凶

吉兆는 8~9, 凶兆는 1~2 정도로 보면 된다.

그래서 卯 食神의 의미를 뒀다는 것은 지상에서 偏官을 만나지 않는다는 뜻이다. 그러니까 卯하고 未하고 무리 짓더라도 항상 未의 작용이 이루어지지 않도록 木운동이 더 강화되어 있는 거죠. 그렇기 때문에 지상에 偏官이 없다고 함은 내가 좀 까불고 다녀도 살아가는데 별 지장이 없다는 것이다.

지상에서 형태상 偏官은 丑이죠. 형태상 偏官이 되는 丑은 또 隔角이 되어서 작용을 제대로 못하도록 卯가 막아 버림으로써 卯가 굉장히 편리한 작용을 하죠.

癸 – 卯 / 年月日時

年

年에 卯가 드러나 있다는 것은 天乙貴人이 조상에 있는 것이기 때문에 대체로 명문가 가문이라는 인자를 타고 난다. 또 거기에 子午卯酉라고 하는 계승자로서의 기운을 가지고 있죠. 의식 풍융인데 正財 沐浴이 있다는 말 자체가 六親상으로 풍류가 많았던 조상 인연으로 볼 수 있는데, 그것도 대부분 다 긍정적이지만 소년에 현달이죠.

月

月에 卯가 있다는 것은 말 그대로 食神格이죠. 자체로 食神格을 형성함으로써 부모가 貴人이거나 경제적으로 유력한 존재로서 자기에게 혜택을 주고, 자기가 직업적으로 食神의 뜻을 쫓는 직업분야의 성공이 있다.

日

태어난 날에 걸리면 癸卯 日柱죠. 남자들은 그래도 비교적 食神이면서 天乙貴人이 놓여 결국은 보통 처덕이나 처가 덕을 대체로 볼 수 있는 환경을 만나고 또 집안이 좋거나 좋은 배우자 인연으로 보면 된다. 그런데 여자는 자식은 얻지만 官星이 불안하죠. 官星 불안은 남편 자리가 불안한 과정을 가지는데 그게 흠이다. 의식주라든지 자식 번영은 좋지만 官星이 불안하다. 보통 남편이 떨어져 사는 경우에는 좀 낫다.

時	日	月	年
	癸		
辰	卯	戌	

그림 4

개 戌자가 있는 경우 있죠. 癸卯에 이렇게 개 戌자가 있는 경우, 이 경우에는 卯의 작용력이 많이 약화되죠. 많이 약화됨으로써 이 乙木이 12運星으로 戌에 入庫하잖아요. 그러니까 불었다가도 숙이고, 숙였다가도 또 까불고 해서 이 경우에는 남자와 비교적 조화를 잘 맞추는 그릇이다. 그 경우 외에는 대부분 나머지 辰이 있어도 소용이 없는 것이 空亡이죠. 辰은 空亡으로서도 그렇고, 空亡이 아니라고 해도 卯하고 辰이 무리지어서 土의 기운으로 작용을 제한하다가 木의 기운으로 확 빨려 가버리죠. 食傷과 무리지어 버리죠. 그럼으로써 배우자 덕이 불안해지는 거죠.

時

時에는 天干 地支 전부 食神에 걸려드는 乙卯時가 되죠. 그래서 말 그대로 말년 의식, 수명의 풍융이다. 여자일 경우에는 여명에서는 자식 번영이다. 번영인데 天乙貴人이죠. 자식이 貴人으로서의 신분적 성취가 있다. 또 木을 食神으로 쓴다는 말은 木 자체가 우리가 曲直仁壽죠. 曲直仁壽의 기운이기 때문에 수명이 굉장히 긴 사람들을 많이 봤어요.

癸 - 卯 / 운의 해석

大運에 卯 天乙貴人이 들어왔다는 것은 의식주 번영, 그 다음에 번영의 단위가 크다는 거죠. 남자들은 陽 大運에 불안한 기운과 많이 만나면서 未定이라는 별하고 많이 맞물리죠. 그래서 계속 지속적으로 성장하고 있는 상태가 된다. 여자들은 주변의 어떤 혜택이라든지 환경 변화로 인해서 자기 노력이 아닌데도 불구하고 의식주 번영이 잘 이루어지죠. 자식 번영도 마찬가지로 食神이 세력을 얻으면서 세력이 생기는 것이겠죠.

보통 이 卯年을 만나면 대부분 다 집 사고, 차 사고 살림살이도 확 키워 나가는 작용이 오는데, 기왕 빼는 거 그냥 벤츠 뽑아 버리자고 생각한다. 하여튼 이 運에 의식주의 활동성이 굉장히 많이 발생하더라 하는 거죠.

歲運에서는 의식주 확장, 貴人 도움, 식구 확장이다. 식구도 자식도 불어나는 거죠.

癸 - 卯 / 男女

남자는 기본적으로 좋기는 하지만 내가 부지런히 움직이는 불편함, 그리고 미정 상태의 지속이 답답할 수 있죠. 여자의 경우에는 대체로 주변 혜택이 많지만 단지 배우자 불안이죠. 금전적인 번영, 의식주나 자식의 번영이 전체적으로 원만한 반면에 배우자가 불안 요소가 되는데, 그나마 陽 大運이라 그 해로움이 그렇게 심각하지는 않더라.

癸 - 卯 / 綜合

종합적으로 봐서 吉兆가 8~9, 凶兆가 1~2 밖에 없는 대단히 좋은 작용이 많은 때가 癸가 卯 大運을 만났을 때다. 이 八字는 卯 하나만 있으면 일단 좋다고 보세요. 거의 冲을 맞든, 戌에 의해 합을 맞든, 다른 글자에 의해서 훼손되었다 하더라도 癸 日柱에 卯가 하나 있다는 것은 살아가면서 偏官의 해로움이 들어온다. 그러니까 호랑이를 모른다는 것은 살면서 별로 겁날 것이 없다는 거죠. 그런데도 아주 까불지는 않는다는 거죠. 까불지 않는 인자는 卯가 까부는 놈인데, 자기가 癸水이니 밖으로 드러내서 튕겨나는 작용이 강하지 않은 거죠.

卯를 쫙 밖으로, 남이 알아서 펼쳐 놓은 모양이죠. 그래서 卯는 이렇게 吉 작용이 많다. 그리고 대부분 다 잘 먹고 잘 사는 에너지로 활용을 하게 되더라.

癸가 辰을 볼 때

癸 - 辰 /

辰 봅시다. 辰도 비교적 다른 어떤 干支들에 비해서 긍정적으로 쓰는 요소가 상당히 많습니다.

癸 - 辰 / 六親

형태상 正官이면서 土의 뜻을, 辰하고 未는 土의 뜻이 많이 계승되어 있죠. 그 다음에 食傷의 여기가 들어와 있죠. 食神 餘氣가 들어와 있고, 正官 食神의 餘氣…. 이런 것이 들어와 있음으로써 결국 地支중에 여러 가지 장점이 많은 것을 한꺼번에 모아 놓은 효과도 가집니다. 辰이 끌고 오는 것이 子와 申, 正印과 祿을 끌고 오죠. 正印 祿을 合을 하잖아요. 그럼으로써 官印 소통을 쉽게 열고 또 祿을 쉽게 끌어당기는 작용을 일으킨다.

癸 – 辰 / 12運星

12運星상으로는 養地에 들어가죠. 12運星 養地는 밖으로 많이 펼쳐져 있는 거죠.

癸 – 辰 / 他 六親의 12運星

他 六親의 12運星에서 偏財 丁은 衰地에 들어가죠. 死를 지나왔으니까 衰地에 들어오고 正財 丙은 冠帶지죠. 偏官 己土는 마찬가지로 衰地에, 그리고 正官 戊土는 冠帶. 그래서 대체로 財星과 官星이 함께 일정 세월을 이렇게 세력을 가지고 있는 모양을 하고 있으면서, 正財 正官이 전체적으로 다 세력이 있는 모양이다. 그 다음에 辰은 섞여 있죠. 그러니까 다양이죠. 저걸 갖다가 官으로 쓴다 하는 것은 이것저것 다 모아 놓은 종합이죠. 이런 것이 보통 일반 내무행정 있죠? 온갖 과가 다 있는 내무행정, 그 다음에 초 · 중 · 고 다 있는 교육, 전 과목 다 있는 교육. 그 다음에 온갖 소재를 다 쓰는 건축이다. 예술 중에서도 뭐냐면 종합 예술이죠. 뮤지컬이든 영화든 이런 식으로 종합성을 다루는 것이고, 먹는 것을 다룬다고 하면 애들부터 어른까지 전부 다 먹는 것이다. 하여튼 범용적인 것을 다루는 일이다.

癸 – 辰 / 吉凶

吉凶論으로 가서 吉兆로 작용을 하는 것은 卯보다는 약간 덜하더라도 7~8, 凶兆는 2~3 정도다. 凶兆도 그렇게 크지는 않아요. 보면 대체로 지상에 제대로 짝을 지은 거죠. 이것이 癸 天干에서 陰의 단계 5단계에 들어갔고 辰이 지상에서 陽의 5단계에 왔기 때문에, 어떤 면에서는 卯보다 볼륨이 더 작다는 것뿐이지 짝은 더 잘 지어진 모양이죠. 卯는 天乙貴人 작용 때문에 볼륨이 더 잘 갖추어진 것이고, 길조가 많다 보시면 됩니다. 저런 사람들은 물을 일이 많이 없는지 물으러 오는 예가 그렇게 많지는 않습니다. 저 경우에는 대부분 내무행정이나 안정적인 직장을 통해서 직업적으로 안정되어 있기 때문에 별로 점을 칠 일이 없다.

癸 - 辰 / 年月日時

年

벼슬 집안, 각종 혼혈, 소년 현달.

年에 辰이 있으면 대체로 벼슬 집안이죠. 그런데 좋게 말해서 종합이지만 이것저것 뒤섞여 있는 모양이죠. 원래 辰 자체가 혼잡성을 의미해요. 이것저것 다 섞여 가지고 각종 혼혈도 됩니다. 그 다음에 소년에 현달이겠죠. 가문적으로 보면 (각종 혼혈)이런 것들은 이제 장점 속에 단점이 되겠죠.

月

月에 辰은 雜氣 財官에서 그냥 잘생긴 雜氣 財官으로 보시면 됩니다. 시선을 모으는 마크가 용 마크죠. 龍 무늬가 들어있는 것은 전부 다 임금을 상징하는 그런 것이죠. 임금 직송의 뜻을 가지고 있기 때문에 시선을 모은다, 폼이 난다는 쪽의 조직사회와 인연이 많이 발생한다.

日

일은 구조상 없는 것이고.

時

時에 이르면 丙辰 時가 되겠죠. 時에 丙辰이 되면 말년에 자식 번영, 안정적인 자산 등이 되겠죠. 그런데 여자 입장에서 辰中에 있는 卯의 餘氣가 남아 있다는 말은 그 자식 번영이 여자에게도 그대로 해당되는 인자로 봐도 된다. 辰도 말년에 선출직 官으로 쓰게 되면 대체로 지역적인 한계성을 가진 보통 감투가 되겠죠.

癸 – 辰 / 운의 해석

辰 大運에 들어왔을 때 대체로 변화가 작은 조직사회로서 꾸준히 발전하는 양상을 갖는다. 그러면 업무가 종합성을 가진다. 종합성은 다중성도 되고 이중성도 된다.

남자는 비교적 陰의 기운을 잘 써서 대체로 편안하게 발전한다. 여자는 이중성의 부정적인 측면을 많이 따르겠죠. 그 때문에 외부적 발전은 있으나 내부적으로 번거로움이나 희생이 있겠죠.

辰 歲運에 이르면 辰의 여러 가지 작용 중에서 偏印 入庫, 辛金이 偏官에, 辛金이 偏印인데 이것이 入庫되죠. 그래서 나를 붙들어 잡는 놈이 별로 없다. 나를 붙들어 잡는 놈이 별로 없으니 활동성의 확장이죠.

正官의 일반적인 해석은 다 감투의 상승, 식구의 발전, 사회적인 역할의 발전들이다. 전부 설명을 안 붙여도 아실 것이고, 보통 질병이 쾌차하게 되는 것을 보는 것에서도 偏印이 놓여 있는 위치를 보고 따지기도 하는데, (卯–辰)卯 자체가 偏印이 絶地에 들어가죠. 보통 辰에 入墓地에 들어가는 모양새일 때 질병이 꼭 쾌차하더라.

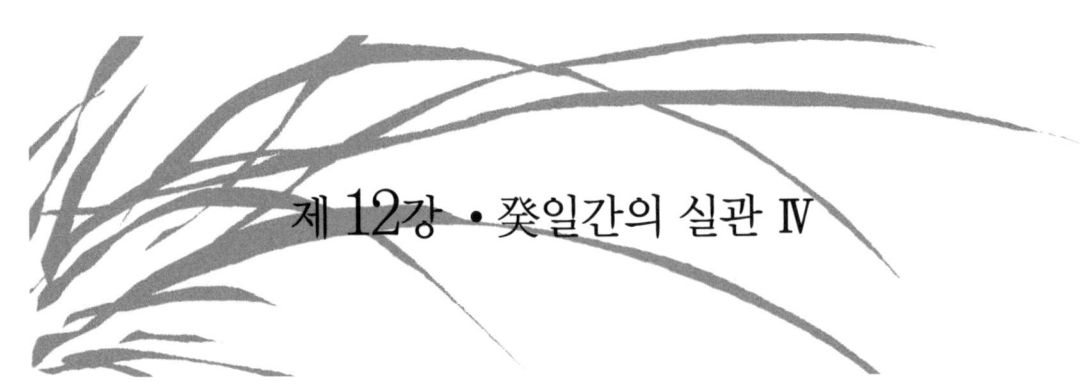

제 12강 · 癸일간의 실관 Ⅳ

질문

大運일 때는 확장이 안 됩니까?

답변

어디? 大運일 때 어떤 거…?

질문

偏印이 入墓되는 효과가 大運에서 더 크게 나타나지 않습니까?

답변

아! 偏印이 大運에서도요? 그렇죠. 근데 歲運과 大運 개념에서 우리가 大運은 큰 환경으로 보세요. 歲運은 사건으로 주로 보거든요. 사건과 인물에게 어떤 일이 일어났느냐?

이렇게 본다면 대체로 大運 환경이 좋으면 질병 주기가 굉장히 미미하겠죠. 그렇지만 歲運에서는 주로 사건이나 인물의 움직임으로 봐서 주로 사람들이 느낄 때에는 歲運의 흐름을 많이 타면서 느끼는데, 偏印이 入庫되어 있다는 자체는 활동성을 저해할 요소가 거의 없다.

그런 환경이나 사건이 일어난 것이고, 大運은 환경 자체가 좋은 것이니 잘 못 느끼는 거죠. 하루 종일 비오는 날에 태어난 하루살이는 온 세상에 비만 오는 줄 안다. 알다가 하루만 살다가 죽죠. 하루 종일 비가 왔다. 그러면 여러분들 이 자리에 다 있지만 각자 다른 大運을 쓰고 있잖아요. 그리고 大運을 써먹는 양상이 다 다르잖아요. 거기에서 전부 다 여기 있는 숫자만큼의 세계가 있는 거죠. 나는 이 세상이 행복이라고 생각해, 지옥이라고 생각해 등등. 이것이 전부 다 자기 大運이라고 하는 큰 환경에 걸려 있는 거죠.

그럴 때 원래 건강에 별 문제가 없으니까 그것을 사건으로 안 삼는 거죠. 그런데 歲運에서는 사건이나 인물들이 계속 눈앞에 사라지고 없어지고 하는 것들이니, 훨씬 더 많이 느끼게 되는 거죠. 이때는 偏印 入庫니 당연히 좋겠죠. 그런데 辰 大運에 나쁜 사람도 별로 못 봤고, 辰 大運에 물으러 오는 사람도 별로 없더라. 하여튼 좋으면 안 오는 게 대부분이기 때문에, 물으러 오는 경우 10 케이스 중에 8~9 케이스가 안 좋을 때 대부분 다 말려서 들어와요. 大運이 더러운 경우 그런 것보다도 歲運이 안 좋을 때 제일 많이 오죠.

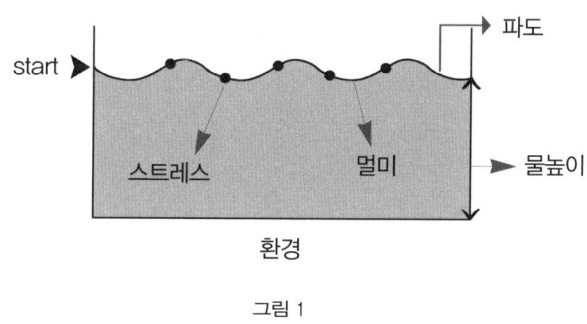

그림 1

잘 나가는 환경 속에서도 여기서부터 스타트를 했다 하더라도 이런 멀미를 하는 여기서 스트레스를 많이 받으니까요. 물 높이는 중요하지 않다. 극단적인 비유이긴 하지만 한 1,000억을 들고 있는 사람이 그 해 어느 날 한 5억이 날아가 버린 거예요. 보통 사람들은 물이 찰랑찰랑한 낮은 곳에서 헤엄치고 말고 할 것 없이 그냥 손 닿으면 바닥 집고 사는데, 이 양반은 한참 깊은 물 위에서 랄랄라 하고 떠가는데 파도가 커지면 스트레스를 받는 거죠.

"아 올해 5억이 날라갔다."

하면서 미치겠다는 거예요. 미치는 정도는 아니겠죠, 이러면서.

"그러면 죽고 싶죠?" 하니까,

"그래 그 말이 적당하다! 그 말이 적당해!"

사람들이 받는 스트레스는 물 높이가 아니고 파동 안에 있는 거죠.

그러니까 大運이 큰 환경이니 큰 환경이 좋은 것 하고, 歲運은 사건적인 것을 하고 있어서, 偏印 入庫의 효과는 사실 大運 같은 경우에 들어올 때는 감동적이죠. 좋은 大運이 쫙 들어오면 풀려 나가는 게 장난 아니게 풀려 나가죠.

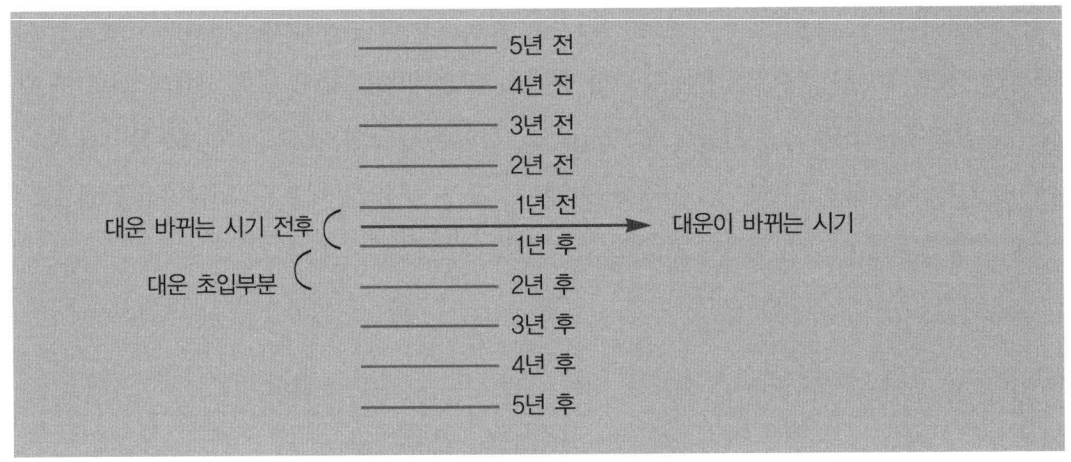

그림 2

여러분들 항상 八字를 보실 때, 大運이 이 때 바뀌잖아요. 예를 들어서 1, 2, 3, 4년 전 이렇게 쌓여 있잖아요. 이것이 5년전 정도부터 조짐 같은 게 생겨요. 이것은 歲運하고 상관없이 일반적인 여기에 있는 六親 같은 것이 있겠죠. 偏印이다, 正財다 이런 것이 있으면 그런 사건들은 보통 10개 중에 7~8개가 보통 연출이 되죠. 연출이 되어 나가는 때, 그것 말고 별도로 변화가 하나씩 오기 시작해요.

좋은 大運으로 바뀌기 시작하려면 원국이 좋은 사람들일수록 대체로 나쁜 大運에서 빠져나올 때 빨리 변화가 이루어지기 시작해서 보통 大運이 바뀌는 1년 전후가 가장 감동적으로 이루어지죠. 그 다음 늦는 사람들도 大運 초입 후 1~2년 사이에 완전히 환경이 뒤바뀌어 버리는 거죠. 그럴 때 좋은 大運에 진입하는 효과가 그대로 드러나죠. 그러니까 천 원짜리 가지고 놀다가 만날 만 원짜리 가지고 노는 환경으로 바뀌어 나간다니까요. 이제 삶의 상대적인 비교를 할 때는 결국은 大運을 봐야겠죠. 아무리 그래도 역시 大運만큼 좋은 환경이 없더라 하는 거죠.

질문

辰의 전반적 요소를 빼면 저 폭이 클 수도 있는 것이 아닙니까?

답변

그렇죠! 진입의 방향에 따라서 바뀌죠. 진입하는 방향은 寅卯를 지나와 辰으로 들어갈 때, 巳에 빠져 나와서 辰으로 들어올 때 변화의 폭이 대체로 많을 수 있는 거죠. 왜냐하면 올해는 한 해 내내 날씨가 좋았다. 그래서 이모작도 전부 다 잘 되었다. 그러니까 변화의 양이 많은 거잖아요. 어떤 농사를 짓는다면 소출의 양이 크게 차이가 날 수 있다. 결국 부귀빈천이 비교적 많이 바뀌는 공간으로써 의미가 크다. 그래서 그런 공간으로 逆 大運으로 타고 들어오느냐, 順 大運으로 辰 大運을 맞아 들어가느냐에 따라서 차이가 나는 거죠. 그 다음에 丑하고 寅에서 변화가 많이 오고, 보통 그 일반적인 텍스트에서는 榜大運이 나온다. 榜大運은 辰에서 巳로 났지만 실제로 陰陽의 양을 보면 이런 丑, 寅, 辰 일 때에 변화가 많고, 卯나 巳는 물론 방향성은 가지지만 변화의 폭이 비교적 작다. 그런 면에서 변화의 폭이 깊어지는 것은 말 그대로 이런 것과 똑같은 거죠. 배가 강물이 좀 얕아서 물장구치면 찰랑거리는 정도가 빨리 오고 빨리 사라지는 곳을 가다가 큰물로 진입을 했다면 찰랑거리는 정도가 완만하지 않고 한번 찰랑거리면 큰 파도가 이는 효과가 大運의 변화에 따라서 온다는 거죠.

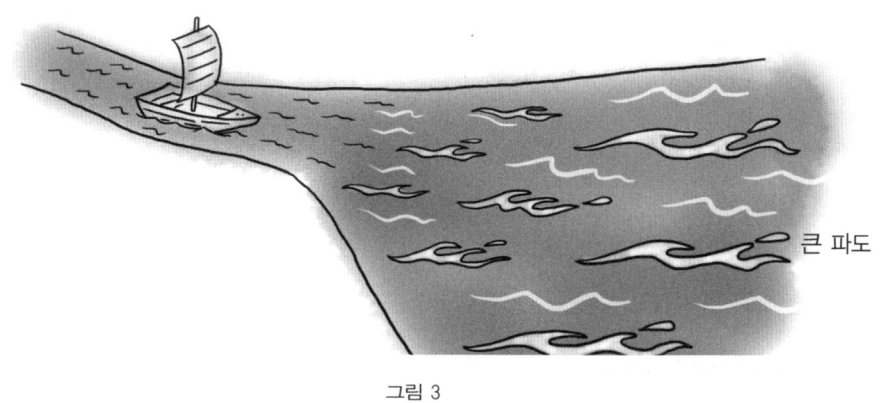

큰 파도

그림 3

어쨌든 大運도 좀 좋은 大運을 만나는 것이 의미가 굉장히 큰 거죠. 그런데 사람들이 느끼는 감동의 차이는 포장마차를 하다가 장사가 잘 되서 매일 10만원씩 벌다가, 드디어 내 가게를 얻었을 때 감동이 더 크죠. 세상을 가진 것처럼 기분이 좋다니까요. 그런데 이제 점점 더 확장을 했을 때, 이 때의 감동은 그렇게 크지 않다는 거죠. 껍데기는 더 커졌는데 거기서 조금만 줄면 미치는 거죠. 이런 일은 내 생애에 있을 수 없다. 뭐 그런 식이니까요. 제가 보니 참 안 되었네요. 이러면서 저도 같이 돌겠다고 해줘야 돼요. 사람들이 극도의 스트레스를 느끼는 것은 이럴 때거든요. 그래서 歲運은 사건, 大運은 환경, 이것을 여러분들이 염두에 두세요. 하여튼 大運도 좋아야 되고, 그것도 확률적으로 생각을 해 보세요

大運 인생에 신날 확률이 얼마나 되는지.

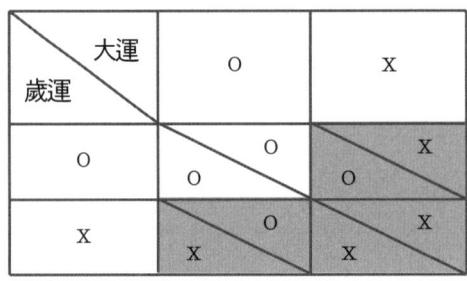

그림 4

大運 좋고 歲運 좋고, 大運 안 좋고 歲運 좋고, 大運 좋은데 歲運 안 좋고, 둘 다 안 좋고…. 실제 XX의 量은 똑같죠. O, X의 양은 똑같지만 인간이 괴로움을 느끼는 공간인 X가 들어가는 것은 다 싫거든요.

아니 다 괜찮았는데 모기가 물어서 부었다면 이것도 괴로움이거든요. 그러니 인간이 고통에 대해서 훨씬 더 〈포지티브〉하니까 더 적극적이기 때문에, 사람들이 느끼는 공간 중 정말로 아! 내가 행복하다는 공간이 1/4밖에 안 된다는 거죠. 이런 함수들을 여러분들의 머릿속에 두고...

*꿈이 있어야 運命이 안내한다….

*꿈이 없으면 運命이 질질 끌고 다닌다.

　　大運이 안 좋아서 오는 사람들에게는 꿈을 멀리 세팅을 해놓는 방법을 가르쳐 줘야겠죠. 꿈을 멀리 둬라! 꿈이 있어야 運命이 안내한다는 거죠. 運命이 안내하고 꿈이 없으면 일단 꿈을 이야기해 주는 거죠. 大運 환경이 나쁠 때에는 꿈이 없으면 運命이 질질 끌고 다닌다. 따라오라고 해서, 네가 이 고생 안하고 간단 말이지! 하면서 끌고 가는 거죠.

　　"찬바람 맞을 만큼 맞아! 피하려고 하지 마!" 이러면서….

　　이 大運이 안 좋죠. 大運이 大運적으로는 이 함수를 생각하고 여러분들이 코치를 해줘야겠죠. 지금은 꿈일지라도 꿈을 꿔라. 꿈을 꿔야 運命적으로 길이 나오는 거죠. 길이 나오는데 대부분 다 꿈 자체를 잃고 있는 경우가 많죠. 大運이 워낙 안 좋으면 그럴 때, 우리가 역업을 한다는 것은 꿈을 주는 것이다. 그렇다고 해서 다음 大運에 턱없는 흐름이 오는 것은 뭘 해줄 수는 없지만 반드시 이렇게 꿈과 희망을 만들어 줄 필요가 있다.

　　그러면 歲運적인 흐름을 많이 아시는 것이니까, 올해는 멀미 좀 하다가 또 좀 좋은 흐름으로 갔다가 이런 것을 읽어주세요.

　　그러니까 꿈은 결국 직업 방향이다. 그 다음에 직업 방향의 경제적 보상, 경제적 안정이죠. 최소한 경제적 안정에서 번영의 방법론은 결국 자기가 나름대로 가지고 있는 꿈을 통해야 된다. 그런데 상담을 하면서 많이 느끼는 것인데 문제는 젊은 사람들이 대체로 많이 빠지는 꿈이지만 대체로 정신적 꿈에 의존하고 있는 사람들이 많다니까요. 그러면 현실적 꿈을 여러분들이 상담을 하면서 머릿속에 그려 놓고 구별을 해야 돼요.

　　그러면 나는 돈을 많이 벌어서 멋있는 요양원을 지어가지고 불쌍한 노인들한테 뭐를 해주겠다. 물론 그런 현실적인 꿈과 정신적 꿈이 그렇게 구분이 안 되겠죠.

　　"왜 해야 되는데?" 물어보면,

　　"좋잖아요!"

　　"이런 썩을 놈!"

　　이게 젊은 사람들의 꿈속에 있다. 그런데 멀쩡하게 나이든 사람들에게도 이런 게 많이 있다니까요. 그런 막연한 정신적인 꿈에 바탕을 두고 있는 사람들을 사실은 이쪽으로 끌어 내려 줘야 되거든요. 그래서 명리는 사실 정신적 행복이지 이것이 정신적 꿈하고는 다르죠.

정신적 행복과 현실적 행복 개념하고 이 개념은 다르다는 거죠. 꿈은 뭔가 앞으로 이루고 싶은 hope, 우리가 運命에서 말하는 이것이 팝송에는 dream으로 나오는데 〈I have a dream〉, 이러면 이것은 막연함 꿈을 다 포함한 거 아니에요? 정신적인 꿈은 hope고 이것을 다 포괄하는 것이 〈I have a dream〉이다.

주로 정신적인 꿈에 의존해 가지고 자기 삶을 막 이끌어 가려는 사람들이 있거든요. 이것은 사실은 역학에서는 그 방향이나 방법을 현실에서 많은 선택을 하도록 해서 할 수 있는 것이 아니고 그냥 정신적 행복으로 유도시켜 버리면 끝나는 거예요. 이게 상담을 하다 보면 뒤섞여 있으니 교통정리가 잘 안되거든요.

그러면 그 때 다시 점검하는 것이 이 사람이 행복을 추구하는 사람이냐, 아니면 지금 꿈을 물으러 온 것이냐? 그리고 그 꿈이 정신적인 꿈이냐, 현실적인 꿈이냐? 이것을 머릿속에 그려 넣고 분류를 해 봐야 돼요. 그래서 당신의 행복을 위한 수단이 하나의 꿈이라는 거죠. 결국 궁극적으로 꿈은 왜 꾸느냐? 꿈을 이루려고, 꿈을 이루면 행복하기 때문이죠. 그러니까 행복의 종류는 다양하지만, happiness….

하여튼 의미를 구별해 보려고 하니 사실 우리말도 적당한 말이 없거든요. 사람들이 간절히 원하는 것을 소망이라고도 하고, 다르게 말하기도 하지만 정확하게 구별할 순 없는데, 행복도 두 종류다. 그걸 이루는 과정도 다르다. 그런데 현실적인 꿈도 정신적인 꿈을 포괄하고 있는 경우가 있죠. 이게 사실은 대부분 다 범벅되어 있는 거죠. 그러니까 물어보면 전부 다 범벅이…. 이것도 아니고, 저것도 아니고 일단 돈이 많다면 바보스러운 전제를 가지고 나머지 이 부분에 그림을 그리고 있는 것이죠.

이런 것을 여러분들이 역학을 하면서 구별을 해 줘야 되는 거죠. 그래서 역학에서 보면 사실 철저히 현실적인 요소에 바탕을 둔 현실적인 행복, 정신적인 행복 요소라는 것은 사실은 있고 없음의 문제가 아니거든요.

"다 버렸다. 나는 아무것도 안 바란다!"

이런 사람들은 바로 직행이거든요.

정신적인 행복의 나라로 가버릴 것 같으면, 술병만 안 들고 있고 맨 정신에 나는 행복하다 그런 사람은 상담하러 오지도 않겠죠. 〈현실적 행복〉, 대부분 다 여기에 행복을 걸고 현실적인 꿈을 꾸면서도 언어는 그 사람들이 말하는 표현에 포장이 되어 있는 거예요. 이런 것들을 사실은 잘 걷어내고 상담에 들어가야지 잘못하면 여러분들이 상담해주면서 빨려 들어가 버린다니까요.

"그래, 판 펴라. 술 한 잔 하자!"

손님이 많이 안 올 때 마음에 드는 손님 와서, 그냥 이 부분이 갑자기 현실적인 꿈이나 행복을 쫙 설명을 해주다가, 이걸로 넘어가 버린다니까요. 그러면 갑자기 옷 입고 나가서 낮부터 낮 술 마셔요. 옛날에 제가 그렇게 했어요. 그래서 다음날 일어나면 또 허탈하고 바꿀 수 없는 현실만 남아 있고, 大運, 歲運 이야기 하다가 결국은 인간의 고통에 대해서 훨씬 더 민감하고, 고통의 영역만을 훨씬 크게 실제로 느끼는 것이다.

그래서 상담은 사실 뭐든지 거꾸로 이 구조를 꿰뚫고 할 수 있는 거예요. 어떤 사람들이 와서 자기는 굉장히 불행하대요. 그래서 그때 우리가 바로 이런 이야기를 해줘야 해요. 이런 그림을 가지고 있기 때문에 우리는 행불행을 제시하기 위해 있는 사람이 아니다. 행불행의 어떤 문제를 다루는 학문이 아니라 富貴貧賤, 수요장단 부귀빈천의 정도는 자연적 기운의 순환에 의해서 부득이하게 오고 간다. 그것을 우리가 설명해 주고 거기에 현실적인 꿈을 부합시켜 주는 기어링을 해 주는 거죠. 그래서 환몽에 더 빠지지 않도록 幻으로 들어가지 않도록 도와준다.

자꾸 옆구리로 나가는데 여러분들이 상담할 때 필요하기 때문에 그래요. 종교적인 어떤 입장에서 이끌어 주는 것들은 〈정신적 행복〉 부분이거든요. 종교적인 입장에서 사람들에게 주는 행복감이라는 것은 주로 이 부분에 치중해 있고, 그것이 〈정신적 꿈〉 이쪽의 연결 고리를 더 많이 이용하고 있다는 거죠. 그런데 상담을 하러 오는 사람들은 이것을 생각하지 않는다. 생각하지 않고...

"선생님! 행복하려면 어떻게 하면 됩니까?"

"몰라!"

설명을 해줄 수는 있는데, 거기에 시간을 뺏겨 버리면 우리가 이것을 설명해 줄 수 있는 시간이 없다니까요. 실제로 대부분의 사람들은 철저히 행복을 〈정신적 행복〉에 걸고 있는 것이 아니고 〈현실적 행복〉에 걸고 있는 거죠. 그런데 〈정신적 행복〉을 추구하는 것처럼 이야기한다는 것이죠. 그러니까 거기에 빨려가지 말라는 거죠. 거기에 빨려가면 시간만 더 없어지고 결국 완벽하게 그 사람에게 줄 수 없다는 거죠.

그러니까 대안을 주는 게 아니라 갈 때에는 '기분 좋다!' 이러면서 그런데 집에 가면 '뭐라 하더라?' 그러니까 우리가 역학을 하면서 설레발이라는 말이 있죠. 설레발은 〈입 주디-주둥아리〉, 이것만 가지고 손님 많이 받는다는 걸 의미하거든요. 그런데 그거 가지고도 간판은 붙일 수 있어요. 왜냐면 행복하게 해 주니까. 행복하게 해 주는 게 주로 〈정신적 행복〉에 포커스 맞춰서 해 주는 거죠. 이 세상 별것 아니다, 그런데 종교적 논리를 끌어내서

"富貴貧賤의 순환은 부득이한 것이요, 산다는 것은 원래 고생의 바다다."

"아이고! 선생님, 아이고 훌륭하십니다. 우리 애는 어떻습니까?"

"뭐 애들은 근심거리니까, 애들이라는 게 원래 다 부모를 고생시키면서 뒷날에 다 잘 될 거다."

언제? 언제는 상관없다. 그냥 잘 된다는 것을 듣고 싶었으니까….

그런데 역학은 언제, 누가, 어떻게, 왜 하는 육하원칙이 들어가야 되거든요. 사실은 거기에 치중해야 됩니다. 결국 吉凶論도 마찬가지로 〈정신적 행복〉에 가 있는 것이거든요. 좋단다…. 그런 사람들은 어디 유명한 곳 몇 군데 가보니까 내 八字가 안 좋다. 뭐가? 하여튼 안 좋대. 안 좋다는 말만 들은 거예요.

陰陽의 편고성이 심하다든지 있죠? 그래서 점을 치러 들어왔다. '앞으로 당신은 너무 좋다.' 밖에 나가면 입을 째면서 나가요. 너무 좋단다. 그래서 계단을 사뿐사뿐 내려가서 집에 가서는 '그런데 뭐라고 하더라?' 이러면서…. 할머니들이 그런 건 더 많이 하고, 남자들도 마찬가지다. 吉凶論적 해석이 위험하다는 것이 바로 이런 구도 속에서 상담에서 그렇게 해 주고도 '내가 뭐라고 했지?' 좋다! 좋다! 이 말만 해 줘서 결국 그 사람의 〈정신적 행복〉만 준거니 봐 준 사람도 이론적으로 이유가 없는 거죠. 그런데 시간이 지나면 그게 마약이 된다는 거예요. 마약 뽕이 돼요. 그러니 내가 너무 좋다고 하니까, '잘 될 거야!' 라고 생각해서 현실에 딱 맞닥뜨렸을 때 현실이 안 풀려 가잖아요. 그래도 나는 잘 될 거야!라고 하는 정신적인 뽕을 맞혀 놔 주는 거죠. 그러나 뽕은 뽕에 불과하다. 마약이나 진통제는 근원적인 치료를 하지 못한다는 거죠. 그래서 우리가 좀 거친 어떤 표현이 필요하고, 사실 학문적 이론에 많이 치중을 하더라도 그 사람이 갈 수 있는 富貴貧賤이나 수요장단의 모양새를 최대한 이론적으로 접근하고 끝내야 된다는 거죠.

"선생님 그게 좋다는 말입니까? 안 좋다는 말입니까?"

좋기도 하고 안 좋기도 한데, 그 기준 따라서 이런 정도 삶의 내용이 어떤 吉凶이 아니라 삶의 내용을 분석해 주는 입장에 서야 한다는 거죠. 그래야 이게 학술적인 측면이 된다. 그런데 이 학술하고 어떤 삶의 큰 道를 묻는 것 하고 뒤섞여서는 안 된다.

그래서 이런 것에 대한 부분이 오면 배제를 시켜버려요.

"그건 스님한테 가서 물어 봐라!"

인생이 뭐냐고 물어 보면 몰라, 알아도 모른다고 해야 커팅이 되잖아요. 그런데 거기에 빨려 들어가서 철학관하는 사람들이 있단 말이에요.

"에~ 인생이란!!" 이러면서….

그러면 자기 입 버리고, 시간 버리고, 뒤에 손님한테 피해 주고, 하여튼 이만저만이 아니다. 〈정신적 행복〉 부분은 개인적으로 뭔가 정신적 자유를 위한 여러 가지 논리가 있다 하더라도, 역학은 현실적인 부분을 더 위주로 봐야 된다.

그리고 그 사람이 대부분 다 현실적인 문제에 매몰되어 행불행을 걸고 있기 때문에 그 부분에 적극적으로 매달려 줘야 된다는 거죠.

癸 - 辰 / 男女

男子는 대체로 陰陽을 짝지은 모양도 원만하고, 辰이 갖는 陰의 속성이 숨어 있는 작용에서 대체로 吉兆가 대부분이다. 女子는 申子辰이라고 하는 것이 결국 陰 大運을 유도해 버리기 때문에, 吉兆가 있으면서 여러 가지 번거로움이 같이 뒤섞여 있다고 보시면 되겠죠.

癸 - 辰 / 綜合

종합적으로 봐서는 吉兆가 7~8, 보통 직업, 六親이 전반적으로 다 좋다고 보시면 되겠죠. 凶兆라고 하는 것은 辰이 갖는 복합성, 이중성, 다중성 등이다. 이런 것들 때문에 사는 게 좀 복잡하고 좀 번거롭다.

질문

辰을 正官으로 쓰면 申 같은 때에 官을 버려 버린다든지….

답변

官의 색깔이 官濁. 그러니 (辰-申) 印星을 만나면 官印 소통이 되어서 官濁이 되죠.

질문

子 같은 것도 官으로서의 모양이 허물어지는 모양이…?

답변

子는 무너져 버리죠. 辰은 변색이죠. 辰 고유의 土의 속성을 유지하지 못하고 결국은 金을 만나서 색깔이 변색되어 나가는 것이고, 변색이라는 것이 바로 되는 것이 아니고, 合은 하나가 완전 소진되는 것이 아니고 두 가지가 밀고 당기면서 새로운 것을 생성시킨다고 봐야 되겠죠. 子를 만나면 辰은 자기의 어떤 고유의 干支 속성을 간섭 받으면서 변화되는 것인데, 官印 소통은 변색 (辰-子) 子를 만나면 훼손이죠.

질문

癸水의 속성상 申에 가면 직장의 모양이 확 바뀌지 않나요? 申이 오면 癸水가 예를 들어 丙丁 日柱에서 癸가 申을 보면 換夫한다고 해서 壬水 속성으로 많이 변환되기 때문에, 申을 만나면서 癸의 성질의 속성이 크게 같이….

답변

본인의 그 癸水 자체의 본질이 바뀌는 것이 아니고 申중에 壬水 작용이 활발해진다 이렇게 보시면 되겠죠. 그러면 이제 결재권은 높아졌다.

보통 계급 조직 사회의 발전이 있는데 ⓐ 11명 중에서 9명 뽑는 곳으로 갔다가 올라가면, ⓑ 9명 중에서 6명 뽑는 곳으로 갔다가 印星이 옴으로써 결재권은 좋아졌지만 경쟁이 치열해져 가는 환경으로 진입한다. 그래서 껍데기는 분명이 좋아졌는데 경쟁 환경은 현실적으로 강화된다.

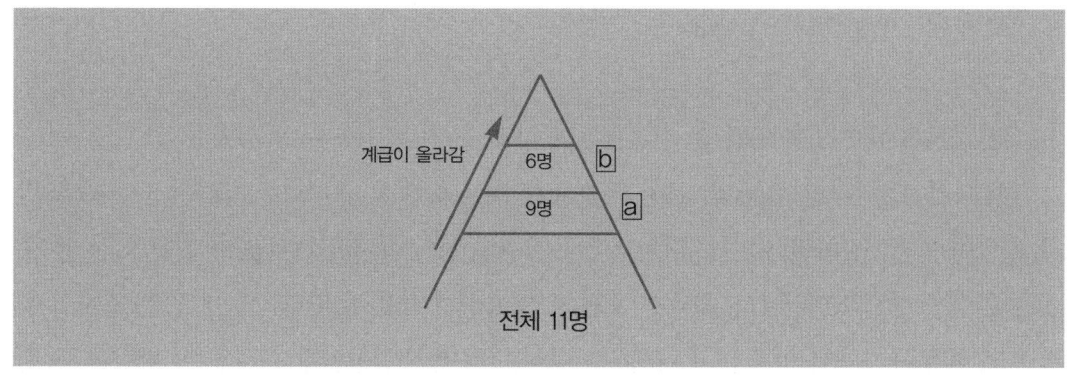

그림 5

癸가 巳를 볼 때

巳까지 六親으로 正財면서 天乙貴人이죠.

財官雙美라고 해서 巳중에 戊, 庚, 丙 그러니까 財星, 官星, 印星. 이 세상에 그런대로 쓸 만하고 좋은 놈들은 다 모인 거예요. 財, 官, 印이 다 모인 거잖아요. 이렇게 癸가 巳 하나만 만나도 이 세상에 떠내려 가지 않을 섬에 있다. 섬에 자기가 가 있다는 뜻이 되겠죠. 떠내려 가지 않는 섬은 이런 것과 똑같은 거예요. 홍수가 나면 삼각주가 생기죠. 그러면 이 가운데 있는 삼각주가 세력이 약해졌는데 큰 물이 내려오면 확 없어져 버리잖아요. 그런데 떠내려 가지 않는 섬에 있으니까 내려오면 계속 모래톱이 생겨서 모래를 팔아먹든지, 거기에 농사를 짓든지 해서 활용이 되는 인자인데, 대표적인 인자가 癸 日柱 같은 경우에는 巳이에요

正財면서 財, 官, 印이 다 있어 굉장히 좋은 거죠. 거기다가 뱀은 寅巳申戌 여기에 걸리죠. 그러니까 상당히 파워풀하다. 量적인, 內容적인 파워풀이 있다.

癸 - 巳 / 12運星

12運星으로는 五行의 반대편으로 와서 胎地에 이른다.

癸 - 巳 / 他 六親의 12運星

他 六親은 偏財 丁은 旺地, 그 다음에 正財 丙은 祿地, 旺, 祿 다 모였다.

偏官 己는 마찬가지로 旺地, 己土 旺地 正官 戊는 祿地죠. 그러니까 財官이 모두 祿을 띄우고 있어서 어지간하면, 命이 지나치게 치우친 편중성이 아니면 대부분 다 財官을 잘 쓸 수 있는 환경을 가지고 태어났다. 그래서 주변 조건 따라서 官을 잘 따라 쓰는 사람은 조직이 될 것이고, 官星이 드러나 있지 않고 財星을 따른다고 하면 사업성인데, 그 正財에 바탕을 둔 것이니 안정적인 사업이죠. 안정적이지만 볼륨은 크다.

癸 - 巳 / 吉凶

吉凶論을 따지면 吉이 9~10이에요. 여러 인자들 중에서 10점 만점 몇 개 못 받죠. 凶은 0~1, 그러니까 큰 大陰陽에 걸려 있잖아요.

癸는 큰 己庚辛壬癸 陰의 무리 속에서 陰이 가장 많이 진행된 것이고, 巳는 子丑寅卯辰 巳午未에서 六陽之處다. 陽의 끝에 와서 가장 陽다운 것이고, 癸는 가장 陰다운 것이 모여서 陰陽이 서로 짝짓고 있는 모양이기 때문에, 저런 모양에 10점 만점짜리가 하나씩 나오는 것이죠. 卯가 점수가 떨어지는 이유가 天乙貴人인 食神이지만 (卯-巳) 卯하고 巳하고 隔角이다. 지상에 1등짜리는 결국 발로 차고 있잖아요. 그러니까 卯가 오히려 巳보다는 못한 거죠. 단지 비극은 卯의 장점은 偏官은 안 만난다. 巳는 뒤에 酉나 亥子丑을 만남으로써 크게 섬이 물에 잠긴 거죠. 양기가 넘쳐 陰이 와서 머리를 쳐들고 있는 것이 섬의 모양하고 똑같잖아요. 물이 묻지 않는 비늘이요 이 섬과 같은 건데, 이 섬도 결국은 亥나 酉를 만나서 크게 삭감되기 때문에 크게 넘어질 때 심하게 자빠진다. 예쁜 년 데리고 살다가 예쁜 년 떠나면 심하게 골병드는 것과 똑같은 거죠. 그래도 데리고 사는 게 낫지. 참 이런 글자를 만나야 해요.

부동산도 마찬 가지예요. 코치를 해주실 때 가능하면 부동산도 좋은 것 사야 돼요. 좋은 것 사서 지금 경우에는 무조건 안 팔린다고 대답을 하죠.

선생님 八字를 좀 보고 이야기를 하이소.

"시끄럽다. 안 팔린다!"

거기에 관련된 이야기는 또 옆으로 많이 퍼질 것 같아서…. 그런데 八字에 좋은 기운이 많이 몰려 있다는 것은 지상에 좋은 기운, 癸가 짝짓는 것들 중에서 좋은 것이 많이 몰려있다는 뜻이다. 그런데 癸가 巳를 만나면 좋은 거냐? 癸가 戌을 만나면 좋은 거냐? 이런 질문을 하고 있다니까요. 역학 공부하고 온 사람들이 '선생님 正官 이게 더 좋은 거 아닙니까? 戌中에 印星도 있고 더 좋지 않습니까?' 이런다고요.

"그래 많이 해라!"

오히려 戌자리가 正財 入庫죠. 正財 入庫라서 굉장히 불안한 기운을 많이 안고 있는 것이 이런 모양이다. 12運星의 논리가 없으면 그게 구별이 안 되는 거죠.

癸 – 巳 / 年月日時

年

年에 巳가 있으면 말 그대로 貴人 조상이다. 貴人 조상의 혜택은 제한적이다. 그래서 개인적으로 객지 성공이면서 다시 貴人을 만나는 모양이죠. 貴人을 또 만나니 이래저래 좋은 거예요.

月

月에 巳는 正財. 다양한 格의 형성이 될 수 있다. 戊土가 드러나면 正官格, 庚金이 드러나면 正印格, 丙이 드러나면 正財格, 전부 다 正자가 붙은 正財, 正官, 正印이 될 수 있는, 格의 형성이 될 수 있는 소스가 이미 스탠바이 되어 있는 거죠. 준비가 되어 있죠. 그래서 일반적으로 부모 貴人 혜택은 당연한 것이죠. 설명이 없어도 다 여러분들이 아실 수 있는 것이고,

그 다음에 대체로 거기에 官이 똑똑하게 드러나도 된다. 印星이 드러나도 대체로 직업적으로 자타가 공인하는 전문직이 되었든, 국가 조직이 되었든, 안정적인 직업으로 쉽게 구성할 수 있다.

日

태어난 날에 癸巳 日柱는 天乙貴人이죠. 그래서 보통 배우자가 貴人이다. 그래서 배우자

덕을 많이 보고 일반적으로 확장을 해도 되겠죠. 男女 共히 여자일 경우에 巳 중에 있는 戊土가 正官인데 祿을 세우고 또, 남자일 경우에도 正財가 그 자체로 드러나면서 天乙貴人에 해당하니 男女 共히 배우자 貴人 혜택이 있다. 단지 冲, 刑, 合에서 훼손이 없어야 되겠죠. 훼손이 되어 버리면 그 작용력이 한시적이고 제한적이다.

時

時에 들어가면 丁巳에 걸린다. 丁巳時에 들어가면 丁巳가 되어서 말년 금전 풍융 또는 命이 장악하기 어려우면 금전 활동이겠죠. 그 다음에 偏財가 드러나면서 재물을 희사할 수 있을 만큼의 금전적 이력이나 힘이 쌓인다.

癸 - 巳 / 운의 해석

巳 大運은 말 그대로 天乙貴人 작용이 있어서 직업적인 금전 발전이 지속적으로, 그럴 때는 보면 歲運에서 이동 변동을 유도해도 대체로 계속 잘되는 패턴을 유지한다. 大運 자체가 짝을 지어 놓은 모양에다 天乙貴人이니 별다른 설명이 필요 없는 大運이다. 남자는 이게 富貴貧賤의 폭이 변하는 量이 辰이나 丑이나 寅보다 조금 덜하다. 그렇기는 하지만 남자는 더 긍정적으로 쓰고, 여자는 좀 번거롭지만 활동은 해야 된다. 그래도 그 결과물은 경제적으로 좋은 결과가 온다는 것이죠.

歲運에서는 天乙貴人 효과와 금전 보상, 財와 官이 동시에 뜨면서 印星도 뜨죠. 시험을 통한 官運의 어떤 성취들도 동시에 잘 이루어진다는 거죠. 癸 日柱가 巳年에 일반적으로 보면, 食傷이 오든지 財星이 오면 보통 공부를 해서 시험 합격하기에 어려운 점이 많은데, 癸 日柱가 巳年을 만나 사시 패스하는 것도 몇 번 봤어요. 그만큼 시험에 관해서도 財도 있으면서 印星도 도우는 그런 작용이 동시에 이루어지기가 참 어렵거든요. 그래서 살아가면서 크게 손색이 별로 없는 歲運이 巳운이다.

癸 - 巳 / 男女

남자는 대체로 경제적인 성공이나 번영의 인자가 많고, 사회적인 편의도 金의 陰 작용에서 많이 보게 되고, 여자는 경제적인 성공이나 번영은 좋은데 자기가 번거로움을 겪으면서 입으니 조금 덜하게 쓰는 거죠.

癸 – 巳 / 綜合

종합적으로 봐서 재물, 명예, 자산의 관리, 배우자 덕들이 전체적으로 원만한 것이니 거의 만사형통에 가까운 거죠. 그러니까 이 자체가 癸巳 日柱를 보면 癸巳 日柱 자체가 〈水火旣濟〉다. 周易의 卦象으로 치면 〈水火旣濟〉가 그대로 드러나 있는 어떤 干支 모양이다. 水火旣濟 좋은 거 다 아시죠? 그래서 陰이 위에 올라 타 있고 陽이 밑에서 받쳐 결국 불과 물이 서로 뒤섞여서 계속 陰陽 對待 작용을 일으켜 상승을 일으키는 것이니, 거의 10점 만점이 되는 거죠. 다른 干支와는 또 다른 상승이나 吉작용이 많은 모양이다.

하여튼 癸巳 있는 사람들 보면 대체로 다 복이 많아요. 복이 많은데 좀 복이 짧은 경우에는 大運에서 酉가 물고 가버리고 있죠. 巳亥 相冲으로 충돌해 있는 경우가 福이 좀 짧은데, 이런 吉 작용에 의한 번영은 보통 사람들과는 다르게 좀 크게 이루어진다고 보시면 됩니다.

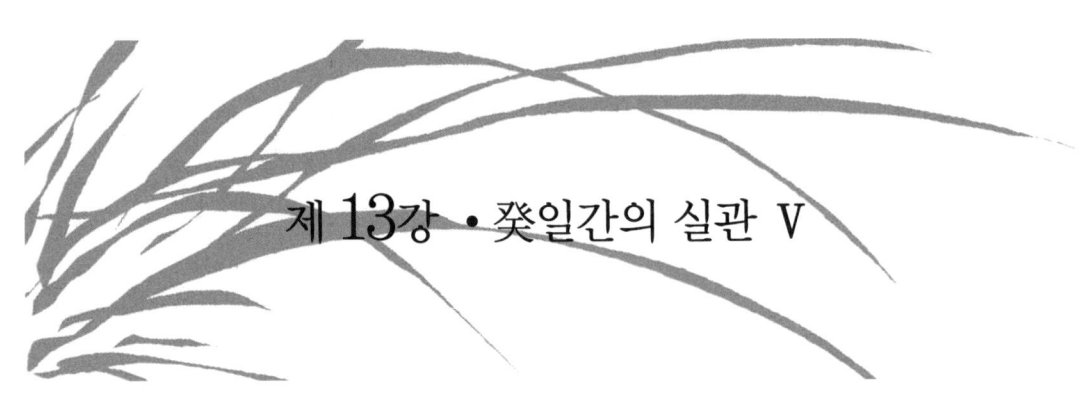

제 13강 · 癸일간의 실관 V

癸가 午를 볼 때

時	日	月	年
	癸		
	午		

그림 1

偏財. 그러니까 午를 볼 때는 항상 午 중 己土가 항상 존재한다는 것을 같이 아실 필요가 있고, 癸 日柱에 午를 바라볼 때 午 중 己土가 財 중에 殺이 있는 거죠. 財中에 殺이 있기 때문에 財를 쓰기는 쓰는데, 아주 강력하게 서로 작용을 하는 관계다.

癸 - 午 / 12運星

12運星상으로는 絶地가 되어 五行적으로 가장 반대편에 서 있다는 것을 의미하는 거죠.

癸 - 午 / 他 六親의 12運星

他 六親에서 偏財 丁이 祿에 해당하고, 正財 丙이 旺에 해당한다, 官星도 마찬가지로 偏官 己土가 祿, 그 다음에 正官 戊가 旺地에 해당한다. 五行的인 뜻을 그대로 계승하고 있기 때문에 財官이 모두 강하게 세력을 자리하고 있는 모양이다. 午 중에 己土가 土로서 가장 五行的인 대세가 강한 거죠. 그래서 그 午를 짝지어서 잘 쓰기만 하면 큰 재물이나 사회적인 보상으로 연결할 수 있는 것이고, 저 것을 잘못 쓰면 남자 八字를 기준으로 할 때 여자 때문에 官이 생기면서, 어떤 책에 보면 〈夫健怕妻〉로 자식이 생기고 나면서부터 갈등이 만들어지는 거죠. 그래서 그 偏財로서 기본적인 속성이 있는데 숨넘어갈 정도로 서로 사이좋게 잘 지내다가, 午중에 己土가 형성이 되어 버리면 즉, 자식이 생기면 자식과 배우자 부인이 무리를 지어서 서로의 어떤 세력이 다투는 모양이 되죠. 그래서 피곤해서 못살겠다가 되는 거죠. 이게 자식이 생겨나면서…, 그래도 갈 때 가더라도 財가 다른 것보다 낫죠.

癸 - 午 / 吉凶

吉凶을 따져 본다면 吉兆가 8~9, 凶兆가 1~2 정도인데 六親 관계에서 고달픔이 많이 발생하죠. 여자일 경우에는 財星이 강하다는 것은 媤家죠. 媤家가 서방보다 더 잘난 모양이 되어 있죠. 己土는 暗藏, 地藏干 속에 들어가 있고, 시집이 五行的인 대세를 가지고 있는 모양이니 피곤한 媤家 六親 관계에서 고달픔이 있게 되고, 남자는 배우자와 굴곡이죠. 여자는 媤家, 배우자, 배우자 간에 여러 가지 갈등이나 불안한 과정을 겪을 수 있다.

癸 - 午 / 年月日時

年
年에 午가 있다는 것은 偏財의 흔적으로 보시면 되겠죠. 대체로 재물 인연이나 근거가 많았던 조상, 그 혜택은 偏財의 속성상 제한적이다.

月

月에 午가 있는 경우에는 말 그대로 子午卯酉로서 偏財格 처리를 해 줘도 되죠. 원래 透干 여부에 따라서, 그 午 중에 己土의 투출을 봐서 이제 格을 약간씩 달리 쓰긴 하지만, 기본적으로 偏財格과 속성을 유사하게 봐도 좋다고 볼 수 있죠.

日

일은 구조상 없는 것이고.

時

時는 戊午時가 되죠. 戊午時가 되면 말년 활동력이겠죠. 말년에도 활동력이 있다. 그 다음에 官까지 투출되어 있으니까, 주로 선출직 명예죠. 일반적으로 남자일 경우는 자식의 번영이 되겠죠.

〈金水會夏天〉이라는 구절은 金水가 夏天, 여름 하늘에 모이면 〈金水會夏天〉. 그래서 金이나 水의 기운이 여름 하늘에 모이면 그것이 기본적으로 陰이 위에 가 있고, 天干에 있고 陽이 밑에 펼쳐져 있음으로써 그 생산적 관계가 형성되는 거죠.

그래서 계절적으로 여름에는 水의 昇降 작용이 활발해지고 땅에는 火가 많이, 물론 炎天이라는 것이 하늘과 땅이 다 더운 것이지만 만물의 기운이 수시로 올라가죠. 수시로 올라가고 또, 내려오고 함으로써 水火가 뒤섞이는 모양이 된다.

여름이 이러하니 물은 밑에서 놀고 더운 기운은 위로 들려 나가 버리는 거죠. 그게 이제 가을의 문턱으로 해서 火水. 周易에서 보면 未濟로 향해 달려가고 있다. 그러면서 乾이 발생하죠. 마르는 기운, 더운 기운이 위로 들려 버리고 차가운 것이 밑으로 빠져 나가 몰려 버리면 이런 모양이 癸와 午의 관계에서 金水會夏天이 되는 거죠.

텍스트에 보면 주로 종격에서 저런 어떤 모양에서 午와 未가 무리를 짓거나 癸巳, 午未라는 식으로 巳午未가 무리를 지어 있는 것을 從格 처리를 해서 좋은 것으로 보는데, 대체로 자연의 물상으로 보면 저 癸水가 구름이다. 이때에 더운 기운을 만난 놈은 뭉게구름이다. 뭉게구름이 여름에 의해 떠있는 모양이 되어서 대체로 복록이 무궁하다인데 실제로 복록 무궁의 예까지는 많이 보지 못했고, 변화가 많지 않은 공직 생활을 하는 분들이 꾸준하게 사회적인 지위를 유지하고 있는 예를 많이 봤습니다.

사업을 구하더라도 이런 경우에는 財나 官이 무리를 짓고 있다. 그러니 큰 조직과 손을 잡고 하는 납품이나 용역대리점 사업을 해서 꾸준하게 업을 잘하고 있는 경우를 봤는데, 복록 무궁이라고 하는 말까지 붙일 정도로 매우 좋은 모양으로 잘 나가는 케이스를 이 모양에서 보지는 못했습니다. 대충 잘 나간다. 그러니까 사는 게 보면 뭉게구름이 멋지게 흘러간다고 해서 그것을 좋은 모양이라고 취해야 된다고 보죠. 역학이라는 것이 끝없이 변화되어가는 양상이나 또, 그 중간 단계를 읽어 나가는 것인데, 이런 사람들은 떨어지면 이 '낙하' 라는 것이 급락하는 것이다. 잘 나가다가 빗방울이 되면서 바로 그냥 그 모양이 손상되어 버리죠.

그때 하는 말 있잖아요. 까불 때 알아 봤다고…. 자기는 까부는 것도 아닌데 폼 잡았잖아요. 저런 기운 때문에 폼을 잡고 살았는데, 폼 잡고 나니까 결국 운세가 급전하는 거죠. 그러니까 군 조직에서 이런 케이스를 몇 번 봤는데,

時	日	月	年
己	癸		
未	未	午	

그림 2

이게 空亡이 됩니다. 그냥 장성 진급까지 잘했다가 그걸 그만 두고 나니까, 바로 그냥 옆집 아저씨로 전락이 되는 그런 케이스를 봤어요. 복록무궁이라고 하는 말은 검증을 많이 안 해봤기 때문에 그렇다는 거죠. 아무튼 癸가 午를 만난다는 것은 이 세상에 여러 가지 긍정적으로 활용할 만한 길조의 인자가 많다.

癸 - 午 / 운의 해석

大運에서 大運 午는 陽 大運이죠. 陽이 五陽에 이른다. 陽의 운동이 활발하게 펼쳐져 있으니 바쁘다. 午중에 己는 己土 작용 때문에 대체로 名高利薄. 소문난 잔치에 먹을 것이 적은 경우로 활발하게 움직여 나가는 것이죠. 그러니까 기운적인 변화로 해서 많죠. 그래서 경제

적 번영이나 변화량은 많다. 그래서 오뉴월 炎天에 하루 뙤약볕이 무섭다. 변화를 많이 조장할 수 있는 인자로 짜여 있기 때문에, 대체로 건강 쪽으로 부담을 많이 받게 되더라 하는 거죠. 그래서 보통 이 運 자체에 받는다는 것이 아니고, 이 運 끝날 때에 잘 받는다.

歲運에서는 대체로 금전융통이나 여러 가지 활동 무대 발전들이 이루어지죠. 또 저렇게 財와 官이 무리 지어 오니까 식구 발전이나 보통 혼사라고 하는 것이 같이 동반해서 잘 발생하죠. 男女 共히 財와 官이 무리지어서 오니 남편이든 배우자 인연이든 식구 발전이 잘된다.

癸 - 午 / 男女

남자는 陽 大運을 쓰니 힘들게 쓰는 것이다. 기본적으로 발전이나 번영의 인자를 가지고 있지만 힘들게 쓰는 것이고, 여자는 활동에 따른 기본적인 보상도 있고, 주변에 인간관계에 의한 덕도 많이 발생하는 모양이다.

癸 - 午 / 綜合

종합적으로 봐서는 활동량이 많고 또 보상도 크다. 午未의 일반적인 작용은 이제 저 癸 日柱 경우에는 이렇게 午未가 보통 보편적으로 지지부진하게 만들고 변화를 역동적으로 이루는데 방해가 있다면, 癸 日柱에 午 같은 경우는 일의 속성이 거의 같은 식으로, 똑같은 일로 계속 감당을 해야 되는 이런 식으로 해서 지지부진함을 만들어 주는 거죠. 午 大運에 오는 사람 별로 없어요. 보통 몸이 안 좋은 사람들이 癸 日柱에 午 大運. 요새 癸 日柱들 많이 옵니다. 오늘 첫 번째 테이프부터 癸 日柱 끊어서 아까 癸巳 日柱….

時	日	月	年
甲	癸	甲	癸
寅	巳	子	卯

그림 3

癸巳에 甲寅, 癸卯, 甲子 남자예요. 남자 생긴 모양이 괜찮죠. 그러니까 身旺, 食旺, 財旺, 겨울에 물 기운을 타고나서 그렇죠. 타고난 상태에서 比肩이 무리지어 계절적인 힘을 얻고 있고, 그 다음에 年에 食神이면서 天乙貴人이죠. 傷官이 위에 솟구쳐 있고, 食神, 傷官이 이렇게 벌어져 있는 모양에 財星도 子水의 어떤 간섭은 있지만, 기본적으로 寅의 五行적인 보조가 있는 거죠. 酉戌 亥子丑을 지나면서 亥子丑에서 이 亥가 甲木을 노린다.

甲木을 노리죠. 사업적인 규모나 새로운 일에 대한 가담 이런 것들은 활발해지는데, 계속 이 배우자의 자리를 괴롭히게 되는 모양이 되니, 결국 올해 같은 운에 여자가 무조건 데모를 하는 거죠. 부인이 못살겠다 이러면서, 여인이 흉기를 휘두르면서 이혼해 달라는 식으로까지 요구를 하는 경우가 되는 거죠. 올해 이제 己丑年에 偏官이 들어오죠.

이 丑의 羊刃 작용이 이루어지면서 卯에 隔角된다. 중요하게 쓰는 卯 隔角 財星의 손상이죠. 財星의 손상이 羊刃과 함께 이루어지니까 본인이 흉기를 드는 경우도 있고, 본인이 안 들면 상대방이 흉기를 들어 가지고, 망치를 들고 이혼해 달라! 이렇게까지 요구를 해서 정말 산다는 것이 뭐냐까지 간다. 이것이 결국 運의 작용이죠. 물론 大運 歲運에서 强弱의 차이는 있겠지만, 그런 작용까지 이렇게 이루어지는 것이 요새 癸 日柱들 수난을 많이 당하고 있죠.

특히 巳,午,未를 중요하게 쓰고 있는 사람들은 작년, 올해, 올해도 丑에 의해서 午가 손상 되죠. 午를 중요하게 쓰고 있는 사람들은 하여튼 올해 수난을 많이 당한다.

질문

올해 이혼해요?

답변

망치를 들고 설쳤다니까요. 부인이 칼도 들고 이혼 할래? 안 할래? 이런 정도까지 가버리니까 거기다가 망치까지 들고 설쳐서 살짝 스쳤다든가…? 그러니까 무서워서 집에 가서 자지를 못하는 거예요. 자는 사이에 어떤 일이 벌어질지 모르기 때문에 뒷날에 다시 살지라도 올해는 이혼하는 것이 맞다. 그것이 저승사자 작용이잖아요. 저승사자가 이제 결국 마누라를 시켜서 그런 작용을 일으킨다고 보시면 되죠. 그래서 저승사자를 항상 염두에 놓고, 저승사자가 터치하는 순서를 자꾸 보시라니까요. 본인이 원래 年에 文昌과 貴人이 있는 사람은 정신적으로 충실한 사람이거든요. 정신적인 판단이 나름대로 충실한 인자를 가지고 있기 때문에 저승사자가 쉽게 접근하기 어렵잖아요. 그러니까 이제 배우자한테 가는 거예요. 배우자한테 가서 '식칼 들어!'

질문

선생님, 그럼 가짜 저승사자가 오는 경우는, 8시간을 수술했는데 살아 있는 사람은 어떻게 합니까? 가짜사자가 오면 어떻게 합니까?

답변

그렇죠! 그건 가짜 사자가 아니고 사자가 약물을 뿌린 건데 품질을 안 좋은걸 뿌린 거죠.

질문

아! 죽진 않네요.

답변

품질 안 좋은 것을 뿌려서…. 저승사자를 머리 띨띨한 형사로 생각하시면 되요. 그래서 뭔가 법적인 절차라든지 이런 건 엄청나게 요식 행위를 따지는데, 사실은 거기 함정에 자꾸 빠지는 거죠. 그래서 이런 경우에는 본인이 자기 컨트롤을 잘하는 사람이니 부인한테 狂氣를 주는 거죠. 부인이 그러니까, 식칼과 망치 들고 설쳐 버리니까 피할 수가 없는 거죠. 그런 경우에는 대체로 사업적으로나 경제적으로는 데미지를 많이 입지 않고, 그러니까 돈으로 안 때우면 그렇게 인간관계로 때우더라.

질문

선생님! 잡으러 왔다가 다른 사람이 잡혀갈 수가 있네요?

답변

그게 이래요 저승사자의 순서가….

```
        -1-본인          -2-배우자

        1 재물          1 재물

        2 배우자        2 피

        3 피            3 이성적 유혹
```

그림 4

일단 첫째, 본인에게 와서 재물을 요구해요. 그 다음에 두 번째 요구하는 것이 배우자죠. '배우자 내놔라!' 그러니 이제 서방이 미우면 저 인간은 저승사자가 안 잡아 간다. 그래서 이제 재물, 배우자 그 다음에 피다. 수술해서 피를….

이 옵션을, 이 중에 하나를 택하라고 했는데 나는 싫다! 그러면 배우자에게 가잖아요. 일단 배우자에게 가서 두 번째 배우자에게 가서 똑같은 순서로 요구하죠. 재물, 그 다음에 두 번째, 배우자는 안 된다고 하니 피를 요구하고 세 번째가 이성적 유혹을 요구해요. 만약에 남자라면 남편이라고 하면 부인에게 이성적 유혹을 만드는 것들이 생겨나는 거죠. 그런데 여자도 정신 똑바로 차리고 산다면 어쩔 수 없는 거죠. 이제 이 집안에 가까운 근친이나 가족 중에 氣가 약한 사람, 주로 노인이 되겠죠. 노인을 후려쳐서 데려가는 거죠. 그래서 본인 입장에서 볼 때는 곡사나 초상이 나는 거죠. 결국은 이런 식으로 순서가 쭉 정리가 되어서 가요.

그래서 오늘도 癸 日柱가 있었어요. 스타트부터 癸 日柱로 했는데 羊刃에 치이기 시작하니 돈으로 때우든, 아니면 배우자하고 결별할 일이 생기더라. 아니면 본인이 길을 가다가, 그 다음에 배우자가 크게 자빠져서 몸에 피를 쏟든지, 아니면 수술을 한다. 그래서 보통 의료적으로 이런 이야기를 조금 해 준 적이 있는데, 그 분이 병원에 가도 오래 있었죠. 그게 희한하게 다치는 놈은 그 해에 또 다치고, 이런 식으로 간다. 그 다음에 어디 고쳐 놓으면 다른 곳고장 나서 또 오고…. 그게 이제 저승사자가 덜 받아 갔다 이거죠. 피를 덜 받아 가면 저 위에서는 금으로 봐줘요. 피의 양만큼 금 덩어리로 봐주는 거죠. 그래서 생명을 유지시켜 주는 것이 피니까, 피를 뽑아 오면 결국 그 만큼을 황금으로 쳐주는 거죠.

그래서 일부러 일종의 횡액을 피한다는 측면에서도 헌혈 같은 것을 일부러 하라고 하기도 하고, 아니면 기르던 六畜 있죠? 六畜. 여기에 있는 근친 속에는 육축도 포함됩니다. 가축도 포함될 것이고, 그래서 기르는 어떤 짐승이나 이런 것들을, 가축을 데려가는 거죠. 가축을 데려가 버리는데 일부러, 그러니까 가축을 기르다 내보내는 이런 것들이 羊刃 운에 피하는 방법이거든요.

학생

해외로 피신을 하는 방법은 효과가 없어요?

답변

영어 못하는 저승사자가 왔을 때에는 한번은 면죄를 시켜줄 수 있습니다. 그러나 두 번째 내려올 때는 반드시 외국어 능력을 확실하게 가진 저승사자가 오기 때문에, 한번에 징수가 안 되었던 여러 가지 고통들을 싹 모아서, 세무서처럼 싹 모아서 조집니다.

질문

그게 辰戌沖에서 작용이 더 강하게 나옵니까?

답변

물론 辰戌丑未라서. 辰戌丑未는 운세를 크게 뒤바꾸는 채널이기 때문에 그런 의미가 더 있기도 하죠. 그러니까 우리가 羊刃 이론을 칠 때 庚이 酉를 보는 陽干이, 陽干이 酉를 만나는 것만 羊刃으로 해석을 하는데, 실제로 보면 癸 日柱가 丑 만나는 것이 羊刃에 의한 희생이 굉장하거든요. 이걸 陰干이라고 해서 羊刃을 취하지 않는다? 이건 말이 안 되는 이야기죠. 실증을 해 보면 陰干이 羊刃을 만나서 당하는 희생이 굉장해요. 그래서 저 위에는 인간과 육축의 구분이 없다는 거죠. 이게 저 위에서는 식구라는 것은 똑같은 거예요. 똑같이 그 집에서 밥 먹는 존재는 개, 소, 양, 말도 패밀리로 본다 이거죠. 그래서 노인 있으면 노인을 데려 가는데, 노인도 없다. 없으면 개, 소, 양, 말이라도 잡아 가는 거죠.

그래서 그런 걸 키우다가 내 보내주면 되는데 그런 것도 없다, 너무 야물다. 그래서 처지가 본인이나 배우자나 뺏길 것이 아무것도 없다. 돈도 없다. 그런데 착한 일을 했는데, 착한 일 장부를 뒤져 보니 착한 일을 많이 한 거예요. 그런데 둘 다 사는 처지가 말이 아니다.

그래도 羊刃의 작용을 일으키고 가야 되잖아요. 자기도 실증을 못 잡으니, 그럴 때 하는 것이 길 가다가 보통 집 나온 강아지를 데리고 와서 도로에다가 밀어 넣어 버리잖아요. 그래서 어이없는 죽음을 개죽음이라고 하는 거예요.

그때는 그 개가 홀린 듯이 따라 들어가요. 사고 나는 거 한 번도 안 보셨죠? 개들이 차에 치이는 것을 보면 평상시에는 딱딱 신호 보고 다닌다니까요. 신호 보고 그렇게 하던 놈이 그때 저승사자가 딱 홀리는 순간에 보면 이상하게 그날은 지가 설치는 거라. 그래서 홀린 듯이 하는데, 저승사자가 도로에 밀어 넣어 버리는 거죠.

질문

강아지가 그렇게 갔어요?

답변

華蓋운에 辰戌丑未의 六親의 상실이 많이 발생하는 것이다. 그런데 羊刃에는 착한 일 많이 한 사람이 아무 것도 없을 때, 동네 강아지 한 마리 이렇게 몰아넣어서 홍길동 이렇게 써서 장부에 올려서 마무리시키는 거죠. 그래서 요새 癸 日柱 오면 좋은 일 많이 하라고 하세요. 내보낼 거 있으면 내보내고, 줄 거 있으면 주고. 대부분 다 당하고 오죠..

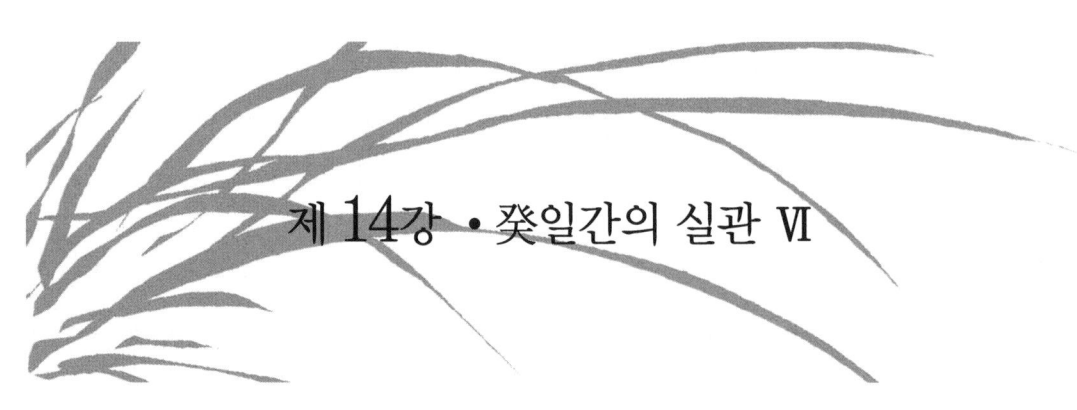

제 14강 · 癸일간의 실관 Ⅵ

癸가 未를 볼 때

질문

선생님 그 癸未 日柱가 丑이 들어오면 그 작용에 의해서….

답변

그러니까 吉작용이 일어나는 사람이 10명 중에 1~2명, 凶작용이 일어나는 사람이 10명 중에 7~8명, 이렇게 보시면 되죠

癸 - 未 / 六親

그러니까 未는,

時	日	月	年
	癸		
	未		

그림 1

未 자체는 偏官이다. 하지만 이 안에 있는 地藏干에 보면, 乙木은 食神이니까 언급할 필요가 없는(午-未) 財와 무리지어 있다는 거죠. 이 財와 丁火가 餘氣죠. (丁-未)丁火의 餘氣가 未에 그대로 넘어와 있잖아요. 그러니까 偏官이라는 것은 좋으나 싫으나 직장도 되고, 자기가 활동하는 무대도 되는데, 그 활동하는 무대에 재물이 있다는 말은 그것을 통해서 금전 활동이 이루어진다. 그러니까 피곤하지만 할 수 없이 내가 금전 활동을 위해서 감당해야 되는 것인데, 그것이 올해 丑年을 만나면서 손상이 되었잖아요. 그나마 그 밥벌이마저도 흔들렸다. 할 수 없이 놓치고 다른 걸 찾아야 했다는 식이거든요. 그래서 이때에 偏官을 冲해 주는 吉작용은 그리 많지는 않고, 羊刃의 불안한 기운은 그대로 좀 따라 들어온다.

時	日	月	年
	癸		
	未	卯	

丑

그림 2

대신에 이제 未, 이 글자가 다른 글자에 묶여 있는 사람, 명조 안에 癸未에 卯, 이런 것들이 묶여 있는 사람들 있죠. 이렇게 묶여 있는 사람들은 丑이 와서 건드려 주면 다시 재생을 합니다. 자다가 깨어나잖아요.

未가 이렇게 土로서 기본적으로 작용해야 될 것이 木으로 빨려가 있다가 丑이 툭 차고 건드리면 다시 土로 태어남으로써, 이제 여인들은 시집을 갈 일이 생기고 남자들은 새로운 직장이나 일, 그 다음에 자식 인연을 열어 주게 되는 작용이 오거든요.

癸 - 未 / 12運星

12運星상으로 보면 墓地에 해당한다.

癸 – 未 / 他 六親 12運星

偏財 丁은 冠帶죠. 그 다음에 正財 丙은 衰, 衰는 밖으로는 세력이 남아 있는 거죠. 偏官 己는 마찬가지로 冠帶, 正官 戊는 衰. 그래서 帶, 衰 이래도 五行적인 대세는 남아 있는 거죠. 五行적인 대세는 남아 있으므로 저거 하나라도 반듯하게 있으면 피곤한 직장이긴 하지만, 자기가 이상적으로 추구하는 어떤 조건의 조직이나 일은 아니지만, 그런대로 금전 활동이나 사회활동은 길게 이룩할 수 있다.

神殺상에서 飛刃은 대체로 기술성이 요구되는 공학 조직, 未라고 하는 공간 자체가 사람들이 많이 모여서 오가는 곳이니까 대체로 금융, 기술성이 요구되는 공학 조직. 그 다음에 未 자체를 미완성으로 봐서 미숙을 다듬는 일로 보통 교육으로도 보죠. 생긴 모양이 안테나 모양으로도 보죠. 그래서 방송, 밖으로 확 펼쳐내는 작용이 4陽, 陽이 4단계에 이르면서 午도 비슷해요. 사람들이 가장 활동을 많이 하고 있는 분야, 이렇게 보시면 되겠죠.

癸 – 未 / 吉凶

吉凶에서는 기본적으로 財星과 무리지어 있으면서 吉은 있지만, 偏官이죠. 偏官에서 吉이 6~7, 凶은 3~4인데 偏官, 아무리 그래도 결국은 入墓를 유도하고 활동성은, 오히려 내가 머리를 조아리는 격이죠. 내가 머리를 조아려서 목적을 달성한다는 뜻이니 入墓之象이다. 그 다음에 偏官의 일반적인 불안 작용이 있죠.

男女 共히 배우자 자리에 偏자가 붙어서 작용을 하고 있기 때문에, 어떤 금전이나 애정에서 혜택이 어느 한쪽으로 편중성이 발생하겠죠. 금전적인 덕을 보면 애정적인 굴곡이 발생하고, 또 애정적으로 원만하면 금전적인 굴곡이 발생하는 식으로 배우자 덕에 불안한 과정을 겪는다. 그래도 불러 주는 사람은 많고, 일자리 일거리도 많다. 官星의 작용 자체가 財星이 무리 지어 있을 경우에, 자체로 일복이 많은 거죠. 주로 과로로 인한 노출에 의해서 희생이 많이 발생한다.

時	日	月	年
	癸		
未	戌	午	

그림 3

이런데다가 다시 거듭해서 癸에, 未에, 戌에다가 官이 거듭하잖아요. 또 아니면 午하고 무리 짓는 식으로. 이런 경우에는 정말로 간단해요. 머저리 인생과 비슷하다. 머저리 인생이라는 것이 일 열심히 하는 놈만 막 부려 먹는 식으로, 일복만 실컷 따르고 사회적인 보상은 제한되어 있다. 예를 들어서 官은 이 戌 官을 쓰다가 다시 그냥 직장을 한번 바꿔 보는 거예요. 그래서 직장의 전변도 발생한다. 그래도 가는 곳마다 이상하게 자기는 일복이 많은 자리에 앉는 거예요. 그런데 格이 있게, 格調가 있게 생겼으면 일이 많더라도 대기업이든지 그룹 조직이든지 이런 쪽에서 아주 핵심적인 일을 맡음으로써, 일이 많은 만큼 보상은 아니더라도 자기가 상당히 많은 주도권을 장악하고 가는 식의 활동이 많죠.

癸 – 未 / 年月日時

年

年에 未가 있으면 말 그대로 偏官이죠. 偏官의 속성은 관직인데 땅에 떨어져 있는 거죠. 보통 지방이나 지역에 근거를 둔 관직, 인연 보상이다. 본인이 소년에 크고 높은 관직은 아니더라도 자꾸 할 수 있는 어떤 기운을 동반하겠죠.

月

月에 未가 있으면 말 그대로 雜氣이면서, 雜氣 財官에서 주로 官格으로 官의 일반적인 속성으로 이해를 하면 되겠죠. 이 未자는 없는 것보다는 있는 것이 낫습니다.

日

애정, 금전 편중성.

日에 未는 보통 배우자 덕이 없다가 아니고 불안이다. 그러니까 이쪽이면 이쪽, 저쪽이면 저쪽으로 애정이나 금전의 편중성이 잘 발생하는 거죠.(애정〉금전, 애정〈금전)

時

時에 가면 己未時가 되죠. 偏官 득세의 모양이 되니까 대체로 말년에도 활동의 運인데, 대체로 이제 남자들은 자식과 좀 부조화가 많은 거죠.

잘난 자식을 두되 결국은 내가 入墓를 해야 되잖아요. 자체 入墓를 하니까 내가 고개를 숙이는 모양새가 되어서 결국 자식과의 조화력에 문제가 발생한다. 그 다음에 대체로 말년에 건강이 불안하다.

癸 - 未 / 운의 해석

大運에서 未는 활발한 활동력이겠죠. 활동력이 강하다. 그러나 未의 기본적인 속성이 있으니까 未定이다. 富貴貧賤을 모두 다 정하기 어려운 속성이 발생하죠.

주로 변화가 작은 조직 사회에서 활동을 구할 때 무사 평탄하다 보시면 되겠죠. 그 다음에 歲運에서는 대체로 그 사회적인 이권 또, 진급들이 낮은 감투일 경우에는 歲運에만 들어와도 써먹을 수 있다. 물론 官星은 天干에서 투출되어 주는 어떤 요소가 필요하다.

癸 - 未 / 男女

남자는 일반적인 성공은 이루지만 고단하다. 여인은 사회적인 성취나 주변의 덕을 볼 수 있는 모양이다. 이것도 무조건 나쁘다고 하기는 어려운데 그렇다고 완전 X도 아니죠.

癸 - 未 / 綜合

종합적으로 보면 발전이나 번영은 있죠. 그렇지만 六親, 건강에는 여러 가지 갈등 불안이 많이 조성된다. 未의 작용 속에서는 甲木 入庫도 생각해 주셔야 돼요. 他 六親에서 보면 여기에 甲의 庫 있죠. 甲이 傷官이죠. 傷官이 入庫를 했다는 것은 그 조직사회에서 자기가 자기 개성을 드러내고 자기 주장을 이끌어 나갈 수 있는 힘인데, 그것도 꺾어 버렸다는 뜻이죠.

반항도 못하게 해 두고 官星, 偏官으로써 요구를 하게 되는 거니까, 욕할 틈도 안주고 몸을 고생을 시키는 그런 작용이 일어난다.

질문

癸未 日柱는 印星이 空亡인데, 運에서 꼭 받쳐줘야 공부를….

답변

運에서 받쳐줘도 空亡은 空亡이다. 자체로 보면 申酉 空亡이 되죠. 그래서 申酉 空亡 때문에 현실적인 어떤 印星에 속하는 부동산이라든지 여러 가지 법적 권리, 현실적으로 유용한 것을 쥐려고 하면 방해나 번거로움이 많고 또, 쥐고 있더라도 여러 가지 변화 과정이 많이 발생한다.

질문

고관 벼슬로 가는 경우도 봤는데 그때는 다른…?

답변

그렇죠. 고관 벼슬은 八字 안에 어떤 祿을 가지고 있든지 格을 제대로 갖추고 있어야 되는 거죠.

時	日	月	年
	癸	己	
	未		

그림 4

己未 이런 것들이 딱 놓여 있다. 이런 경우에는 굉장히 五行 대세를 제대로 가지고 있는

官이 투출된 거죠. 이런 경우에는 잘 나가는 거죠.

질문

癸未 日柱 중에서 印星이 空亡이니까 고관이…?

답변

癸未 중에서 현실적 印星은 空亡이잖아요. 그러니까 자기 앞으로 큰 재산을 장악하는 문서들은 잘 안되고, 天干에서 庚이나 辛 이런 것들은 정신적이고 추상적이고 공공성이잖아요. 그런 쪽에 결재권을 쥘 수 있는 거죠. 癸未 日柱라고 하더라도 다른 쪽에 庚이 드러나 있다든지 또, 안 드러나 있어도 格 자체가 잘 갖추어져 있으면, 머슴으로서 일복 많은 사람이 格이 갖추어져 있다는 것은 공공조직이다. 그래서 "본인 앞으로 재산상, 명의상 재산 취득을 많이 하지 말라!" 보통 이렇게 코치를 하죠. 부자도 많이 있다고요?

질문

아! 부자 되기 글렀다고요….

답변

그래서 그 배우자가 부자인 경우는 있어도 癸未에서 큰 부자는 예가 매우 드물다. 그래서 未라고 하는 것은 좋은 것, 안 좋은 것 뒤섞여 있는 거죠. 그렇게 偏官으로 吉작용, 凶작용이 뒤섞여 있는 것이다.

癸가 申을 볼 때

癸 – 申 / 六親

六親상 正印 金水가 무리를 짓는 正印이다. 印星에 紅艶이 앉으면 丙이 寅을 만나고 癸가 申을 만나는 것들이 紅艶이 이루어지는 것인데, 印星과 紅艶이 같이 있을 때의 일반적인 작용을 같이 해석해 주면 되죠. 애정을 만드는 원숭이 출연, 공부를 좀 하려고 하면 여학생이 옆에 앉아가지고 장난을 치든지 한다. 아니면 거꾸로 여자가 대준 돈으로 공부를 하는 경우도 있습니다. 이게 桃花하고 印星이 같이 있으면 그런 작용이 많이 오죠.

癸 - 申 / 12運星

12運星 상으로는 死地죠, 死, 12運星은 死地다. 癸水는 허공을 나는 雨露와 같아서 비도 되고, 이슬도 되는데, 비와 이슬이 결국 강물이 흘러가면 陰의 공간으로 자꾸자꾸 파고 들어가는 속성을 가진 놈은 壬이고, 癸는 그것에 역류해서 위로 들려 날아가는 거죠. 강물이 흘러갈 때 바람 타고 나는 바람은 寅하고 卯거든요.

그림 5

바람 타고 올라오는 그 雲霧들이 다 癸水의 것인데, 申을 만나 버리면 壬水가 長生을 해 버리니까 안개가 도리어 물방울이 커져서 떨어져 버리는 것이, 壬水의 작용이 한쪽으로 파고 들어가서 제일 압력이 낮은 곳으로 들어가는 거잖아요.

저런 경우에 癸水의 속성이 잘 펼쳐지지 않고 壬水처럼 또는, 壬水가 활발하게 申 중에 있는 모양으로 간다. 癸水의 운동 방향을 봐서는 正印이 맞죠. 印星이라는 것이 활동을 못하게 억제해 버리는 것이다. 그래서 기본적으로 (金,水)가 똑같은 陰운동의 단계에 있는 것들이 무리를 지어서 印星을 만들어줬기 때문에 매듭을 짓고 저장 하는 것이, 공부도 잘해요.

癸 – 申 / 타 六親의 12運星

偏財 丁은 浴地죠, 正財 丙은 病地, 偏官도 마찬가지로 偏官 己도 浴地. 그 다음에 正官 도 戊도 病地다. 그래서 病, 浴 상태가 되어서 丁은 밖으로 기운은 남아 있는 것이거든요. 음력 7월에 더운 기운이 밖으로 남아 있는 것이지만, 자기 세력을 땅에다 제대로 심고 있지 못하는 상태 정도를 沐浴으로 생각하셔도 좋습니다. 그래서 財官이 다 불안한 모양으로 있다는 것은 직업이 글과 학문을 통해서 이룩하는 벼슬길이 일반적인데, 官의 투출이 있어야 되겠죠. 벼슬길이 일반적인데 관의 투출이 없으면(관이 있을 때), 주로 이제 자격증이나 교육이 되겠죠.

癸 – 申 / 吉凶

吉凶으로 따졌을 때 일반적으로 학문성이라고 하든지 조직사회의 직업적인 특성을 잘 만드는 데에는 길조가 많겠죠. 길조가 6~7, 財星이나 官星이 원활하지 못한 모양을 하고 있으므로 흉조가 3~4 정도다. 이렇게 보시면 되겠죠.

癸 – 申 / 年月日時

年
年에 申이 있으면 마찬가지로 학문성 또는, 학문 인연의 조상. 그런데 申이 紅艶하고 같이 있으니까 애정. 金水가 몰리죠. 金水가 몰리면 애정적 왜곡의 어떤 조상 환경으로도 보고, 개인적인 어떤 환경으로도 본다.

月

月에 申은 그대로 正印格처럼 취급해도 상관없겠죠.

時

時는 癸水가 庚申을 만나는 것이 暗祿格이다. 申이 子를 물고 오고, 巳중에 있는 戊를 官星으로 취해 오는, 그 格用편 한번 봐 보세요. 暗祿格 거기에 걸릴 겁니다. 時에 印星이 있다는 것은 時에 결재권을 가지고 있다는 것이고, 대체로 벼슬 인연이나 임대사업, 이런 것을 의미하겠죠. 말년에 원숭이를 부리고 있다는 것은 여러 가지 유력한 힘이 있는 활동분야나 직업 특성을 가지고 있다는 뜻이죠. 옛날 벼슬만이 출세길이었을 때에는, 이런 거 가지고 유력실력의 인자로 暗祿格을 붙여서 格의 어떤 成格을 해석했는데, 그것이 暗祿格이다.

이런 것을 공부하다가 보면 이제 格用이 말장난이다…. 그러니까 格用이 좋아진 결과를 보고 막 끼워 맞추는 식으로 해석을 붙여 놓으니 다른 것도 格을 많이 형성시킬 수 있는 모양새가 나오는 거죠.

그런데 이쪽 강의를 쭉 따라 오신 분들은 庚이 열매라는 것을 알죠. 申은 원숭이가 실력이잖아요. 힘을 쓴다는 거잖아요. 실제 힘을 도끼로 치면 돌도끼로 때려 잡아야 되죠. 그러니까 실력 행사라고 하는 것이 에너지가 많이 몰려있는 것, 그 다음에 작은 부피에 많이 들어가 있는 것을 활용할 때 결국 되는 것인데, 時에 있는 庚申이라고 하는 자체가 有力이죠. 그래서 申酉도 마찬가지로 食神이 絕地에 떨어지죠. 食神이 絕地에 떨어져서 몸이 안 좋은 건 있어도 실제로는 이것도 토실토실하죠. 그러니 임대 사업 같은 것을 해도 상당히 괜찮은 임대사업을 많이 하더라. 대신에 행동상의 불편함이나 주장을 많이 해 주는 인자가 발생해 있으므로, 노인이 申이라고 하는 것이 뾰족뾰족한 거죠. 이것을 자꾸 밟고 다니면 자꾸 베이고 쑤셔서 아픈, 그런 질병이나 건강 불안이 발생한다는 거죠.

그렇지만 申酉 이 자체로도 金의 기운이 몰려 응결되어 있어서, 그 자체로 갇혀 있는 것이라는 뜻이거든요. 이것이 부동산 문서 형태이니 문서사업으로써 경제적인 보상을 이루고 있더라고 하는 거죠.

癸 - 申 / 운의 해석

大運에서 申을 만났을 때, 말 그대로 官星소통의 인자로서 申 만큼 地支 중에 편리한 것은 없죠. 申 만큼 地支중에 편리한 것은 없다. 그래서 주로 관직 조직이죠. 조직중심 활동에 무리 없이 사회활동이 이루어지는 것을 의미하는 거죠. 이것이 비록 印星이라도 金의 속성을 가지고 있으니, 주로 문서 재산이죠. 문서 재산의 형성변화의 量은 좀 크다, 작다? 다른 地支들에 비해서 변화량이 좀 작기는 하지만 문서 재산을 형성시키는 작용이 되죠. 그 다음에 男女 共히 애정사의 다발을 만들어 준다.

歲運에서는 주로 부동산이나 문서죠. 재산의 발전이나 보통 이때 눈덩이 맞는 일이 잘 벌어지죠. 요새 이제 눈덩이 맞는 일이 올해 丑年이니 申酉戌亥子丑까지 온 거죠. 이제 申年, 酉年에 부동산이나 문서의 취득이 발생했다가 돈이 묶이고 엮여서 지금 골병이 들고 있다. 요즘 상담하러 오는 사람들이 상당히 많은 부분에서 이것 때문에 '언제 팔리오?' 라고 하면 '나 몰라!' 이러면서 '안 팔릴거야! 무조건 안 팔린다.' 이러면서.

그래서 이게 丑年까지 印星에 대부분 다 比肩, 劫財가 올 때 부동산 취득이 결국 부담스러운 규모로 이루어지면, 이때까지도 계속 규모에 따른 부담이 발생한다는 거죠. 그래서 보통 직장생활 하는 사람들이야 크게 영향을 받지 않는데 사업성을 발휘하는 사람들은 申, 이때 뭔가 일을 하나 벌이면 劫財 長生이다. 劫財 壬水의 長生이 이루어져서 그 데미지가 수 년간에 걸쳐서 이루어지더라. 그러니까 이때 부동산 사러 왔는데 '사지마!' 이래도 잘 봐준 것이고, '運이 왔으니 사라!' 이렇게 해도 잘 봐준 것이다.

뒤에 여러분들이 아무렇게나 말해도 맞게 되는 원리를 이제 아시게 될 텐데, 결국 申 이때 運대로 산 거잖아요. 그러니까 사라고 했는데 결국은 亥子丑 年까지 데미지를 입는다는 거죠. 그러니까 이 때 그냥 '사지 마라!' 하면 '지금 이 때 살 상황인데 왜 사지 마라 하느냐?' '시끄럽다.'고 말하고 보냈어도 결국 (亥子丑)이 때쯤 되면 '아 내가 안 사는게 맞았다.'가 되는 거죠. 그러니까 여러분들이 有無同宮이라 아무렇게나 말해도 되는 것들을 깨쳐야 될 텐데….

"선생님 이 남자하고 결혼 할까요, 말까요?"

그래서 하지 말라고 해도 뒤에는 맞는 거죠!

"그래! 하지 말라고 하는 걸 보니까, 저 새끼 저거 만나 가지고 만날 이렇고…. 역시 고맙습니다, 선생님!"

이러면서 결국 아무렇게나 말해도 맞는 원리다. 그러나 이제 알고 할 줄 알아야 되겠죠.

癸 – 申 / 男女

男女 간에 남자는 비교적 印星, 金水가 모두 다 陽의 짝이 되니까, 癸와 辛이 전부 金과 水에 속해서 대체로 폭발적인 발전은 아니라도 무난하고 편리하게 산다는 뜻이 된다. 여자는 印星의 吉 작용에 의해서 직장이나 일은 안정된다고 하더라도 인간관계나 사회적인 덕은 金水가 몰려 있으므로 희생적인 양상이 잘 발생한다.

癸 – 申 / 綜合

종합적으로 봐서 직업, 학문, 자격, 문서 등에는 긍정적인데 현실적인 보상은 제한적이다.

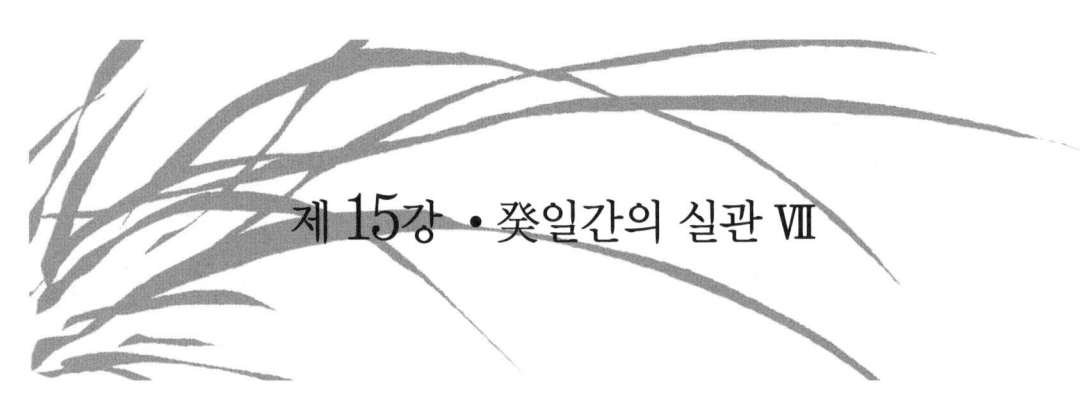

제 15강 · 癸일간의 실관 Ⅶ

癸가 酉를 볼 때

癸에서 酉를 보면 당연히 偏印이 되는 것이고, 이게 항상 (金,水)가 서로 무리를 짓는다. 이런 것들을 이제 癸 日柱에서 일간 자체로 보면 金을 만나 자기가 해로움이나 답답함을 얻는다고도 볼 수 있다. 하여튼 편중성이 발생하기 때문에 좋은 작용도 있고, 더 고달픈 작용도 있다.

癸 – 酉 / 12運星

12運星상으로 病地라는 것은 이제 壬水가 훨씬 더 득세를 해 있는 모양이니 癸水로서 고유의 역량을 제대로 발휘하기 어렵다.

癸 – 酉 / 他 六親 12運星

他 六親에서도 偏財 丁은 長生地에 들어가고, 正財 丙은 死地에 들어가고, 그 다음에 偏官 己土도 長生, 正官 戊는 死地에 들어간다. 그래서 偏官과 偏財가 長生에 있음으로서 결국은 투기적인 재물을 모을 수 있는 인자도 저기 깔려 있는 기술이나 자격이에요. 그 다음 金水가 모여 있는 것, 교육, 그런 분야에 재능이나 능력 발휘가 원활하다.

癸 - 酉 / 吉凶

보통 직업이나 기술 부분에서 대체로 긍정적인 요소가 있기 때문에 길조가 5, 六親이나 인덕, 인간관계의 면에서 凶兆가 5 정도라고 보시면 되죠.

癸 - 酉 / 年月日時

年

年에 酉는, 偏印의 아픔이라는 것은 빈한성을 의미하죠. 나한테는 결국 偏印으로 돌아왔으니 빈한한 가문 또는, 번영했다 하더라도 혜택은 미흡하다. 그러니까 예를 들어서 부동산이나 문서, 저 산꼭대기 땅을 엄청나게 남겨 줬는데 실컷 세금만 내다가 제대로 팔아먹지도 못하고, 결국 가버리는 그런 식의 혜택들도 많은 거죠. 최근에 와서 요새 제가 나무라는 사람들 많습니다. 그 만큼 2002, 2003年도에 팔아먹으라고 제발 팔라고 했는데, 안 팔고 '선생님 앞으로 그거 돈 됩니다' 이러면서 버틴겁니다. 그런데 2005년도부터 분위기가 안 좋아지기 시작해서 조금만 있으면 괜찮겠지! 하면서 했는데 최근에 와서 뭐 작년 재작년에 훨씬 더 싸게 다운해서 내놨는데도 쳐다보는 사람도 없데요. 그런 게 偏財가 한 번 걸려 癸 日柱가 酉 印星을 가지고 있는 사람들은 卯年에 팔리는 거죠. 2012년까지 기다리라고 했는데, 그때까지 기다리라고 하면 이제 돌겠다 소리 하니까 '조금만 있으면 괜찮을 겁니다' 하면서….

아마 올 해 오기는 올 건데, 이 丑이 물고 오잖아요. 丑이 물고 오면 이제 설왕설래는 있는 거죠. 저승사자와 함께 대동을 했으니 그냥 거저 내 놓아라 하는 식의 거래 관계가 형성되니까, 도저히 거래할 수가 없는 거죠. 그래서 여러분들이 부동산 변동을 볼 때에는 꼭 偏印이 아니라 하더라도 年月에 있는 것들을 오랫동안 관찰하셔야 합니다.

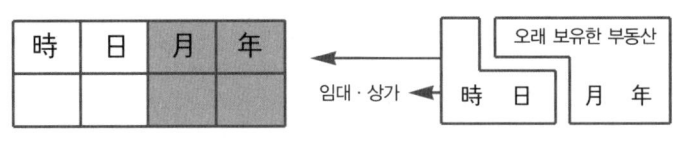

그림 1

그것은 年月日時로 나가면 대체로 오래도록 보유하고 있던 부동산은 年과 月 쪽이고, 남에게 임대를 주고 있거나 남에게 맡겨서 의탁하고 있거나 그렇지 않으면 商街, 이런 것들은 日과 時의 움직임으로 봐서 冲이 오거나 슴을 해서 확실하게 변색되거나 할 때 변동수가 자주 발생하는 것입니다. 그래서 올해는 좀 기회가 온다니까, 요새 月이나 年에 조상님한테 받았던 땅을 가지고 있는 사람들은 내도록 옵니다. 그 다음 것은 말해 주지 않는 거죠. 저승사자와 함께 그 사람이 사러 오기 때문에 결국은 개값에 파는 수밖에 없으니까요. 그러니까 결국은 못 파는 거죠.

月

月에 마찬가지로 酉는 偏印格으로 처리해서 대체로 그 기술이나 자격, 교육 분야에 직업 특성을 가지게 하는 인자를 만들어 주는 거죠.

日

태어난 날에 酉가 있다는 말은 癸酉가 된다. 癸酉는 대체로 배우자 인연 불안이 주로 많이 작용한다. 그러니까 남자 八字에 지상에 있는 배우자가 巳자다. 그런데 뱀 巳자를 酉가 만나서 변색시켜 버리는 거죠. 正財로서의 작용력을 제대로 할 수 없도록 하는 것이 발생하고, 여자 八字에서 戊가 正官인데, 正官 戊가 死地에 이르므로 남자 덕이나 배우자 덕이 무력화되는 식의 작용력으로 많이 흘러가 버리게 되는 거죠. 그래서 이런 배우자를 둔 남자 八字가 이러하고, 배우자들을 보면 인성의 어떤 고단함을 그대로 감당한다고요. 이제 부인이 방석처럼 완전히 모든 것을 떠받쳐서 만들지 않으면 보통 長病이다. 長病에 걸려서 부인이 꼬랑꼬랑하는 경우가 많다.

여자도 마찬가지로 戊라고 하는 것을 남편으로 두기 때문에 배우자가 꼬랑꼬랑하든지, 거의 변화가 없는 직장 생활을 하는 그런 형태의 배우자의 덕 정도가 이루어진다. 그래서 대부분 배우자와의 조화력에서 불안한 과정을 많이 가지고 가더라는 거죠.

時

時에 있는 것은 辛酉時가 되고 대체로 활동 없이 뭔가 목적을 달성하는 것이 되어 주로 임대사업이다. 그런데 食神이 絶地에 떨어지죠. 食神 乙木이 絶地에 떨어짐으로써 말년에 건강 불안이 예상된다. 여자 八字의 경우에 食神이 絶地에 떨어진다는 말은 자녀 불안이죠. 자식이 불안하다. 최소한 관계에 불안한 요소가 드러나는 수가 있고, 실제로 걱정거리가 많은 자식을 둬서 걱정 근심이 계속 따르는 형식이 많죠.

癸 - 酉 / 운의 해석

大運 중에 걸려들었을 때 陰의 기운을 잘 쓰는 사람들은 주로 偏印의 부정적인 것만을 부각시켰는데, 실제로 酉 자체가 돈 덩어리다. 그것이 기술이잖아요. 돈이 되는 기술 사업 같은 것을 해서 실제로 경제적으로 굉장히 많은 보상을 이룬 사람들이 있고, 부동산 노른자위를 잘 활용해서 결국 경제적인 보상이나 발전을 많이 이룩한다. 하지만 역시 偏印은 偏印인 것이 몇 탕 잘 해먹다가 결국은 발목을 딱 잡힌다.

그래서 10년 동안 酉 大運의 초반부나 초입부분에서부터 돈을 쫙 빨아 당기는 거죠. 빨아 당기다가 酉 大運의 중반부나 후반부쯤에 가면 결국 발목이 잡히더라 하는 거죠. 그래서 돈 내놔라 하면 건물만 팔리면~, 건물만 팔리면~, 이 이야기만 하고 있는 거예요. 이게 결국 偏印으로서 발목 잡히는 과정이 있고, 기술 사업을 하는 사람들은 실제 공장 자체는 잘 돌아가는데, 기술에 의한 고부가성 때문에 경제적으로 돈은 잘 들어오는데 다른 곳에 발목 잡혀 있는 거죠.

예를 들어서 부도난 부분을 내가 떠안았다든지, 그렇지 않으면 주변의 六親이나 가족을 내가 돕지 않으면 안 되는 그런 상황 때문에. 결국은 偏印만 말해도 맞고, 기술만 말해도 맞더라. 이때도 좋다고 말해도 맞고, 틀리다고 말해도 맞다. 그 다음에 이런 運에 食神을 중요하게 쓰는 사람들은 이때, 의식주라든지 활동성에 어떤 답답함이 많이 발생하겠죠. 실제로 예를 들어서 이런 명조들 있죠.

時	日	月	年
	癸		
	丑	酉	

그림 2

寅卯가 空亡이 되어 버렸죠. 官星도 별로 쓸모가 없고, 食傷도 空亡이 되어 있는데 偏印이 드러나고 羊刃이 드러났잖아요. 이 모양은 주로 기술 사업이에요. 기술이나 교육, 둘 중 하나인데 사업 자체는 보통 잘 한다. 왜냐하면 딴 것을 생각하지 않기 때문이다. 財星이나 食傷들이 막 벌어져 있으면 유통도 생각해 보고 여러 가지 생각을 할 텐데 이런 정도로 官食이 되어 있으면 다른 것은 생각 안하고, 무조건 교육이면 교육 하나만 파고, 기술이면 기술 하나만 죽자 사자 파는 거예요.

그러니까 죽자 사자 그쪽만 파니 그 분야에서 보통 성공을 이루는데 결국은 내가 성공 좀 했다 싶으니까 마누라가 데모해서 '물러가라!'고 해서 위자료 실컷 뜯기고, 자식이라고 하는 놈이 와서 '아버지 저는 아버지하고 도저히 같이 못 살겠습니다. 내꺼 차려 주세요.' 이렇게 해 가지고 뜯어가 버리니 정작 六親이나 인덕 측면에서는 어떤 고충이나 어려움을 많이 겪더라 하는 거죠.

작년에 이런 패턴이었던 분이 돌아가셨다. 이 분은 은 금속에 관련된 무슨 기술인데 일종의 曲가공 비슷한 거예요. 커브를 만드는 것을 평생 해서 그 사업 자체는 성공을 한 거죠. 해 가지고 이제 자식에게 자연스럽게 이양해 주고, 정작 지금부터 행복하게 살아야지 하는 그 다음 달부터 딱 중풍이 와서 4년 동안 그냥 오리야 기리야 하다가 돌아가시더라니까요. 정말 偏印이라고 하는 남들이 발휘하지 못하는 어떤 탁월한 능력을 주면서도 결국은 발목을 잡더라 하는 거죠. 남자들은 그나마 잘 쓰는 편이죠

歲運에서는 正財가 死地에 들어가니, 正財가 死地에 들어가 버린다는 말은 결국은 현금 유동성에 무리가 생기는 어떤 일, 무리한 일들이 생긴다는 거죠.

주로 그런 것이 부동산이나 문서에 묶임으로써 비교적 어려움을 피하기는 하는데, 그래도 일단 돈이 묶이는 일이니 보통 食傷이 아님에도 불구하고 酉가 갖는 기술성이라고 하는 이 인자 때문에 어떤 시설이라든지 공장 같은 것을 하면서 들이는데 어떻게든 기술 집약이다 라고 보시면 됩니다.

보편적으로 食傷을 써서 사람을 많이 넓게 쓰는 패턴이 아니고, 아주 복잡한 구조물로써 사람은 많이 안 쓰고 기술적인 요소가, 그러니까 기계 한대가 8억, 이런 거 있잖아요.

거기에 관리하는데 필요한 인력 한 명. 이런 식의 어떤 시설이나 설비를 만들었다가 결국 현금 유동성에 발목을 잡히는, 의료기 이런 것들도 마찬가지로 의료 기술의 첨단이죠. 病, 生死를 많이 다루는 문턱이잖아요. 기술 중에서도 格이 비교적 갖추어진 모양 같으면 의료 쪽도 많죠. 의료기를 하나 큰 걸 갖다가, 어떤 첨단의 기술 장비 이런 것들을 가져다 놓는 일이 발생하는데, 요새 눈덩이 많이 맞고 있습니다.

본연의 메스 중심으로 돌아가라! 기계에 의존하지 말라! 이랬는데,

"선생님 모르는 소리 좀 하지 마세요."

이러면서 하여튼 酉年에 들어가지고 亥年에 벌써 에고! 에고! 소리 하고, 지금 丑年에 허덕이고 있는 경우도 많이 볼 수가 있죠. 이게 함정이라는 거죠. 닭 酉자가 주는 함정. 그러니까 뭔가 天干地支 중에서도 잘생긴 글자들이 있거든요. 乙자, 새가 다른 동물에 비하면 깃털이 화려하다. 甲乙丙丁 중에서 좀 잘생긴 것이다. 이게 새는 예쁘게 생겼다. 丙은 보통 화려함을 주관을 하고 그 다음에 地支에 닭 酉, 뱀 巳 이런 것들이거든요.

그러니까 뱀도 꽃뱀이다. 빳빳하게, 그것도 코브라 보세요. 우리가 잘생긴 걸 따질 때에는 이런 게 잘생긴 것이거든요. 巳가 지상에는 비행기잖아요. 땅에서 저항 없이 공간을 날아가는 힘을 가진 것이니 비교적 잘생긴 물건에 속하는 인자인데, 닭 酉자가 더 더욱 그래요. 닭 酉자는 우리가 흔히 보석이라고 하잖아요. 이 보석이라고 하는 것이 말 그대로 사람들의 시선을 쫙 모을 수 있는 에너지가 모여 있잖아요. 그런데 거기의 함정에 그대로 끌려 들어가더라. 그러니까 사고 싶다고 안달을 하더라. 그걸 또 팔아먹은 의료계 하는 분도 눈덩이 맞고 있는 거예요. 왜냐하면 돈을 쪼개서 받고 있는데 못 받고 있으니, 이런 것들이 잘 생겼기 때문에 함정에 걸려든다고 보셔도 됩니다.

남자는 비교적 陰干에 陰을 씀으로써, 대체로 일반적으로 일은 성공하고, 발목은 잡히

고 하지만 비교적 방법이라도 여러 가지 교환할 수 있는 운이고, 여자들은 陰의 해로움을 여러 가지 당하므로 고달프다.

癸 - 酉 / 綜合

종합적으로 봐서 기술이나 고부가 가치를 만들어 내는 데에는 비교적 긍정적이지만 보상, 인덕 이런 차원에서 보면 상당히 고달프다.

그런데 金水 자체에 五行 작용을 통해서, 직업적으로 보면 교육 중에서 교육 옆집으로 종교, 이런 쪽으로 가 있는 사람들은 살아가면서 큰 어려움 없이 무난사로 사는 거죠. 종교는 고부가입니다. 원가가 안 들어가요. 신도들이 어쨌든 돈을 들고 올 때까지 아닌 척 하면서 꼭 버텨야 되니 정말 그것도 상당한 고통이 필요하죠. 닭도 지상의 새다. 어떤 사람은 봉이라고 부르던데, 그래서 잘 생긴 과라는 거죠. 우리들은 그런 글자의 유혹에 잘 빨려 들어간다는 거죠. 대부분 직업 같은 것을 제일 먼저 분류할 때 명조를 잘 분류하는 것이니 특히, 地支에서 그 사람이 그 직업 분야로 제한 받는 분야들을 항상 직업 보는 순간에 직업 뭐, 뭐, 뭐 이렇게 무엇, 무엇, 무엇이 속에 걸려든다는 것을 미리부터 전제해 둘 필요가 있죠.

癸가 戌을 볼 때

六親상 正官이지만 이 개 戌자를 보실 때 항상 正財의 入庫를 생각해야 한다. 물론 이 뒤에 다시 설명을 하겠지만 丙 入庫다. 이것 때문에 함정이다. 丙만 아니라 食神도 入庫해서 들어가죠. 그래서 이게 六親상 正官이라고 하더라도 食神 入庫, 正財 入庫가 되어 굉장히 답답한 正官이죠.

癸 - 戌 / 12運星

12運星으로 보면 그 자체로서 衰, 陰干은 활동성이 많이 위축되어 있는 거죠.

癸 - 戌 / 他六親 12運星

他 六親에서 偏財 丁은 養地에 들어가고, 正財 丙은 墓地죠. 그 다음에 偏官 마찬가지로 養地 다음에 正官 戌 墓地. 그러니까 戌丙乙이 전부 癸水가 상당히 陰陽을 짝지으면서 중요하게 쓰는 자인데, 入庫시키는 작용이 이루어짐으로써 세상에 좀 좋다고 하는 것이 다 잡혀 들어가 있죠. 正財 잡혀 들어갔지, 食神 잡혀 들어갔지, 正官도 잡혀 들어갔다. 그러니 좀 재미없는 글자 癸水가 개 戌자를 만났을 때 이루어지는 모양이다.

癸 - 戌 / 吉凶

보통 길조하고 흉조 때, 보통 吉兆가 正官 때문에 속는데 절대 正官 때문에 속으면 안 된다. 吉兆가 실제로는 3~4 밖에 없고, 凶兆가 6~7 정도다. 설명 안 해도 알겠죠. 이것을 여러분들이 복습, 예습만 해오시면…. 끝까지 예습 안 하고 듣고 복습해야지. 어쨌든 꾸역꾸역 다 왔으니까 예습 안 해도 됩니다.

癸 - 戌 / 年月日時

年

年에 戌이 있으면 財星 入庫죠. 그러니까 몰락, 빈한한 가문이죠.

그런데 그 기상은 뭇 동물에 비해서 개 戌자라고 하는 것이 지극히 명분과 충성, 의리들을 따지는 거죠. 그래서 주로 정신적 품위를 유지해 온 기상의 조상, 혜택, 인연들은 이루어진다고 볼 수 있지만, 경제적으로 번영했다가도 반드시 쇠퇴하는 그런 과정이 발생하는 거죠. 소년에 食神이 入庫해 있는 경우에는 어려서 성장이나 의식주가 불충분했다는 거죠. 성장이나 의식주가 불충분하다….

月

月에 개 戊자가 있는 경우에도 보통 저것을 정확한 正官으로 못 쓰고, 官星으로 쓰지를 못하죠. 그래서 내용상 제대로 된 偏官도 아니면서 무늬는 正官에 속하니 일종의 雜氣財官이다. 그런데 이것이 높은 벼슬을 열어 주는 것이 아니고 낮은 벼슬, 차라리 戊中에 있는 辛金을 쓴다. 酉에서 넘어온 戊 중에 있는 辛金 餘氣를 더 잘 쓴다고 보시면 됩니다. 그래서 이제 벼슬이나 낮은 벼슬이나 기술성으로 주로 써 버리겠죠.

그리고 辰戌丑未의 속성상 약간 복합성입니다.

時

時에 이르면 壬戌이 되죠. 이 자체로 白虎大殺이 되죠. 호랑이 앞에서 正財 入庫하고 食神 入庫하고 官星 入庫해 버렸으니 결국은 말년 건강, 활동성 전부 불안해지죠. 건강 활동이 다 불안한 모양이 되는 거죠. 자식과의 조화력도 마찬가지죠. 食神 入庫가 되어 버렸으니 여자 입장에서 볼 때는 자식 인연 불안이 동반하겠죠. 남자일 경우에도 호랑이 기상이 뒤섞인 자식이다. 그런데 무늬는 官星인데 역할은 官星으로서의 역할이 충분하지 못하고, 正財 잡아먹고 食神 잡아 먹는 식의 돈 먹는 하마다. 좀 대책이 없는 그런 어떤 자식 인연도 白虎大殺의 작용에서 온다는 거죠. 옛날에는 주로 신상 불구로 몸이 좋지 못한 자식을 두었는데, 현대에는 꼭 신체상의 문제가 아니더라도 부모의 돈을 없애는 거죠.

질문

절 같은 데 살면 안 됩니까?

답변

당연히 되죠. 그러니까 절 같은 것이 차라리 낫죠. 이 壬戌이 壬이라고 하는 것이 유일성이잖아요. 유일성 그 다음에 개 戌자잖아요. 黑狗잖아요. 개 戌자의 모양은 사실 우리가 종교적으로 추앙하는 정신적인 어떤 지도자, 존재라고 일반적인 의미로 해석을 하거든요. 그러니까, 그 기상을 보면 이렇게 개를 개집에 묶어 놓으면 의젓하게 앉아 있다니까요.

귀를 쫑긋 세우고 앉아 있는 것이 불상이죠. 불상이 이렇게 보면 앉아 있잖아요. 그것을 감당한다. 그러니까 하늘의 눈금이 辛이거든요. 하늘의 눈금이 땅에 내려오면 닭 酉자하고 개 戌자 두 개가 된다는 거죠. 이것이 하늘에 있는 눈금이 그러니까 종교라고 하는 것이 마루 宗자에 가르칠 敎자죠. 마루라고 하는 것이 가장 중앙 본질적인 것이니까, 그 본질적인 자리에서 道를 닦는 문이라든지 정신적인 문은 이 辛에 걸려드는 거죠. 이게 생긴 모양이 '서 있다' 죠. 이것이 하늘의 기준이라는 뜻이거든요 이 십자가를 여러 가지로 해석할 수 있지만 동서고금의 기준, 그 기준 위에 서 있는 것이 되는 것이니 하늘의 눈금자인데, 하늘의 눈금자가 땅에 떨어져 있을 때는 이 닭 酉자 하고 개 戌자다. 이 개 戌자처럼 앉아서 버티고 있으면 먹을 게 들어온다는 거죠. 먹을 게 들어오면 이런 작용이 말 그대로 신앙적인 어떤 행위 동작과 맞물려 있다는 거죠.

八字 안에 이런 辛자, 酉자, 戌자가 있는 사람들은 반드시 신통력을 믿습니다. 이 우주에 인간이 접근할 수 없는 또 다른 제 3의 파워가 있다. 가끔 스스로 신들린 척도 해요. 그래서 말년에 이 개 戌자와 어울려 지낸다고 함은 종교적인 어떤 수행을 하면 글자 자체에서 행복이야 크게 누리지 못하더라도, 다른 불행에서 벗어나는 작용을 충분히 활용할 수 있는 거죠. 너무 안 좋으면 안 오더라니까요.

時	日	月	年
壬	癸		
戌	亥		

그림 3

한명 봤는데 癸亥 壬戌 여자 분이다. 경상북도 어디 무슨 절에서 공양주 하고 있더라니까요. 자식들 다 버리고, 서방이라고 하는 놈은 劫財에 다 손상되어 버리고, 그렇다고 밖에 나가서 장사를 하자니 이것이 天羅地網이잖아요. 그러니까 유통이나 장사도 못하겠고, 특별한 기술성을 주는 酉라든지 유통, 소통인 뱀 巳자라든지 이런 능력이 있으면 좋은데 그런 것도 없다. 상담한 결론은 '그대로 사세요!' 인데 간혹 財運을 만나면 이런 모양새가 나이트클럽 등을 하더라니까요. 작게는 당구장을 해서 개처럼 우두커니 앉아서 지나갈 때마다 멍 짖어 돈 생기고 먹을 것 생기는 모양이다.

질문
庚金이 巳大運에 와도 저 글자가…?

답변
그렇죠! 巳 大運이 들어오더라도 일단 기본적인 작용력은 있고 대신에 재물 활동을 통해서 조금 보상은 받지만 결국 축적이 되는 패턴이 예를 들어, 자기가 쌈지돈을 모은 게 있는데 스님이 무량한 복을 지으려면 좋은 일 좀 하라고 꾀니까, 2~3일 고민하다가 거기다가 홀랑 불사해 버리고,

"스님! 제가 밥은 계속해도 되지요?"

이러면서 사는 거예요.

그런 작용이 하여튼 개 戌자에 많이 깔려 있다.

癸 - 戌 / 운의 해석

大運 개 戌자도 마찬가지겠죠. 食神, 正財가 다 빨려 들어간 모양이니까 대체로 名高利薄. 간혹 기술성은 있죠. 기술성이나 특이성 있는 사업에서 번영을 하는 경우가 있는데, 대부분 활동에 비해서 사회적인 보상이 부족하고 또, 좀 이루어 놓았다 하더라도 묶이고 엮이는 그런 상황이 다발하더라.

歲運에서도 마찬가지로 목을 좀 쪼인다. 금전, 인간관계 등 여러 가지 고통이나 애로가 다발하더라. 여자가 저런 運 글자를 따라 결혼을 하니, 이제 戌年을 만나 결혼을 한 거죠. 결혼을 하고 얼마 안 돼서부터 계속 눈덩이 맞더라니까요. 그런 戌의 기운적인 모양을 갖다가 취해서 짝을 삼았잖아요. 그래서 최근까지 눈덩이 맞고 있던데, 그만큼 시집가지 말라고 했는데 食神 入庫 되니 못 참는가 봐요. 食神이 入庫된다는 것은 자기가 자식을 만들려고 하는 동작이나 기운이 그쪽과 짝을 쫙 맞추잖아요. 그러니까 卯戌이 되잖아요. 卯戌이 合을 하는 것과 똑같은 작용을 하니까 생산력이 높아진다. 乙이 戌에 入庫하는 것이 卯戌이 서로 끌어당기는 작용이 되니 그냥 그 전에 申年, 酉年에 답답했겠죠. 답답한 중에 이 개 戌자를 만나

니, 이게 내 찬스다 하고 쫙 펴버리는 거죠.

그러니까 이제 비율적인 것은 돼지 亥자 때 보통 다른 地支에 亥卯未 이런 인자들이 있으면 자식을 낳아 버리잖아요. 亥중에 傷官 長生이 들어와 있고. 그래서 애를 덜컥 낳아 버린 거죠. 그리고 지금 子年, 丑年이잖아요. 그래서 이때 와서 아뿔싸 하는 거죠.

"아! 이게 아니다. 그때 왜 안 뜯어 말렸습니까? 선생님!!"

"분명히 하지 말라고 하지 않았나?"

최근에 한번 와서

"어떡할까요?"

묻는데…. 개 戌자가 형태상 正官이기 때문에 유혹이 많지만 결국 골 아픈 거죠.

질문

丑年에 이혼하게 되나요?

답변

丑年에 戌을 건드리죠. 刑을 가하잖아요. 刑을 가해 버림으로써 결국 이대로는 못 산다. '떨어져 살자!' 하는 식의 어떤 官星의 조정 과정이 생기게 되어 있는 거죠. 이혼까지는 그렇게 무조건 간다고 볼 수 없는데, 이대로는 못 산다는 모양이 나오게 되어 있는 거죠.

癸 － 戌 / 男女

남자도 마찬가지로 陽 大運의 어떤 해로움, 八字에 부정적인 것들의 작용 때문에 그 자체도 고달픈데, 人德 면에서도 여러 가지로 고달픔을 많이 만나게 되어 있죠. 여인도 마찬가지로 고달픈데 人德이라도 조금 있으니, 겨우 그걸 가지고 세월을 지탱하고 있는 모양이다. 물론 이제 酉 運에 굉장히 힘들었던 사람들 있죠. 이런 사람들은 戌 운에 상당히 많이 만회하거나 복원시키는 작용이 이루어지죠. '絶地보다는 낫지 않겠나?' 하면서 고생 많이 합니다.

癸 － 戌 / 綜合

종합적으로 봐서 길조는 그렇게 많지 않고 흉조가 대부분을 차지하고 있다. 저런 運을 해석할 때에는 조심해야 됩니다. 보통 계급장이 높지 않을 때 진급사들은 생길 수 있겠죠. 감투가 높지 않을 때에는 진급이 생겨나는데, 현실적으로는 여러 가지 고충이나 애로가 많죠.

몇 사람 봤는데 어디서 근무 하느냐 하면 댐 같은 곳이다.

남자들 八字에 개 戌자가 어떤 작용을 하느냐 하면 제가 비유를 하는 건데, 수자원공사에서도 좀 중앙이나 본부에 근무하는 것이 아니고, 댐 같은데 가서 그냥 거기서 근무하고 있더라니까요.

댐, 그 다음에 박물관 이런 곳에서 그냥 자기도 개처럼 그냥 우두커니 앉아서 정리하고 있고, 마누라는 저 먼 데 있다. 이번 주말에는 갈까 말까 고민 중이다라고 대답한다.

그런데 의외로 자본주의 사회에서 개 戌자를 좀 잘 쓰는 경우에는, 마찬가지로 寅巳申戌이잖아요. 寅巳申戌이니, 이 개 戌자를 잘 쓰는 사람들은 엄청나게 벌어들여요.

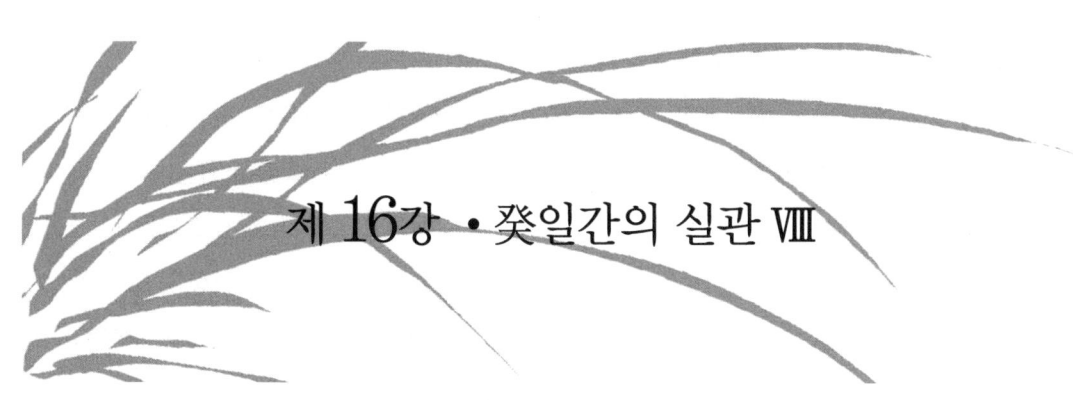

제 16강 · 癸일간의 실관 Ⅷ

癸가 亥를 볼 때

하이라이트! 甲子부터 癸亥까지 달려왔습니다.

癸 – 亥 / 六親

六親상 劫財, 이 안에서 甲木 傷官. 甲木 傷官의 長生 작용을 항상 보셔야겠죠.

癸 – 亥 / 12運星

12運星으로 旺地죠. 癸水가 祿 旺地를 만났다.

癸 – 亥 / 他 六親 12運星

他 六親의 12運星에서 偏財 丁은 胎地에 들어가고, 正財 丙은 絶地에 들어가고, 그 다음에 偏官 己土도 胎地, 그 다음에 正官 戊는 絶地에 들어간다. 즉 財官이 전체적으로 세력이 약한 모양이 되므로 水가 旺한 것 旺者喜泄. 亥중 甲木을 써서 甲 傷官 속성을 그대로 쓰는 것이니 水木傷官은 주로 교육적인 행위가 많고, 그 다음에 창조성이 많이 요구되는 창작요소가 있는 기술, 준역마를 써서 漂流죠. 癸水가 亥水를 만나서 큰물을 만났다 함은 표류 즉, 돌아다니는 거죠. 준驛馬, 驛馬殺에 관련된 것들은 항공, 무역, 건설 그 다음에 영업, 관광 등이 驛馬殺에 써먹는 분야로 활용되는 거죠.

癸 – 亥 / 吉凶

吉凶論에서 보면 드러난 吉兆는 사실은 별로 없죠. 2나 3, 凶兆가 한 7~8 정도로 돌아다니는 모양으로 직업적 성공을 하는 경우는 대체로 준 驛馬들을 써먹는 사람들이 되겠죠. 그 다음에 창작에 관련된 기술인데, 다른 쪽에 傷官이라든지 食傷이 드러나 있으면 문학이나 예술 등, 이런 쪽으로도 많이 넘어갑니다.

癸 – 亥 / 年月日時

年

年에 돼지 亥자가 있으면 대체로 傷官 長生하고 劫財니, 조상 쇠퇴죠. 쇠퇴, 몰락들의 인자로 보면 되는 거죠. 가문적으로 그 혜택이 매우 부족하다.

月

月에 亥자가 있는 경우에 일종의 假傷官格에 거의 준해서 처리하면 됩니다. 물론 傷官格 强弱에 따라서 眞傷官格으로 처리하기도 하는데, 假傷官格으로 이제 亥중에 있는 甲木이 잘 펼쳐질 때 사회적인 번영이 잘 이루어진다.

日

태어난 날은 癸亥가 陰陽差着에 걸리죠. 신상 고독을 잘 만들어 낸다는 거죠. 부부 간에 잘 지내는 경우를 그렇게 많이 보기는 어려운데, 이것이 羊刃보다는 해로움이 좀 덜하긴 하지만 부부 간에 여러 가지 고독성 인자를 가진다.

질문

선생님, 저 陰陽差着에서 陽이나 陰이나 한쪽으로 몰리는 건 이해가 가겠는데 거기서 戊申이나 甲子 이런 거…?

답변

그게 이거죠. 陰陽差着이 12개의 순 중에 들지 못해서 그런 거잖아요.

질문

아니오! 그것은 아는데 그냥 12개의 旬 중에 안 들었기 때문에 단지 이유가 그거인가요?

답변

그렇죠.

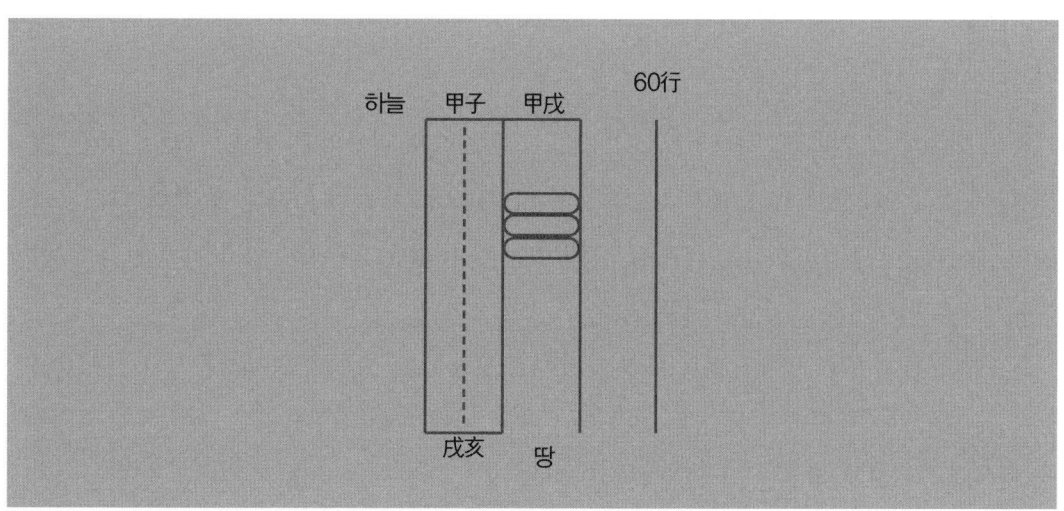

그림 1

크게 보면 15개씩 4단계로 쪼개는데, 이것을 끝에서 만나기에는 戊亥 空亡이 되잖아요. 그래서 여기에 甲戌이 시작되잖아요. 여기 甲子부터 시작해서 쭉 가다가 甲戌, 乙亥해서 이 것이 땅에 있는 것이 하늘을 찾지 못한 것이니까 天空이다.

그러니까 하늘과 짝짓지 못한 거잖아요. 큰 단위에서 땅은 채워졌으나, 하늘이 또 자기 짝을 찾지 못해서 地空이거든요. 그러니까 거의 空亡에 준한다니까요. 空亡이 대운동으로 치면 木운동이잖아요.

질문

지난번에 설명해 주셔서 아는데 저는 戊丙丁 하고 辛壬癸만 걸리니까, 日柱로 봤을 때…?

답변

그렇죠!

질문

그래서 왜 한쪽으로 陰陽이 몰려서 그런 건가, 아니면…?

답변

아니죠. 陰陽이 몰려서 그런 게 아니고 실제로는 60行이 기준이다. 五行이 아니라 陰陽 次序에 의해서 그 기운적인 것이 많고 적음을 그대로 따져 줘야 되는 거죠. 그래서 木이 없다고 하더라도 예를 들어서 壬申이 木운동, 큰 大陰陽으로 보면 木운동 속에 깔려 있는 거죠. 木이 약하지만 다른 곳에 있는 甲寅 順 중에 있는 庚申 같은 경우보다 壬申에 훨씬 木운동이 기본적으로 이루어지고 있다고 보는 거죠.

壬申 日柱가 원래 형태상으로 보면 자식이 드물잖아요. 그런데도 자식을 낳고 있다는 것은 기본적으로 木行이라고 하는 큰 운동성이 八字 내에 뿌려져 있으니, 그런 것들을 참작해서 해석의 수단으로 삼으면 되죠. 일반적으로 그 생긴 모양으로 해도 큰 무리는 없지만, 완전 무자식이냐? 아니면 드물게라도 자식을 두느냐를 기준으로 삼을 때, 큰 어떤 五行의 흐름의

인자가 보조되고 있느냐를 따져 주면 드물게라도 온다는 것들이 예측 가능한 거죠.

時

時에 들어가면 癸亥時가 되죠. 마찬가지로 신상 고독을 그대로 안고 가야 되는데 말년에 人德이 불안해지는 比肩, 劫財에 에워싸여 있으니 人德 불안이다. 그 다음에 癸水가 亥水를 만나면 말년에 떠돌이 신세죠. 떠돌이 格이다. 저한테는 한명도 안 왔다니까요. 癸亥, 癸丑은 많이 왔었어요. 癸亥, 癸丑은 공로격이죠. 癸亥 癸亥는 한 명인가 본 것 같아요. 癸亥一氣格인가도 한명 봤었고, 癸亥는 83年생이죠.

時	日	月	年
癸	癸	癸	癸
亥	亥	亥	亥

그림 2

이 사주는 전부다 癸亥. 이 사람의 직업 분야나 활동분야는 旺者이다. 旺者는 무조건 泄氣를 하는 방향으로 가야 되기 때문에, 亥中에 甲木이 정답이 되는 것이고, 그 활동을 통해서 예능 쪽, 조잡하지 않은 순수 예술이죠. 그 뒤에 연결되는 직업 채널은 교육이다. 시집은 간다? 안 간다?

질문

못 간다. 마음대로….

답변

당연히 시집은 가야죠. 傷官적인 동작이나 행위를 만드는 자식을 낳아야 된다. 자식 생산을 위한 성혼인데, 이 때 파트너의 직업 요소가 굉장히 중요해요. 亥中에 있는 戊土가 남편인데 나를 쳐다보고 있으니 큰물을 쳐다보고 있잖아요. 그래서 亥中 戊土는 일단 天干 地藏干에서 드러나 있는 변화가 작은 조직이죠. 변화가 작은 조직에 있는 남편인데, 그 업무가 무역회사다. 무역회사가 아니면 여대 교수다. 아니면 멀리 발령에 따라 움직이는 공직….

왜냐 하면 무역은 본인이 돌아다녀도 되겠죠. 海運으로 돌아다녀도 되는데 여기서 比劫들이 결국 이 亥中에 있는 戊土가 바라다 볼 때, 거래다. 그래서 다국 간 거래 무역회사다. 運의 간섭이 뭘 좀 더 거들어 주느냐 이것이거든요.

여러분들이 八字를 볼 때 조금 공부가 될 만한…,

時	日	月	年
癸	戊	癸	癸
亥	戌	亥	卯

坤

그림 3

오늘 癸亥가 나왔으니까 이 여인의 직업을 해 보는 거죠. 이것이 癸亥에 대한 解析. 癸亥는 지도를 펼쳤을 때 제일 끝ⓑ 구석에 있는 거죠.

그림 4

이것을 지구본으로 돌리면 ⓐ에서 저 반대편 ⓑ로 가게 되는 거죠. 그러니까 癸亥의 물상을 취하는 것이 구석, 지구 반대편 그 다음에 海中이죠. 바다에 있는 섬, 海中 섬, 하여튼 섬이다. 그래서 이렇게 맨 밑으로 가는데 이 분이 한 20대 후반쯤에 무역회사 쪽에서 근무를 하다가 자기가 독립을 한 거예요. 독립을 한 배경은 印星의 無求, 官星이 있기는 한데, 이게

印星이 구제를 안 해 주잖아요. 印星이 소통을 못 시켜 주니 일정 세월 동안은 했는데, 결국은 이 八字도 어느 역술인에게 가니 '자네 술집이나 하게!' 이렇게 된 거예요.

술집이 어디서 나왔을까요? 어차피 官印 소통은 안 되어 있고, (癸亥) 물을 재물로 삼고, 물이 뭐하고 무리지어 있죠? 官星과 무리지어 있으니, (戊-卯)(亥-卯) 官星, 財星이 무리지어 있으니 수많은 사람을 상대하는 접객성이라 보고, 그 접객의 어떤 테이블이 접객의 시장이잖아요. 財星이라는 것이 물이니 술장사다. 그런데 印星의 소통이 없으므로 실컷 고생하지만 돈은 안 될 것이라고 봐 준거예요. 그래서 실의에 빠져 백포선생님께 간 거예요. 백포선생님이 딱 뭐라고 했느냐 하면, 다중 국가와 무역을 한다. 이래서 정답이죠.

다중 國家와, (癸~亥) 5놈이다. 다중 국가와 결국은 이제 무역업을 할 것이다. 실제로 다중 국가와 무역을 해서 돈을 많이 벌었어요. 그런데 여인으로서 돈을 많이 벌 수 있는 에너지는 陽干으로 亥卯未, 寅午戌 亥卯未 전부 陽 운동으로 펼쳐져 있잖아요. 陽干 요소가 많이 펼쳐져 있다. 卯 官星이 비교적 오래도록 고정적인 거래처를 만들어 주는 거죠.

실제로는 이 돼지 亥자는 재생품을 의미해요. 주로 가장 거래를 많이 하는 것이 일본에 있는 중고기계 있죠. 공장에 있는 중고기계를 수입해서 한국에 랜딩시키는 무역업을 하는데 돈 많이 벌었어요. 제가 현금이 얼마나 있냐고 물어 보지는 않았지만 최근에 환율 때문에 저 부두에 몇 개 있다고 하더라고요. 저한테도 왔었죠. 와서 뭐라고 해 줬냐면 접객성 사업 아니면 다중국가와 무역이다. 이렇게 써주면서

"둘 중에 하나만 찍어 보이소. 관상을 보자마자 당신은 무역이다. 그런데 관상을 사실 안 봐야 명리가 되잖아요. 관상으로 커닝을 하면 안 되니까."

순수하게 명리적으로 볼 때에는 이것이 官星과 官印 소통이 잘 안 되니까 결국 직장 생활을 하다가 偏財를 쫓아서 활동 무대를 삼고, 財星이 많다는 말은 유통이잖아요. 유통인데 그 떨어진 자리가 癸亥로 구석에 접혀 있으니까, 당신은 물 건너 유통이니 무역인데, 한 군데와 짝을 짓는 게 아니잖아요. 이렇게 멀티풀이잖아요. 그러니 다중 국가와의 무역이거나 아니면 이사람 저사람 왔다 갔다 하는 시장 골목이 모여 있는 곳, 즉 로터리에서 접객성 사업을 한다. 그렇게 해놓고 그 중에서 어느 게 자기한테 더 맞느냐고 물어서, 관상으로 커닝을 해서 지금까지도 저희 집에 자주 한번씩 오신다.

이 癸亥라고 하는 인자가 官星 거꾸로 뒤집어 놓으면 되잖아요. 이 戊 日柱가 이것을 봤

을 때 다중국가와 무역이었다면, 마찬가지로 남편의 자리에서 봤을 때 무역, 해운이 저절로 유추될 수 있다는 거죠. 이것을 해석을 못 해가지고 절절 맨 거예요. 그래서 "선생님 우리 딸은 여자인데, 四柱 보러 가면 똑같은 글자가 여러 개 있다, 이 말만 하고 왜 말을 잘 안 해줍니까?" 이러는 거예요. 저런 八字가 오더라도 쫄 필요 없다는 거죠. 이렇게 관법을 쭉 유추해 나가는 원리만 알면….

실제로 예중을 갔어요. 지금쯤이면 아마 예술전공으로 아마 학교를 졸업했겠죠. 癸甲乙丙丁戊己이니 졸업하고 대학원 다니고 있겠네요. 대학원 다니고 하면 마땅하고 안정된 직장이 戊子 己丑年까지 잘 안 나오잖아요. 官星의 세력이 안정되지 못하고. 파트 타임을 하고 있겠죠. 子丑이 空亡이잖아요. 그래서 대학원에 걸쳐 놓고 뭘 이렇게 하고 있을 것이다라고 봐야 되는데, 이제 저런 八字들이 이런 모양으로 오면 해석이 껄끄럽다니까요.

時	日	月	年
癸	癸	癸	癸
亥	亥	亥	亥

그림 5

대학은 여대를 갔죠. 물론 예술 분야가 比劫이 많이 모여 있는 자리이기는 하지만 같은 동성들이 많이 모여 있는 곳이 여대인데 假傷官이라도, 成格은 아니더라도 成格에 준하는 모양을 갖추어 있잖아요. 그러니까 成格은 학교 배지만 본다면 서울 연·고대 다니고 일반적으로 전공과 차이는 있지만 이 경우에는 이화여대. 그런 것을 여러분들이 자꾸 유추하는 훈련을 해야 된다는 거죠. 그래 가지고 첫사랑에 실패한다? 안 한다?

학생
반드시 실패한다.

답변
그거는 답이 자동이죠. 실패하고 庚寅年에 寅 亡身, 그 다음 卯 天乙貴人, 食神에 사랑에

쏙 빠지게 되어 있죠. 그 때에 나이가 서른을 넘지 않았기 때문에 결혼을 권해야 된다? 말아야 된다?

학생
일단 한번 해 보고 결정한다.

답변
일단 한번 해보고, 갔다 와서 뒤에 이런 직업의 남편을 쫓아야 된다^^! 그런데 일반적인 남편의 조건을 자꾸 찾으려고 하겠죠.

질문
선생님 일반적으로 저런 아가씨의 특징이 어디에 있습니까?

답변
글쎄요. 그것은 어렸을 때 엄마가 근심스러운 얼굴로 제게 물으러 왔거든요. 그러니까 그 때 10년 전쯤 되니까 16살이겠죠. 다른데 가니까 글자가 많으니 극단적으로 나쁘다가 훨씬 많았겠죠. 순 比劫 투성이니까 일단 확률이 높은 쪽으로 때려 놨겠죠. 그런데 제가 특이하다는 말을 전혀 하지 않고, 이 친구는 아마 예능 분야에 이런 일을 해서 이런 직업을 할 것이다, 배우자는 이런 직업의 특성의 인연이 많다, 무슨 띠의 남편이 좋다라고 하니까
"선생님 우리 딸이 좀 특이한 八字 아니에요?"
라고 도로 확인하는 거예요. 남들이 보면 특이하다고 하면서. 속으로는 사실 癸亥一氣 처음 봤는데 뜨끔하죠.

질문
戊辰 大運에 어떤 일이, 현상이 일어나요? 戊辰大運이 온다면.

답변

戊辰 大運이 온다면 戊辰 大運에서 官星이 官星을 이렇게 爭合을 하죠. 그런데 陰 大運이잖아요. 그러니까 자기가 학교 제도권 조직에 자리를 잡아보려 애를 쓰다가 잘 안되고, 결국은 코너를 지킨다. 코너에서 교육을 한다.

癸 – 亥 / 運의 해석

癸가 大運 亥를 만나면 보통 관련된 일은 대체로 번성한다는 거죠. 傷官에 관련된 일은 기술이라든지 교육이라든지, 창작적인 것에는 대체로 상승하는데 사회적인 보상은 흡족하지 못하다. 잘 망하지도 않고 잘 흥하지도 않는 이유는 傷官이라는 것으로 어느 한쪽으로 쏠려 있기 때문이다. 기운적으로 사람이 初志一貫을 해 나가는 데에 있어서 방향성의 흐트러짐이 적으면 비교적 그것을 통한 기본적인 보상은 이룩할 수 있는 거죠. 그러나 亥卯未의 속성 때문에 富貴貧賤의 교환은 더디다.

歲運에서는 劫財의 일반적인 부담, 희생들이 지속적으로 쭉 따라다니는 歲運적으로 보통 새 일 가담을 주로 많이 하는데, 이 새 일 가담을 傷官 때문에 하죠. 새 일 가담을 하는데 이게 子年, 丑年까지 여러 가지 규모에 따른 부담이나 현금 유동성 부담을 조장하게 된다. 간혹 식구 발전의 인자로 봐서 결혼 같은 것을 하는 사람들 있죠. 癸水 자체가 원래는 굉장히 행동적으로 적극적이지 않다가 亥水가 와서 旺하면서 水의 운동을 제대로 열어 놓으니 식구 발전의 뜻을 따라서 결혼을 하는 경우도 있더라 하는 거죠.

癸 – 亥 / 男女

남자는 陰陽이 섞여있죠. 陰 운동, 陽 운동이 섞여 있으므로 일반적인 수준의 번영 발전이다. 그런데 인덕은 어차피 고달프겠죠. 여인도 마찬가지로 활동에 따른 작은 보상은 이루어지지만, 인덕은 평균적인 수준이다.

癸 – 亥 / 綜合

그래서 종합적으로 봐서 보통 직업이나 일에 관해서는 활동력이 강하게 펼쳐지지만 사회적인 보상 또, 인간관계의 여러 가지 현실적인 이익 차원에서 본다면 큰 실속이 별로 없는 모양이 되는 거죠. 그래서 연결고리가 그렇게 어렵지는 않죠.

이제 이때까지 쭉 각 일간마다 地支와의 관계 속에서 일반론적인 해석을 해 왔습니다. 다른 六親에 의해서 이미 조성되고 제한되는 이런 것들을 쭈욱 살펴봤는데….

時	日	月	年
癸	戊	癸	癸
亥	戌	亥	卯

그림 6

자꾸 읽어보면서 훈련을 하면 어떤 八字가 왔을 때 戊가 戌을 보고, 亥보고, 卯보고, 亥보고…. 저 글자만으로도 직업적인 환경은 무엇, 무엇, 무엇 이렇게 제한할 수 있다는 거죠.

그것을 주로 젊은 날의 직업 분야를 年月에, 중년에 새로운 모양으로 변신될 것이나 간섭 받는 인자를 태어난 날과 時에 그것을 가지고 보면 돼요.

그래서 일종의 强弱論이 아니라 구조주의에 의해서 해석을 하는 거죠. 구조론적인 四柱 해석법이 되는데 저 八字에 일반적으로 强弱論으로 본다면 이 사람이 다중국가와 무역 사업 하는 것까지는 안다 하더라도 성공하겠다 안 하겠다 可否를 알 수가 없잖아요. 그러면 계속 잘 해올 수 있는, 책대로 하면 財多身弱에 用印 格이죠. 財多身弱 用印格에 戊中 丁火를 用하고 木火 運을 반긴다. 이래서 사인하고, 木火運에 오히려 戊寅 같으면 98年度죠. 이런 해에는 오히려 官災口舌에 시달렸거든요. 그래서 일 자체는 일정 수준을 유지했지만 그 좋다는 木運에 오히려 재물 쪽으로 官災나 口舌에 시달려서 어려움을 겪었기 때문에 저런 强弱論을 무조건 배제하는 것이 아니라 실제 그 사람의 삶에 일어나는 현상을 모두 해석해 내는 수단으로 저것을 위주로 삼아서는 안 된다는 거죠.

그러면 寅年이 안 좋았으면, 强弱으로 봐도 卯年은 같이 안 좋아야 되잖아요. 그러면 木이 꺼리는 字라면… 卯年은 좋았거든요. 또 오히려 큰 거래처를 확보해서 좋은 일이 많이 생겼어요.

　구조적인 이해를 너무 구조에 머물러 있다 보면 가끔 五行적인 中和를 놓쳐서 건강 등을 놓치는 수가 많아요. 저 八字가 돈이 많이 들어오면 건강이 무너지겠죠. 건강이 强弱으로 치면 財多身弱은 분명히 財多身弱이잖아요. 財가 많아서 財多身弱인데 財多身弱도 수 천, 수백개의 패턴이죠. 財多 身弱이라도 그것이 五行적인 세력을 가지고 있는 잘생긴 장애라고 해야 된다. 財가 잘생기든 官이 잘생기든 뭐든 잘생긴 안정된 모양새의 시장으로 뛰어가야 결국은 자기가 보상을 많이 받게 되는데, 이게 전부 금전적인 성취로 연결이 되었다. 상당히 많은 재산을 모으면 身弱의 어떤 해로움이 생기겠죠. 그런데 현대인들은 어지간한 돈 가지고는 病에 안 걸려요.

　분명히 옛날에는 財多身弱에 재물이 너무 많으면 몸이 약해진다가 맞거든요. 그런데 자본주의 사회의 속성상 돈이 어지간히 많아도 몸이 손상되지는 않더라. 그래서 정신과적으로 돌아이 짓을 하는 것은 있어도, 돈이 많아서 무조건 몸이 상한다는 건 아니더라 하는 거죠.

　대단원에 우리가 이 日柱와 地支와의 관계는 정리를 많이 해봤는데요. 사례를 좀 많이 넣느냐, 적게 넣느냐 그 차이니까 한 달 정도면 충분히 정리가 됩니다. 그러니까, 그 부분은 가능하면 여러분이 빠지지 마시고, 굉장히 그 해석에서 중요한 논리 논법이 들어갈 것이니 이런 부분은 충분히 유추를 해도 가능한데, 뒤의 관계론은 실제 수업을 들어 놓으시는 것이 도움이 많이 될 겁니다.

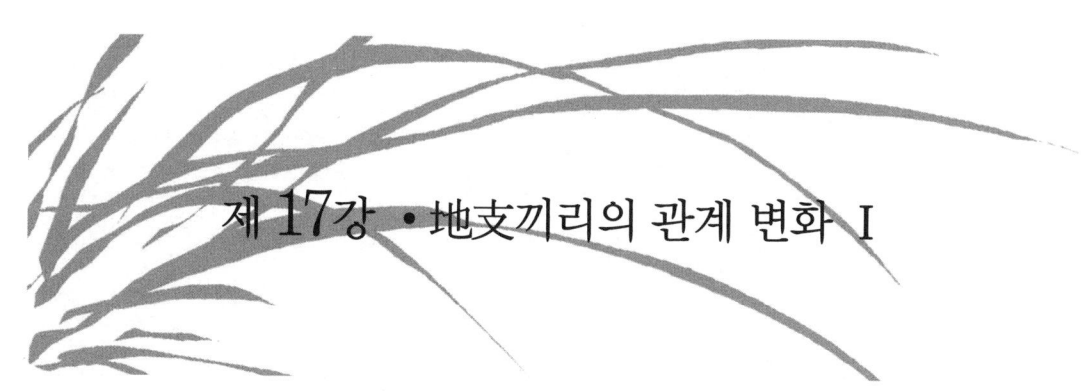

제17강 · 地支끼리의 관계 변화 Ⅰ

地支끼리의 관계변화!

地支대 地支죠. 여러분들이 실제로 四柱 해석을 해 나갈 때 제일 헷갈리는 것이 八字 內에 地支와 地支끼리의 관계이고 그 다음에 八字 內 地支와, 運에서 오는 地支가 어떤 상호작용을 일으킬 것이냐? 이런 것을 쭉 한번 정리해 보시면 해석이 훨씬 더 편해질 겁니다.

두 개 이상의 것을 해석해 나갈 때, 두 개 이상이라는 것은 八字 內의 地支는 기본적으로 4개잖아요. 大運에서 오는 것 하나, 歲運에서 기본적으로 天干 地支까지 다 따진다면 2개가 되겠죠. 大運도 天干을 포함하면 두 개가 되겠죠.

운을 해석해 나갈 때 八字 內의 地支하고 大運에 있는 글자와 歲運에 있는 글자가 어지럽게 놓이기 시작하면 모르겠다가 되죠. 그것을 여러분들이 머릿속에 잘 정리를 해 두고 분류를 해 두면 수월한데 地支끼리의 변화를 가로 세로로 쭉 한번 봅시다.

子丑寅卯戌亥 제일 간단한 合, 沖, 刑, 破가 되겠죠. 이것을 고정된 八字 內에 있는 것으로 보자는 겁니다. 그 다음에 運에서 왔을 때 地支대 地支하고, 두 글자만 비교할 때 다 쓰면 보기 좋은데 두 가지로 하겠습니다.

운세 \ 원명	子	丑	寅	卯	辰	巳	午	未	申	酉	戌	亥
子	刑	六合	隔角	刑	三合		冲	怨嗔	合	破	隔角	
丑	六合			隔角	破	三合	怨嗔	冲		三合	刑	隔角
寅	隔角				隔角	刑	三合	鬼門	冲	怨嗔	三合	六合
卯	刑	隔角			害	隔角	破	三合	怨嗔	冲	六合	三合
辰	三合	破	隔角	害			隔角		三合	六合	冲	怨嗔
巳		三合	刑	隔角				隔角	六合.刑	三合	怨嗔	冲
午	冲	怨嗔	三合	破				六合	隔角		三合	
未	怨嗔	冲	怨嗔	三合		隔角	六合			隔角	刑	三合
申	三合		冲	怨嗔	三合	六合.刑	隔角				隔角	害
酉	破	三合	怨嗔	冲	六合	三合		隔角		刑	害	隔角
戌	隔角	刑	三合	六合	冲	怨嗔	三合	刑	隔角	害		
亥		隔角	六合	三合	怨嗔	冲		三合	害	隔角		刑

그림 1 地支 대 地支 표

時	日	月	年
丑	子	卯	

그림 2

　　실제로 실관을 할 때 八字 內에 地支 구성이 (그림2)처럼 卯子丑으로 되어 있을 때, 子라고 하는 運이 왔을 때 어떻게 작용할 것이냐? 같은 동일치가 있을 때는 일종의 자형작용이 들어오죠. 자형작용이 항상 발생하는데 미세하냐, 강하냐의 차이만 있을 뿐이고 또 충동, 冲해서 움직이는 것과 조금 양상이 다르지만 역동, 움직이게 한다는 겁니다. 가만히 있지 않고 움직이게 한다는 측면에서 일종의 형 작용도 되고, 충 작용도 되죠. 아무튼 八字 안에 子가 있는 데 子가 왔으면, 子의 작용력을 자극하거나 최대한으로 발휘할 수 있도록 충동하게 된다. 그래서 기존에 있던 子가 움직이는 효과가 발생하고 運에서 대체하는 효과가 발생하기도 한다는 겁니다.

時	日	月	年
	戊		
丑	子	卯	

그림 3

만약에 子가 財星이라면 같은 동일자가 왔을 때, 배우자가 없는 사람은 財星을 채우는 효과가 발생하고, 기존에 배우자가 있는 사람은 처의 역할을 새로 만들어 주는 작용이 오는 데, 간혹 이런 사람도 있습니다. 大運의 작용에 의해서 밀어 내고 새로 채워 넣는 그런 작용이 발생하기도 합니다. 어쨌든 신생한다. 리메이크 아니면 신생이라고 보시면 됩니다.

질문
똑같은 글자가 오면 다 그렇습니까?

답변
똑같은 글자가 오면 일단 그렇게 작용한다고 보시면 됩니다.

질문
밀어내고 대체합니까?

답변
아니 밀어내고 대체하는 것이 아니고, 기존에 있는 것을 역동적으로 움직이게 한다는 겁니다.

질문
未大運이면 옛날 것을 집어넣고 戊子年에 새로 볼 수도 있겠네요?

답변

그렇죠. 보통 子 글자 오기 바로 직전에 子의 자리가 완전히 훼손되어 있는 경우가 대부분이죠. 그러니까 子라는 것에서 子를 생겨남, 있음으로 보는 거죠. 있음 전의 상태는 없음이다. 돼지한테 자기 한 글자 앞의 상태는 항상 亡身이죠. 天殺이죠. 天殺이란 땅에 없다는 겁니다. 그래서 이 돼지 亥자에 없음의 모양이나 훼손된 모양을 하고 있다가 子가 와서 자기 역할을 새로 만든다고 보는 겁니다. 그래서 일반적으로 亥를 지나오면서 子가 많이 손상 되었거나 그 역할이 많이 왜곡됐다, 이렇게 보면 되죠.

그런데 그것을 子年에 들어와서 다시 바로잡아 준다고 보시면 됩니다. 예를 들어서 배우자가 없다면 없는 사람은 채워주는 작용, 있는 사람은 亥쯤에 그 역할과 기능이 많이 훼손되어 있다가 子가 와서 새로 자기역할을 하게 되고, 그 다음에 大運의 간섭이 부부 궁이 굉장히 불안하다 이럴 경우에는 다시 밀어내고 새로 대체해 넣는 이런 작용이다.

그러니까 해석을 한다면 세 가지 정도가 되죠. 없는 사람은 있게, 있는 사람도 비실비실하던 것을 다시 바로잡고, 그리고 큰 흐름이 좋지 못할 때는 도저히 너는 안 되겠다. 그러니까 부품이 닳았다는 거죠. 돼지 亥자쯤에 부품이 닳았으니 빼내고 새로 똑같은 것으로 끼워 넣는 거죠. 이해되시죠? 그러니까 그 글자 앞의 글자가 결국은 뒤의 글자를 훼손시킨다. 亡身이라는 게 원래 그 뜻이죠. 그래서 일종의 自形작용에 대한 해석을 여러분들은 이렇게 세 가지 정도로 해 주면 됩니다.

질문

자기 여자 놔 두고 애인하고 잘 수도 있네요?

답변

당연하죠. 신상품으로 대체하려는 동작이나 작용이 이루어지기 때문에 그런 식으로, 아무튼 子의 원래 기운이나 작용을 복원시키려고 하고, 채워서 메우려고 하는 동작이 일어나는데 조건 따라 다른 겁니다. 비어 있는 것은 채우고, 이미 들어차 있는데 역할을 제대로 못하는 것은 대체하고, 아니면 원래 있던 것을 제대로 되돌리는 이런 식의 작용이 이루어지죠.

刑의 작용이라는 것 자체가 그 용도나 목적을 제대로 채울 수 있도록 뭔가 수선, 고침 이런 뜻이잖아요. 그래서 같은 글자가 같은 글자를 볼 때 항상 리메이크 작용이 있다라고 보시면 됩니다.

질문

辰이 辰을 봐도 그렇습니까?

답변

당연하죠. 그 중에서 아예 고정적으로 이것은 필시 그 작용이 눈에 현격한 게 自刑이잖아요. 辰午酉亥는 뚜렷하게 그 작용이 있더라. 이렇게 해서 아예 별도로 辰이 辰을 보고 酉가 酉를 보고 이것을 다 별도로 빼 놓았죠. 그런데 다른 글자들끼리도 일종의 自形 작용이죠. 그러니까 나사가 메우고 있었는데 나사가 손상되었다. 언제? 이것이 子인데, 子라고 하는 나사인데 亥年에 亥亡身을 만나서 한 바퀴 돈 거잖아요.

子~亥에서 亥에 이르니까 결국 태어나기 전의 상태로 자기 모양을 제대로 간직하지 못한 상태로 영향을 받아서, 이때 자기 글자의 모양새나 역할이 많이 왜곡되어 버린다는 겁니다. 이것이 뭐냐 하면 다시 子가 오면 이런 식으로 빼서 새로 끼우든지, 아니면 있는 것을 탁탁 쳐서 바로잡든지, 원래 비어 있는 사람은 채워 넣어 주겠죠. 그런 식의 개보수의 동작이나 작용이 이루어지기 때문에 일종의 自刑 작용이 발생한다.

같은 글자끼리 만나서 자형을 이루는 것은 다 공짜로 먹는 겁니다. 자형, 자형, 자형, 자형, 내려가면 자형이죠. 자형 작용이 기본적으로 발생한다. 八字에 있는 丑에 子가 오면 당연히 合을 하는 것이고, 合의 결과물 子丑합은 흔히들 土가 된다. 이렇게 이야기하지만 五行的으로 土의 형태를 가지고 있다 하더라도 궁극은 生寅, 범을 낳는 작용을 돕는다는 거죠.

寅을 낳기 위한 전초 작용이니까, 丑이 있는데 子가 와서 合을 하면 뒤에 生寅을 위한 준비요소가 발생한다. 그런데 그것이 뭐냐 하면 시간적으로 子丑의 결합과 함께 바로 되는 것이 아니고, 시간이 쭉 빠져서 子年의 끝부분 가까이 가서야 寅을 위한 발판이 확고해지는 거죠. 남들에게 드러나지 않는 재물의 축적, 이런 것을 이룰 때 이런 작용이 오거든요.

時	日	月	年
	辛		
丑	寅		

子

그림 4

예를 들어서 그림4)처럼 辛日柱가 丑이 있고 寅이 있는데, 이런 모양을 갖추고 있을 때 子가 들어왔다면 기본적으로 형태상 범 寅字에 대해서 隔角을 하고 있죠. 결국은 丑에 합을 하잖아요. 沖合生의 순서는 아시죠? 제일 먼저 地支가 여러 개 있을 때 沖할 것이 있으면 沖하고, 합할 것이 있으면 합하고 그 다음에 沖合의 조건이 채워졌다 하더라도 궁극은 五行的인 상생이거든요. 궁극적으로 어떻게 치고박고 하더라도 결국 겨울은 봄을 낳는 동작으로 간다는 겁니다. 五行的으로 바꾸어서 水生木이 되는 거죠. 겨울은 결국 봄을 낳는데 子가 와서 그 사람마다 타고난 기질의 인자마다 작용의 순서가 다르겠죠. 이 경우는 子의 작용이 오면 丑에 합을 해서 꾸준히 寅을 궁극적으로 돕는 과정으로 간다.

이때 子는 뭐하고 있느냐 하면 조각난 돈을 계속 적금을 붓든 곗돈을 붓든 돈을 모아 나가는 쪽으로 방향을 잡아서 丑年 쯤 이르면 밖으로 드러내기에는 미숙의 상태지만, 丑年이 왔다면 아직 寅의 모양이 다 갖춰진 것은 아니죠. 예비단계의 寅이 丑이 되면서부터 갖춰지기 시작하는 겁니다. 그러나 寅의 주도나 대세는 아니다. 丑의 끝부분에 가면 거의 寅의 모양이 만들어지겠죠. 子丑寅이 서로 쭉 연결된 것으로 보면 되겠죠. 寅의 모양을 다시 되찾게 해주는 작용이 오는데, 이렇게 앞 글자가 있다는 것은 뒤에 해 보시면 알지만 외부의 충격을 그대로 완충시켜서 자기 것으로 끌어 당기는 작용을 합니다.

그것이 『첩경』에 보면 '前引後從', 이런 말이 나와요. 앞에서 잡아 당기고 뒤에서 따라와 붙어주는 일종의 무리짓는 거죠.

뒤에 가면 丑寅卯도 하나의 군단이라는 게 눈에 저절로 보이겠죠. 전인후종 寅을 놓고 보면 子가 와도 隔角하지 아니하고, 丑과 합으로서 寅을 밀어주기 위한 힘을 받쳐주게 되죠. 그러니까 丑이 와서 丑에서 子가 붙어줘서 결국 寅을 돕는 작용이 되고, 뒤에 寅을 억제하는 인자들이 오더라도 억제하는 인자는 반대편에 있는 申 이런 거죠. 丑寅卯가 서로 무리지어서 작용을 못하게 하거든요.

庚金이 丑에 入庫하잖아요. 그럼으로써 丑寅卯 글자가 하나의 강력한 그룹을 형성하는 것 중에 편향성이 심한 것을 따로 方合과 별도로 붙여놓은 겁니다. 물론 이 방합도 굉장히 강해요. 丑寅卯 자리는 金이 꺾이는 자리인데, 寅卯辰은 木이 旺하다는 것의 기운적인 결합이고, 丑寅卯는 金이 絕地에 이르죠. 金의 기운이 가장 쇠락해 있는 공간으로 이것이 하나의 더 강력한 무리가 된다는 겁니다.

그래서 아무튼 丑에 子가 왔을 때 合을 하면 合에 의해서 서로 잘 움직이지 못하는 작용이 이루어지는 것은 기본이고, 결국은 生寅을 위한 과정이 됩니다. 그 다음에 八字 內에 寅이 있는데 丑이 없는 寅일 때는 말 그대로 隔角이죠. 隔角의 해로움이라는 것이 자기 모양으로서의 역할을 다하지 못하게 목을 죈다는 말이죠. 그 다음에 역할을 하려고 하면 隔角의 개념에서 빌려온 것이다. 子하고 寅이 하나의 샘플이라면 隔角이 발생하죠. 결국 사회적인 운동성이 무엇이 더 대세입니까? 申子辰을 수시로, 子는 휴대폰의 단축키가 申하고 辰에 붙어 있죠. 1번을 꾹 누르면 申, 2번을 꾹 누르면 辰이죠.

申子辰의 무리들이 뭐냐면 寅의 사회적인 활동력이나 역할을, 존재가 사라지는 것이 아닙니다. 隔角이라는 말이 존재가 사라지게 하는 것이 아니고 역할을 극도로 코너에 몰아놓았다. 코너에 몰려 있다로 이해를 하시면 됩니다. 그래서 코너에 몰려 있는 놈을 내가 끌고 와서 쓴다는 말은 빌려서 쓴다. 꿔다놓은 보릿자루죠. 꿔다 놓은 것이다. 구석에 몰려있는 것을 가운데로 가져와서 쓴다는 말은 빌려서 쓴다. 그래서 寅이 불안, 동요하게 되겠죠.

그 다음에 역할 부진이다. 卯에 오면 기본적으로 刑은 아시죠? 子卯刑이죠. 보통 刑은 밖으로 드러나는 것이 아니고 내부적인 수술을 상징하죠. 어린 것과 미세한 것을 의미하고 卯도 나머지 辰巳午未申 이렇게 외형적으로 모양을 많이 드러낸 것이 아니고, 子丑寅卯 陽의 4단계에서 막 삐져나온 거잖아요. 子丑寅까지는 1陽, 2陽, 3陽, 卯에 이르러서는 밖으로 새싹이 솟아난 겁니다. 솟아난 새싹이 어린 상태라는 겁니다. 아직 丸의 상태다. 子卯라고 하는 것은 아주 가늘고 미세한 것으로 세균, 바이러스죠.

바이러스인 子하고 卯, 어린 것과 뭔가 정밀한 조작을 했다는 겁니다. 정밀한 조작을 했다는 것이 의료적인 행위가 가해지기는 했지만, 외부적으로 눈에 뜨이는 큰 유형의 수술이 아니라 아주 정밀하고 세세한 것의 조작을 통한 것이다. 형태상 드러나지 않더라도 저런 형의 작용이 발생함으로써, 卯가 刑은 보통 책에서 나빠진다고 하는 겁니다. 卯 글자를 중요하게 쓰는 경우에는 솟아난 싹에게 뭔가 압력을 가해서 조작하는 것이니까 나빠진다라고 해석하지만, 궁극은 서로의 용도를 채운다고 했죠. 공존의 조건을 채우기 위한 조작이 이루어지는 것이니까 더 좋아지기 위한 과정이다. 그래서 이것을 소중히 쓰느냐, 못쓰느냐에 따라서 吉凶을 따지겠죠. 자기한테 卯가 굉장히 중요한 글자라면 일순간은 나빠졌다가 뒤에 회복될 것이다. 그 다음에 나쁜 글자면 일순간 좋아졌다가 다시 여러 가지 고충이 발생하기 시작한다. 이렇게 보면 됩니다.

辰에 가서 三合이 이루어지는데 八字에 辰이 무엇으로 쓰이느냐에 따라서 해석이 많습니다. 辰이 財星이면 뭐냐면 辰이 土로서의 작용력을 허물어버리고 가장 五行的으로 반대편 요소로 가버리니까, 辰을 財星으로 쓰는 사람을 봤는데 거의 얼반 죽습니다.

그림 5

그림 5-1

그림5)와 그림5-1)에서처럼 甲이 辰, 乙이 辰을 쓰고 있는 경우에 보통 남자들이 조직사회에 가지 않고 자기 사업을 구할 때는 종합적인 것을 다루는 곳이고, 土를 다루는 곳은 건축이겠죠. 건축이나 건설에 子가 들러붙어서, 子가 印星이잖아요. 돈을 받을 수 있는 현금이 아니라 어음 쪼가리, 수표 쪼가리 이런 것만 들고 있는 거죠.

"받을게 얼만데…." 이러면서

"선생님 이걸 돈으로 바꾸면 올게요."

하는데 애석하게도 子 다음에 뭡니까? 丑 다음에 寅, 다음에 卯, 辰, 다음에 巳 지금까지는 생생하게 버티는 사람이 있었는데, 乙에 未를 쓰는 사람 乙卯에, 건축업계인데 未를 쓰는데 未는 언제 무너집니까?

丑이 오면 무너지죠. 아직은 생글생글 웃으면서 열심히 하면 된다 하는데, 열심히 해라! 丑年에 서서히 눈탱이 맞고 寅卯에 또 한번 눈탱이 맞겠죠. 그래서 辰은 子에 무너지더라.

時	日	月	年
	乙		
	卯	未	

그림 6

未는 卯에 무너진다 아시겠죠. 그래서 辰을 소중히 쓰느냐? 쓰지 않느냐?

여자들도 작년 戊子年에 壬辰日柱 대부분 다 그 사람들 八字 패턴 차이는 있지만 서방이 감옥가고, 바람피우고, 이러는 것이 전부다 比劫이 土의 작용을 허물어 버리니까, 壬辰日柱가 子年을 만나니까 남편의 역할이 크게 훼손되고 있더라.

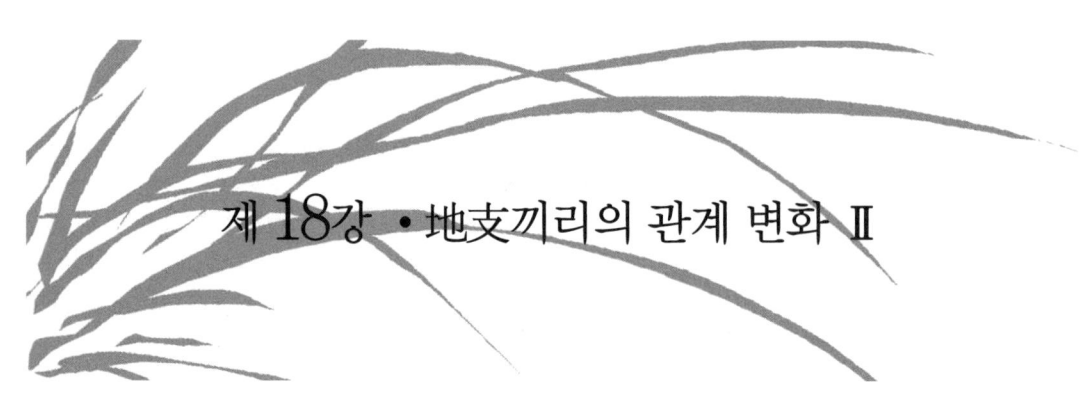

제 18강 · 地支끼리의 관계 변화 Ⅱ

　　그 다음에 子에서 巳를 만나는 경우는 비교적 간섭이 적은 경우죠. 神殺의 간섭이 별로 없는 겁니다. 일반적으로 五行强弱만 따지면 되겠죠, 巳가 火가 되고 子가 水가 되어서 巳火의 활동력이 어느 정도 위축되어 있는 모양으로, 五行强弱만 따져 줘도 상관없다는 겁니다.

　　물론 元嗔도 陰陽으로 쪼개서 보는 경우에는 子하고 巳에 元嗔 작용에 의해서 위축되는데, 꼭 그렇게 설명을 안 붙이더라도 위축은 되겠죠. 그 다음에 子午相冲은 말 그대로 冲의 작용에 의해서 깨어지기도 하고, 다시 再生成 되기도 한다. 冲의 일반적인 작용을 붙이면 됩니다.

　　未는 고정적 元嗔이 붙어있죠. 그러면서 未가 자기 모양의 기본적 기능이 완전히 없어지는 것은 아니지만, 그 꼴이나 숫자가 크게 왜곡된다는 겁니다. 예를 들어서 乙日柱가 未 偏財를 바라보고 이것을 무엇으로 쓰냐 하면 잡화 유통이죠. 왜 雜자입니까? 기본적으로 辰戌丑未에 쫙 벌어져 있잖아요. 陰이 2개고 陽이 4개로 巳, 午, 未에 모양이 다 벌어져 있어서 잡화 유통인데, 평상시에 몇 가지 품목을 했다? 상수적으로 접근하는 것은 여러 가지가 있지만 선천, 후천수를 다해서 8개라 칩시다. 子年을 만나면 시장이나 무대가 위축되거나 그 숫자가 줄어든다. 그래서 8품목 장사를 하다가 6품목이나 5품목으로 줄였다. 그렇죠?

　　壬日柱가 未를 官으로 쓰고 있는데, 子가 와서 未를 왜곡하면 꼴이 훼손된다. 꼴이 훼손되었으니 남편으로서의 역할을 제대로 못 하게 되는 여러 가지 상황이 생기겠죠.

그것이 뭐냐 하면 子라고 하는 것이 같이 믹스되어서. 子가 劫財죠. 劫財가 와서 훼손시키는데 2가지 형태로 드러나죠. 보통 남편의 사회활동에 관해서 혼란을 주는 경우, 아니면 남편이 남의 여자를 쳐다봐서 남편 고유의 역할이나 꼴을 못 지키는 경우죠.

時	日	月	年
	壬		
		未	子

그림 1

八字 자체에 未를 官으로 쓰고 있는데 子가 이렇게 있다. 劫財가 이렇게 드러나 있다면 여기서 이 관계도 바로 해석이 가능하죠. 무늬는 1등 남편인데 내용은 1등 남편이 아니다. 함량미달이라는 거죠. 마트의 상품을 보면 똑같은 크래커가 600원이라면 마트 할인가 450원 해놓고, 다시 자세히 봉지를 보면 300g 넣어야 되는데 280g이나 240g 들어 있죠. 봉지는 똑같다는 거죠. 맛있는 무슨 콘 해서 알고 보니 함량미달이었다. 그런 작용을 未가 하는데 子가 왔을 때 한다. 元嗔의 작용을 그대로 해석하면 됩니다.

子가 왔을 때 申을 만나면 十二運星상으로 病死地에 들어가죠. 申金이 子를 만나서 庚이 死하는 것과 똑같죠. 더 나아가서 조금 더 확장하면 기능정지라고도 봅니다.

時	日	月	年
	丙		
	申		

子年

그림 2

丙日柱에 申에 子年을 만났다면 偏財라고 하는 것이 활동무대도 되고, 소통도 되고, 여러 가지 금전적인 상황을 의미하죠. 그것이 子年부로 즉, 자기가 들고 있던 현금을 소통할 수 있는 능력을, 子年에 새로운 일을 만들겠죠.

合에 의한 작용이잖아요. 당연히 合에 의한 생성, 이것은 설명을 안 해도 아시겠죠? 合에 의해서 그동안 있던 돈을 다 집어 넣어서 폼 나는 집을 짓든, 가게를 짓든, 하더라는 겁니다. 子는 밖에 에워싸고 있는 거죠.

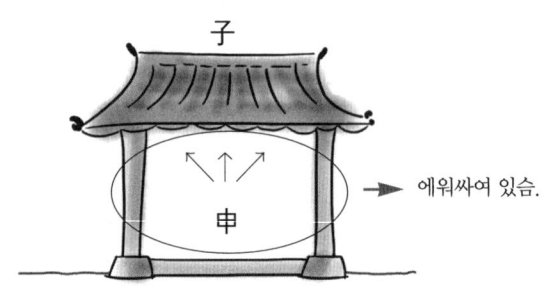

子

申

→ 에워싸여 있슴.

그림 3

申은 전부 다 현금유동성은 손상되더라는 겁니다. 집짓는데 돈 다 썼다 이거죠. 그래서 현금유동성이 크게 약화되어 버렸다, 또는 기능이 정지되어 버렸다. 있는 돈 없는 돈 다 끌어 썼다, 이렇게 보는 거죠.

子酉는 기본적으로 破가 되는데, 破는 원래 대세는 子인데 酉가 天干으로 옮기면 辛이 되죠. 辛이 되어서 長生으로 酉 글자의 작용을 밖으로 쭉 늘려 주는 작용, 확장시켜 주는 작용이죠. 그래서 이 경우에는 酉가 확장, 보통 이중 작용이 주로 같이 발생합니다.

時	日	月	年
	丁		
	酉		

子

그림 4

丁酉에 子가 왔을 때 偏官으로서의 작용도 만나고, 運에서 해석할 때 酉라고 하는 것은 주로 활동무대죠. 활동무대를 확장시키려고 하는 동작이나 작용인데, 子와 酉 자체의 작용력에 관한 전체적인 해석이 어려우면 子丑寅卯라고 하는 이런 이치나 앞뒤 流年을 보시라는 겁니다. 앞뒤의 流年을 봐서 子의 작용 이후에 大運이 좋다면 달라지지만, 일반적으로 丑寅卯

라고 하는 것이 현금유동성 부담으로 다가오잖아요. 이때 지나치게 확장하거나, 큰 조직과의 관계로 인해서 외형에 손을 가하면, 당장에 문제가 발생하는 것은 아니더라도 丑寅卯를 만나면서 여러 가지로 부담이 발생한다. 그런데 안 할 수도 없다. 破는 주로 하지 않을 수도 없다는 것으로 보면 됩니다.

질문
현실 속에서 破의 작용이 어떻게 드러납니까?

답변
破의 작용이 주로 질병으로 작용하는 경우가 상당히 많습니다. 그런데 이것 하나만을 모든 것의 이유로 끼워 맞추기에 破는 작용력이 미미하기는 하죠. 가만히 두면 될 것을…. 이런 거와 똑같은 거죠. 이 모양을 보세요. 내가 유통업을 하고 있는데, 유통업을 내려 주는 대리점 사업을 하는 사업자죠. 우리는 일종의 대리점 사업자고 이것은 본래 사업자다. 원 사업자다. 원 사업자가 뭐냐 하면 偏官이라는 조건을 제시했죠. 신상품을 더 많이 낼 것이기 때문에 매장을 더 키우라 하는 겁니다. 그래서 안 할 수도 없는데, 해도 크게 재미가 없을 것 같죠. 왜냐하면 항상 運에 와 있는 글자가 우선이거든요. 그래서 偏官을 안 따를 수도 없는 상황에서 할 수 없이 이것을 키운다는 거죠. 키워서 반짝 子年이나 丑年까지 괜찮다가, 寅卯에 그 규모 때문에 시달리게 되는 원인이 이런 子酉破 작용에 의해서 발생하는 겁니다.

그 다음에 戌하고는 隔角이죠. 隔角 작용! 보통 움직이게 한다. 이 경우에는 戌의 다음 글자잖아요. 다음 글자는, 두 칸 다음 글자가 오면 항상 驛馬작용으로 보라고 했죠. 戌이 움직이게 한다. 물론 이 말속에 포함은 되어 있죠. 隔角, 불안, 동요에 포함은 되어 있는데, 대체로 움직이게 한다. 개 戌자가 움직인다. 그 자리에서 움직이지 않는다면 꺾인다고도 볼 수 있습니다. 그래서 그 작용을 꺾어 버리든지, 미끄러져 움직이게 하는 그런 작용으로, 대체로 隔角의 일반적인 작용 중에서 이런 작용이 활발하게 발생한다. 개띠들이 실제로 작년(子年)에 驛馬殺을 만나는 걸 많이 보셨을 겁니다.

時	日	月	年
	己		戊
	亥		戌

그림 5

오늘 보니까 작년에 움직이라고 했는데 안 움직여서, 戊戌生인데 戊子年에 움직이는 것이 좋다고 했는데 베트남으로 안 간다고 버티다가 지금 엄청나게 고전하고 있거든요. 己亥日인데 올해 己丑年이죠. 君臣對坐고 天殺이죠. 지금 주변에서 꼼짝을 못하게 쪼아 붙이고 있는 거죠. 天殺을 만나기 전에 항상 찬스를 주거든요.

天殺이라든지 羊刃, 이런 것이 들어올 때 미리 세금을 떼게 하는 기회를 줍니다. 특히 驛馬殺에 관련된 부분에 그런 것이 많은데 항상 도망갈 수 있는 길을 열어주고, 부부간에도 좀 떨어져 사는 것이 좋다 이렇게 하잖아요. 그러면 여자 八字에서 남편 자리가 멀어지려고 하면, 우연이라도 남편이 멀리 갈 수 있는 기회가 오게 되는 거죠. 그런데 얻어터지려고 하면 끝까지 안 가고 버티다가 얻어터질 거 다 얻어터지는 거죠.

이 경우도 그 케이스와 비슷한데 작년(戊子年)에 이 戊자가 隔角이죠. 동요시키니까 '가라!' 이거죠.

"짐 싸서 베트남 가라!"

"나는 못 간다. 나 힘든 거 못 한다!" 이거죠.

己丑年에 天殺작용, 君臣對坐 작용이다. 그러니까 주변 상황이 전부 자기를 꼼짝 못하게 만드는 겁니다. 때려치우려고 하는데 '때려치워라, 그렇게 되나!' 그렇게 이야기하고 말았는데, 그래서 주변 사람들을 나쁜 놈들이라고 이야기를 하는 거죠. 그런데 運命의 세계에서는 나쁜 놈은 없다. 나쁜 놈은 없고 잘난 놈, 못난 놈만 있다. 여기서 잘났고 못났다는 것은 형태가 그런 것이 아니고 뜬 놈, 가라앉은 놈이다. 나쁜 놈이라 하지 마라. 당신이 더 나쁜 사람이다. 안가고 버텼으니….

그러니까 역학에서는 나쁜 놈, 좋은 놈이 있는 것이 아니라 뜬 놈, 가라앉은 놈이 서로 오늘은 네가 뜨고 내일은 내가 뜬다 이런 거죠. 그런데 사람 마음은 항상 나는 계속 뜬 놈이고 상대방은 가라앉은 놈인데, 가라앉은 놈이 올라왔다 이거죠. 그러니까 나쁜 놈이라고 매도하는 거죠. 그것이 아니다. 오랫동안 떠있는 당신이 나쁜 놈이다. 그렇게 하면서 運의 압력을 그대로 감당하는 것이, 運의 흐름대로 따라간다는 자체가 順天者순천자다.

〈明心寶鑑〉에 나오죠. 順天者는 存하고 逆天者는 亡이 되는 거죠. 逆天을 한다는 것, 바로 이런 사람이 逆天者라는 겁니다. 자기가 가라앉았다고 남을 나쁜 놈이라고 말하는 것이 바로 逆天의 행위를 하고 있는 거죠. 자기가 주저앉을 때가 됐기 때문에 주저앉은 거죠. 거기서 말하는 善惡 개념하고 逆天, 順天의 개념은 다른 겁니다. 順天을 한다는 말은 가라앉을 때 가라앉고 뜰 때 뜨는 그 흐름대로 맞춰 사는 것이고, 이렇게 끝까지 자기는 안 가라앉고 버둥버둥해서 버티는 이것은 逆天이 되는 거죠. 逆天을 자꾸 하면 뒤에 하도 답답한 소리를 해서 제가 이야기한 건데 明心寶鑑 뒤에 나옵니다. '得罪於天득죄어천 하면 無所禱也무소도야'라! 하늘에 죄를 지으면 빌 곳이 없느니라! 하늘에 자꾸 죄를 지으면 빌 곳이 없으니까 까불지 말고 엎드려 열중쉬어 하고 있어라. 그렇게 해도 끝까지 쫑알쫑알하고 가더라는 거죠.

亥年에 子가 오면 亥가 子에 의해, 주도권은 亥가 있지만 항상 運에서 온다는 것은 더 힘이 실려 있다. 또 에워싸고 있다. 이렇게 보면 됩니다. 이것이 기본적으로 得類죠. 五行的으로 水로 得類해 있는데 亥의 작용이 서서히 시간이 지나면서 허물어지죠. 초기에는 亥가 대세니까 자기 모양을 지키고 있다가 시간이 흐르면서 점차 작용이 소모되겠죠.

그 다음에 六親的으로는 混雜의 작용이 발생하죠. 戊가 亥를 偏財로 쓰고 있는데 子가 들어왔다면 財星 混雜의 해로움이 발생한다. 偏財 위주의 금전 활동에서 正財로 다시 작용을 일으키게 되는 거니까 得類, 좋게 말하면 得類고 무리를 얻는 것이고 혼잡의 해로움이 발생한다. 그래서 많으면 많을수록 좋은 것은 좋은 작용을 일으킬 것이다. 저게 財星으로서 안 그래도 偏財를 만나서 좋은데, 正財까지 배달되었으니 누가 배달했는지 알 수 없으나 일단 접수. 得類나 混雜이 되어도 좋은 것은 괜찮은데 거꾸로 比肩이나 劫財처럼 내가 다루어 쓰기 힘든 것이 이미 돼지 亥자로 부여되어 있는데, 거기에 다시 子가 들어오면 도둑이 무리를 지으니 내가 계속 그것으로 인한 희생을 감당해야 된다고 보시면 됩니다.

亥水 입장에서 보면 子가 沐浴 桃花거든요. 沐浴, 桃花가 생기므로 결국 자기의 기운이 서서히 망가지는 작용이 오겠죠. 서서히 망가지는 작용이 桃花의 일반적인 작용 있죠? 돼지 亥자 입장에서 子를 만나면 子보다는 돼지 亥자가 훨씬 더 주도권, 우선권을 가진다. 子를 중심으로 보면 亥가 亡身이잖아요. 亥를 중심으로 보면 子가 桃花고. 亡身과 桃花가 한판 붙는

건데 子가 유흥이라고 한다면 亥가 가지고 있는 돈을 팁으로 주듯이 주는 거죠. 결국 시간이 흐르면 있는 것 다 빼내고 子한테 배턴 다 넘겨주게 되죠.

그래서 '형만한 아우 없다.' 당연히 형만한 아우가 없는데 시간이 지나면 아우가 형을 잡는다는 거죠. 세월유존의 법칙이 그렇죠. 子가 亥한테 亡身을 당한다는 것은 내가 부끄러운 일도 감당한다는 말이거든요.

'춤 한번 춰 봐라' 하면,

'네' 하면서 춤추고, 그죠? 이것이 亡身인데 결국 亡身이 왜 실속이냐? 춤 한번 추면 내가 얻어먹을 게 생기잖아요. 돼지 입장에서 볼 때는 푼돈쯤이야 하면서 주다가, 세월이 지나면 결국 내 호주머니는 비고 아우 호주머니에 돈이 들어가 있는 거죠. 그래서 그런 작용으로 인해서 시간이 흐르면 돼지 亥자의 작용이 서서히 훼손되어 나간다. 이렇게 보시면 되는 겁니다.

질문

인간관계도 그렇습니까?

답변

인간관계도 그렇죠. 이것이 12神殺을 정확하게 맞춘 포지션이고, 그것이 아니라 해도 개하고 돼지 사이도 실제로 亡身과 桃花 작용이 있다고 보는 겁니다.

十二神殺을 따지면 돼지 입장에서는 天殺이고, 개 입장에서는 亥가 劫殺 작용이죠. 강권으로 내가 부려먹을 수 있는 작용과 내가 이기기에는 너무 피곤한…. 그러나 내가 고개 숙이고 예쁜 짓만 하면 또, 내가 찬스를 잡을 수 있다는 거예요. 그리고 그것이 시간이 흘러가면 戌 끝나고 亥 된다 이거죠. 일단 개념 잡았죠?

제19강 · 地支끼리의 관계 변화 Ⅲ

　　이제 여러분들이 해석할 수 있는 수단의 눈을 뜨게 되시겠죠. 그러니까 해석을 해 나갈 때 기본 작용을 地支와 地支끼리의 작용에 의해서 이 글자의 변화 양상만 기본적으로 설명해 놓고, 吉凶論이라는 것이 무의미하다는 것은 아니지만, 吉凶論이라는 것이 좋지 못할 때 凶 때에 吉의 원인을 만들게 되어 있다는 거죠. 吉 중에 凶의 원인을 만들게 되어있다. 그렇기 때문에 이러한 작용들이 부득이하게 온다. 부득이하게 오면 거기에다가 무조건 吉凶論을 가하는 것이 아니고, 그 뒷부분에 다가오는 大勢적인 흐름을 보고 이것이 무엇이 될 것이다! 하나의 원인이 되어서 전체적인 결과를 만드는 계기가 될 것이다.

　　이렇게 해석을 해 나가는 겁니다. 대부분 다 이렇게 접근을 해서 해석을 해드리는 방식에 대한 불만이 뭐냐 하면,

　　"좋다는 말이오? 안 좋다는 말이오?"

　　좋다는 말인지 나쁘다는 말인지 구분이 안 된다. 그러니까 대세적으로 뒤에 환경이 좋다, 吉의 환경을 가지고 있다면 이 凶이 吉일 때 만들어 놓은 것이 뒤에 자기에게 개인적인 보상으로 오게 되는 거죠.

　　그래서 어떻게 보면 천지의 운동이라고 하는 것이 인격적인 선악이나 사람들이 말하는 吉凶하고는 무관하게 한마디로 자연의 어떤 cosmo gearing…. 이것이 있고, 이것이 서로 맞

물려서 화학적 반응을 일으키거나, 물리적 반응을 일으키므로 결국은 압력을 가한다는 거죠.

善惡과 吉凶은 어떻게 보면 없다는 겁니다. 利害論的인 입장에서 吉凶이라 하는 것이 이익, 손해다. 이익, 손해의 입장에 서야 선악이 생기는 거잖아요. 인간한테 유리하면 善이다. 그러나 대자연 입장에서 보면 웃기고 있는 거죠.

돌산 뜯어서 아파트를 지었다. 돌산 입장에서 볼 때는 완전히 엄청나게 악행을 만든 거잖아요. 결국 이해나 善惡, 吉凶 이런 것이 아니라 자연이 운행하면서 발생한 〈cosmo gearing〉의 결과다.

그런 측면에서 干支, 地支끼리의 작용을 吉凶論을 배제하고 항상 접근할 수 있어야 된다는 겁니다.

子가 있는데 丑이 오면 濁이 되겠죠. 合濁으로 合에 의한 濁이 발생한다. 그래서 그 작용이 五行的인 논법에 의해서 丑이 더 유리하다 이러는데 그것이 아니고, 丑도 合을 만나면 자기 고유의 기능을 제대로 다 못하기 때문에 丑의 역할이나 기운을 발휘하기 어려운 것이고, 子도 마찬가지로 丑을 만나서 合에 의한 濁을 만나기 때문에 그것의 모양이 탁해지거나 훼손되는 그런 작용이 오겠죠.

그러니까 八字 내에 있는 글자가 그 사람들의 일반적인 吉凶을 따졌을 때 凶으로 작용한다면 예를 들어서, 壬子에 丑이 왔다면 丑이 劫財(子)의 작용을 濁하게 만들어서 劫財를 둔화시키겠죠? 그렇다고 완전히 그 작용이 없어지는 것은 아니지만 濁하게 되는 것이고, 丑 또한 다른 글자에 작용할 것들의 역량을 많이 빼앗기겠죠.

酉를 만나서 合도 해야 되고 未를 만나서 冲도 해야 하는데, 子를 만나면 丑이 자꾸 서로 子의 견인작용에 의해서 다른 글자에게 작용할 것을 크게 반감시켜 주는 작용이 발생하니까, 서로 역량이 떨어지게 되는 겁니다.

일반적으로는 고유의 고정성을 지난 시리즈로 공부를 해 봤죠. 공부를 해 보니까 고정적인 작용은 이러한데, 이 글자를 간섭하거나 冲해서 훼손해 버리면, 어떤 글자가 丙이 子를 봐서 기운적으로 吉작용이잖아요. 正財가 長生해 주는 자리이고, 正財 辛金이 長生이잖아요.

그 자체가 正官으로서 자기의 조직생활 자체가 안정되고 사회활동의 기준이 확고부동하게 될 수 있는 것을 丑이 와서 훼손해 버리는 것이니까, 이미 고유의 吉 작용이 많은 사람은 해로움이 클 것이고 凶 작용이 많은 사람은 子를 만나서, 항상 자기가 유능함을 발휘하더라도 분배에 있어서는 희생을 당하던 사람들이 좀 진정이 되는 겁니다.

"아이 씨, 나는 칼 안 뺄란다!"

칼에 녹도 생기고 해서 칼을 덜 뺐는데, 결국은 희생도 줄어들더라는 겁니다. 그것이 묘하게 자연의 완충 작용이기도 한데, 그런 식으로 고유의 吉작용이 많은 놈, 凶작용이 많은 놈을 봐서 그 부분을 기본적으로 전제해 놓은 거죠. 전제해 놓고 그 사람이 五行的으로 亥子丑을 잘 쓰는 모양이다, 또는 못 쓰는 모양이다 이것을 전체 그릇으로 보고 판단을 해야 된다는 것이죠.

아무튼 合濁의 해로움이, 子가 있는데 丑이 들어 왔을 때 발생한다는 뜻입니다.

그 다음에 丑과 丑이 만나면 마찬가지로 自刑은 기본적으로 생긴다고 했죠. 그런데 丑, 丑 두 글자가 발생하면서 자연운동에서 가장 활발한 것은 12運星에서 入墓로 보세요. 12運星의 入墓는 처절하게 바뀌지 않는 작용이다.

金入庫죠. 가속성을 주잖아요. 丑의 가장 활발하고 바뀌지 않는 작용, 그래서 三合의 끝자락이라는 겁니다. 巳酉丑이라는 金운동의 끝자락에서 金을 入庫시키고 갈무리시켜 버리는 작용이다.

그 다음에 寅이 있는데 丑이 오는 것은 寅의 작용과 역량을 어떻게 합니까? 寅을 중심으로 하면 丑이 天殺이죠. 天殺이라는 것은 자기 모양이 있기 이전의 상태까지죠. 그래서 역량 훼손 또는 지연인데, 이것이 자기의 능력이 부족하니까 기다려야 되는 거죠. 寅 고유의 작용이 寅을 기준으로 하면 丑이 亡身, 天殺이 되어 버리니까. 그런데 궁극은 하늘이 있음은 나를 낳기 위한 과정이니까 끝부분에 가면 다시 또 그것을 풀어주죠.

運始, 運末 항상 그 運의 시작점과 끝부분의 작용이 무엇으로 갈무리가 되겠느냐? 이런 것을 생각해야 합니다.

질문
丑寅의 暗合은?

답변
丑寅 暗合은 서로의 결합도가 강한데, 어떤 것에 가장 결합도가 강한 모양이 되느냐 하

면 金을 絕地로 만드는 겁니다. 金의 絕地 작용을 하는데 물론 丑하고 寅하고의 사이에는 결합도가 다른 暗合보다는 가장 강하고, 그 다음에 午亥 이런 것들이 서로 강하게 견인되어 있는 거죠.

질문

八字 內에 巳가 있는 데, 巳中에 戊土가 올해(己丑년) 丑 중에 癸水와 暗合을 하였을 때 戊의 작용은 크게 붙들려 있는 것인가요?

답변

그렇죠. 戊의 작용이 없어지는 것은 아니고 고유의 작용을 못하는 거죠. 여러분이 공부하실 때 合은 무조건 좋고 생산이다 이것이 아니고, 물론 생산은 되기는 하는데 생산은 자식 인연을 연다던지 식구발전, 새 일 이런 것에서 형태상 만들어지지만, 결국 暗合 같은 경우에는 붙들려 매여서 그 작용력이 매우 위축된다 이렇게 보시면 됩니다. 暗合은 제대로 合이 된다기보다는 정신이 팔려서 자기 고유의 기능이나 작용을 잃어버리는 것이니까, 暗合작용에 의해서 내가 공부를 열심히 해야 되는데 생각이 콩밭에 가 있는 이런 식의 작용으로, 그 작용력이 크게 위축되어 버린다는 겁니다.

질문

餘氣, 中氣, 正氣를 나눴을 때 어떤 선생님들은 正氣만 본다는 선생님도 계신데 선생님의 경우는 어떻게 보십니까?

답변

저는 다 봅니다. 다 보는데 地藏干의 원래 정신이 子丑 흘러갈 때 이것도 〈time lag〉 이론이거든요. 시간 왜곡이 발생한다.

亥 - 戊 甲 壬
子 - 壬　 癸

丑 - 癸辛己

그러니까 亥의 餘氣가 땅은 이미 亥와 子가 갈라져 있는데, 亥의 기운을 순수하게 天干의 기운에 가장 부합되는 것으로 바꿨을 때 亥가 남아 있는 壬水가 子의 약 1/3 지점까지 그대로 남아 있는 것으로 작용한다는 뜻이죠. 壬 다음에 癸로 흘러들어가죠. 癸의 餘氣가 그대로 넘어와 있는 이것이(癸) 餘氣잖아요. 시간 왜곡을 의미하는 것이고, 丑年이라면 丑年의 초반부에는 癸가 그대로 작용하고 있다. 子年의 餘氣가 그대로 작용하고 있다. 지금도 그 비율만큼 丑年을 해석할 때도 丑土로 해석해서는 안 된다는 거죠. 子年의 餘氣,그러니까 丑年의 寅卯辰月까지는 子年의 기운이 넘어와 있다는 겁니다. 어떤 땅은 분류가 되어 있어도 하늘에 뿌려진 기운은 그대로 남아 있다는 거죠.

질문

그것을 관찰할 수 있는 현상이나 이런 것은?

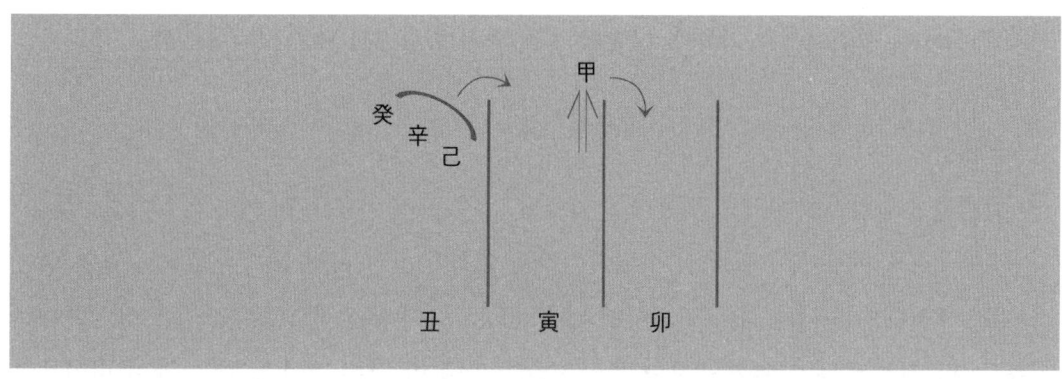

그림 1

답변

天氣. 하늘의 날씨를 그대로 보면 되죠. 立春이 지나도 추위가 남아 있는 것처럼 이것을 年으로 봤었는데, 달로 봐서 丑月에서 寅月로 넘어 왔을 때 마찬가지로 丑中에 있는 癸水, 辛金, 己土에서 己土의 작용이 이 寅에 三陽之處죠.

陽이 삼단계가 진행되었음에도 불구하고 陽운동이 초창기에는 못 펼쳐진다는 겁니다.

이것을 디지털로 생각하지 말고 아날로그다. 땅의 분야는 땅의 천체 위치상의 분야는 이미 무엇으로 들어왔지만, 寅에 들어왔지만 하늘에 뿌려져서 남겨진 것은 아직도 丑의 기운이 그대로 남아있는 것으로 보니까, 결국 이 작용이 남은 餘氣의 기운을 받고 그 다음 中氣는 궁극적으로 자기가 실현해야 될 바를 중간에 바짝 드러내게 되어 있는 거죠. 그래서 정월달에 들어왔는데도 불구하고 완연한 봄날처럼 따뜻한 날씨가 만들어져서 분야로 작용하고 있더라는 겁니다.

그 다음에 고유 甲木의 작용이 寅月의 중반부에 이르니까 완연하게 이루어지고, 그 작용이 卯의 餘氣까지 넘어가더라는 겁니다. 그러니까 天時物候를 관찰한 거죠. 그 기준이 干支가 만들어진 곳이 위도상 중국의 북중국쯤 됩니다. 이때까지 干支에 의한 것과 가장 天時物候가 잘 부합되고 있는 지역이 지금 북위 37도잖아요. 위도상 40~41도 지점에서 관측된 天時物候의 변화를 그대로 정리를 한 것이죠.

질문

丑 같으면 寅午戌의 亡身 天殺인데 저것을 가지고 애정사나 인간관계, 금전문제 이런 것에 내가 소송을 걸었다든지, 소송을 당한다는 것도 저 원리에서 나온 것입니까?

답변

그렇죠. 이 원리를 그대로 적용해도 됩니다. 게임이 벌어졌을 때 어떤 양상으로 가느냐 하면 두 가지죠. 寅午戌이 결국 丑이 넘겨주기는 했지만 丑과 寅이 동시에 있으면 丑이 형이잖아요. 그러니까 송사나 시비를 벌이면 기본적으로 丑이 우선적으로 주도권을 장악한다는 거죠. 이런 경우에 내가 運이 좋으면 싹싹 빌어서 마무리 짓는 것이고, 내가 運이 더러우면 완전히 코가 끼고 주도권이 잡혀서 질질 끌려 다니는 겁니다.

내가 運이 비교적 안정된 흐름이냐, 내가 시달리는 흐름이냐 이것을 보면 구도나 양상은 딱 정해져 있잖아요. 일반적으로 소띠, 범띠가 송사시비를 하면 대부분 열에 일곱~여덟 번은 소띠가 이긴다고 보면 되죠. 주도권을 소가 쥐고 있으니까.

그런데 내가 運이 좋으면,

"형님 어떻게 할 겁니까?"

하면서 비비면 소띠도 運이 좋고 나쁨이 있을 텐데, 소띠가 運이 안 좋으면

"에잇, 내가 손해 보자. 할 수 없다. 알았다 끝내자!"

그래서 상당히 막대한 희생을 하면서 끝을 내는 겁니다. 희생은 소띠가 할 수도 있고 범띠가 할 수도 있는데 평균적인 運이라면 범띠가 지는 것이고, 범띠가 運이 좋고 소띠가 나쁜 運이라면 그러니까 네 가지잖아요

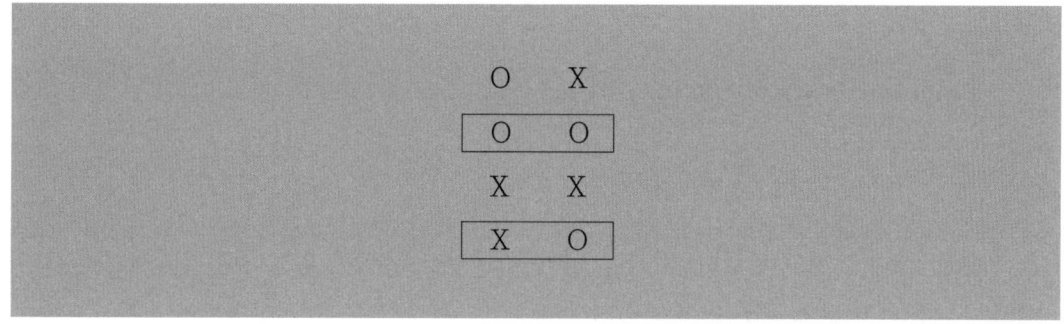

그림 2

내가 운이 좋을 때 한 구간이 있잖아요. 소띠가 運이 나쁘고 내가 運이 좋은 경우에, 내가 '아이고 형님 살려 주세요!' 이렇게 해서 '하늘로 모시겠습니다.' 그러면 소띠 입장에서는 송사해 봐야 골치 아프니까, 손해가 제법 나는데도 '아이고 됐다 끝!' 이렇게 해서 끝나는 거죠. 손해를 봐도 복잡하니까 살려 주겠다 하는 겁니다.

질문

이것이 憎惡殺 하고도 관계가 있습니까? 丑大運에서 寅大運으로 넘어가는데 소띠하고의 인간관계는 도저히 좋을 수가 없다로 해석할 수도 있습니까?

답변

憎惡殺이 맞아요. 憎惡殺이라고 박일우 선생님 노트에 보면 정리가 되어 있죠. 지나간 大運은 신물이 난다. 신물이 나니까 쳐다보기도 싫다. 군대 갔다 오면 자기가 갔다 온 군대 쪽으로 오줌도 누지 않는다 이런 것들이죠.

질문

선천수로 7획에 관계되는 성씨하고…?

답변

그렇죠. 그런 식으로 논리를 확장할 수 있는 겁니다.

질문

그것뿐만 아니라 병부와 桃花를 그대로 써도 됩니까?

답변

그렇죠. 그대로 써도 됩니다. 확장을 얼마나 해 내는 능력이 있느냐에 따라서 얼마든지 설명하는 테마나 패턴을 정할 수 있습니다.

질문

훼손과 지연은 亡身에서 오는 건가요?

답변

亡身이죠. 발목이 잡혀있는 상태 즉, 寅의 역량을 다 발휘하지 못하는 상태죠. 내가 범으로서 설치는데 범보다 더 대단한 형님이 우리 속에 들어왔다는 겁니다. 그러니까 내가 실실 눈치를 보면서 뭔가 역할을 해야 될 찬스를 보고 있는 상태. 그러나 설마 나를 죽이진 않겠지 하는 답답함이 있는데, 丑의 끝부분에 이르면 丑이 늙었다는 뜻이잖아요. 늙은 형님은 이제 내가 뭉갠다는 거죠. 이해되시죠?

그 다음에 丑하고 卯는 기본적으로 隔角이죠. 그래서 제대로 역할을 못하게 하는 겁니다. 그 다음에 차용, 빌려서 쓰는 巳酉丑의 무대에 항상 年이 주인공이기 때문에 올라오지 못하는데, 토끼를 초청했음은 말 그대로 토끼가 게스트라는 말이죠. 할 수 없이 불려온 사람, 목 졸려있는 상태, 올해 運 보실 때 꼭 보세요. 진짜 중요합니다. 丑年 하면 隔角자 바로 빼야 됩니다. 무조건 불안, 동요, 충동, 움직임, 끌어 쓰면 할 수 없이 끌어 쓰고 빌려 쓴다. 이렇게 전제를 해 놓으시라는 겁니다. 그 글자를 제대로 못 움직이게 하다가 끝부분에서 움직이게 한다. 그 다음에 辰丑도 破거든요. 이 경우에는 뭐가 더 대세냐 하면 이 경우가 辰이 봄의 끝이죠. 봄이 가득한 晚春이고 水 入庫죠. 그런데 이것을 水 入庫의 작용을 못하도록 하는 丑이 晚冬이죠. 겨울이 완연히 무르익은 것이니까. 겨울이 水 入庫를 못하도록 방해하므로, 水 入庫의 작용을 하지 못하도록 辰의 작용을 크게 훼손시켜버리는 거죠.

그래서 일종의 刑 작용도 같이 오게 되죠. 그 다음에 辰은 상대적으로 養의 자리죠. 養金金의 기운을 길러내는 자리인데 丑은 金 入庫잖아요. 물론 天干에 있는 辛金도 辰에 入庫하는 자리지만, 庚金을 入庫하는 작용을 辰이 丑을 훼손함으로써 서로의 글자와 역량이 훼손되어서 방해만 주고 제대로 모양새를 갖추지 못하게 하는 破작용이 발생하는 겁니다.

질문
水 入庫가 나쁘게 작용하는 사람한테는 좋게 작용하는 거죠?

답변
그렇죠.

時	日	月	年
	戊		
	申	辰	

그림 3

그러니까 원래 辰이 水 入庫되어서 나쁜 사람들은 예를 들어서 戊日柱가 戊申에 辰이 있어서 偏財 長生의 모양을 하고 있는데, 辰이 偏財 入庫잖아요. 이럴 때 가장 좋은 것이 개 戌자가 와서 확 열어 제치는 것이고, 戌 다음에는 亥子丑이 들어오잖아요. 이때 水運이 쭉 열려 있게 만드는데 丑運에 이르러서 교묘한 협상이 이루어지기 시작하는 겁니다.
"어어" 하면서
"그래, 나도 사실은 겨울의 끝이잖아."

이러면서 서서히 辰하고 丑 사이에는 교묘한 협상이 진행되는 모양이 되어 버리죠.

"형님! 왜 그러십니까?" 이러면서.

서로 밀고 당기는, 알고 보면 족보로 치면 辰이 형님이죠. 그래서 丑이 게임을 하면 辰의 역량을 다 이기지 못하지만 水 入庫를 이번까지만 봐 달라 이거죠. 그래서 결국 辰의 작용을 水 入庫 작용으로 막아 놓는 것에 불과한데, 그것이 완벽한 해결책은 아니다. 교란상태, 교착 상태라고 보면 됩니다.

辰丑破, 이것이 웃기죠. 저 케이스를 몇 번 봤는데 八字 內에 辰丑이 있으면 印星이 좀 조잡하다. 원래 辰戌丑未가 복잡다단인데 다재다능 인자가 辰戌丑未인데, 여러 가지를 담아 내고 열 수 있는 것인데, 辰丑이 동시에 출현해 있으면 서로 어느 기운 한쪽으로 완벽하게 열 고 닫고를 못하니까 마음도 왔다 갔다 잘 하는 거죠.

그것이 무능하다는 것은 아닙니다. 무능한 사람은 늘 행복한 마음이든지 늘 괴로운 마음 인데, 辰丑이 있으면 저런 교착 상태가 발생하는 거죠. 그래서 辰의 상태를 아무튼 불량하게 만든다. 특히 水 入庫의 작용을 불량하게 만든다고 보시면 됩니다.

그 다음에 丑이 巳를 만나면 合에 의한 생산 작용이 이루어지겠죠. 合에 의한 생산 작용 이 이루어지는 것이고 丑의 습한 기운이 六陽, 陽의 여섯 단계에 이르러서 거의 除濕, 濕이 없어지는 모양이 되어서 단단하게 굳을 수 있는 金의 長生을 유도해 내게 되는 겁니다. 엉기 어 있거나 물렁거리거나 하는 것은 말려 주는 작용을 하겠죠. 말려 주면 딱딱한 金의 기운이 발생을 한다.

그 다음에 巳火의 害를 당하고 있는 사람은 丑이 와서 火의 작용을 水로써 충분히 견인 해 줘 버리죠. 火의 해로움을 金으로 작용할 수 있도록 기본적인 조건을 짜 주는 겁니다. 그 래서 蓋 자리는 말 그대로 華蓋星이라는 것은 再生이나 三合의 목적을 달성시키는 기본환경 이나 조건을 조성해 주는 거죠. 그래서 華蓋가 골 때리는 겁니다. 華蓋가 뭐냐 하면 없을 때 는 만들어 주고 너무 튀어나와서 위태로울 때는 그것을 잡아들이는 작용을 하죠. 그럼으로써 華蓋의 三合 요소가 생명력을 유지하도록 해 주는 겁니다.

華蓋라는 것이 그래서 이 이야기를 해드리면 三合의 華蓋에 대한 개념을 조금 더 정리할 수 있을 겁니다. 최근에 그 분 같은 경우는 乙未生인데 이 분이 아버지가 乙未生, 저것만 가 지고 점친다니까 八字, 干支도 없이 무슨 얘기를 하느냐고 하는데 干支 안 봐도 된다니까요.

이분이 아버지가 사업을 벌일 때 같이 사업에 따라가요. 아버지가 잘 나갈 때 같이 동업을 한 거죠. 어떤 작용이 올 것이다? 당연히 쇠락 작용이 온다고 생각하시면 됩니다. 실제로 쇠락 과정을 겪어서 여러 가지 현실적인 데미지를 입고 근 10年 정도를 고전을 면치 못한 거죠.

옛날에 자가용 귀할 때 이십 몇 년 전에 자가용 타고 다니면서 통행금지 있을 때 달리면서 살던 사람인데 결국 아버지와 같이 일을 벌여서 쇠락일로를 가는데, 까먹는데도 작은 재산이 아니니까 10년 걸린 거예요. 망하는데 10년 걸려서 바닥을 10년 긴 거죠. 완전히 거의 다 거덜 나서 영도에 가면 영도에서도 한참 차를 타고 들어가면 무슨 주공아파트가 있는데, 주공아파트에 어울리지 않는 골프채하며 가구하며 한번 집터를 봐 달라고 해서 가 보니까 화려한 흔적들이 남아 있는데, 이것이 華蓋의 아픔인 거죠.

그러고 있는데 여기가 바닥은 바닥인데 사실 流年을 많이 본 것이 아니라는 겁니다. 여기서도 결국은 쓰던 가락이 있으니까 결국 있는 것, 없는 것 다 한 개씩 파는 거죠. 팔아서 없애는데 거의 다 바닥이 나니까 본가에서 들어오라고 한 거죠. 아버님이 연로하셔도 살아계시는데, 저한테 전화해서 어떻게 할까요? 해서, 그러니까 이런 과정을 겪었으니까 아버지가 말을 들었겠습니까?

"아버지 이러시면 안 됩니다." 했는데,

"해라!" 이거죠.

물론 아버지 運이 저물었기 때문에 그랬겠죠. 아버지 運에 덩달아 그랬는데 본인은 본인 나름대로 최대한 판단해서 아버지 이러시면 안 됩니다 했는데, 아버지 運에 같이 빨려 들어갔다 이거죠. 그래서 아버지와의 사이가 서로 원망하는 마음이 가득했다는 거죠. 내가 아버지만 아니었으면 이렇게 바닥을 기지도 않았을 것이며, 내가 차라리 딴 걸 했으면 이렇게 안 됐다는 거죠. 아니면 차라리 부동산만 좀 물려 받았어도 이렇게 골병 안 들었을 것인데. 좋은 감정이 아니니까 안 가고 싶잖아요. 제가 무조건 들어가라고 했죠. 골프채까지 팔았으면 무조건 들어가라. 들어가면 반드시 2, 3년 내에 다시 일을 만들 수 있는 發火의 계기가 올 것이다. 그래서 들어갔습니다. 들어가서 마음고생을 많이 했겠죠.

10년 고생 이후에 다시 들어가서 2, 3년이 걸렸는데 여기서 반드시 기회를 잡을 것이고, 번영하기 시작하면 무조건 튀어 나와라 했는데, 2년 조금 더 있다가 수산업 쪽에 품목을 다룰 수 있는 일이 생겨서 서서히 시작하게 된 거죠. 그것이 發火거든요.

2008년도 가을에 서서히 기반을 닦아 나가다가 아시다시피 작년에 환율이 확 오르기 시작해서 완전히 널리리야는 아니지만 서서히 괜찮아지는 거죠. 요즘 조심하고 다니잖아요. 환율 때문에 재미를 보고 있는데 조금만 밖에 나올 만한 여력이 쌓이면 나오라고 했는데, 이것이 華蓋의 모양새라는 겁니다. 그러니까 이것 하나만 가지고도 그 사람 삶의 대세적인 것을 코치해 줄 수 있는 거죠.

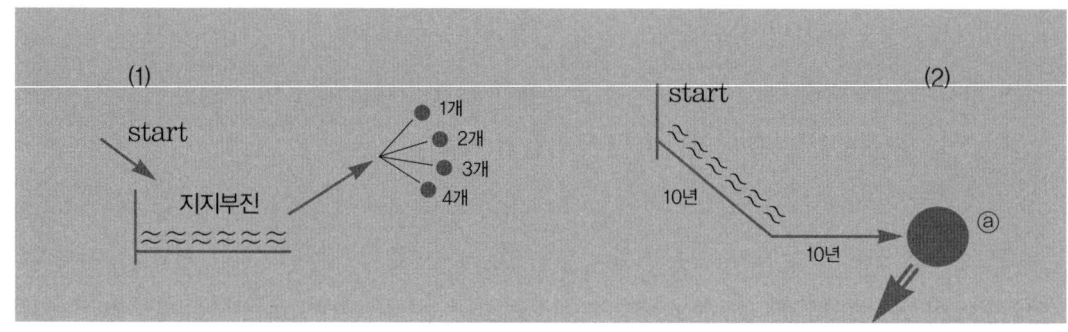

그림 4

대충 다 망하고 고생고생해서 처음에는 지지부진하다가 이렇게 확 올라간다 말이죠. 그러면서 2개, 3개 벌어지거든요. 왜냐하면 그 자체가 멀티플이잖아요. 잡것이 다 섞여 있죠. 잘 나갈 때 하나, 둘, 세 개, 네 개 바로 확 펼쳐져 버리죠.

그 다음에 (2)처럼 스타트는 흐름이 나쁘지 않았을 때 같이 가다가 계속 이런 과정을 겪고 가는 거죠. 이 지점(ⓐ)에 어떻게 되느냐 하면 運이 좋을 때 고향에 근거지만 남겨놓고 밖 ⓒ에서 활동한다는 거죠. 이것이 링크는 되어 있어요. 그런데 쇠퇴기가 오면 다시 이것 ⓒ를 다 완전히 줄이고 있던 자리 ⓑ로 돌아오라는 거죠.

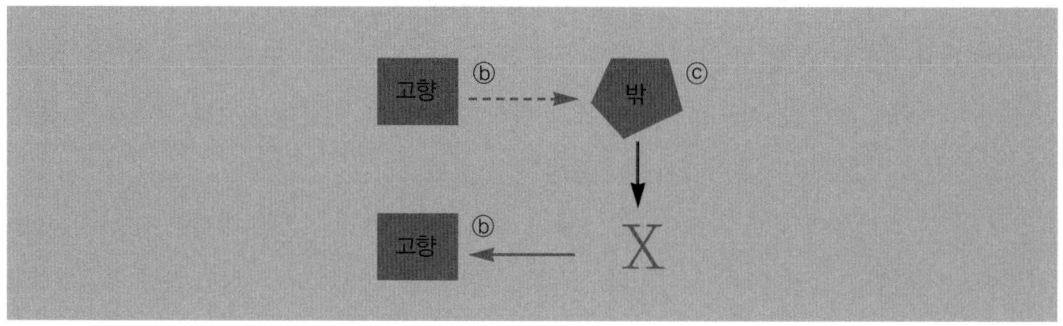

그림 5

결국 이 華蓋라는 것이 未 글자의 작용인데 잘 나가고 있는 것은 한세월 펼쳐지도록 했다가 쇠락이 들어오면 자기가 오히려 쫙 빨아 당기는 작용을 하죠. 그래서 여기 ⓑ에서 일정 기간 동안 머무르게 했다가 다시 이런 식의 작용으로써 發火를 시켜주는 거죠.

辰戌丑未生은 고향 땅에 큰 밥을 해먹을 솥이나 불은 없는데, 고구마를 구워먹을 수 있는 알불은 있다.

질문

저런 경우에 조직과의 유대관계 때문에 다시 나오게 됩니까?

답변

아뇨, 친구였죠. 아는 친구가 '뭘 하냐?' 이렇게 되었는데, 이때(어려울 때)부터 잠수 탔을 거 아닙니까? 잠수를 타서 행적을 감추고 살았는데 아버지 집에 들어가서 우연히 다시 아버지의 친구, 이런 식으로 걸러서 다시 친구로 회복한 거죠. 옛날에 물론 도움을 주기도 했고 받기도 했는데 도움을 준 것이 더 많이 있겠죠. 그것이 발화가 되어서 그러면 이거라도 해 봐라. 그래서 서서히 탄력을 받아 나가고 있는 거죠.

질문

저건 甲木이 入庫되어서 친구로 변한 겁니까?

답변

그건 아니고 이분의 日柱는 辛日柱예요. 辛日柱 소스 때문에 이 분 보고 아버지가 들어오라고 했을 때, 아버지와의 단순한 親疎를 보는 것이 답이라고 보지 말라는 겁니다. 답은 내 상황과 처지에 있다. 내가 잘 나가고 있다면 아버지한테 절대 가면 안 되는 거죠. 내 상황과 처지가 찌그러져 있으니까, 이 때는 무조건 알불을 당겨 오기 위해서 그리로 가야 되는 거죠.

질문

辰戌丑未生인데 하는 일마다 다 털어먹는데 그런 경우는 하라고 해야 합니까? 하지 말라고 해야 합니까?

답변

이런 기운(②)에 빨려 들어가는 경우가 많죠. 이렇게 하는 것마다 다 털어먹는 기운에 빨려 들어가 버리면 망하는데도 10년 넘게 걸린다니까요. 그래야 싹 다 망합니다.

질문

그러면 뭘 하라고 해야 됩니까?

답변

그럴 때는 역학공부를 하면서 불씨가 어디서부터 나오는지 보고 周遊山川하면서 돌아다니고 이렇게 세월을 보내는 것이 답인데 특히, 남자는 陽의 害를 많이 당하는 것이 戊戌生, 乙未生 남자잖아요.

스타트가 이런 사람들의 예가 10명 중에 1~2명인데 바로 이런 분들 과정을 만든다는 거예요. 이럴 때에 여러분들이 감정을 해 주실 때 아버지와의 親疎를 따지는 것이 아니라는 거죠. 지금 처지를 봐서 그 큰 틀을 먼저 전제해 놓고 상담을 해라. 잘 되어서 서울로 이사를 가려고 하는데 고향집을 팔까요? 말까요? 하면 고향집은 놔둬라. 임대를 주고 가라. 갔다가 다시 자기 활동성이 서서히 위축되기 시작할 때는 서울 집을 없애고 고향으로 돌아와라. 이런 식으로 고향땅으로 되돌리는 거죠.

이것을 제일 먼저 대 전제하라는 겁니다. 그래서 華蓋가 때려죽일 놈이면서 다시 되살려 놓는 놈이다. 이 이야기를 하려는 겁니다.

그래서 내가 너무 활동성이 위축되어 있으면 華蓋 處를 찾아라. 그래서 재생창이라고 하잖아요. 아무튼 丑이 결국 金운동을 기본적으로 억제하는 작용, 갈무리하는 작용이 기본 고유의 작용인데 巳를 만나서 다시 金을 생산하는 작용으로 간다는 겁니다.

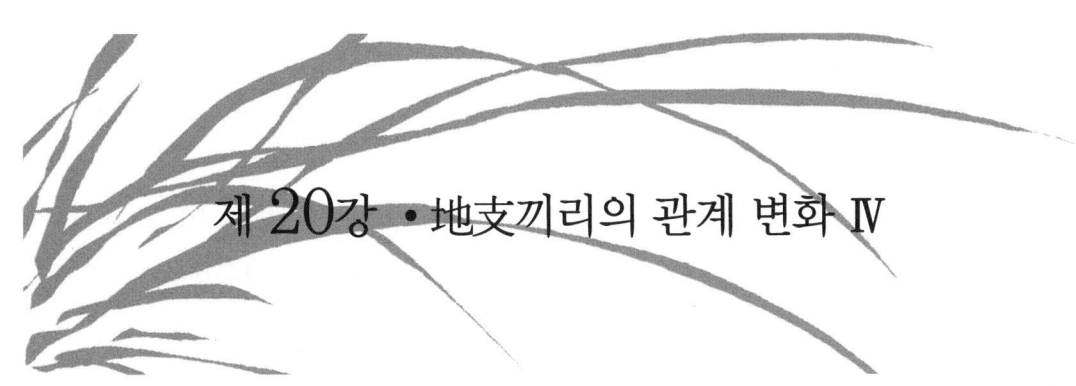

제 20강 • 地支끼리의 관계 변화 Ⅳ

　午가 丑을 만날 때 반드시 元嗔의 害를 당하죠. 損耗로 모양이 손상된 모양이 된다. 즉 지금 庚午年에 午를 官星으로 쓰는 사람들이, 庚이 月에 午를 써서 月 正官을 제대로 쓰고 있는 사람들이, 子年에 子午相沖을 해서 이동한 사람들은 낫죠. 이동하지 않고 가만히 머물러 있는 사람들은 傷官의 害를 당했겠죠.

　그러므로 온갖 구설, 소모, 심한 경우는 官災까지 당했다가 올해 丑年에 와서 午를 가져다가 손상된 모양의 官을 유지하고 즉, 찌그러졌다 하잖아요.

時	日	月	年
	庚		
		午	

그림 1

時	日	月	年
	壬		
	申	午	

그림 2

　찌그러져서 지내는 것이 폼이 안 나는 자리로 가서 약간의 한직은 아니고, 중앙에서 업무상 좀 배제된 그런 자리에 머무르면서, 내가 머물러 있던 중앙 그 자리의 멤버들을 눈을 흘기면서 쳐다보는 것이죠. 그것이 丑午 元嗔의 작용이다.

그래서 損耗 작용이 오는 것이고 午를 財星으로 쓰는 사람은 午가 財星이다. 子午相沖에 의해서 여러 가지 혼란과 번거로움을 겪었고, 올해는(己丑年) 그 여파로 해로움과 고통을 겪고 있다. 그러면서 서로 눈을 부라리는 과정이 발생한다.

그 다음에 남자 같은 경우는 이것이 배우자의 자리도 되니까 배우자의 자리에서 이미 작년에(子) 작살나 버린 사람들은 새로 채우려는 작용이 오잖아요. 子의 끝부분에서 채우려는 작용이 오고, 丑은 완전히 안정시키는 것은 아니니까 새로운 파트너를 눈으로 힐끗힐끗 바라보면서 견주어 보는 작용이 이루어지는 것이다. 그 다음에 만약 배우자궁이 깨진 것이 아니라 마누라가 크게 傷身, 몸을 다치거나 했던 사람은 丑年까지 상태가 온전하지 않잖아요. 그 다음에 子午相沖의 작용에 의해서 자기한테 劫財가 붙어서 마누라를 통해서 재물이 박살나는 경우다.

질문
子年에 캐나다로 보내면 안 됩니까?

답변
떨어져 있는 사람은 그나마 좀 괜찮죠.

질문
기어들어오니까 서로 짜글짜글 하던데요?

답변
서로 丑에 구시렁구시렁 하면서 사는 거죠. 지는 잘했나? 이러면서

질문
다시 보내려고 하면 어떻게 하면 됩니까?

답변

다시 보내면 되죠. 다시 보내면 허공을 바라보면서 떨어지면 보고 싶고, 만나면 서로 구시렁구시렁 하고 싸울 수밖에 없는 구조다.

질문

寅年이 되면 재발합니까?

답변

寅年이 되더라도 午는 寅을 만나서 死地를 만납니다. 死地를 만나면서 丙火가 예를 들어서 壬日柱일 경우에 午가 마누라잖아요. 午가 死地로 빨려 들어가고 寅에 偏財가 長生하잖아요. 長生, 新出이거든요. 長生 新出하니까 마누라는 엎어져 있고, 偏財는 떠가지고 있고 이래서 애정의 왜곡이 발생해 버리기 시작하는 겁니다.

질문

금년 말에 저런 여자가 들어올 수 있다고 보면 됩니까?

답변

당연하죠. 新生, 새로 들어오는 것이니까 寅의 작용을 제대로 못 들어오게 하는 申이 있다든지, 申이 있어서 寅이 제대로 작용하지 못한다든지, 아니면 또 寅을 꺾는 子가 있다든지, 子가 있으면 隔角해 버리잖아요.

그러면서 서로 불편해서 깔짝깔짝 거리면서 어쩌지도 못하는 그러한 상태인데, 물론 寅年에는 寅이 더 대세지만 子 때문에 어떻게 해볼 수가 없는 거죠. 子가 뭐냐 하면 時에 있으면 자식 중에 새 여자를 절대로 용납 못하는 놈이 나옵니다.

질문

運은 아무도 못 막는 거죠?

답변

오기는 당연히 오죠. 안에 끌고 올 수 없으니까 밖에서 만나는 거죠. 집에서 구석에서 전화 통화하고, 문자 비밀리에 보내고 있는 거죠.

질문

年頭에 丙申이 뜨면 아예 남자면 그런 행위가 있었던 거죠?

답변

당연하죠.

질문

八字 內에 亥가 있어도?

時	日	月	年
	壬		丙
子	午	亥	申

그림 3

답변

八字 內에 亥가 있으면 견인을 하잖아요. 亥水가 그것을 끌어당겨 주잖아요. 그러니까 평소에 뜻이 잘 맞지 않았던 가족, 예를 들어 어머니일 수도 있고 자식일 수도 있는데 이상하게 새로 들어온 여자를 엄청나게 좋아하는 겁니다.

그러니까 喜忌가 매일 바뀌는 거죠. 亥가 평상시에 比劫이었잖아요. 평상시에 내가 매일 돈으로 케어 해 줬는데, 정작 마누라 문제가 발생해서 새 여자가 들어오니까 마음에 안 든다고, 이렇게 해서 잡아당기는 작용이 발생한다는 겁니다. 아무튼 丑이 와서 午를 크게 損耗한다. 丑未는 相冲의 작용인 거 아시죠? 그러면서 開庫 작용이 활발하니까, 開庫 작용이 활발하면 이것도 新出, 새로 만들어지는 작용이 많습니다.

新出내기, 새로 나온다 이 말이죠. 그 다음에 보통 이 자체가 (八字에 未있고 運에서 丑

이 왔을 때) 土의 작용이니까 부동산, 전택 재산의 움직임이다. 밭을 움직인다 하는 부동산의 움직임이 많이 발생하죠. 辰戌丑未 相冲에….

질문
入庫는 안 합니까?

답변
누구에게요? 丑 자체가 未에 入庫, 예? 地支끼리는 그것이 안 되는 거죠. 地支끼리의 고유의 작용은 유형이고 형틀이 어느 정도 있기 때문에, 서로를 入庫시키지는 않습니다. 물론 이것이 활동력 자체를 제한한다는 뜻인데….

질문
土만 그렇습니까? 다 그렇습니까?

답변
子午卯酉는 入庫 작용이 없거든요. 물론 寅申巳亥도 入庫가 머무르지 않고.

질문
卯가 戌에 入庫합니까?

답변
卯가 戌에 당연히 入庫하죠. 그러니까 入庫하더라도 완전히 모양이 없어지는 것이 아니고, 地支끼리는 유형이기 때문에 卯가 완전히 없어지는 것이 아니라 근거만 남겨 두고, 卯가 뭐냐 하면 자연으로 비유하자면 풀이잖아요. 풀의 지엽은 다 戌月에, 陰曆 9月에 말라버리잖아요. 마른풀이라도 있긴 있는 거죠. 이것이 入庫된 모양이라는 거죠. 그리고 뿌리는 卯에 남겨 두고 있죠.

당연히 實在하는 것이니까, 기운의 열고 닫음이 아니고 실제 자기 지분을 가지고 있다는 겁니다. 그래서 地支라는 것은 농사를 짓는데 자기 땅이 이미 배분되어 있는 거죠. 땅 地자로 쓰잖아요. 그래서 조건 따라서 그 모양이나 역할이 위축된다 하더라도 자기 근거가 완전히 사라지지는 않는다는 겁니다.

天干에 있는 乙이 戌에 入庫하는 것은 나무에 매달려 있던 나뭇잎이 말라 떨어져서 근거도 없이 크게 모양이 훼손되는 것이고, 地支에 있는 것은 풀은 자기 땅으로 빈 땅이 있다니까요. 뿌리로 존재하고 마른풀로 있는 것이다. 9월에 풀이 싹 마른 것을 생각하시면 되는 거죠. 그렇게 하다가 卯가 세력을 가지기 시작하면, 세력을 가진다는 것은 戌의 金이 무르익은 작용이 풀려지는 자리는 丑이나 寅부터겠죠. 金의 작용이 이 때(丑의 말부터)부터 해체되기 시작하니까 寅이 들어오기 시작하면 寅이 卯의 작용과 활동력을 처음에는 제한하다가, 형님이 동생을 민다고 했죠. 그렇게 해서 봄이 찢고 올라오잖아요. 寅이 찢고 올라오고 乙이 벌어지기 시작하잖아요. 그렇게 할 때는 개 戌자가 오히려 맥을 못 추게 되는 거죠. 여기에 풀이 에워싸니까 이 쪽 땅이 빈 땅이 되는 거죠. 그렇게 地支끼리는 서로 지분이나 영역이 왔다 갔다 하는 것이고, 天干에 있는 것은 실제로 아주 철학적으로 따지고 들어가면 나뭇잎이 떨어지는 것은 乙이 허공으로 돌아가 버리는 것이거든요.

질문

午가 丑年에 入墓합니까?

답변

丑年에 入墓한다고 보면 됩니다. 그러니까 손상이 되는 거죠. 損耗.

질문

元嗔의 손모와 入庫가 다릅니까?

답변

元嗔에 의한 損耗도 있고 入庫에 의한 것도 같이 작용된다고 봐야죠. 損耗하고 入庫하고는 다르죠.

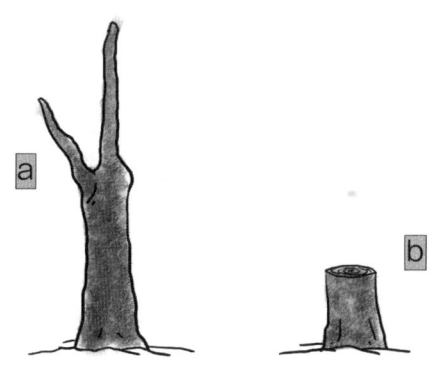

그림 4

損耗는 꼴이 온전하지 않다는 정도이기 때문에 나무로 치면 가지가 3개 있어야 되는데 하나가 없는 것ⓐ이 損耗다. 모양이 온전하지 않은 것이고, 入庫는 이 경우(午가 丑에 入庫)에도 天干의 丁이 入庫하는 것과 같으니까, 전체적으로 두세 가지가 다 없고 밑 둥만 있는 이런 모양ⓑ처럼 심하게 더 훼손될 수 있는 거죠. 元嗔의 모양을 아까 비중을 두고 설명을 했는데 실제로 入庫가 되는 겁니다. 그래서 午를 소중히 쓰는 사람들은 丑年까지도 상당히 많은 데미지를 받는데, 地支끼리이기 때문에 그래도 근거는 남겨 두고. 이것을 생각하십시오. 그래서 이 午가 丑에 入庫를, 메모해 두시면 됩니다.

丑未相冲은 또 刑작용도 있죠. 이 땅 저 땅 뜯어고치는 수술 작용, 이런 것이 들어오는데 특히, 작년까지 땅이 안 팔렸던 사람들은 未가 원래 부동산의 뜻을 가장 많이 대변하고 있는 인자거든요. 그래서 올해 부동산에 관한 움직임이 발생하는데 대체로 未 글자를 소중히 쓰는 사람들은 이 때(丑), 굉장히 소모적으로 싸게 또는 법적인 刑이 가해지잖아요. 강제 집행이라든지 법적인 것으로 인해서 털어야 되는 그런 상황으로까지 부동산이 변동한다. 이렇게 보시면 되죠.

그 다음에 申을 만났을 때 申도 丑을 만나면 入庫작용이 있겠죠. 入庫작용이 있어서 역량이 약화됩니다. 이게(丑) 大運이라면 거의 申을 잡아먹겠죠. 그런데 歲運이라면 역량을 크게 약화시켜서 入庫작용을 유도하더라도 그것이 한시적으로 이루어지는 것이니까 심하지는 않지만, 그래도 丑에 의해서 역량이 많이 꺾여버리죠. 이것을(申) 중요하게 쓰는 사람들은 골병드는 겁니다. 자기 눈을 자기가 쑤시는 거죠. 丙이 申을 중요하게 쓸 때 丑年이 왔다.

時	日	月	年
	丙		
	申		

그림 5

丑 글자가 기본 六親이 傷官이죠. 뭘 하고 싶어 미치는 겁니다. 속지 말아야지 해 놓고 결국은 申金을 丑에다 파묻죠. 여기 안 묻어났음! 이렇게 하는데 결국은 寅卯辰으로 나아가면서 金絕地의 고통을 이때(丑) 만들게 되는 거죠. 특히 올해 申 글자를 소중히 쓰는 사람들한테 꼭 코치해 줘야 합니다.

그 다음에 酉에 丑이 들어오면 결국 合에 의한 생산, 새 일 가담, 流年이 어디로 흘러 들어가요? 그 다음에 금전소통이 대외적으로 이루어지는데 결국 寅이나 卯로 넘어 가죠. 金의 絕地를 결국 유도하게 되고 丁日柱든 丙日柱든 酉를 天乙貴人이면서 중요하게 쓰고 있는데, 酉丑 작용이 이루어지면 한때 일은 외형적으로 모양을 갖추게 했다가 결국 그것이 丑寅卯로 넘어가면서 규모에 따른 부담, 현금유동성 이런 것을 주게 되고, 거꾸로는 뭡니까? 庚辛日柱처럼 比劫이 곤란하고 희생을 유도하는 인자라면 이때(丑) 번거로운 일이 생기겠죠. 대체로 華蓋 자리는 옛 일, 이런 것을 의미합니다. 옛날 일, 이런 것으로 인해서 다시 한 번 남과 시비분쟁, 매듭을 지어야 하는데 줄 것 주고 받을 것 받는 과정에서 희생이 발생한다.

벌써 4~5년 전 이야기인데 다시 이것을 물고 넘어지는 바람에 또 시달리거나 희생이 부분적으로 따른다는 겁니다. 따랐다가 결국 寅卯로 넘어가면서 매듭짓고, 매듭지은 환경 위에 새로운 재물이 들어오는 환경으로 넘어가겠죠. 丑의 조작이라는 것이 여러 가지로 다른 글자에 대해 작용이 발생한다는 겁니다. 丑戌은 당연히 刑작용에 의한 작용이 발생하겠죠. 그래서 金의 끝부분하고(戌), 丑의 앞부분에서 丑이 더 우선적으로 대세적으로 작용하는데, 이때도 土끼리의 작용, 이렇게 생각하시면 안 되는 거죠.

火의 入庫가 사실은 戌하고 丑에서 다 이루어지죠. 火의 入庫 작용이 여기(丑)는 丁, 여기(戌)는 丙 火의 入庫 작용에 의한 여러 가지 조정, 희생 이런 것들이 발생하는 거죠. 어떤 경우는 丑이 戌을 건드려서 發火되는 작용처럼 드러나는 경우도 있습니다. 發火되는 작용이 어떤 것이냐면 壬戌 이런 게 있죠. 財星이 入庫하잖아요. 丑年에 戌이 싹 건드리는 것과 똑같은 거죠. 부지깽이를 가지고 戌이 화롯불의 재에 쌓여있는 것을 휘휘 저어 주는 작용이죠.

그 다음에 丑이 계절적, 기운적으로 밖이 엄청 춥잖아요. 엄청 추우면 안에서 더 활활 타는 작용이 있어 준다는 겁니다. 불장난을 많이 해본 사람은 아는데 장작에 불이 지펴 있으면 제법 큰 불이 났을 때 물을 뿌려주면 높은 열을 내면서 더 잘 타는 작용이 있죠. 밖에 陰氣가 에워싸 주면서 안에서 불을 지르는 작용 그래서 發火.

그 다음 亥에 오는 丑 다음에 寅이 火長生지로 넘어가잖아요. 火長生을 위한 환경을 조성해 주는 것으로 결과는 잘 나타나는데, 이 과정 자체에는 여러 가지 刑작용이죠. 이것 고치고, 저것 고치고, 팔 거 팔고, 살 것 사는 이런 식의 상황이 발생하는데, 丑 중간에도 바로 이런 작용이 진행되는 경우를 많이 봤습니다. 아무튼 刑의 일반적인 작용 중에서 火 入庫의 害가 발생한다. 亥에 丑은 기본적으로 隔角인데 驛馬를 유도해 주죠. 돼지를 떠나고 미끄러지게 하는 작용. 그래서 올해(己丑年) 돼지띠가 많이 떠나고 움직이는 것을 보게 될 겁니다.

옛날에는 易學 거기에서, 저런 것이 사실은 참 아직도 과제이긴 한데 옛날 분들이 이해했던 것들하고 충격인데, 亥하고 丑하고 있을 때 물론 八字 內에 드러났을 때는 子를 끼워서, 옛날에 이것이 과연 연구자의 글인지 비결서를 옮겨놓은 것인지 모르는 노트 같은 게 있었어요. 여러분들 헌책방을 다니다 보면 易學 공부 영감들이 많이 했구나 하는 노트들이 있을 거예요. 헌책을 내 놓으면서 자기가 서브 노트했던 것들이 같이 따라 나오는 경우가 있거든요. 여러분들이 쓰시던 노트가 바로 그 노트가 됩니다. 거기에 글도 깨끗하게 정리된 책들이 있는데 이 亥丑이 만난 것을 海陸冬이라고 해서, 바다와 육지가 같이 어울려 무리지어 있는 겨울이다 해서, 이것에 대한 해석은 노트한 사람한테 물어봐야 되겠지만 노트한 분이 누군지 알 수가 없으니까…. 八字 內 干支에 드러나 있을 때는 이런 해석이 가능하겠죠.

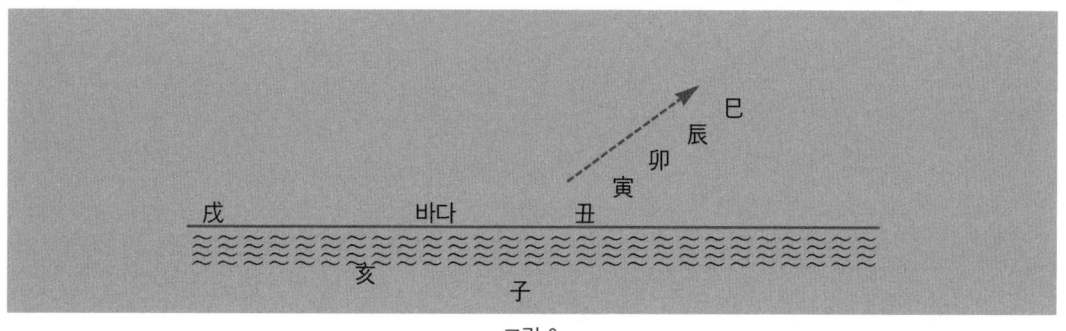

그림 6

丑의 자리부터 공간적으로 보면, 산이 있고 바다가 있을 때 공간적인 좌표를 쭉 보면 바다 속에 물이 있잖아요. 아주 깊은 곳을 子 물이 넘실거리는 곳, 여기를 丑,寅,卯,辰,巳,午는 공간적으로 굉장히 높은 곳…. 그렇죠?

이렇게 매겨 나간다면 丑하고 돼지 亥자를 이렇게 볼 수 있다면, 亥하고 丑이 무리지어 있으니까 海陸冬이다. 이렇게 해서 水의 기운이 무리지어 있는 것을 설명하기 위한 글이 아니냐? 그 이상의 숨은 의미가 있느냐? 이런 것은 잘 모르겠는데, 그분이 글을 정리한 것이니까 運에서는 사실은 이런 원리나 논법을 적용하기가 굉장히 어렵다는 거죠.

물론 五行的으로는 亥子丑이 다 水에 속하고, 水가 무리지은 놈하고 같은데 실제 運命的으로 적용하는 것을 보면 역시 三合이다. 예를 보니까 亥와 丑이 친하고 겨울에 속하는 것 같아도 언제든지 배신 때린다. 틈만 생기면 배신을 때리는 거죠.

그래서 제산선생님이 저하고 옛날에 자리할 때도 사모님 八字에, 제산 선생님 사모님 八字예요. 八字는 일일이 기억을 못하는데 癸丑이 들어와 있었어요. 아마 癸丑日이죠. 제산선생님 사모님의 부동산이 丑 자리에 놓여 있잖아요. 丑 중에 있는 辛金이 문서이면서 土 田財의 모양이잖아요. 그러니까 丑은 이것이 논이거든요. 이러면서 저보고 물이 잠겼다가 빠졌다가, 잠겼다가 빠졌다가 하는 논으로, 실제 논을 어마어마하게 가지고 있었기 때문에 부동산을 가지고 많이 致富했는데, 이 丑은 水의 무리에서 보면 물만 빠지면 바로 土로 돌아간다. 그런 물상으로도 유추되더라는 거죠.

그런 원리로 볼 때 亥하고 丑은 참으로 어울리기 어려운 모양이고, 실제 운세 해석에서도 보면 丑이 亥의 작용이나 활동을 많이 억제하더라는 겁니다. 亥가 丑에 작용하는 것도 마찬가지로 불안하고 동요하게 하더라는 겁니다.

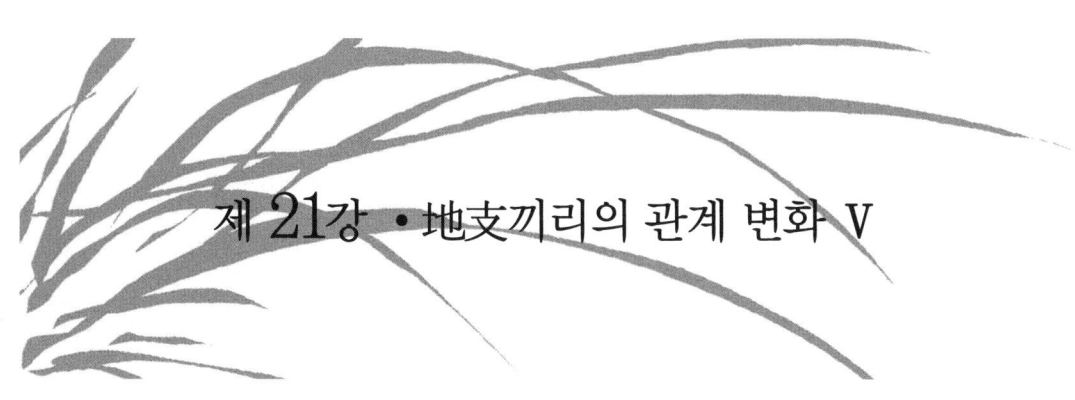

제 21강 · 地支끼리의 관계 변화 V

子에 寅이 오면 기본적으로 隔角이죠. 그래서 五行적으로 상생이 되느냐? 안되느냐? 이런 것을 고민 많이 하는데, 실제로 四柱 해석에서 많이 쓰이면서도 많이 헷갈리는 것이 子하고 寅, 申하고 戌 이런 것들인데 五行的으로 보면 水가 木을 돕는 것처럼 보이고 戌이 申을 낳아 주는 것처럼 보이는데, 어떨 것 같습니까?

질문

子午卯酉는 生 자체가 잘 안 됩니까?

답변

子午卯酉는 生이 잘 안 됩니다. 상생의 구조 자체에 들어가지 않는 것은 아니고 다른 글자의 조건에 따라 움직이는데, 실제 四柱 해석을 할 때 子 글자가 寅을 돕는 것이 아니고 다른 글자들 있죠?

예를 들어서 水가 있으면 戊寅日이라고 하고 子時라면 물론 天干은 있겠지만 天干은 배제하고, 이 두 글자 사이의 관계를 설정할 때 寅을 돕는 작용이 분명히 있기는 있죠.

時	日	月	年
	戊		
子	寅	午	

辰　申　戌

그림 1

뭐냐 하면 여기(月)에 印星(午)이 온다든지 印星이 와서 寅하고 午하고 무리지어서 火가 왕성해지려면 子가 午를 沖하고 寅이 자기의 색깔이라든지 역할을 그대로 유지하도록 그리고, 寅 자체가 木이니까 木으로서의 성질이 변성되지 않도록 하는 작용은 있겠죠. 그런데 실제로 寅이 寅답게 놀도록 하느냐? 이 둘(子와 寅) 사이에 隔角이라는 것은 '子가 申과 짝을 짓는다면 寅도 申과 相冲을 일으켜서 무리 짓지 못하도록 하겠다.'

이런 것이 들어와 있는 거죠. 그래서 隔角이 되어 있는 것은 자기가 긴장된 형태로 子의 역할, 寅의 역할 이런 것을 하게 한다는 것이고, 相生의 요소에서는 子가 寅을 생하는 것이 아니라 다른 火와 무리지어서 자기가 변성되려고 하는 것을 막음으로써, 결국은 돕는 것도 아니고 돕지 않는 것도 아닌 이런 구조 속에 있다는 것을 생각하셔야 됩니다.

이런 것을 生剋論的으로 자꾸 생각하면 굉장히 헷갈리기 쉬운 거죠. 隔角이 되어 있다는 것은 서로의 활동을 통제하는 관계지만, 자기 색깔을 그대로 유지시켜 주는 작용도 갖는다. 자기가 그대로 이 세상 믿을 놈 하나도 없다는 식의 상황으로, 나는 子일뿐 申과 무리 지으려고 했는데 寅이 와서 방해하고, 辰과 무리 지으려고 했는데 마찬가지로 寅이 방해를 하게 되니까, 결국은 隔角되어 있는 글자 자체의 고유작용이 상당 기간 동안 팽팽하게 유지된다는 뜻이 되는 겁니다.

運에서는, 午가 와서 무리지으면 결국 運이라는 것은 지속적으로 작용한다는 거죠. 결국은 子가 위축된 모양으로 있지만, 午가 와서 子를 沖한다고 해서 갑자기 子가 水로서 木을 生하는 작용을 하지는 않는다는 거죠. 隔角이 되어 있으면 두 글자 다 자기 개성을 고집한다.

그 다음에 상대방이 다른 쪽으로 변성되려고 하면 그것을 대체로 막는 작용으로, '정신차려라' 하면서 자극을 주는 그런 작용을 하게 된다고 보시면 됩니다. 寅이 와서 隔角을 하면서 대체로 子의 역량 감소가 되겠죠. 일종의 落花죠. 寅이 무리지어서, 寅午戌로 무리지어 버리니까 子의 역량이 크게 삭감이 된다. 이렇게 보면 되죠.

실제로 申生이 戌年 午年에 喪門, 弔客에 걸려들죠. 이 글자가 年이 아니라 月이나 時에 있다 하더라도 戌年이 왔다 하면 申을 떨어뜨리는 작용, 목을 죄는 작용을 한다. 그래서 글자마다 喪門, 弔客을 적용해서 年月日 다 喪門, 弔客을 적용해 볼 수 있는데 대체로 年에 있는 것들이 가장 근거나 기반이 되는 것들이 교란당하는 것이니까, 일반적인 喪門, 弔客으로 조상과 맞물려 파생된다는 뜻이고, 그 다음에 태어난 달도 마찬가지로 근접한 조상이 되겠죠. 日하고 時는 배우자와 관련된 가족이나 六親에 落花, 떨어짐이 발생하고 횡액이 발생한다. 이렇게 확장할 수 있는 겁니다.

그 다음에 丑을 만나면 丑의 작용이 寅을 낳아주는 작용을 하죠. 寅의 역량이 기본적으로 강화되는 과정이 발생하니까, 丑의 기운이 서서히 寅을 낳는 쪽으로 기운적인 쏠림이 발생한다는 겁니다. 그 다음에 寅이 寅을 만나면 재생이죠. 다시 움직이게 한다는 거죠. 그 다음에 기본적으로 自刑 작용을 했죠? 自刑의 작용이 있으니까 재생하기 위해서는 기존의 것을 조정하는 刑의 작용이 있다고 했죠. 刑을 거쳐서 재생시키는 그런 작용이 발생한다.

卯에 寅이 들어오면 寅이 卯를 五行的으로 木을 무리짓게 하거나 木의 활동력을 돕는 작용력으로 가는데, 결국 그런 과정 사이에는 卯의 입장에서 보면 寅이 亡身이죠. 亡身이라는 것은 자기가 붙들려 잡혀서 일정 기간 동안 제대로 작용하지 못하다가, 寅 다음에 卯로 넘어가는 것이니까 卯의 활동력을 도와주기 직전의 불안한 상태, 결국은 기다려야 되는 상태, 그렇게 보시면 되는 겁니다. 卯가 亡身이 되므로 寅木의 혜택을 보더라도 그 과정에는 亡身이라는 단계를 거치게 된다는 겁니다.

辰도 마찬가지로 隔角이죠. 土의 붕괴, 붕괴라기보다도 五行的으로 土가 크게 약해지는 거죠. 寅이 와서 辰의 작용력을 막아버리는 것이니까 土의 작용이 매우 미미해지는 거죠. 기본적으로 전체적으로 木旺으로 기운이 쏠려 버리겠죠. 木旺의 해로움을 당하니까 辰을 소중하게 쓰는 사람들은 寅年이 오면 辰에 관한 수술이 가해진다고 보면 됩니다.

時	日	月	年
	壬		
	辰		

그림 2

庚寅年에 寅木이 들어와서, 명조마다 차이는 있습니다만 辰을 官星으로 쓴다면 壬辰으로, 辰이 하나의 官으로 쓰이고 있는 사람은 庚寅年에 官이 크게 위축되거나 튕겨가거나 하는 작용이 오게 되는 겁니다. 辰을 財로 쓰는 사람은 더 하겠죠. 寅木이 辰을 크게 위축시켜 나가기 시작하니까 결국 마누라를 빌려 놓은 격이다. 마누라를 빌려 놓았기 때문에 마음대로 못한다는 거죠.

寅이 巳를 만나면 당연히 刑의 작용이 이루어지고 결국은 이 경우가 五行的인 刑出 작용이 있는 거죠. 刑出 작용은 寅 중에 있는 丙火가 지상에서 巳火와 같아서 寅이 갖고 있는 즉, 火를 생하고 있는 發火, 불기운을 틔워줄 수 있는 發火가 뭐냐면 寅中에 巳火죠.

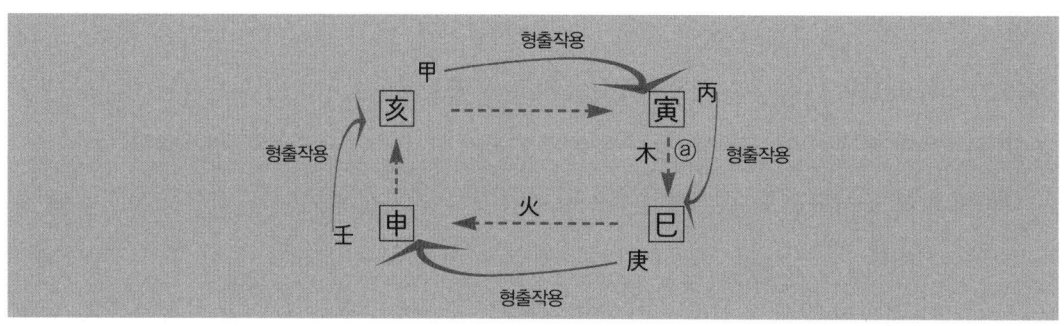

그림 3

도표를 보면 寅中 巳, 巳中 申, 申中 亥, 亥中 甲 또는 亥中 寅 이렇게 刑出 작용이 이루어지죠. 이것끼리는 ⓐ가 五行的으로 木, 火인데 火가 뭐냐 하면 중간에 土의 火金交易이죠. 火와 金의 交易을 중재해 주는 과정을 거치지만 巳中에 있는 庚이 申을, 申中에 있는 壬이 亥를 亥中에 있는 甲이 寅을, 寅中에 있는 丙이 巳를 이런 식으로 刑出 작용이 이루어진다는 겁니다. 배를 갈라서 내것을 내어놓는다는 거죠. 刑出에서 火가 기본적으로 강화되겠죠. 火 강화! 그 사이에는 刑에 의한 수술, 조정 과정이 발생한다.

時	日	月	年
	己		
	巳		寅

그림 3

寅이 왔을 때 巳가 있는 명조에는 예를 들어서 己巳에 寅이 왔다 했을 때, 이 巳火가 수술이나 조정을 하지만 결국 그것이 궁극적으로 강화되기 위한 것이다.

질문
亡身 작용은…?

답변
寅의 입장에서 볼 때는 亡身이잖아요. 속의 핵심적인 것이 속마음을 들켜버린다는 뜻이거든요. 寅中에 있는 丙火가 巳의 작용과 대등한데 이것이 튀어나와 버린 것이니까 亡身이잖아요. 거꾸로 亡身의 반대편에 있는 사람은 받아먹는 거죠.

그래서 五行的으로 火의 강화가 이루어지고 刑出에 의한 여러 가지 조정 작용이 이루어진다고 보시면 되고, 寅午는 三合이니까 三合에 의해서 火의 작용이 강화되는데 초창기에는 午가 붙들려 잡혀 들어가요.

時	日	月	年
	庚		
	辰	午	

寅

그림 5

八字 안에 午가 있다. 이 때 寅이 오면 기본적으로 辰을 隔角하는 작용이고, 午가 寅에 빨려 들어가는 작용이다. 그러니까 午가 天干 상으로 보면 丁이죠. 丁이 寅을 만나서 오히려 死의 작용으로 빨려들어 간다는 겁니다. 그러다가 뒤에는 결국 무리 지으면서 火局으로 돌아서겠죠. 그런데 그 寅이 머무르고 있는 대부분의 기간 동안은 일단 丁이 寅에 빨려 들어간다. 午의 역량 삭감! 그렇게 보면 되죠. 이때 午를 남편으로 쓰는 사람은 寅年이 오면 재물의 소통이라든지 문서의 변동이 발생하죠. 문서의 변동이 발생해서 부동산이나 문서 재산의 운용으로 나름의 보상은 있었으나 남편의 궤도 수정, 이동 변경이 발생하고 그것이 남편 德을 입는 쪽이 아니라 오히려 남편 德이 크게 삭감되는 쪽이라는 겁니다.

그 다음에 未에 이르면, 未도 마찬가지로 未의 역량이 크게 감소되겠죠. 未가 계절적으로 春夏에서 秋까지 떠밀려 가는 가을까지 떠밀려 가는 통로에 있는 거잖아요. 寅은 겨울에서 봄으로 막 빠져왔잖아요. 五行으로 따지면 木氣가 굉장히 旺한 것이니까 土의 작용력이 크게 약화되어 버리는 거죠.

물론 안에서 地藏干으로 보면 甲己가 잡혀 있죠. 寅中에 있는 甲木하고 未에 있는 己土가 甲己가 되어서 未가 寅이 극도의 木의 작용을 일으키지 않도록 하지만, 어쨌든 붙들어 잡혀있는 未라고 하는 것이, 자연의 木운동이 쭉 위로 찢고 올라오는 운동 같으면 그것을 막아 놓은 거잖아요.

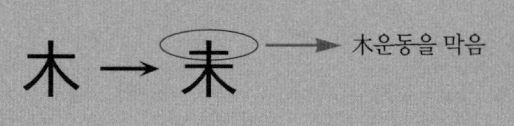

그림 6

더 이상 치솟아 오르지 못하게 막아놓은 거잖아요. 도리어 未가 있는데 木氣가 와있으니까, 이것을 바탕으로 더 찢고 올라오는 모양이 되니까 未의 역량이 크게 위축된다. 未가 財星인 경우에 寅이 오면 간단하게 劫財로 해석하면 되긴 되는데 아주 섬세하게 量을 본다면 寅이 未의 역량을 크게 삭감시킴으로써 財星의 기운이 크게 量的으로 줄어드는 거죠.

그 다음에 寅申相冲은 당연히 冲으로써 기본적으로 약화 또는 재생이죠. 冲의 일반적인 작용은 아시죠? 그런데 寅申이 冲을 하면 모든 冲중에서도 big match죠? 그러니까 子午, 丑未, 寅申, 卯酉, 辰戌, 巳亥 이렇게 있을 경우 이중에서 가장 big 매치가 寅申相冲이죠. 寅申이 말 그대로 슈퍼 헤비급 선수단이잖아요. 매치를 하는데 가장 big 매치가 寅申相冲이다. 대전료가 비싸죠. 그 데미지가 작지 않다. 사고를 쳐도 대형사고가 난다. 그래서 이 寅이 와서 여러 가지 작용을 일으키는 것 중에 寅申相冲이 이루어졌을 때, 冲에 의한 量的인 변화가 굉장히 크다.

그 다음에 酉에 寅이 왔을 때 해석하기가 애매하면, 그 자체 神殺하고 十二運星을 띄워 보면, 寅하고 酉는 기본적으로 元嗔이 형성되죠. 元嗔이 형성되고 天干에 辛으로 바꾸어 봤을 때 寅이 胎에 들어가죠. 金이 약화되어 모양새가 온전하지 못하다. 酉가 官星인 경우에는 酉月에 甲辰日柱가 官星을 소중히 쓰는 사람은 寅이 와서 酉를 元嗔하면 金의 작용력이 크게 삭감되어 버리는 작용이 발생한다는 겁니다.

그 다음에 戌이 寅을 만났을 때 戌을 항상 金하고 무리지어서 해석하시면 됩니다. 그래서 戌의 餘氣 辛金작용이 크게 약화되는 거죠. 봄이 열리면 가을이 닫힌다. 가을이 물러간다고 생각하시면 되는 겁니다.

甲戌에 寅이 들어왔을 때 比劫에 의한 분탈로 일반적으로 생각하셔도 되는데, 戌土 자체의 土의 약화는 기본적으로 드러난 형태로도 있는 것이고, 내부적으로는 金이 약해지는 것이니까 土弱, 金弱의 害를 寅에서 그대로 만난다고 보시면 됩니다. 재물만 나가는 것이 아니라 서방도 날라간다.

時	日	月	年
	甲		
	戌	午	寅

그림 7

여자 八字에서 甲戌이다. 甲戌日에 해당하는 사람은 戌 안에 자식도 있고, 財星도 있고, 官星도 있어서 비교적 배우자의 德이 다른 日柱에 비해서 안정되게 보이는 경우가 많은데, 물론 저 경우도 안 좋은 경우가 있습니다. 뒤에 보면 午에 뒤집어지고 寅에 뒤집어지거든요. 寅年이 왔을 때 土弱, 金弱의 害가 辛金 자체도 세력이 크게 약화되어버리기 때문에 재물만 날아가는 것이 아니라 남편도 같이 고달파지고, 戌中에 있는 丁火가 寅木을 만나면 역량의 약화죠. 재물, 배우자, 자식이 한꺼번에 다 역량이 위축되어 버리는, 주변의 모든 존재가 한꺼번에 불안해지는 작용이 저런 시기에 발생하는 겁니다.

甲戌日柱가 午에 들어가면 食傷은 세력을 갖는데 戌 중에 있는 辛金이 크게 삭감되어 버리면서 자식과 재물에는 무리가 없는 반면에, 남편에게 큰 걱정거리라든지 사회적 활동력이 위축되는 그런 작용이 이루어집니다.

時	日	月	年
	乙		
戌	未	丑	巳

그림 8

八字가 格用, 强弱이 아니라 구조주의적인 해석, 그러니까 八字에 巳, 丑, 未, 戌이 갖추어져 있을 때 寅年이 들어오면 어떤 작용을 일으킬 수 있겠느냐? 巳를 만나니까 巳火가 세력이 강화되고, 丑은 寅의 역량을 보호하고 돕는 작용을 하죠. 물론 동작을 둔화시키는 작용은 있죠. 그 다음에 未는 比劫에 의한 삭감, 未土의 역량 약화, 戌에서는 金까지 약화되는 거죠.

金의 기운이 약화되는 작용이 오니까 이 사람 입장에서 자식을 논한다면 자식이 두 군데로 갈라져 있죠. 자식이 여럿이라면 巳中에 庚金, 丑中에 있는 辛金, 戌中에 있는 辛金이 있는데 戌中에 있는 辛金은 寅年이 왔을 때 그 활동성이 크게 삭감된다.

만약 八字의 패턴대로 四柱에 있는 庚金이 딸이고, 丑中에 있는 辛金이 아들이고, 戌中에 있는 것도 아들이라면 寅年에는 어떤 자식이 애를 먹이겠습니까? 셋째가 애를 먹이고 卯年이 왔을 때는 卯가 隔角시키는 인자는 뭡니까? 巳丑 통째로 隔角시키잖아요. 그러면 첫째, 둘째에 불안, 동요가 발생한다. 그러니까 불안이 발생하든지 동요, 움직여 튕겨나가는 작용이 발생하겠죠. 그래서 寅年, 卯年 전체를 아울러서 官星이 세력이 약해져서 자식에 신경 쓸일이나 불안, 동요가 많이 생겨난다고 봐도 좋은데, 그렇게 해도 대충 해석은 맞지만 실제로 둘째 아이는 어떻게 되느냐? 첫째 아이는 어떻게 되느냐? 그런 것을 가늠하는 기준이 이런 것을 통해서 섬세하게 접근되어야 한다는 겁니다.

예를 들어서 딸이 없다면 둘째 아들에게 여러 가지 신경 쓸 일이나 동요사가 발생할 것이다. 卯年에는 첫째 아들에게 동요가 발생할 것이다 이렇게 정밀한 분석을 해 나갈 때 구조주의로 보면 답이 눈에 잡히죠.

질문
다 흔들리는 거 아닙니까?

답변

다 흔들린다고 봐도 맞는데 그러면 80점! 두드러지게 움직이는 것이 누가 더 강하냐? 약하냐? 하는 것을 쪼갤 때는 卯가 직접적으로 더 많이 간섭하는 것은 巳와 丑에 대해서 隔角시키잖아요. 애가 셋이라면 첫째, 둘째일 것이요. 애가 둘이라면 첫째가 훨씬 더 많이 불안, 동요를 할 것이다. 이렇게 정밀하게 접근해 가면 90점이다. 여기서 10점을 더 먹으려면 이것의 동작 양상을 볼 줄 알아야 됩니다. 소를 토끼가 모는 格이잖아요.

소의 물상을 취해 놓고 소가 무슨 뜻을 얻었으니 토끼처럼 뛰는 거잖아요. 소가 뛴다는 것은 평소에 안하던 짓거리를 한다. 꿈쩍도 안 하던 놈이 뭔가 인생관에 변화를 주기 시작하면서 크게 인생을 뒤바꾸려고 한다. 멀리 떠나려고 한다. 여태까지 해오던 일을 크게 바꾸려고 한다.

이런 것을 八字 내 地支와 運에서 오는 글자와의 관계 사이에서 해석하는 능력을 가지고 접근하면, 80점만 해도 줄 서는데 이상 없으니까 그냥 그렇게 해도 됩니다.

그러면서 꼭 필요한 상황이 생기면 90점을 먹어라. 먹고, 더 정밀하게 연구 차원이라든지 현상적인 모양새를 유추해 나가려고 하면 이런 관계를 적용하면 되겠죠. 그러니까 寅年에는 戌中에 있는 丁火가 위축이 되는 모양인데 寅, 戌이 형태는 합이잖아요. 그러니까 어떤 궤도를 타고 움직이는 것이거나, 그냥 주저앉아서 꾸물거리고 있는 것이라는 말이죠. 궤도 위에 있는 것이지 뒤바꾸는 것은 아니죠. 卯는 자의든 타의든 궤도를 확 흔드는 거죠. 이때는 戌 중에 있는 辛金이 아프거나, 꾸물거리거나, 빌빌거리거나 이런 식으로 걱정과 근심을 준다면 卯의 경우는 확실히 흔들어서 동요시키는 거잖아요. 이동시키는 작용, 卯가 丑中에 있는 辛金을 움직이게 하는 것은, 그렇죠?

그래서 위축이 되거나 동요하는 양상이 글자를 비교해 보면 이런 것들이 나옵니다. 그러면 100점이 나오기는 나오는데 이렇게 보시지 마시라는 거죠. 단, 알고는 있는데 그렇게 보시면 여러분들이 業을 하시는데 완전 그 앞이 시장판이 되어서 피곤해지기 시작하니까 필요할 때만 이런 식으로 논리를 확장해서 보라는 겁니다.

질문

卯戌 합의 영향은 없습니까?

답변

卯戌 合은 당연히 영향이 있죠. 巳, 丑은 확실히 동요죠. 戌은 묶여있는 거죠. 묶여서 오도가도 못 하고 주저앉아 있는 상태, 戌 중에 辛金이 卯를 만나서 할 수 없이 떠밀려있는 상태, 구석에 코너에 몰려있는 상태, 이렇게 보는 거죠.

바깥의 형식이 合이 되어 있으니까 충동, 동요보다는 구석으로 떠밀려 있는 상태다. 그래서 빌빌거리고 있는데 더 정밀하고 구체적으로 눈에 보이는 이동은 앞쪽에 있는 巳, 丑들이 하더라. 그래서 그런 구조주의로 해석을 해 나가는 능력이 습득이 되면 格用이나 强弱에 대해서 굉장히 자유로워집니다.

時	日	月	年
	丁		
戌	未	丑	巳

그림 9

그러니까 이제 남자 입장에서 金, 여자라면 巳中에 있는 庚金, 丑中에 있는 辛金, 戌中에 있는 辛金이 寅과 卯를 만났을 때 寅年에는 치열한 경쟁을 통해서 장가를 빨리 갔다면 巳中에 있는 庚金이 마누라가 되겠죠. 보통 자기 것이 안 되거든요. 劫財에 에워싸여 있으니까 丑中에 있는 辛金으로 마누라를 취하거든요. 日支에는 羊刃을 밀어내는 놈이니까. 그러고 나서 안방으로 들락날락거리는 모양이 羊刃에 의해서 치이니까 서로 正財로서의 역할이 원활하지 못한 상태에서 대문 밖을 보니까, 丑中에 있는 辛金보다 가을과 무리지어 있는 戌中에 있는 辛金이 더 세력이 강하잖아요.

戌中 辛이 사람을 내가 애인을 삼든 작은 부인을 삼든 삼았는데, 寅年에는 어느 여인이 속을 썩이고, 근심을 주고, 戌이 더 위축되고, 卯年에는 본마누라가 들고 뛰고, 이런 모양으로 글자 자체가 그러니까 喜忌 이런 개념으로 생각하지 말고 구조주의로 그대로 읽으면 된다는 겁니다. 글자만 교체하면 되겠죠.

놈으로 바꿔 볼까요? 巳中에 있는 庚金, 丑中에 있는 辛金, 戌中에 있는 辛金이 남자라도 마찬가지잖아요. 寅이 와서 戌 글자에 애를 먹이고 卯 글자는 본서방이 애를 먹이고 아시겠죠? 그 다음에 寅이 亥를 만나면 당연히 亥水의 水역량 감소죠. 이 사이에는 亥하고 寅하고는 六害가 끼고 合이 되죠. 그래서 亥水의 역량 감소가 되고 寅木이 범이 돼지를 물어간 꼴이 되죠.

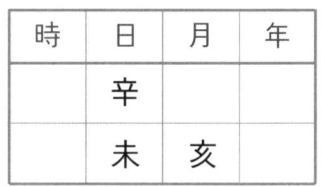

그림 10

그래서 辛日柱에 亥水를 쓰고 이런 모양에 空亡은 배제하고 寅木이 왔을 때 亥水가 크게 한번 돼지한테 다리 하나 확 물어뜯기는 거죠. 그런 효과와 작용이 일어나는데 이 사람이 돼지라는 것은 傷官이 印星과 무리지어서 財星을 만들어 내죠. 傷官이라는 것이 기본적으로 財星을 만들어 내는 동력으로 작용하고 있는데 이 양반 돼지를 키운다면 寅年에 범이 출현해서 역량 감소가 발생하고, 그 과정에서 六害와 合, 그러니까 한 50마리 살고 있는 돼지우리에 범이 한 마리 뛰어들어 와서 5~6마리를 잡아먹어 버린 거죠.

질문
저런 경우에 貴人작용은 어떻게?

답변
이 사람의 運命的인 구도를 봤을 때는 亥寅만 관계가 그런데, 亥寅의 궁극은 돼지 5마리 팔아서 범을 사왔다는 거죠. 범이 우리 안에 들어와 있잖아요. 그러니까 이런 경우에는 그 동안 잘 안 팔리던 물건들을 범표 홈쇼핑이라고 있는데 거기에 올렸다. 偏財는 아니잖아요. 正財인데 貴人이죠. 족보 있는 貴人이잖아요. 족보 있는 貴人에 범표 홈쇼핑. 거기에서 제법 쇳가루를 만진 것으로 보는 거죠. 돼지 5마리 주고 범 한 마리 내가 잡아왔으니까 寅 財星이니까. 그런데 亥가 거꾸로 굉장히 중요한 인자로서 손상이 되면 안 되는 모양이 있습니다.

時	日	月	年
	戊		
	午	亥	

그림 11

그런 모양에 이것이 범 寅자로 바뀌어버리면 예를 들어서 日柱가 戊日柱라면 이런 경우 偏財가 자신의 기본적인 재물 창고를 상징해 주는 것인데, 그것을 삭감해 버리는 이 때 납속 공명이죠. 寅이 官이잖아요. 명예를 샀는데 현찰은 상당 부분 줄었다. 卯年이 되면 드디어 있는 것을 모두 다 돼지로 현찰을 다 가지고와서 이런 식으로 쭉쭉 빨아 가죠. 그 다음 辰에 가면 亥水가 辰에 入庫로 완전 다 마른 거죠. 그래서 亥水의 역량 감소가 이루어진다.

질문

食神이 역량을 발휘해서 재물을 만드는 것의 역할은?

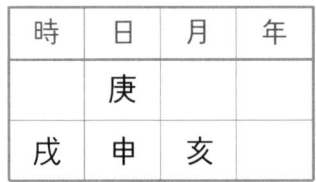

時	日	月	年
	庚		
戊	申	亥	

寅

그림 12

답변

庚日柱는 亥水가 食神이잖아요. 食神이라는 것은 자기가 끝없이 생산했던 부산물들이라는 겁니다. 생산물들인데, 그 생산물을 寅이 와서 이 작용을 하면 드디어 가수가 범표 무대 위에, 범은 불이 2개가 있잖아요. 범에서 불빛 나오죠? 조명 받는 곳에서 가수가 드디어 마이크를 잡고 떠서 돈을 받는다. 이것이 偏財잖아요. 자기가 만든 여러 가지 업적물, 재능, 상품 이런 것을 시장에 내놓고 경쟁자를 압도하면서 히트를 치는 그런 것이 되는 거죠. 대신에 자기가 가지고 있는 에너지는 어느 정도 빠져 나간다.

제 22강 · 地支끼리의 관계 변화 Ⅵ

卯가 子를 만나면 항상 運은 임금이다. 기본적으로 子卯의 刑 작용이다. 子水가 卯를 만나서 펼쳐지는 작용을 해요. 子水는 雨露죠. 雨露가 卯를 만나서 펼쳐진다.

癸水로 치면 원래 子水의 본성이라는 것은 어느 한 곳에 모여서 작은 씨앗의 상태로 있는 거잖아요. 근데 卯를 만나면 四陽, 陽의 4단계에 이르므로 子가 엉기어 있지 않고 밖으로 확 펼쳐져 있는 거죠. 그래서 陰干 長生이라는 것은 말 그대로 長의 개념으로 밖으로 쭉 늘어선다. 그래서 水가 卯의 운동을 만나서 쭉 펼쳐지는 과정을 만난다.

그 다음에 丑은 隔角이다. 丑 中에 있는 辛金이 絶地에 떨어지므로 金운동을 아주 에워싸서 잡는 작용을 하죠. 丑 中에 있는 辛金 金의 작용을 木이 木旺之處에 온 거죠. 寅卯辰 해서 木이 가장 왕성해지는 陰曆 2月에 와 버리므로 金을 크게 약화시키고 또, 丑자체의 역량이나 활동력을 隔角으로 제한하는 거죠. 아니면 丑을 걷어 차 버리는 거죠.

토끼보고 '뛰어!' 이러면서. 소보고 '야, 뛰어라!' 이러면서 토끼 세상이 왔으니 소도 토끼처럼 뛰어라. 죽든지, 뛰든지 둘 중에 하나를 할 것이다. 寅이 卯를 만나면 寅木의 기본적인 역량 강화이고, 그 이후에 寅이 卯를 돕게 되는데 寅의 활동력을 크게 강화시켜 주죠. 木을 무리 지어 준다. 四柱 해석에서는 寅卯라든지 巳午, 申酉들이 왔을 때는 혼잡의 해로움이 발생한다고 보면 되죠.

혼잡이라는 것은 辛 日柱가 寅을 正財, 天乙貴人으로 쓰고 있는데 卯가 출현하면 이것도 (寅) 財요, 이것도(卯) 財다. 이 때 혼잡의 해로움이 발생하죠. 어느 것이 내 여자인지 구분할 수가 없다. 어느 것이 나의 처인지 구분이 안 된다는 식의 혼잡 요소가 발생해 버린다. 그래서 혼잡의 번거로움이 발생하게 된다는 거죠. 실제로 運에서 증험을 해보면 저것이 희한하게 말려들어간다고 볼 수 있는데 결국, 寅木이 초기 스타트에는 寅이 힘을 더 쓰고 卯가 힘을 많이 못 쓰고 있다가, 뒤에는 寅의 역량이 약화되고 卯가 훨씬 역량이 강화되는 식으로 運의 초기부분하고 끝부분하고 차이가 나요.

이 卯를 만나면 辛이 할 수 없이 빨려 들어가는데, 八字 안에 卯가 드러나 있는 사람은 원래 이것저것 복잡하다. 그래서 혼잡이라는 것을 여러분들이 보실 때는 印星 혼잡도 봐야 돼요. 그리고 財星 혼잡 다음에 그 해로움이 굉장히 구체적이고 큰 것이 官殺 혼잡이다. 과거 사회는 벼슬의 강도, 안정된 모양이 굉장히 중요했기 때문에, 그 시대에는 官殺이 혼잡되어 있으면 복잡한 인생으로 본거죠. 그래서 印星, 財星, 官殺 혼잡을 그릇 자체에 교란을 줘서 格을 상당히 떨어뜨리는 걸로 보거든요. 그래서 혼잡이 발생하면 역시 혼잡스러운 일들이 생기더라. 혼잡을 다른 말로 하면 난잡이다.

卯가 卯를 만나면 自刑, 再生 작용이 있는 거죠. 그래서 卯의 활동력이 여러모로 강화되더라는 거죠. 그 다음에 卯가 辰을 만났을 때도 마찬가지로 土의 衰弱이죠. 특히 辰 입장에서 봤을 때는 卯가 저승사자잖아요. 辰 입장에서 보면 卯가 六害殺이니 저승사자를 만나서 내가 꼼짝 못하고 눈치를 봐야 되는 처지…. 그런데 하필이면 내가 대외적으로 주장하는 卯는 寅卯辰, 즉 木의 木旺之處 木旺의 계절에서 가장 핵심이다. 이 핵심이 반드시 木쪽이다. 木의 족속에 해당하니까 여기서 까부는 놈들은 木이 처단하겠다는 것이다.

그래서 이 辰이 역량이 크게 위축되어 있는 상태를 말하는 거죠. 그러니까 甲辰을 쓰고 있는 사람이 卯를 만나면, 羊刃을 만나서 羊刃의 해로움을 당한다고 해석해도 되지만, 물론 空亡도 있지만, 이 辰이 꼼짝도 못하고 있는 상태다. 남자가 이것을(辰) 사업적인 무대로 쓴다면 완전히 짓눌러서 숨이 깔딱깔딱 넘어가는 상태고, 이것을(辰) 배우자로 쓴다면 배우자가 아파서 누워 있거나 아니면 다른 남자한테 완전히 손목, 팔목 다 잡혀서…. 말 그대로 제비한테 걸린 거죠. 그래서 土의 쇠약이 극히 심해진 모양이죠. 그래서 木旺의 해로움이 발생한다.

卯가 巳를 만나면 말 그대로 隔角이다. 隔角의 害를 줘서, 隔角이 바로 근접하게 있으면서, 저런 경우도 卯가 巳를 만나서 木生火를 한다고 배우면 큰일 나죠. 저것이 뒤에 四柱 해석을 할 때 굉장히 중요하게 쓰여집니다.

時	日	月	年
	壬		
	辰	巳	

그림 1

예를 들어서 壬 日柱에 巳가 偏財라고 칩시다. 그 때 卯年의 해석을 어떻게 할 것이냐?

물론 丙火가 卯를 만나서 沐浴을 한다고 생각해도 그런 기본적인 작용에 대한 곡해는 없는데, 卯하고 巳 사이에 隔角이라는 것이 매우 중요한 거죠. 食傷(卯)을 따르겠죠. 食傷을 따라서 新生, 새로운 사업을 만들어 나가는 新生 사업을 하게 되는 과정이 발생하면서 偏財라고 하는 현금유동성이 크게 소진되어 버리죠.

그러면서 사업적으로 무리한 투자나 무리한 일에 가담하게 되어 현금 유동성이 크게 훼손되는 작용이 오는 겁니다. 이런 경우 食神, 傷官이 生財하니까 최고다라고 하면 안 된다니까요. 발 하나 담그다 보니 있는 것 다 들어가 버렸다. 이게 순 빚이다. 저런 모양새를 앞으로 잘 봐 보세요. 내후년에 卯年이 들어오면 이것(卯)을 食神으로 쓴다면,

時	日	月	年
	癸		
	未	巳	

그림 2

癸 日柱에 이런 모양에서 卯가 들어왔을 때 巳가 正財잖아요. 正財를 반겨 쓰고 있는데 卯가 와서 木生火가 아니라 마누라 목을 조여 버리는 거죠. 마누라 목을 죄는 이유는 있는 것 다 내놔라 이거죠. 나는 卯로 따라가겠다. 뭔가 새로운 일을 벌이고 도모하는데 현금유동성

을 가장 위축시킨다는 거죠. 저런 것이 아주 잘 속는 패턴이에요.

時	日	月	年
	癸		
	亥	巳	

그림 3

특히 이런 모양일 때는 더 참을 수 없는 모양으로 가는데 이 亥水가 卯木을 무리지으므로 壬水가 劫財잖아요. 壬水가 卯를 만나서 死에 들어가잖아요. 기운이 死해 버리니까,

"야! 이거다. 이제 살맛 난다!"

했는데, 결국 사업에는 새로운 밥그릇을 형성시켰지만 현금유동성은 극도로 위축되는 환경을 만나더라는 거죠. 그래서 隔角의 해로움이 발생하는데 巳의 활동력을 크게 위축시킨다는 것을 염두에 두시고 해석을 할 때 유념하십시오.

午를 만났을 때 病地다. 이렇게 丁火가 한낮 정오의 기운과 아침의 기운이 만났을 때, 아침 기운이 주도하면 한낮의 더운 기운이 펼쳐지지 못한다. 그러니까 火의 역량 감소, 이것도 木生火로 生으로 오류를 범할 수 있는 거죠. 木運이 왔으니 火가 강해진다가 아니고 壬午에 卯가 왔다.

時	日	月	年	
	壬			
	午			卯

그림 4

마찬가지로 午가 正財잖아요. 午는 한낮 대낮의 화창한 기운, 더운 기운이 밖으로 제대로 위로 펼쳐져있는 상태가 午가 되고, 午를 正財로 쓰고 있는데 아침이 와 버렸으면 한낮보다 훨씬 더 날씨가 춥고 응결된 상태잖아요. 그러니까 봄을 만나면 午의 작용력이 크게 위축된다.

질문

財破 기능이 와 버립니까?

답변

그렇죠! 보통 마누라가 몸이 아파 가지고 수술하고 그래요.

질문

스톱을 시켰는데 말 안 들으면 야구 방망이로 때려야 되겠네요? 캐나다 같은 데로 보내면 안 됩니까?

답변

그런데 八字대로 살려고 안 간다니까요. 본인은 또 행위적으로 이 卯에 빨려 들어가잖아요. 이게(卯) 傷官이면서 天乙貴人이다.

질문

時에 卯가 있으면 더 하겠네요?

답변

한때는 낮으로서 처의 역할에 충실하였으나 결국 시간이 흘러가니까 아침으로 변해 버렸으니, 결국은 마누라가 몸이 아프든지 부분적인 역할만 하는 식으로 역량이 크게 줄어드는 거죠.

질문

저런 경우 멀리 보내 버리면 안 됩니까?

답변

그럴 때는 떨어져 살면 되죠.

질문

외국으로 나가게 하는 방법은 없습니까? 저런 모양에 외국에 있다가 이상하게 다시 엮여서 귀국을 하더라고요?

답변

運命적으로 살려고 기어링이 되는 거죠.

질문

다 꼴도록(잃어버리도록) 가만히 놔 둬야 합니까?

답변

가만히 눈덩이 맞도록 내버려 놔야 되죠. 午의 역량이 크게 삭감되어 특히, 이런 것들이 五行적인 이해하고 실제로 四柱 해석의 이해에서 크게 차이가 나는 것들이거든요.

그 다음에 未를 만나면 당연히 巳午未가 낮인데, 낮을 아침이 에워싸니 가을, 겨울에서 벗어나 있는 상대적인 것으로 본다면 이것도 무리라고 할 수 있죠. 그러나 낮의 역량은 아침에 크게 삭감된다는 거예요. 未가 卯를 만나면 木을 따라가 버리잖아요. 木旺이 주인이니까 이 경우가 자기 성질이 크게 많이 훼손되죠. 土의 성질이 크게 훼손되었다는 것은 이게(未) 마누라였으면 죽는 거죠.

時	日	月	年
	壬		
		未	

寅卯

그림 5

이게(未) 마누라든, 財星이든, 官星이든, 壬 日柱가 未를 官星으로 쓰고 있는데, 卯年에 이르면 寅年에 이르렀을 때도 약화되었잖아요. 살짝 亡身殺이 들어와 있는 거죠. 未를 중심으로 보면 寅이 亡身이잖아요. 食神에는 구설수였는데 傷官에는 확실하게 官이 흐트러져 버리는 작용이 온다는 거죠. 申도 마찬가지로 卯가 대세니 元嗔에 의한 損耗, 모양이 손상되었다. 그 꼴이 온전하지 않다고 보는 거죠. 그 다음에 卯酉는 冲에 의한 작용으로 冲의 일반적인 작용에서는 해석이 좋다는 거죠. 저것도 金剋木이라 결국은 酉가 이긴다고 하면 안 된다. 五行적으로 酉가 金이고 卯는 木이니까,

"선생님! 卯가 와서 酉를 冲하면 뒤에는 酉가 卯를 冲하죠? 그래서 결국은 金이 남죠?"

이게 五行적 오류에서 오는 거죠. 春無秋風이다. 봄에는 秋風이 없느니라. 秋風이 물러간다는 거죠. 닭이 秋風이요, 토끼가 春風인데 봄에는 가을바람이 불지 않는다. 처음에 木, 金을 배우니까 골 때리는 거예요. 안 배울 수도 없는 건데 生克을 배워 놓으니까 개념이 뒤죽박죽 되는 거죠. 戌을 만났을 때 당연히 土로서의 역량 약화에 金으로서의 역량 약화, 土金이 모두 역량 약화가 됩니다. 그 다음에 合에 의한 둔화도 있죠. 卯도 사실은 合을 만나면 合이 오히려 기운을 많이 둔화시켜 버려요. 運에서 들어오는 놈도 자기 고유의 작용이 사실은 冲에 의해서 망가지는 것이 아니고, 合에 의해서 둔화가 되어 버리는 거죠. 貪合忘我! 즉, 合을 탐하여서 자기 역할이나 기운을 잃어버리는 거죠.

亥水에 卯를 만나면 亥水가 五行적으로 水로서의 기운이 가장 완벽하게 없어지는 거죠. 三合이라는 것이 그래서 패 죽이는 거예요. 사실은 亥卯未가 결국 壬水라고 하는 것이 卯를 만나서 死地에 들어가잖아요. 死地의 合이 더 퍼펙트하게 기운을 다 빨아가는 거예요.

八字에 亥卯가 있어 卯가 간섭하면 亥가 쫙 빠지고, 다시 亥가 와서 亥의 기운이 오면 卯가 붙들려 잡혀 있잖아요. 乙木이 亥水에 붙들려 잡혀있으니까 꼼짝도 못하고 있는 모양이잖아요. 合은 그 자체가 둘 다 있는 것으로 보고 여기에 어떤 五行이라든지 글자들이 작용하고 있으므로 시소다. 강하고 약하고, 그 다음에 외부적인 冲에 의한 충동 작용이 일어나고, 이런 것들을 구조적으로 해석하다 보면 四柱 해석을 구조적으로 해석하게 된다. 이런 運에 돼지 亥자를 소중하게 쓴다는 것은, 예를 들어서 己亥에 卯가 있다는 경우에 그 처의 모양은?

時	日	月	年
	己		
	亥	卯	

그림 6

卯가 官이라 자식을 얻으면서 그 기운이 크게 삭감되어 버리잖아요. 亥가 正財로서의 그 역량을 잃어버린다는 거죠. 庚 日柱에 돼지 亥자, 실제로 돼지를 키웠는데….

질문

이 경우에 亥運이 왔을 때 망해버리는 겁니까?

답변

亥가 왔을 때 自刑을 주고 다시 채우는 작용이죠. 비어 있으면 채워 주고, 차 있으면 밀린다는 겁니다.

질문

亥가 酉를 밟아 버리는 것은?

時	日	月	年
	己		
酉	亥	卯	

그림 7

酉는 食神이지 財星은 아니라는 거죠. 財星은 아니니 酉라고 하는 食傷은 자기가 사회적인 입지나 활동력, 의식주 문제를 의미하는 것이고, 그것이 巳酉丑은 食傷局이지 財星의 局은 아니다. 財星의 局은 엄격하게 申子辰이잖아요. 그런데 己土 입장에서는 亥水를 마누라로 쓰지만 申子辰이라는 水局을 제대로 처의 宮으로 쓰지 않는다. 근데 亥水가 官局이니 亥卯未 官을 만들어 결국 자식을 만들어 내는 용도는 채우는데, 亥水의 용도는 조금만 조건이 부여되어 버리면 亥水가 빨려들어 간다는 거죠. 三合은 다 그래요.

질문

八字 안에 酉가 있어도 마찬가집니까? 뱀 巳가 있으면?

時	日	月	年
	己		
酉	亥	卯	巳

그림 8

답변

八字에 酉가 있어도 마찬가지죠. 뱀까지 있으면 더 심하죠. 그러니까 어렵게 무언가를 만들었는데 이게(亥) 약화된 모양이죠. 이(酉) 글자와 이(巳) 글자에 의해서 약화된 모양이다. 겨우 힘들게 왔는데 자식을 만들고 나니 자기(亥)의 기운이 木으로 빨려 가는 과정이 연출되더라.

질문

時가 辛未면?

時	日	月	年
辛	己		
未	亥	卯	巳

그림 9

답변

마찬가지죠. 未가 亥를 낳아주는 건 아니거든요. 壬水의 작용 자체가 木으로 빨려 들어가는, 다 그래요. 申子도 마찬가지고 庚이 子를 만나면 死하고, 寅이 午를 만나면 死한다. 死가 아름답게 죽는 거라니까요. 죽는 것이 두 종류인데 너무 좋아도, 사랑은 하는데 죽도록 사랑한다, 이게 合으로 죽는 거예요.

질문

첫 아이가 죽으면 부인을…?

답변

卯의 작용이 첫아들이 마누라를 데리고 가는 모양이잖아요.

질문

저런 경우 印星이 空亡되니 그런 짓도 한다. 그렇지요?

답변

印星이 空亡. 어차피 꽝이면서 아무튼 卯年이 오면 亥水가 빨려 들어간다. 이것이 죽도록 사랑하다가 죽어 버리는 거죠. 인간사라는 게 저렇게 참 부득이해요.

제 23강 · 地支끼리의 관계 변화 Ⅶ

辰의 복수로 시작해 봅시다. 辰은 봄에 五陽之處죠. 五陽의 자리에 있는 辰의 모양새를 여러 가지 작용을 가지고 해석을 가해야 되죠. 子를 만났을 때 子도 壬이 旺의 자리에서 三合 끝자리에는 그 다음 글자로 기운이 소진되어 나가는데, 癸水가 辰을 만나서 마찬가지로 펼쳐지는 거죠. 水의 기운이 펼쳐진 모양이, 물의 기운이 밖으로 휙 펼쳐진 게 구름이죠.

그러니까 구름이 모락모락 오르는 모양이 결국 龍이 승천하면서 龍이 산에 가면, 하늘에 올라가면 龍처럼 매달려 있죠. 구름으로 만들어진 龍. 그래서 물의 기운이 펼쳐져서 본격적으로 子의 역량을 발휘하지 못하고, 土의 역량에 에워싸여 있는 그런 모양으로 가는 거죠.

그리고 辰도 마찬가지로 丑이 겨울의 끝자락으로서 辰丑이 破죠. 丑의 고유작용을 제대로 못하게 하는 작용이 오고, 丑이 보면 辰이 天殺이죠. 하늘이 왔다는 것은 자기가 고개를 숙인다. 丑의 작용이 크게 위축이 되는 거죠. 실제로 일어나는 일들을 보면 좀 복잡해요.

辰과 丑이 破가 되어서 일어나는 것을 보면 丑을 중요하게 쓰는 경우에, 甲 日柱에 丑이 印星과 財星이 같이 놓여 있는 자리죠. 그 자리에 辰이 와서 破를 가하니 결국은 印星 水는 크게 약화되고, 金의 작용도 같이 약화되는 거죠. 水弱, 金弱, 두 가지가 다 발생하는 거죠. 그래서 金弱의 상태라는 것은 조직사회의 官運이 미흡하고 불안하죠. 水가 약한 것은 자기가 도덕적 조절, 행동의 조절이 무너지는 거죠. 辰에 이르러서 辰은 偏財죠. 甲 日柱 입장에서 보면 偏財의 유혹에 빠지는 거니까 저런 식으로 작용이 이루어지겠죠.

寅이 辰을 만나면 기본적으로 隔角이면서 거꾸로 驛馬죠. 寅도 辰을 만나서 驛馬의 작용이 일어나는데, 寅이 충분히 陽쪽으로 넘어온 것이거든요. 子, 丑, 寅 三陽, 三陽이 五陽을 만났으니 결국 둘 다 陽운동 속에서 부딪치게 되는 모양이니까, 寅이 더러워서 피하고 움직이는 작용이 발생하는 건데 驛馬 작용으로 드러나는 거죠. 寅하고 辰 사이는 되게 교묘해요. 둘 다 木은 木인데 둘 중 하나만 더 주도적으로 작용하는 것이 만들어지는 것이기 때문에, 기본적으로 木旺은 유지 되겠죠. 龍과 호랑이가 비록 서로 싸우고 있다고는 하나, 金이 뛰어들 공간은 없다.

辰이 卯를 만났을 때는 卯가 주도하죠. 卯의 주도로 木旺을 먼저 만들겠죠. 木旺을 먼저 만들었다가, 다시 木旺에서 土로 넘어간다는 거죠. 木旺에서 土로 바뀐다.

時	日	月	年
	甲		
	寅	卯		辰

그림 1

저것도 해석이 많은데 甲 日柱에 卯寅으로 놓였을 때 辰이 寅을 隔角하고, 卯를 만나서 처음에는 완전히 晚春을 이루죠. 그 다음에 완연한 봄(卯), 晚春(辰). 전체가 滿局 가득 찰 滿 자를 써서 봄을 이루었다가, 결국 辰의 음모는 이 木을 衰地로 끌고 오는 거죠. 봄을 열었던 놈을 衰地로 끌고 오니 그 다음에 여름을 여는 작용으로 끌고 가는 거니까, 처음에는 木旺의 작용이 활발하게 있다가 결국 土의 기운으로 변색되어 나가는 작용이 온다는 거죠.

辰辰은 대표적으로 自刑작용이 오고 自刑 작용으로서 재생, 다시 辰의 작용을 활발하게 일으키는 작용이 오죠. 그 과정에서 自刑 작용이 발생하죠.

그 다음에 辰이 巳를 만났을 때, 巳의 작용이 처음에는 둔화되었다가 결국은 강화되겠죠. 처음에는 둔화, 그 다음에는 강화.

時	日	月	年
	癸		
	巳		辰

그림 2

癸 日柱가 巳를 중히 쓰고 있다. 중히 쓰고 있는데 巳가 태어나기 전의 상태에 辰이 와서 巳를 불안하게 하는 거죠. 항상 앞 글자가 오면 자기가 태어나기 전의 상태라는 것은 자기 역량을 제대로 발휘할 수 없는 상태죠.

天殺을 만나게 되니까 이것이(八字안에 있는 巳) 유형이라면 이것은(運에서 오는 辰) 無形 상태고, 이것이(巳) 움직인다면 辰의 위치에서는 내 마음대로 못 움직인다는 뜻이죠. 이런 경우에는 금전 활동이나 巳자체에 戊土가 있죠. 戊土가 놓여 있는데 辰年을 만나면 일시적으로 官運이나 財運 불안이 온다는 거죠. 이럴 때 문점을 하러 올 경우에는 시간이 흐르면 저절로 해결된다는 거죠.

辰이 巳를 붙들어 잡고 못 움직이게 하는 것 같아도 결국은 巳를 낳기 위한 전 단계이거든요. 즉 水에 의해서 훼손되는 것을 막기 위한 것이라는 거죠. 일종의 보호막 같은 거죠. 辰의 작용이라는 것 자체가 그런 거예요. 지상에 火가 펼쳐질 수 있도록 辰을 天干으로 바꾸면 그 뜻은 戊에 대비할 수 있겠죠. 戊는 더운 기운이 현실적으로, 밖으로, 지상에 뿌려진 상태라는 거죠. 더운 기운을 타고 癸水가 올라가죠. 癸水가 쭉 타고 올라가서, (癸)지상의 陰을 대표하는 놈이죠. 陰에 속하는 놈이 위로 드러났죠. 지상으로 나니까 水의 해로움을 안 당하기 위해서 巳火가 활동하기 좋잖아요.

그런데, 이것이 진행되는 동안에는 巳火가 굉장히 불안하겠죠. 뱀이 뱀 굴에서 나오려고 머리를 내밀고 있는데 습도를 감지하는 혓바닥도 내밀고 맛도 보고, 그런데 상태는 여기에 수분이 많이 깔려 있는데 龍이 못 나오게 하는 거죠. 그럼으로써 뱀이 일시적으로 활동이 정지된 모양을 갖는데 저럴 때, 물으러 오면 저런 장난을 많이 치죠.

"큰일 났다~ 큰일 났다!" 하는 거죠.

이번 사태를 잘 못 넘기면 官運이 완전히 박탈될 수도 있다고 하면서,

"어떻게 하면 됩니까? 도사님!" 이러면,

"방법이 있지! 아울러 진급이라든지 官運 상승도 이끌어 낼 수 있는 방법이 있다!"

이러죠. 그 다음에 코스는 당연히 아시죠?!

"봉투~ 봉투 열렸네!"

한껏 그냥 받는 거죠. 빤히 다음 글자로 넘어간다는 원리만 알면 아무리 그렇게 해도 결국은 龍은 땅에 있는 陰을 들어 올려서 巳火가 지상에 펼쳐질 수 있도록 해주는 작용을 하는 거니까, 진급을 위해서 진급이나 활동무대, 財運, 官運을 전체적으로 좋게 해 주기 위한 작용인데 불안함을 막 느끼는 거죠. 이럴 때 그냥 좋은 일 좀 하라고 하는 것도 나쁜 건 아닌데, 그런 것은 웬만하면 하지 말아야 되겠죠. 그래서 巳의 활동이 처음에는 둔화되어 있다가 뒤에는 강화로 간다. 항상 運始運末! 運의 시작과 運의 끝나는 부분을 생각하시라는 거죠.

辰에 午의 활동은 隔角 작용이 오겠죠. 이 경우도 午火가 辰을 생하느냐 식의 논리적인 해석이나 접근은 피해야 한다는 거죠. 隔角은 설명 더 안 붙여도 되겠죠. 저 때, 무리지어서 해석할 때 午를 소중하게 쓰고 있다.

時	日	月	年
戊	癸		
午	亥	申	丑

辰

그림 3

예를 들어서 그림 3)에서 午를 중요하게 쓰고 있고 辰이 왔을 때 이것을 火土의 무리로 생각해서 吉하다고만 평가하지 말라는 것이죠. 吉 중에 凶이 섞여있죠. 辰에는 卯의 餘氣가 넘어와 있죠. 卯의 餘氣가 넘어와서 木이나 土의 기본적인 五行적 작용은 이루어지고 있지만 결국은 午의 작용을 억제하므로 偏財라는 것의 활동무대, 偏財의 작용을 억제하고 있으므로 凶작용이 섞여 있다고 보면 되겠죠.

저런 것들의 隔角 작용을 그대로 읽어 주셔야 된다는 거죠.

그 다음에 辰이 未를 만나서, 이상하게 辰하고 未사이에도 破나 刑 비슷한 작용이 잘 일어나요. 그래서 刑이나 破의 작용이 이루어지면서 未도 未의 역량을 다 못 펼치고, 辰도 辰의 역량을 다 못 펼치는 식의 양상이 발생하더라. 대체로 두 인자가 무리지어서 하는 것은 水의 작용력을 멀어지게 하는 거죠.

水의 작용력을 멀리하고, 약화되고, 둔화되면 辰이 水의 入庫작용이고 未가 癸의 入庫 작용이죠. 辰은 壬水 入庫, 未는 癸水 入庫잖아요. 이게 주로 정신활동에 문제를 많이 주고 辰未가 있는 사람들이 八字 원국 안에 있으면 무당들도 많아요. 만신 무당들도 辰未가 壬癸 水의 작용을 억제하고 꺾는 작용이 활발하기 때문에 둘 다 木이 많이 펼쳐져 있는 거죠. 木이 펼쳐진 공간이어서 水氣가 未의 작용도 入庫 작용, 辰의 작용도 入庫 작용이니 이름 모를 질병에 잘 노출되더라는 거죠. 水氣라는 것이, 현대인들은 전부 다 水 부족이거든요.

水부족, 陰부족이죠. 陰부족은 대부분 다 저녁에 잠을 안 자고 불을 밝히면서부터 비극은 시작되었다는 거죠. 원래 해가 지면 자야 되는데 현대인들은 누구나 水부족, 陰부족의 환경에 노출되어 있는데, 干支상으로 몰리니까 뚜렷하게 질병 형태로 드러나 정신적으로 약간 이상한 사람도 많이 봤어요.

여러분도 실제 보시면 증험을 많이 하게 될 겁니다. 申에 이르면 三合에 의한 水의 생성 작용이 나오죠. 그런데 궁극은 水의 생성인데 辰이 더 대세일 때는 처음에는 土의 작용이 활 발하다가, 뒤에는 水 長生을 이끌어내죠. 초창기에는 土의 작용이 더 활발하다.

辰酉는 당연히 합이 되는 것이고 酉가 陰의 四단계잖아요. 午, 未, 申, 酉 陽에 걸맞는 陰 이 채워짐으로써 결국은 陽운동을 못하고 陰운동으로 넘어가는 거죠. 궁극은 陽에서 陰으로 넘어가는 건데, 초창기에는 天干의 辛金이 辰의 陰이 처음에 陽에 에워싸여지잖아요. 天干 辛金이 入庫해요.

酉金을 소중히 쓰는 경우 예를 들어서, 酉가 甲 日柱에 正官이라 하면 辰年이 오면 酉가 入庫 당하는 작용이 오겠죠. 辰이 머무르는 동안 그랬다가 결국은 辰이 머물렀다 빠지는 자 리에 다시 陰으로 돌아가겠죠. 보통 아프더라고요.

時	日	月	年
	甲		
		酉	辰

그림 4

질문

財生官해서 官星이 조금 커지는 작용은 없습니까?

답변

아닙니다! 아닙니다! 오히려 官星이 陰干과 陽干이 차이가 많이 나는 거죠. 甲木에 申을 보고 있는 상태에서는 辰이 일단 색깔을 훼손하겠죠. 合은 항상 색깔을 훼손시켜요. 어디에 매여서 자기 고유의 용도를 못하게 하는데, 辰은 養金이잖아요. 여기서 養金은 庚으로부터 養地다. 그런데 辛은 辰에 入庫다. 빨려 들어가 버리는 거죠.

그러니까 酉와 辰의 상태에서 八字 내에 있을 때에는 陰이 강화되는 시기에 이르면 春霜 봄에 내리는 서리, 봄 서리죠. 그런데 거꾸로 봄에 陽이 대세일 때에는 이게(酉) 秋霜이잖아요. 가을의 秋霜이 전부 다 자기의 기질을 잃어버리는 거죠. 가을 서리가 자기 기질을 다 잃어버리는 거죠. 그래서 궁극적으로 陽에 걸맞는 陰을 채워 넣는 작용인데, 결국 陰이 빨려 들어간다.

질문

大運에 상관없이 그렇습니까?

답변

일단 歲運, 大運 다요. 남자가 辰 大運을 만났다면 陰 大運을 비교적 잘 쓰잖아요. 그런데 酉가 와서 직장이나 그 사회활동이 지지부진해져요. 또 조직에 들어가면 자기 입지가 자꾸 약해져서 결국은 辰을 따라가게 되는 거죠.

時	日	月	年
	丙		
		酉	

寅卯辰

그림 5

이것이 마누라인 경우에는 印綬局이긴 하지만 酉가 入墓하고 있으니 마누라가 만날 방 바닥이나 닦고 있든지, 아프든지 하는 식으로 처의 활동력이 크게 위축되어 있더라는 거죠. 그래서 이게 合의 유혹이라는 것이 상당히 커요. 冲에 의한 것은 대비를 하는데 안 맞으려고 자기가

"나는 酉예요! 나는 酉예요! 나는 공산당이 싫어요."

이러면서 자기 개성을 자꾸 유지하려고 한다. 하지만 合을 하면 거기에 그대로 빨려 들 어간다니까요.

질문

大運인 경우에 원국에 닭 酉자와 용 辰자가 같이 있어도 빨려 들어갑니까?

답변

기본적으로 그렇죠. 기본적으로 이게(辰) 五陽, 이게(酉) 四陰이잖아요. 陽의 단계가 더 강하잖아요. 陽의 단계를 건조한 거라고 생각하고 더운 것이라고 치고 陰의 단계를 차갑고 엉기는 것이라 한다면, 팔씨름을 하면 더운 기운이 더 많이 잡아당기잖아요. 그 陰이 허물어 지는 작용이 더 활발하게 와 있는 거죠. 이제 合이 원국에 드러나 있는 경우에 酉를 거드느 냐, 辰을 거드느냐, 陽을 거드느냐 陰을 거드느냐에 따라서 차이가 나는 거죠. 아무튼 酉가 훼손되는 모양도 머리가 아픕니다.

戌은 辰戌相冲의 일반적인 상태, 戌이나 辰이나 종합성을 갖는다고 했죠. 물론 戌이 명 조 안에 있는데 辰이 와서 辰戌相冲을 하면 戌중에 있는 巳火, 冲 이후에 辰 다음에 巳가 오 잖아요. 辰年 다음에 巳가 오고 戌中에 있는 巳火, 丁火. 巳火를 생각해도 좋고 丁火를 생각 해도 좋은데, 庫藏을 열어준다는 거죠. 三合의 入庫자를 열어주는 것이니 열 開자, 開庫되면 다 나오는 게 아니죠.

그 다음에 전체적인 거죠. 전체적 조정, 대체들이 이루어지죠. 戌은 이런 것과 똑같이 밖 의 모양은 형틀이 있는 것이고 안에 비스킷 구조로 되어있다. 辰은 밖으로 확 기어나가는 구 조라는 거죠. 戌의 모양이라는 것은 서로 잡고 있는 거죠. 중간에 틈이 있으면서 스프링이나 철 구조물로 잡고 있는, 구조가 개 戌자고 이것은(辰) 밖으로 확 발산되게 기어나가게 하는

이런 구조니, 전체적으로 이것(戊)을 조정하는, 대체하는 작용이 이루어진다는 거죠.

　　보통 옷을 입는다, 입힌다, 벗긴다, 심는다, 뽑는다. 稼穡格에 土를 稼穡이라 하죠. 稼자가 심을 稼, 거둘 穡, 아시겠죠?

　　그래서 심고 거두는 창고를 이 글자로 보면 됩니다. 辰하고 戊이 뭘 심는다, 거두어 들인다는 작용이나 동작이, 심고 거둔다. 전체 조정의 인자로 본다는 거죠.

　　그 다음에 亥水는 당연히 辰에 入庫하겠죠. 入庫되어서 그 모양이 크게 손상되고 元嗔도 되죠. 모양 손상 정도를 더 넘어서는 거죠. 亥水가 완전히 入庫당하는 거니까요.

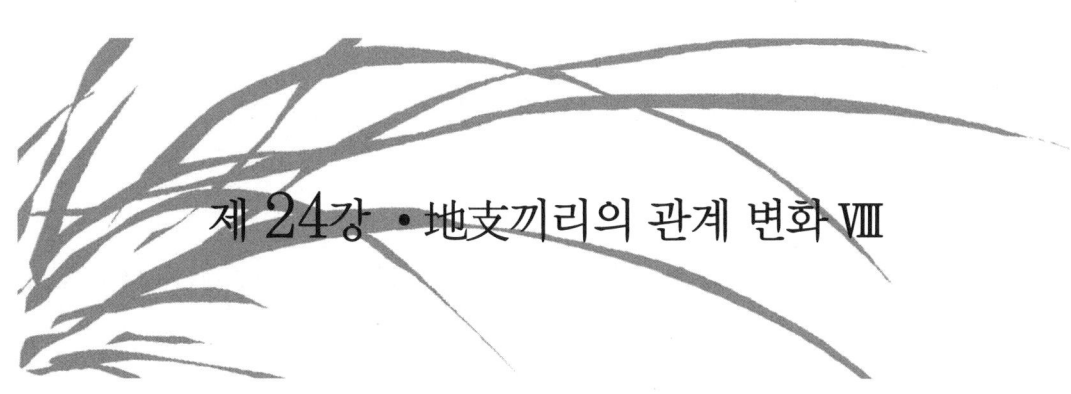

제 24강 · 地支끼리의 관계 변화 Ⅷ

그래서 亥水 偏財를 소중하게 쓰는 사람들은 특히, 戊 日柱나 己 日柱에서 辰이 運에서 와서 亥水를 교란하면 결국 亥水가 辰에 빨려들어가 버리죠. 다 말라버리는 거죠. 壬水가 움켜쥐는 거잖아요. 亥水가 똥실똥실하게 뭉쳐있는 거잖아요. 근데 아까 龍이 다 들어버리는 거죠.

질문

저것이 귀문관살도 되면서 水氣를 안착시키지 못하는 것 때문에 일종의 정신분열이 오기도 합니까?

답변

그렇죠. 정신분열 작용도 있었잖아요. 辰未작용….

질문

神氣하고도 통하는 겁니까?

답변

당연하죠. 신들린 척 한다. 辰亥 원진, 신들린 척 한다.

질문

그러면 실제로 그런 정신 분열 현상이 일어나는 것은 巳午未가 와야 더 심해지는 겁니까?

답변

그렇죠! 土의 중재, 水와 火를. 火가 공간적으로 보면 水가 밑에 있고 중간에 土가 있잖아요. 土가 火도 잡아들여 주고 水도 잡아들여 줌으로써 水火가 서로 분리되지 않도록 하는 작용을 하는데, 이것을 서로 조절해 줄 수 있는 기운인 土가 약하면 水와 火의 중간 제어를 할 수 있는 룸이 너무 작은 거죠. 너무 뜨거우면 빨리 물을 불러들여서 치열해지지 않도록 잡아 주고, 火가 치열하면 더운 기운을 잡아들여서 土로써 완충시켜 놓고, 이렇게 水와 火를 서로 중간에서 완충시키는데 이게(土) 약해져 버리면 분열로 가는 것이고, 이런 형태가 아니더라도 土하고 水 사이인 경우죠.

辰과 亥가 저장성이죠. 한군데 차분하게 담아 놓는 그 다음에 이게(亥) 정신이잖아요. 정신에서도 精이잖아요. 水가 精이고 火가 神이잖아요. 精을 잘 갈무리해서 조절해 줘야 되는 것이 土의 작용인데, 辰 같은 경우는 이것을(亥) 확 잡아들여 버리니, 서로 짝이니까 精이 나가면 神도 나간다.

질문

선생님 地支에 辰, 巳, 巳, 巳로 되어 있어도 정신세계에 많이…?

답변

당연하죠. 辰, 巳, 巳, 巳라면 水의 작용력을 어느 한쪽으로 확 떠밀어버리니까 반드시 精에 문제가 발생하고, 精이 나가면 神도 나간다. 두 몸이 아니거든요. 精은 밑으로 내려와서 응결하는 힘이요, 神은 위로 떠서 발산하는 힘이잖아요. 이 작용이 안 되면 정신 나간 놈 되는 거죠. 이것이 전체적으로 얼이죠. 얼 빠졌다 하죠.

질문

조금씩은 다 가지고 있다고 봐야 됩니까?

답변

다 또라이라…! 현대인들은 전부 기본적으로 교통수단의 발달로 인해서 土가 약해지게 되어 있거든요. 土는 실제로 몸의 한가운데 있어서 가장 덜 흔들리잖아요. 덜 흔들리는 구조 속에 있는데, 차 타고 통째로 움직이니까 土가 干支상 나타났든 안 나타났든 간에 土가 약하게 되어 있는 거죠. 말 그대로 속이 잘 상하는 거죠. 속상한다. 土라고 하는 것은 한가운데 있어서 속인데, 속상할 일이 많이 생겨나는 이유가 자꾸 싸돌아다녀서 그렇다니까요. 土는 가만히 가운데 멈춰 있는 거죠. 그래야 더운 기운도 잡아들이고 차가운 기운도 잡아들여서 결국 극단에 가지 않도록 잡아주는데, 그걸 못하죠.

또 전부 水가 부족하고 陰이 부족한 생활 습성 속에 살고 있는 거죠. 그러니까 전부 다 약간씩 또라이끼가 있는 거죠. 너버스하죠. '건드리기만 건드려라!' 하면서 전부 陽태과의 상태니까. 남자들은 지나치게 陽태과의 해로움을 당하게 되고, 오버워크·오버로드로 너무 부하가 많이 걸려 병에 걸리는 것이고, 여자들은 이것을 제대로 잘 발산해 내는 힘의 통로를 못 찾아서 결국 화병에 걸리는 것이다. 그러니까 病은 크게 두 가지밖에 없다. 화병을 잘 발산하느냐? 아니면, 지나치게 써버려서 陰 부족이냐? 이거 두 가지 밖에 없는 거죠.

그래서 저런 五行 편중성이 발생하면 약간 다 맛이 갑니다. 그런 사람을 볼 때는 아예 그런 것을 전제하고 '훌륭합니다. 훌륭합니다!' 이렇게 먼저 해 줘야만 '참 잘 보십니다.' 이 소리를 듣습니다. 당신은 죄가 없다고 해 줘야 됩니다. 당신은 죄가 없고 八字가 그렇다. 八字와 그 사람의 인격체적인 분리를 해 줘야 되는 거죠. 죄는 미워하되 사람은 미워하지 말라는 거죠!

질문

그런 작용력이 젊을 때보다 나이가 들면서 더 나타난다든지…?

답변

나이가 들면서 약화되죠. 나이가 들면서 그런 운동이 진행된 남자들이 陽태과에 의해서, 이것이 과로거든요. 과로는 원래 남자로 태어난 것 자체가 陽의 유여에서 온다고 보고 그런 기질을 가지고 왔는데, 더 많이 사용하게 되니까 그 사용의 결과가 나타나려면 시간이 흘러야 되니, 나이가 들면서 점점 더 심해지는 거죠.

그래서 사용하고 나면 어차피 고물이 된다.

질문

저의 집에 오시는 여자 분이 계십니다. 자기가 견딜 수가 없다고 하는데 그 분이 교사 생활을 오랫동안 하셨고, 내일 모레가 60인데 정년을 앞두고 있습니다. 그런데 남편분이 작년에 잠깐 바람을 피웠는데 못 참겠다는 거예요. 심하게 바람피운 것도 아니고 그냥 술집여자 한테 연락만 한 것이고 너무나 자상한 아빠데, 그 분 명조가 辰月에 丁亥日에 辰時….

時	日	月	年
	丁		
辰	亥	辰	

그림 1

답변

바람을 잠깐 피웠는데 辰月에 드디어 걸렸다. 辰亥 元嗔도 저것을 건전하게 실제 행동으로 발산하는 힘이 떨어지는 것이거든요. 冲 있는 사람은 가서 막 엎어버린다는 거죠. 화염병 투척하고 집어던지면서 발산해 버리는데, 辰亥 元嗔은 꼴쳐본다 했잖아요. 이게 정신적으로 맛이 가는 거예요.

질문

본인이 생각하기에는, 본인은 사람들한테 너무나 잘하고 좋은 사람인데?

답변

天乙貴人 맞잖아요? 본인은 辰의 작용 때문에 그렇거든요. 기본적으로 傷官, 傷官이면서 水入庫의 작용을 유도하잖아요. 亥水가 온전하게 있기에 굉장히 불안하잖아요. 사실은 자기가 피해자가 아니고 저 亥水가 피해자거든요. 남편이 피해자라.

질문

그렇다고 합디다. 자기가 남편을 눈만 뜨면 구박을 하고….

답변

辰이 두개나 되니까 떼떼떼떼 해서 구박하고, 떼떼떼 해서 구박하고. 이것은 오전반 오후반이잖아요. 시작부터 끝까지….

질문

자식들이 어머니 제발 좀 그만 하시라고 하는데 그게 컨트롤이 안 된다 합니다.

답변

그게 양쪽으로 눈을 흘기는 별이 있잖아요. 辰亥 元嗔이 눈이 사팔뜨기가 아니라, 마음이 사팔뜨기다. 그러니까 그걸 교육적인 에너지로 쓰면 좀 나은데….

질문

지금 시간제 강사로 나가서 시간이 많이 남아도니까 감당이 안 되고 있는 거 같습니다.

답변

그렇죠. 그것을 갖다가 풀타임으로,

"너 똑바로 해라. 너 똑바로 해라!"

하면서 에너지를 쓸 건데 못 쓰니까 남편한테 가는 거죠.

질문

올해까지는 그렇고 내년부터 좀 나아질까요? 그 증세는 작년부터 시작됐거든요.

답변

이제 辰 이 글자에 대한 통제가 어떻게 오느냐인데 작년에는 두 가지 작용이 동시에 있죠. 子가 와서 辰을 순간적으로 허물잖아요. 天干에 戊가 와 가지고 정신적인 傷官이 와 있잖아요. 정신적 傷官, 偏官이 왔다갔다 하게 되니까, 자기도 마음이 오락가락하는 거예요. 그런 작용에 의해서 자기도 자기를 잘 모르겠다 이거죠.

질문

神氣 있는 꿈을 자꾸 꾼답니다. 섬뜩한 꿈같은 것.

답변

辰辰 때문에 그래요. 辰辰이 멀리 원격되어 있어도 自刑작용을 일으키고 水 入庫의 작용을 일으키거든요. 이런 경우에는 약간 정신과적으로, 만신들에게서 많이 볼 수 있는 거예요. 차라리 그런데다가 정신적으로 몰입을 하라고 할 필요가 있는 거죠. 도 닦는 쪽에다가 정신을 쏟아라.

질문

절에 가서 좀 살아라, 좀 떨어져 계시라고 했는데도….

답변

그게 정답인데 불안해서 못 가는 거죠. 오늘 상담한 거 하나 말해 드릴까요? 이 양반이 대학교수를 하다가….

時	日	月	年	
戊	甲	己	丙	坤命
辰	辰	亥	申	

그림 2

時	日	月	年	
丁	庚	庚	辛	乾命
丑	辰	寅	丑	

그림 3

이 패턴도요, 比劫이 드러나 있지 않으면서 골 때리는 것이거든요. 比劫이 안 드러나면서 머리 아픈 걸로 가는 거예요. 亥中에 보면 자체 長生이면서 甲木이 있다. 辰中에 乙木 있는 패턴으로 드러나면서 辛丑生 남편을 만나요. 만났는데 남편의 명조에 보면 辛丑에 丙申이 놓이거든요.

배우자의 인연법에 月에 丙申이 들어와 있잖아요. 丑하고 申하고 남자 입장에서 보면 이게(申) 亡身이잖아요. 亡身殺이 되어 놓으니까 亡身은 유정 애인이다. 애인 사이로 결국은 지내게 되는 사이가 부부가 된 거예요. 부부가 되어 이 남편(申)이 항상 이(亥中 甲)글자, 이(辰中 乙)글자, 이(辰中 乙)글자에 살짝 끌어안잖아요. 이런 식으로 比肩, 劫財가 숨어서 작용하니까 본인은 하루 종일 서방이 어디 갔을까? 서방이 지금 이 시간에 누구와 있을 것이다. 완전 수사관이라니까요. 그런 식의 인자에 맞물려 가지고 본인이 거의 남편의 정신적인, 자기가 가지고 있는 게 전부 다 남편의 움직임에 관련된 거예요.

그래서 남편이 바람피울 때마다 잡는 거예요. 꿈으로 계시를 받아 잡아요. 그렇게 해서 남편이 공직에 있는데 최근에 사건을 마무리했는데 이제 도저히 못 참겠다, 못 참겠다. 그런데도 뭐냐면 남편을 떠날 수도 없는 거예요. 남편에 대한 집착을 놓을 수도 없는 거예요. 결국은 답이 없는 거죠.

방법은 두 가지밖에 없다. 우리가 이런 것을 보면 안타깝긴 안타깝죠. 比劫이 이렇게 숨어서 작용하는 거니까, 분명히 저 인간이 뭔가 比肩, 劫財에 관심을 주고 결국은 짝짓는 행위를 한다고 보는데, 두 가지 중 하나로 구조 개선을 할 것이냐? 구조 개선은 이혼이다. 이혼 아니면 마음을 바꿀 거냐? 심리적 극복을 할 거냐?

이것을 가지고 한참을 설명을 했는데 甲 日柱가 亥水에 長生해 있으니까 자신감에 넘쳐 있는 거죠. 저 인간은 내가 만약에 버리면 나를 꼭 다시 찾을 거다. 그건 해 본 뒤에 고민하라고 하는데, 안 된다면서 결국 이 두 가지 어떤 카드도 하지 않으려는 건 자기가 이상적인 가장 바람직한 상태에 집착하고 있는 거예요.

正財나 偏官이지만 官星이 年에 있고 食神이 年에 떨어져 있잖아요. 가장 이상적인 상태를 항상 생각하고 집착하고 있는 거예요. 그러면서 제일 바람직한 행복의 카드를 먼저 염두에 두는 거죠. 행복의 모양새인데 웃기지마라, 행복의 카드는 어차피 없다. 이 둘 중에 이게 덜 불행한지, 이게 덜 불행한지 이걸 생각해라. 이건 절대 생각 안하는 거죠. 상담의 답이 안나오는 거죠. 내년에 庚寅年이 들어오면 寅申相冲하니까 더 나쁜 상황이 오잖아요. 더 나쁜 상황이 오는데도 불구하고 본인이 행복 카드만 자꾸 추구하니까, 답이 안 나오는 거죠. 이런 경우가 드러나지 않는 比劫의 해로움이거든요. 사실은 여자냄새가 난다 이러면서 꿈을 꿔서라도 분명히 잡아낸다 하는 본인도 미치겠죠.

질문

죽을 때까지 저런 구도를 못 벗어나겠다, 그죠?

답변

그러니까 자기 八字에 있는 여러 가지 제한적인 조건을 극복 못하는 거예요. 안타깝기도 하고 그러나, 가장 현실적인 답은 이혼, 아니면 마음의 극복이잖아요. 그 카드 밖에 없다는 것을 생각 안 하는 거죠. 그러니까 상담이 자꾸 답 없이 시간만 보내는 거죠. 하여튼 사는 게, 저기도 아까 보면 亥辰辰 나오죠?

질문

辰亥 원진이 있으면 거의 다 그런 작용이 있다고 봐야 되는 겁니까?

답변

거의 다는 아니지만 이런 거죠. 대부분 현대인들이 약간은 다 정신과적으로 편향성이 있어요. 그런데 저런 게 있는 사람은 이미 소스가 깔려 있는 거죠. 소스가 바탕에 깔려 있기 때문에 주변 환경에서 조건만 부여하면 흙탕물 올라오듯이 남들보다 쉽게 올라오는 거죠.

질문

年月에 있어도?

답변

그렇죠! 귀문관살이라 했잖아요.

질문

月日에 있으면 더 강한 게?

답변

아니에요. 年月도 작용해요. 환경만 짜여지면 '출동!' 우리는 〈귀문관살〉이다. 이렇게 해서 가는 거라니까요.

질문

또라이라고 보면 된다. 그렇죠?

답변

현대인의 약 8할이 약간씩은 제정신이 아니고 정신적으로 문제가 될 수 있는데, 저런 경우는 무대에 이미 칼이 준비되어 있다. 파리를 잡는데도 칼을 뺄 수 있다. 이렇게 보는 거죠. 그런 인자를 가지고 있는 거죠. 그런 경우에는 상담을 할 때 참 번거로워요. 상대방을 인격체로서 계속 자기의 판단을 존중해 주는 차원에서 답을 해 줘야 되니, 그게 우리가 하는 일의 딜레마죠. 그런데 그런 사람 아니면 잘 안와요.

그래서 샘플을 보셨듯이 그 양반 같은 경우에는 단박에 부부관계에 八字 안에도 年에 偏官 日地에 比劫을 숨긴 偏財, 그런 모양을 갖추고 있어서 문제가 있는 게 드러나지만, 상리적으로도 눈이 충혈된 얼굴, 그게 누구나 약간씩은 충혈될 수 있는데 그 정도가 지나쳐 있는 거예요. 야! 이거 또 접근을 조심해야 되겠다 했는데, 눈이 붉은 상태에 있다는 것은 더운 기운이 위로 터져 올라와 있다는 뜻이고, 눈이 주로 이성에 관한 거잖아요. 이것을 잘못 터치하면

억수로 피곤하겠다 했는데 터치를 시작하자마자 좔좔좔 하는 거예요. 자기 잘못은 거의 없고 서방 잘못만 있다는 건데….

질문

이런 경우 해소처로 너도 똑같이 그런 남자를 데리고 다녀라 하면 안 됩니까?

답변

본인이 애인을 두려고 트라이를 했대요. 트라이를 하니까 애인의 기운으로 서로 엮여 있으니 남편이 잡으러 다니는 거예요. 그래서 한 달 잠수를 탔대요. 그러니까 남편이 하는 일을 접어놓고 서울로 잡으러 온 거죠. 그리고 데려다 놓고 마누라가 안정되어 있다 싶으면 본인은 또,

"야! 예쁘게 생겼다."

이렇게 하는 것이죠. 천생연분별이 남자 명조하고 걸려있다니까요. 三奇로 甲戊庚이 걸려 있어요. 남자 日柱가 庚辰日이에요. 庚辰日에 月인가 時에 보면 寅이 있다니까요. 庚辰日이니까 여자를 숨겨 놓고 있잖아요. 寅月이던가 丁丑에 辛丑에 庚寅이죠. 이게 정답이다.

時	日	月	年	
丁	庚	庚	辛	
丑	辰	寅	丑	乾命

그림 4

이 경우에는 이렇게(寅과 辰 사이에 卯) 딱 끼워놓고 있는 거죠. 卯를 끼워놓고 있으니까 머리 아픈 거죠. 申은 綠貴人이죠. 綠 亡身이거든요. 祿 亡身에 申辰에 합을 하고 있잖아요. 저렇게 만들어 놓고 본인도 年, 月에 比肩, 劫財가 있잖아요. 比肩, 劫財가 있으니까 여자를 호시탐탐 간섭을 하는 거예요. 그래놓고 딱 손 붙들고, 자기는 남의 여자에게 '너 참 예쁘다' 하는 거죠. 그렇게 사는 인생도 편안한 건 아닌데 서로 運命의 고리에 딱 걸려있는 거죠.

질문

남자가 대가리가 좋은 사람이다. 그렇죠?

답변

그러니까 대가리가 원래 좋게 타고난 게 아니고, 사람은 조건의 존재라는 거죠. 조건의 동물이기 때문에 본인이 분명히 요사이에 끼어있는 卯를 짝지으려 하는데, 이걸 공식적으로 좀 띄우려고 하면 이 庚, 이 庚, 丑중에 있는 辛金, 辛金 이런 놈들이 전부 다,

"와! 예쁘네."

이러면서 간섭하니까,

"안돼!"

하면서 잡아채는 거죠

질문

저런 四柱 같으면 평소에 여자를 뺏겨 보는 것 아닙니까?

답변

당연히 뺏겨 보죠. 여자를 뺏겨 본 사람이 자기 여자는 꼭 쥐고 있는 것이다. 남의 여자 가슴 만지면서,

"너는 뭐하는데…."

그게 比肩, 劫財가 많은데 食傷이 숨어 있잖아요. 無食傷은 쾌속성, 기습성을 의미하거든요. 생각지도 못한 곳에서 여자를 붙들고 있고, 그것을 할 수 있는 그런 에너지가 깔려 있잖아요.

아무튼 八字를 구조적으로 잘 관찰하는 것을 연습해 보시면 한층 八字를 보는 게 편해질 것입니다. 나쁜 것이 보이더라도 일단 알고 그걸 잘 가다듬는, 거기에다가 현장에서는 신경을 써야 되죠.

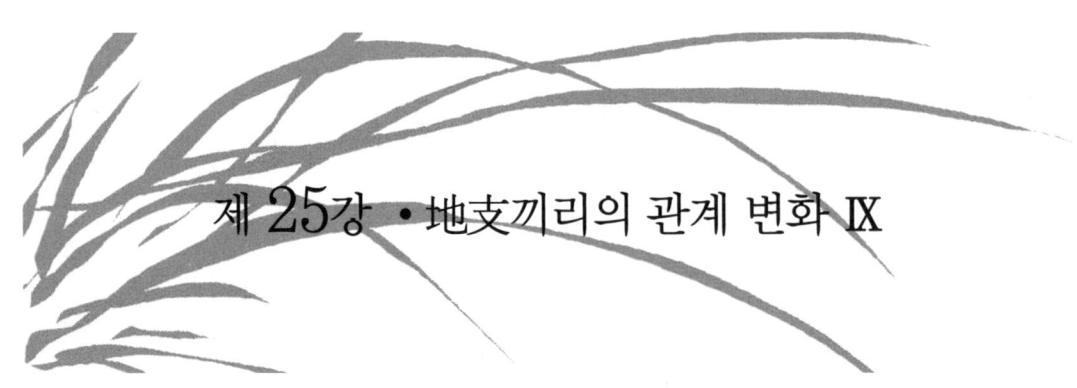

제 25강 · 地支끼리의 관계 변화 IX

運에서 이제 巳가 왔을 때, 이 둘 사이에는 기본적으로 '요'라고 들어보셨죠. 〈子遙巳格〉할 때 〈요〉가 발생하는데 자세히 보면 巳중에 있는 丙火하고, 물론 丑이라는 통로가 있어서 〈요〉가 되지만 丙하고 癸하고 水火陰陽으로 서로 견인하는 작용, 짝이 되는 작용이 발생하기 때문에 서로 견인하는 작용이 발생한다는 뜻이죠. 元嗔을 갖다가 뒤집어서 보는 데는 이 자체를 元嗔으로도 보는데, 실제 작용하는 것을 보면 元嗔 작용은 그렇게 많지 않고, 이 癸水하고 丙하고 짝을 지어서 子水의 역량이 약화되는 거죠.

子水가 약화되는데 일종의 合이 되는 작용과 거의 비슷하게, 合이 될 만한 天干 合이라고 하면 가장 이상적인 合이지만, 天干 合은 아니지만 서로 견인을 하는 짝을 지으려고 하는 동작이 발생하므로, 子水의 역량이 크게 약화되는 작용이 이루어지는 것이 가장 일반적이다라고 보시면 되죠.

時	日	月	年
癸	丙		
巳	子		

그림 1

이 자체가 丙子日에 癸巳時일 때 巳하고 子 사이에도 子를 분탈하는 작용이 그대로 발생하죠. 子의 역량이 약화된다고 봐도 좋고, 丙 日柱 입장에서 봤을 때 巳에 의해서 子의 분탈 작용, 서로 쪼개서 나누어 가지는 거죠. 그래서 子水의 역량 약화가 기본적으로 이루어진다.

巳酉丑은 당연히 三合이 되는 것이고 丑 자체가 巳를 만나서 庚이 丑 중에 天干 辛金이라고 배우지만 원래는 地支에 있는 申金이 入墓해 있는 자리잖아요. 入墓, 入庫해 있는 것이 巳를 만나면 다시 庚이 長生을 얻어서 丑이 巳를 만났을 때, 庚이 튀어나오는 庚의 활동력이 활발해지는 작용이 구체적으로 이루어진다는 거죠.

어떤 사람이 명조 안에 丑이 있어서 金의 入庫가 유도되어 있는 경우에 이(丑) 자체가 傷官으로서 사업 분야로도 작용하지만, 五行적으로 土죠. 土로서 田財, 논과 밭, 부동산을 상징해 주는데, 이것이 巳年을 만나면 변화가 발생한다는 거죠. 그것을 적극적으로 활용해서 거기에서 금전 활동을 시작하게 되는 환경이 만들어지거나, 아니면 팔게 되는 과정이 발생하는데 팔게 되는 경우가 절반, 그걸 적극적으로 활용하는 경우가 절반 정도로 보시면 됩니다. 파는 것은 冲에 의한 작용일 때 훨씬 더 많이 팔아서 변동하는 작용이 많이 발생하죠.

그 다음에 寅과 巳 사이에는 刑이 되고 五行적으로 巳의 세력이 강화되면서 寅의 刑出 작용이죠. 巳가 寅中에 있는 巳火가 刑出 작용을 일으키면서 寅의 소모 또는 損耗. 모양이 깨진다. 寅 입장에서 보면 巳가 亡身이잖아요. 亡身이 발생하므로 寅의 모양이 손상되는 것, 부득이하게 삭감하는 것이 발생하는 거죠.

또 巳에 대해서 寅이 刑出하지만 완벽하게 자기 것을 다 내놓지 않으므로, 巳에게도 희생을 요구하게 됨으로써 서로가 삭감된 모양을 갖는다. 刑의 일반적인 작용을 중심으로 하고, 五行적으로는 巳火가 寅木의 기운을 밖으로 끄집어 내어서 火의 기운을 크게 강화시키는 작용으로 간다. 저런 경우에는 刑의 형태라는 것이 여러 가지인데 보통 수술, 가공, 현대사회에서는 가공이라는 기운 속에서는 광고도 됩니다. 그러니까 어떤 사람이 寅木을 食神으로 쓰고 있는데, 食神에 巳가 오면 자기가 가지고 있는 생산물, 재화 등이 되죠.

생산물이나 財貨가 현금화 되는 과정에서 자연스럽게 팔리는 것이 아니라, 수술이나 가공을 거친다는 말은, 광고로써 인위적인 압력을 가해서 현금화시키는 그런 것과 똑 같다고 보면 되죠. 보통 자식이 거기에 걸릴 때도 마찬가지예요. 예를 들어서 乙木 日柱가 寅 劫財를 가지고 있는데 巳火가 있어서 食傷을 얻기는 얻는데 刑의 작용이 있으면 대체로 수술 의료적인 도움을 통해서 자식을 낳게 되는 작용이 이루어진다고 보시면 되죠.

巳가 오면 말 그대로 隔角이 되죠. 卯는 위축이죠. 卯 차용을 해서 卯의 활동력이 크게 위축된다. 억지로 빌려서 사용하는 격이다. 卯를 어떻게 쓰느냐에 따라 다르겠죠. 官星으로 쓴다면 戊 日柱나 己 日柱에 卯가 발생하는데, 巳가 왔을 때 결국은 官星의 隔角이 발생하고 자리변동, 결재권 변동이 발생한다.

庚辛日柱일 경우에는 이게(卯) 財星이 되겠죠. 財星일 경우에는 처나 재물운용의 갈등, 불안 등이 조성되는 거죠. 庚 日柱가 巳年을 만나면 八字 안에, 命 내에 卯를 正財로 쓴다면 이게 물론 偏官으로 일반적 해석을 해도 여러 가지 인간관계의 갈등 국면이지만, 그게 주로 卯에 대해서 활발하게 작용한다고 보시면 되겠죠. 그래서 卯의 위축이 일어난다.

辰이라고 하는 것이 三合에 의해 水로 돌아가기도 하고, 方合에 의해 木으로 돌아가기도 하고 그 자체로 土로 놀기도 하는데, 辰에 대해서 巳가 오면 土의 작용을 그대로 유지, 지탱시키는 작용이 활발해지겠죠. 저것을 財星으로 쓰는 甲 日柱나 乙 日柱는 巳가 옴으로써 辰 土가 허물어지지 않고 土로서 작용하겠죠. 그 다음에 辰이 卯하고 무리 지을 수 있는 것을 巳가 隔角으로 위축시키니까 辰이 土로서 작용할 수 있는 것을 그대로 강화한다, 이렇게 보면 되겠죠. 그 다음에 巳에 巳가 오면 自刑 작용은 일부 이루어지고, 대체하거나 빈 것은 다시 채워 넣거나 아니면 있는 것을 리메크시켜 다시 만들어 준다는 거죠. 巳의 활동을 크게 강화시켜 주는 작용이 되겠죠. 午에 대해서 巳가 왔을 때 火가 旺한 五行적인 得類가 되죠. 불기운이 확 무리 짓는 작용을 하므로 火가 왕성해지는 작용이 오는데, 초기에는 午火의 작용이 위축되어 있다가 亡身에 붙들려 잡혀 있는 것이니 활발하지 않다가, 巳運의 뒷부분에 갈수록 午가 힘을 얻는다. 그래서 五行적으로 불기운이 크게 무리를 짓는 작용을 하게 된다는 거죠. 巳와 未가 得類는 되지만 未라고 하는 六親이라든지 運命적 인자들이 활동성이 크게 위축되는 작용이 발생하더라는 거죠. 이런 게 보면 五行적으로 무리지어서 火가 많다.

時	日	月	年
	甲		
		未	巳

그림 2

甲 日柱에 未가 正財가 되고 天乙貴人이 되는데 여기에(未) 대해서 隔角을 시킴으로써 이게(巳) 食神이고 偏財 祿이다. 偏財 祿을 만들어 주는 역할로 財星에 관하여 여러 가지 긍정적인 인자가 많을 것이라고 보는데, 未가 正財로 놓인 사람은 오히려 未라고 하는 글자에 즉, 正財로서의 역할은 크게 위축되더라는 거죠.

대신에 偏財가 오히려 활동을 활발히 함으로써 부부관계에 혼란 요소가 발생하는데 배우자에 대해서는 근심이고, 偏財는 대문밖에 있는 여자에 대해서는 긍정이다. 그런데 夫妻, 배우자와 처첩 간에 혼란이나 어려움이 발생한다. 그래도 이 경우에는 있으면서 고민하는 건데 혼란 요소는 어쨌든 발생한다.

巳가 申을 만나면 申의 강화죠. 申이 天干의 庚金과 같고 巳를 만나서 長生됨으로써 申의 작용이 강화되는 것이 기본적인 작용인데, 초기에는 申이 삭감되죠. 申이 원래 있는데 巳가 오면 이것도 刑 작용이 발생하죠. 발생해서 運에서 오는 것을 항상 바꾸기 어려운 틀로 봤을 때 申金은 가을에 온전하게 매달려 있는 열매와 같죠.

가을에 매달려 있는 열매가 초여름(巳)을 만나서 교란을 당하고 있는 것이기 때문에 결국은 자기가 그 기운을 끌어다 쓴다고 하더라도 처음에는 是非, 刑의 작용이죠. 그러다가 결국은 巳가 申을 돕는 작용이죠.

時	日	月	年
	丙		
	申		巳

그림 3

예를 들어서 丙申에 運에서 巳가 오면 丙申 日柱 같으면 空亡에 걸리지만, 이(巳) 글자가 巳申合을 했을 때 일단 처음에는 申이 삭감되죠. 투자를 해서 뒤에는 다시 申金으로 거두어 가는 그런 작용으로 결국 끌려가게 되는 거죠. 보통 동업 작사라든지, 동업을 한다든지 사업적으로 여러 사람이 함께 어울려서 도모하는 일이 주로 잘 발생한다.

과정상 번거로움을 겪었다가 결국은 申의 승리인데, 이(巳) 다음에 流年에는 午未를 거치죠. 午未를 거치면서 갈등 국면을 겪었다가 다시 申에 이르러서 申이 채워지는 작용이 옴으로써 이때(巳) 동업 작사가 발생하게 되죠. 이(午未) 시기에 갈등이라든지 여러 가지 번거로움을 겪었다가 결국 未부터 차츰 진정되어서, 申에서 申金이 다시 세력을 얻는 그런 모양으로 간다.

보통 금전 거출이 언제 있었느냐를 보실 때도 巳年에 이루어졌는지 午年에 이루어졌는지를 보실 필요가 있는 거죠. 午년 같으면 글자 자체로 丙日柱는 劫財를 만나서 돈이 날아가 버린 거죠. 이런 경우에는 午하고 申의 작용에서는 순수하게 偏財를 삭감만 하는 작용이 위주가 되는 것이니 대체로 금전 거래를 하는 경우에는 희생이 주로 발생하고, 巳는 장기적으로 보고 투자해야 한다. 장기적으로 보고 간다면 巳의 작용과 申에 걸어 놓은 것을 보면 比劫이 결국은 偏財를 돕는 格이 되겠죠.

이럴 때가 해석이 단순하게는 巳午未 자체가 五行적으로 火旺하니까 금전적인 투자를 하면 안 된다고 봐도 맞는데, 巳運이나 未運에는 比劫이 무리 짓고 있어도 결국은 財星을 돕게 되죠. 도우니, 이 때 투자를 해도 된다고 말해도 맞다. 투자를 할까요? 말까요? 어차피 하게 되어 있잖아요.

"해라!"

해도 맞고.

"안 하는 게 좋은데…."

해도 맞는 거예요. 그 다음 해가 되면 어차피 혼란이 발생하잖아요. 혼란이 발생하니까 틀렸다고 보면 다 틀린 것이죠. 투자를 하라고 해서 했는데 왜 이 모양이냐 이렇게 따질 수가 있을 것이고, 투자를 하지마라 해서 안했다면 큰 문제는 없겠지만 뒤에 큰 보상이나 발전의 인자와 연결이 없는 거죠.

그리고 이 때(巳) 투자하지 않으면 이 때(午未) 투자해서 보통 멍들거든요. 그러니 아무렇게나 말해도 맞는 거죠. 정진반인가에서 아무렇게나 말해도 맞는 원리에 대해서 조금 언급해 드렸는데 하여튼, 그 巳火가 와서 처음에는 삭감 작용을 했다가 뒤에는 다시 庚金을 長生시킨다고 이해해 두시면 되죠.

이 酉에 대해서는 巳를 十二運星으로 붙여 보면 금세 파악할 수 있죠. 天干 辛이 巳를 만나면 五行적으로 死地에 해당하죠. 그러므로 저게 財星이라면 財星의 역할을 크게 손상시키게 되죠.

時	日	月	年
	丁		
	酉		

巳

그림 4

저런 경우에 丁酉가 만나면 巳를 만났을 때 酉의 배신이 대단하다는 거죠. 이때 巳酉丑으로 다시 金局이 된다고 해석을 해서는 안 되는 거죠. 삭감이 심하게 이루어졌다가 물론 다시 申年 酉年이 되면 여기에 관련되었던 일들도 수습은 되지만 巳年에 벌어진 일이 巳, 午, 未, 申, 酉까지 가서 巳年, 午年, 未年에 골치가 아팠다가 申年 酉年에 수습국면으로 가지만, 이 때(巳午未) 삭감되는 요소는 굉장히 강하게 작용을 한다고 보시면 되죠. 이 때는(그림4) 투자해 놓고 거의 돌아오지 않는 것이고 이(그림3) 모양은 투자해 놓고 조금씩은 돌아간다는 거죠. 그래서 酉가 巳를 만나서 손상되는 모양은 손상이 상당히 강하더라는 거죠. 그러니까 계절적으로 가을의 秋霜, 晩秋의 차갑고 응결하는 기운이 巳를 만나서 크게 그 역량을 잃어버리더라. 아무튼 申하고 酉에서 巳를 만났을 때 작용력의 차이가 크다고 전제를 해 두시면 됩니다. 巳하고 戌은 戌 자체가 元嗔으로서 그 모양이 損耗되고 개 戌자가 꼴이 온전하지 않다. 그래서 巳가 대세적인 흐름으로 있을 때는 戌이 土작용, 金작용, 土金작용이 활발하게 이루어지는 것이 기본적인 작용인데, 그 작용이 제대로 이루어지지 않고 火에 딸려가는 거죠.

물론 뒤에 개 戌자가 있으면 뱀 巳자를 入庫시키죠. 그러므로 다시 土의 작용으로 기본적으로 넘어가게 되는 과정이 되죠. 과정에서는 巳가 대세이기 때문에 항상 運에서 오는 놈이 대세라고 보시고, 戌의 土나 金작용이 크게 약화되는 작용이 발생한다. 저것이 財星인 경우에는 남자 甲乙 日柱들이 머리가 아픈 것이 辰戌丑未를 財星으로 쓰기 때문에 남자 甲乙 日柱가 甲戌이라고 할 때, 巳가 와서 戌이 偏財면서 배우자 자리가 되죠.

時	日	月	年
	甲		
	戌		

巳

그림 5

巳가 와서 작용을 해버리니까 元嗔에 의한 해로움을 그대로 거의 다 만나더라는 거죠. 보통 원인 모를 질병 같은 것입니다. 巳와 戌이 〈귀문관〉에도 걸리죠. 〈귀문관〉도 걸려서 갑작스럽게 몸이 안 좋아서 병원에 입원을 한다든지 꼬랑꼬랑 하면서 세월이 흘러가든지 하는 것이 오고, 대외적으로는 巳가 食神이고 偏財 長生이 오니 대문 밖에는 어차피 偏財 쓰는 사람이니까 巳中에 있는 戊土 偏財를 취해서 財星과 처의 흐름이 비슷하게 흘러가긴 가지만 안방에 있는 마누라는 아프다. 대문밖에 있는 마누라는 綠자리에 앉아 있으니까 굉장히 활발하게 움직이는 그런 양상을 갖더라 하는 거죠.

時	日	月	年
	庚		
		卯	亥

그림 6

庚 日柱에 卯를 正財로 쓰는데 亥年 같은 경우의 작용도 그렇거든요. 卯를 亥가 잡아 당겨서 乙木은 亥水에 死地에 들어가죠. 그런데 亥中에 甲木 偏財가 맥동하니 偏財를 쓸 만한 흐름만 되면 대문 밖의 여자는 건강하고 팔팔한데, 대문 안 안방을 지키는 여자는 아파서 꼬랑꼬랑하고 있고. 그런 상황을 제법 보셨잖아요. 안방의 마누라는 아프고 대문 밖의 여자는 전부 다 기가 세든지, 드세든지 하는 사람이 온다는 거죠.

巳亥 相冲은 기본적으로 亥水와 巳亥 相冲에 의한 冲의 일반적인 작용이 발생을 하고, 巳運에서는 결국 亥水가 역량이 크게 떨어진다. 冲에 의한 여러 가지 작용인데 보통 格用論에서 傷官格을 다룰 때, 傷官格은 假 傷官, 眞 傷官으로 나누기는 하지만 木火傷官에 돼지 亥자가 들어왔을 때, 冲이 다른 冲보다는 그 해로움이 水와 火로써의 冲이기 때문에 크지 않다.

그것이 調候的으로 木火는 陽에 속하고, 水는 陰에 속해서 陽陰의 기본조화가 되어 있으면 冲이라고 하더라도 그 해가 크지 않다고 하는데, 큰 거 같아요. 제가 당해 봤는데 亥水를 食神으로 쓰잖아요.

食神에 巳火가 와서 亥水를 건드리니까 정말 食神이라는 게 중요하게 쓰는 것이니 巳가 와서 大運에서 작용하는 큰 환경이지만, 틈만 나면 밀고 들어오는 大運에 있다는 것은 큰 계절이 간섭하는 것이니, 비 오고 바람 한번 불었다 해도 봄은 봄이고 아무리 구름이 많이 끼어도 여름은 여름이더라.

그러니까 틈만 나면 작용하는데, 巳亥 相冲의 작용에 의한 해로움으로 보는데 물론 기준이 모호하죠. 시달리는 건 똑같은데 안 죽었지 않았느냐? 다른 冲보다는 낫다. 부러지지도 않았으니까. 이렇게 볼 수도 있는 거죠. 상대적으로 다른 冲보다는 그 陰陽의 짝을 맞추는 작용에 의해서 그 해로움이 적다고 보는 것이 일반적인 견해라는 거죠. 하여튼 돼지의 작용이 활발해, 어떤 비결 책 같은 걸 보면 巳亥에 亥水는 손상이 잘 안 된다는 노트도 있어요.

그림 7

돼지 자체가 六陰이잖아요. 陰의 여섯 단계에 이르러 웅크려서 똥글똥글하게 붙어 있는 거잖아요. 뱀은 陽이 확 펼쳐져 있는 거잖아요. 코브라가 또아리를 틀고 있는 모양이 陽氣가 확 넘쳐서 펼쳐져 있는 것이니, 이럴 때 웅크리는 놈하고 陰氣에 갇혀 있는 놈끼리 싸우는거잖아요. 밖으로 확 발산하는 힘하고 싸웠을 때 陰氣가 덜 손상당한다고 노트 같은 걸 보면 써놓은 것도 있어요. 그건 그분들이 오래도록 이런 巳亥 相冲을 관찰하면서 써놓은 것이니, 돼지하고 뱀은 실제로 싸움을 하면 논증이나 방증이죠. 거기에 돼지의 지방 때문에 뱀이 물어도 돼지는 손상을 잘 안 당하는 거죠. 거꾸로 뱀을 돼지가 주워 먹는다.

질문
인체적으로는 신장에 손상이 많이 안 일어납니까? 亥水가 있는 사람이….

답변

그렇죠! 아무래도 巳火에 의해서 방광이 陰의 精을 지켜주는 작용을 하는데 자꾸 열어버리니까, 방광의 상태라든지 컨디션이 안 좋은 거는 분명히 나타날 것이죠. 근데 巳亥相冲의 경우에는 숨고 가려져 있기 때문에 그 손상이 작다라고 하는 거죠.

실제로 이 이야기를 해드리는 이유는 작용이 일어나는 것을 보면 巳가 亥水를 만나서 위축이 되는 정도와 亥가 巳를 만나서 손상되는 정도를 봤을 때, 기본적으로 五行적인 작용 자체가 水가 火를 통제나 제어를 하잖아요. 그런 작용을 볼 때 亥水의 손상이 좀 덜하다고 볼 수 있는 거죠. 그래도 亥水를 중요하게 쓰는데 巳가 와서 冲을 하든지, 건드리니 어쨌든 안 좋더라.

제 26강 · 地支끼리의 관계 변화 X

午는 이제 陽의 六단계를 지나서 一陰이 일어나기 시작하죠. 子는 一陽이 일어나는 곳에서 子午相冲이 이루어지죠. 子午相冲이 이루어지는데 이 경우에도 대체로 水火간의 相冲작용은 어떻게 보면 밖과 안 이렇게 볼 수 있어서, 그 작용이 서로 상호 견제를 할지라도 자기가 자리를 지키고 있으면 그 해로움이 크게 발생하지 않더라는 거죠.

格用에 〈子午상포〉 이렇게 나간다. 〈子午상포〉라고 格用에서 본 기억이 납니까? 이게 서로 균정하게 자리가 잘 잡혀 있으면 일종의 昇降으로 오르고 내리고죠. 子는 밑으로 내려가서 웅크리는 것이고, 말은 뭘 뛰어 넘어서 확 벌어지려는 동작이나 기운이잖아요. 그래서 보통 子午相冲이 이루어지면 昇降작용, 오르고 내리는 작용으로 우리가 물건을 직업적으로 다루는 것을 보면 넣고 빼내고. 子라고 하는 것 자체가 저장성을 많이 하는 넣고 빼내고, 다음에 위로 올리고 내리고 이런 승강 작용이 주로 많이 이루어지죠.

보통 이 경우에도 子의 손상이 작은 모양이 일반적이라고 보죠. 冲을 무조건 부정적으로 해석하는 것이 아니라, 자극을 줘서 움직이게 하거나 모양이 크면 결국은 삭감을 시켜야 되는 작용으로 보면 되죠.

丑午는 元嗔이죠. 元嗔에 의한 丑작용이 크게 쇠퇴하는 다음에, 丁火가 丑에 入庫되는 작용 때문에 丑을 제어하는 힘이 약하기는 하지만 運에서 와 있을 때는 거꾸로 자기가 튀어

나와 있는 모양이죠.

丑에 들어 잡혀 있는 것이 아니니, 그럴 때는 丑이 이제 午한테 자기 역할을 제대로 못하는 그런 작용이 발생한다. 어쨌든 손상, 손모죠. 꼴이 온전하지 않다. 특히 안에 있는 金의 기운, 水의 기운이 제대로 역할이나 작동을 못하는 것이 午 때문에 발생하는 거죠.

時	日	月	年
	丙		
	申		

그림 1

時	日	月	年
	丙		
		酉	

그림 2

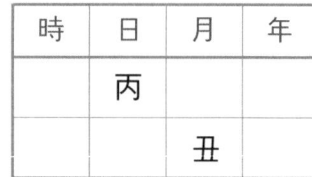

時	日	月	年
	丙		
			丑

그림 3

거꾸로 실제로 命을 실관할 때 丙 日柱에 申이 있어서 財星으로 쓰는 경우, 丙 日柱에 酉가 있어서 財星으로 쓰는 경우, 丙 日柱에 丑이 있어서 財星이 入庫해 있는 경우에 午가 왔을 때 작용되어서 손상되는 모양이 다른 거죠.

평상시에는 일지에 있는 申金이 훨씬 더 財星으로서 역할이 활발하다가 결국 隔角에 의해서 손상이 되죠. 물론 午가 羊刃이지만 손상되는 정도가 구체적인 유형이라는 거죠. 아니면 도망가 버리든지 구체적이라는 거죠. 유형 형태가 있는 손상이 발생하겠죠.

마찬가지로 酉가 있을 때 酉가 午를 만나서 病地에 걸려 들어가죠. 辛金이 午를 만나서 病地에 들어간다. 病地를 만남으로써 그 작용력이 크게 위축되는, 활동이 떨어지는데 申보다 酉가 더 폭이, 陰은 항상 폭이 運 좋을 때 확 펼쳐졌다가 運 나쁠 때 위축되는 이런 굴신성이 크기 때문에 훨씬 더 삭감이 많이 된다고 볼 수 있죠.

丑은 午가 와서 건드리면, 丑 중에 있는 辛金이 집안에서 웅크리고 움직이지 않으면 자기 모양을 그대로 지키더라 이거죠. 근데 밖에 기어 나오려 하면 반드시 방해를 받는 모양이 되어서, 그림1)은 화끈하게 드러나 있잖아요. 화끈하게 마누라가 토꼈다, 아니면 마누라가 돈을 잘못해서 손재를 구체적으로 만들었다.

이런 식으로 눈에 구체적인 형태상의 삭감이 발생하는 것이고, (그림3)의 경우는 물론 地藏干에 있기 때문이기도 하지만 집에서 밖의 활발한 활동을 하지 않고 있으면 아무 상관없다는 거죠.

그런데 조금만 밖의 대외적인 활동을 하려고 하면 午가 와서 계속 괴로움을 만들어 내더라는 거죠. 地藏干 이야기할 때 규방지녀…. 他家에 있는 사람이, 집 밖에 있는 사람이 규방에 있는 여인을 함부로 구타할 수 없는 것처럼 地藏干에 숨어 있다는 것은 외부에 있는 것이 쉽게 삭감하기 어렵다.

어쨌든 '안 좋아' 소리 하면 다 맞아요. 안 좋은 형태나 양상이 좀 다르기 때문에 이런 패턴의 사람이,

"어! 별일 없었는데요."

하면,

"집구석에서 빨래나 하면서 조용히 살았겠지."

이러면 그게 맞는 거죠. 안 좋은 일을 별로 당할 것이 없다. 午 羊刃이 왔을 때 안 좋은 건 다 맞는데, 무리 없이 넘어가는 경우는 이런 작용 때문이라는 걸 알고 해석해 줘야 한다는 거죠.

질문

정신적인 갈등 같은 것은 없나요?

답변

당연히 있죠. (그림1)이 남자 八字의 패턴이라면 남자가 대문 밖에 나갔다가 오면 羊刃의 기운을 껴안고 온다는 거예요. 껴안고 와서 안방 입구 마루에다 탁 갖다 놓는 거예요. 그러면 안방 안에 있을 때는 괜찮다가 마루로 나오면 밟게 되는 거죠. 그런 식으로 정신적인 갈등이나 현실적인 갈등은 어차피 겪는 거예요. 그 강도의 차이만 있을 뿐이죠.

寅이 午를 만났을 때 당연히 三合 작용이 오고 五行적으로 이 경우에 木生火를 잘 이끌어 내는 작용이 이루어지겠죠. 寅中에 있는 丙火가 午 羊刃을 만나면서 旺地에 확 기운을 쏟아내는 이럴 때가, 午를 잘 쓰는 사람들의 경우에는 이것을 명예로 쓴다면 명예로, 재물로 쓴다면 재물로 크게 발달이 되죠.

時	日	月	年
	壬		
	寅		午

그림 4

예를 들어서 저것을 재물로써 쓴다면 壬 日柱나 癸 日柱가 寅에 午를 만났다. 午를 만나면 寅이 자기가 가지고 있는 상품인데, 상품이 시장을 만나서 크게 환금, 돈으로 가치를 바꾸게 되는 작용이 온다고 보면 되죠.

그러니까 저런 寅午, 申子 무리들은 잘 봐둘 필요가 있죠. 寅午, 申子 그 다음에 亥卯, 巳酉다. 巳酉는 火金, 火와 金의 작용 때문에 훨씬 더 무리 지어서 좋아지는 것과, 申子는 金水 무리죠. 金水는 둘 다 陰이다. 무리 짓는다. 이 두 패턴에서 재물이 무리 지을 때 상승작용이 굉장히 강하게 이루어지죠. 亥卯는 陰에 있다가 陽으로 넘어오는 거고, 巳酉는 陽에 있다가 陰으로 넘어오는 거죠.

결론적으로 보면 이것이 재물을 형성시키는 작용을 하기는 하지만 木火나 金水가 뚜렷하게 '달리자'고 하면 나는 튀어 나올게, 너는 벌어져. 寅은 나는 튀어 나올게, 午는 확 벌어지게 하는 작용이죠. 이렇게 동일 방향성을 가질 때 시너지 효과, 상승 작용을 크게 일으키더라 하는 거죠. 亥卯는….

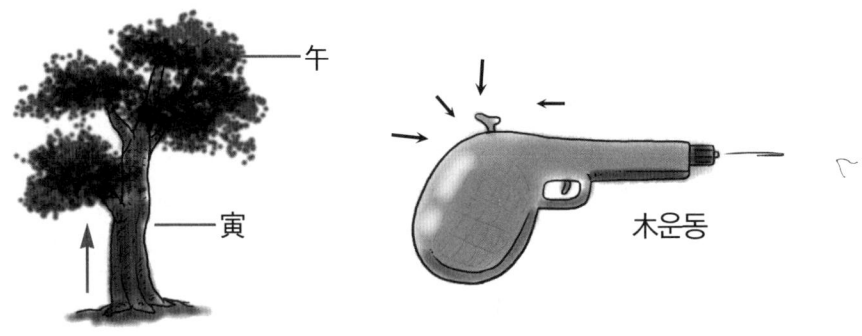

그림 5

亥水는 쥐어짜서 모여 가지고 한쪽으로 쭉 삐져나간다 하는 거죠. 그러면 이것이 陰운동 물총이죠. 물총이 날아가는 원리와 같은 거죠. 한쪽을 꽉 쥐어서 위로 木운동이 확 펼쳐지게 만든 거니까. 巳酉도 마찬가지죠. 여름에 그 햇볕 맞아가면서 꽃 핀 자리에 감이 하나 열린 거예요.

감 하나가 여름에 바람 맞고 뙤약볕 받아서 무럭무럭 자라서 감이 됐다. 탐스러운 감이 됐는데 이 중간과정이 火金, 火와 金의 交易 과정에서 굉장히 힘든 과정을 많이 겪는 거죠. 이런 寅午, 申子가 빅히트가 많이 나오죠. 그렇게 해서 寅木이 午를 만났을 때 火가 왕성해지는 작용, 長生과 帝旺地를 만나면서 재물 번영을 크게 이룩한다. 저걸 財星으로 쓸 때 火가 무리 짓는 작용이 온다.

그 다음에 午하고 卯 사이에는 破라고 하는 작용이 있죠. 午하고 卯하고 子酉하고 相破, 子酉相破하고 비슷한, 서로의 작용을 껄끄럽게 불편하게 하는 작용이 기본적으로 전제되어 있다. 보통 子午卯酉끼리는 일종의 刑 작용하고 비슷해요. 구체적으로 刑이 안 일어나서 그렇지, 刑과 비슷하다.

그런데 궁극적으로는 乙木이 午에 長生함으로써 木의 기운이 밖으로 크게 펼쳐질 수 있는 환경을 만들어 주는 거죠. 午의 유혹에 乙木이 못 견디고 따라가는 거죠. 乙木, 甲木이라는 것이 이렇게 맹아, 찢고 올라온다.

乙木이 예쁘게 벌어지면서 자라는 거라면 午라고 하는 것은, 오뉴월 炎天 하루 뙤약볕이 무섭다.

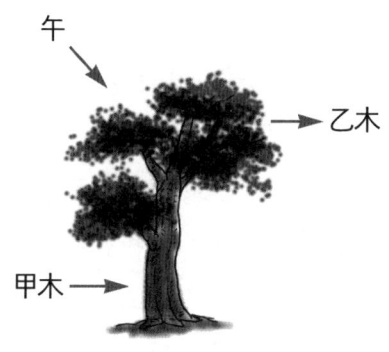

그림 2

그러니까 이게 乙木이 넘실넘실 벌어지려고 하는 것을 누가 와서 가만히 있지 말고 그대로 더 펼쳐지도록 밖으로 유혹을 하는 거죠. 그래서 乙木이 午에 長生하는 효과가 크게 발달하죠. 그것이 편중성이 심해지면 調候적으로 문제가 발생하죠. 초목이 가뭄이 들어서 말라버리는 그게 『궁통보감』을 보면 用神法이 희한하다니까요.

午月 乙木은 더운 炎天의 해로움을 만나므로 우선해서 癸水로 보좌해 가지고 用神이 몇 개가 나오죠. 調候적인 쏠림이 극단에 이르면 결국은 자기가 말라버리는 거죠. 자기 모양 자체가 없어지는 걸로 보는 거죠. 『궁통보감』에 보면 〈氣散〉이란 이야기가 나오거든요. 〈氣散〉될 때 되더라도 자기 것을 한껏 펼쳐 보고….

결국은 格用論이라는 것이 『궁통보감』의 원리는 자연의 中和 조건 또는 자연의 존재 양식이 갖추어져야만 이것이 온전한 모양으로 자기 기운을 발산하고 거둔다고 하는 것이니 기존 抑扶論이나 强弱論에 의한 用神法하고는 영 체계가 다른 거죠.

그래서 『궁통보감』을 보면서 대부분 책을 다 덮고 四柱命理는 바이바이하게 되는 거죠. 나는 관상 배우러 간다 하면서….

질문

책을 편집하면서 분석한 사람의 잘못도 있지요?

답변

『궁통보감』도 작자미상이거든요. 작자미상의 글을 이인에게 얻었다. 이렇게 해서 글이 시작되는 건데 결국은 『궁통보감』의 논의라고 하는 것이 中和예요. 제가 항상 강조하는 和者一法이다. 즉 밸런스…. 자연이라는 것은 그것을 찾기 위해서 끝없이 필요한 것을 찾고 남는 것을 버리게 되어 있는 것이 和者一法이라는 거죠.

그것을 위해서는 癸水도 쓰고 丙火가 없으면 안 되는 식으로 가니까 用神이 이상한 걸로 가는 거죠. 일종의 품이에요. 품이라고 하는 것이 품격이다. 품격! 그 어떤 八字가 癸水가 드러나 있으면 일단 일품 상승, 그 다음에 丙火가 드러나서 木火通明이 이루어지면 일품 또 상승이다. 그런데 强弱이나 抑扶論적인 입장에 있는 사람들이 보면 이거 말도 안 된다는 거죠.

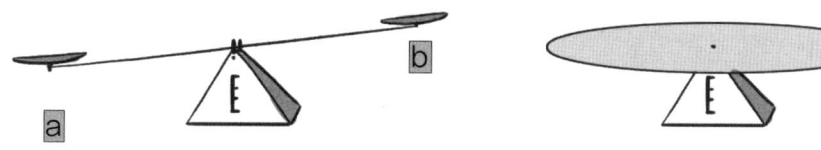

그림 7

그러니까 뭔가 기울어진 것은 이쪽이ⓐ 기울어졌든 저쪽이ⓑ 기울어졌든, 이것을ⓐ 채우든 이것을ⓑ 덜어내는 것이 중요하다. 이것이 굉장히 수평적 사고에서 나오는 거죠. 만약 이것이 원판이라면 어떻게 하겠느냐 하는 거죠. 이런 원판이라는 개념으로 보는 게 『궁통보감』에서 보는 입장인거죠. 결국은 원판이 비교적 밸런스가 잘 맞는 모양일 때 어떤 運이 오더라도 運을 잘 극복하고 그 고유의 목적을 이룬다는 개념이거든요.

제 개념은 그것이 아니고 이미 기울어진 것은 쉽게 뭘 메워서 보충하기 어렵다. 그러니까 편중성을 극복하는 방법은 뭘 채워서 하는 방법도 있지만, 그쪽으로 움직이게 하라는 거죠. 그러니까 오토바이가 달릴 때 트랙을 돌 때 커브 길에서 자빠지잖아요. 커브 길에서 자빠지는 이유는 뭐냐 이거죠. 중심을 잡으려다가 그런 거잖아요.

그렇게 運하고 動한다, 움직임으로써 결국 그 목적을 달성시킨다. 우리는 그 편중성을 관찰하는 사람이고 그렇게 운동하게 함으로써 삶의 여러 가지 목적을 달성케 한다. 그런데 그것을 사람들이 꼭 吉凶論적으로 보니까 문제가 되는 거예요.

진짜로 좋은 도시와 똑 같죠. 강가의 어부는 고기를 잡고, 논에 있는 농부는 밭을 갈고 농사를 짓고, 서당의 아이는 글을 읽는다. 그 말은 아무나 하겠다 하는데 그게 무슨 말이냐 하면 자기한테 부여된 여러 가지 에너지나 인자를 그대로 끌어서 쓴다는 거예요.

그런 논의에 가까이 간 사람들이 옛날에 제가 읽어 본 책 중에 출판된 것은 아니고 카피본이었어요. 옥승혁씨라는 분이 있었어요. 그분의 논리가 얼마나 재미있느냐 하면, 기억이 정확하지는 않은데 옥승혁이라는 분으로 기억하는데,

『格이 곧 用이요, 用이 곧 格이다』

이런 논법으로 가는 거예요. 그러니까 풀밭에서 난 놈은 풀 뜯으면서 살아야 된다. 풀밭에 난 놈은 풀 뜯으면서 살고 물가에 난 놈은 물에서 놀아야 한다는 논리로 가는데, 格用論的인 強弱이나 吉凶으로 보는 입장에서는 말도 안 된다는 거죠.

제가 옛날에 그 책을 읽으면서 그렇게 볼 수도 있겠다. 근데 이분도 손님이 있나? 하고 생각했습니다. 근데 책까지 만들어서 할 정도면 자기가 떠들 말이 있다는 것이다. 그러니까 아마 그분이 정확하게 그 개념은 아닌데 저자가 글로 옮기면서 완벽하게 그분의 생각이 다 옮겨지지는 못했다고 보지만 간단하게 함축하자면 그래요. 그러니까 풀밭에 난 놈은 풀 뜯어라, 풀 베고 살면 방법이 있다. 별 어려움 없다. 근데 풀밭에 불이 났다. 그러면 끝난 거다. 이렇게 보는 거죠. 제가 보는 개념하고 아주 유사한 요소가 많은 거죠. 그래서 좋은 도시라고 하는 것이 결국 자기 八字에 부여된 것을 직업적으로 잘 끌어 쓰고 있느냐? 강조된 것에 맞추고 있느냐? 그걸 맞추지 못하고 있는 八字들이 다들 골 아프게 사는 인생이에요.

무슨 얘기하다가 여기까지 왔죠? 調候論…. 아무튼 午가 陽운동이 크게 펼쳐짐으로써 그것을 유혹한다 이거죠.

辰은 당연히 隔角이죠. 隔角으로써 辰 역할이 둔화된다. 土로서는 그대로 작용한다. 辰이 水를 도둑맞지 않도록 에워싸고 있는 土의 역할을 하고 있기 때문에 午를 만났을 때 가장 강력하게 土의 작용이 이루어진다고 볼 수도 있는 거죠. 그러나 이것이 갖는 六親的인 역할은 크게 위축되어 있다. 이렇게 보시면 되죠.

巳에 의해서 午가 당연히 火가 왕성하여서 무리 짓는 작용이 되겠죠. 火가 왕성하여 巳가 午를 돕고 남는 작용과 같이 활동하게 된다고 보시면 되죠.

時	日	月	年
	戊	癸	
	申	巳	

그림 8

저랬을 때 보통 財星을 壬水나 이런 것으로 중요하게 쓰는 八字에서 午가 거듭하여 오면 전체적으로 巳火가 이렇게 붙들려 잡혀 있다가도 隔角으로 申의 작용을 제대로 못 하게 하죠. 그러면서 巳하고 무리를 짓죠. 무리 지으면서 五行적으로 癸水가 크게 약화되죠. 저랬을 때 보면 合이 있는 놈은 항상 조건 따라서 왔다 갔다 할 수 있기 때문에, 合에 묶여 있는 놈은 주변에 환경이 오면 결국 자기 용도 또는 자기 역할을 뭔가 드러내기 위한 자세가 되어 있다고 보면 됩니다. 간단하게 이야기 하면 마누라가 내 옆에 누워있다고 해서 마누라 역할만 한다고 생각하면 안 된다는 거죠. 자기 나름대로 뭔가 꿍꿍이를 하면서 내 언젠가는 '대한독립만세'를 부르고 말리라…. 환경이나 조건이 주어졌을 때 그렇게 변색된다.

午午는 공식적으로 自刑이죠. 自刑작용이 기본적으로 이루어져 있고 午의 활동력을 크게 조성해 주는 작용이 발생한다. 午火의 활동력이 크게 조성된다는 거죠. 未에 午가 오면 未가 火 得類가 되죠. 火와 무리 짓는다는 거죠. 그래서 계절적으로 方合 물론, 그 자체로 六合이죠. 六合이 이루어지고 무리 짓는 작용이 발생한다. 그래서 未의 土작용보다는 火와 무리 짓는 작용이 활발하다.

午가 申을 만났을 때는 隔角작용. 그 다음에 申을 天干에 庚으로 했을 때, 午에 沐浴 작용으로 씻겨져 나간다. 申의 활동력은 크게 위축된다.

時	日	月	年
	庚		
	申		

그림 9

여자 八字에서 庚申 日柱에 比劫이 배우자 자리를 에워싸고 있는 경우, 午가 왔을 때 庚金의 자리를 크게 삭감시키는 시기에 배우자를 얻어서 짝을 짓는 모양이죠. 이 때도 보통 약간 벼락혼 비슷해요. 比劫이 있는 자체가 항상 경쟁자가 잠시 자리를 비운 시간을 이용해서 午와 짝을 짓기 때문에 比劫이 드러나 있는 八字 자체들이 다 벼락혼 경향이 있다.

"아이고~, 그렇게 해 놓으면 뭐 하나?"

조금 있으면 실실 申이 '뭐라고?' 이러면서 未年만 되더라도 申이 내 조금만 기다린다! 기다리마! 하다가 申年이 되면 그 때부터 발동하기 시작하죠. 그래서 아무튼 申의 작용을 隔

角해서 申의 활동력이 크게 위축된다.

그 다음에 午가 酉를 만났을 때 酉의 삭감이 상당히 많아요. 酉가 天干에 辛이죠. 辛이 午를 만나서 病地에 들어가는 것과 같아서, 病地에 들어가는 작용 때문에 酉의 활동성이 크게 위축된다. 子午卯酉라는 것들은 조건에 따라서 확 커졌다가 싹 수그러들었다가 이런 것을 잘 하거든요. 이런 더운 여름에 가을의 기운을 딱 숨겨놓는 거죠.

"너 가을이지?" 하면,

"아뇨, 전 가을 아닌데요."

이렇게 완전히 자기를 숨기는 거예요. 陰의 굴신성을 항상 생각하셔야 됩니다.

개 戌字가 午를 만나면 당연히 三合이 되는 것이고, 戌 중에 있는 火의 작용과 得類 무리를 지음으로써 보통 처음에는 火의 작용이 활발하다가, 뒤에는 서서히 土의 작용이 활발해지는 쪽으로 가죠. 午의 시기가 서서히 未로 당겨져 가면 개 戌자가 계속 보험료를 챙겨 놓는다. 三合에서 끝자는 일종의 보험료를 받아 두는 것이다. 午가 戌을 만나는 것도 마찬가지고 酉가 丑을 만나는 것도 이때, 戌과 午가 만나서 조화를 이루는 것을 보면 그 순간에는 불기운처럼 무리 짓지만 결국은 午中에 있는 丙火의 기운을 조금씩 저장시켜서 보험료를 받아 놓고, 다음에 다시 戌이 寅에게 보험금을 주죠. 조건이 부여됐을 때 불기운을 보관했다가 다시 불기운을 열어 주는 작용을 한다.

亥하고는 특별히 神殺은 없는데 丁하고 壬하고 합을 해서 木으로 午 중에 있는 丁火 그 자체도 丁이죠. 돼지 亥자는 그 자체로 壬이고, 午中에 있는 己土하고 亥中에 있는 甲木하고도 서로 견인작용이 이루어지죠. 이제 밖으로 드러나는 견인 작용은 丁壬의 작용에 의해서 木氣가 크게 형성된다. 즉, 돼지 亥자는 숨기고 엉켜 있는 거잖아요. 숨기고 엉켜 있는 기운이 굉장히 강한 것이 돼지 亥자죠.

그래서 동글동글, 얼굴도 동글, 발도 동글. 작은 부피에 많은 것을 담아 놓은 것이 亥의 運氣나 모양이라면 丁火는 밖으로 자꾸 들어서 꼬시는 거잖아요. 꼬시니 壬水가 壬의 작용을 에워싸 있지 못하고 밖으로 들려 버리는 거죠. 그래서 삐져나오는 것이 木운동이다. 그래서 이게 잘 이루어지는 게 丁壬木을 긍정적으로 쓰는 사람은 괜찮은데, 이것을 官星으로 쓰는 경우는 진짜 피곤하죠. 예를 들어서 戊日柱에 돼지 亥자를 偏財로 쓰고 있는데 午가 왔다고 했을 때, 亥와 午 사이에는 丁壬이 서로 합이 되는 작용을 이루니 자꾸 木이 드러난다.

木은 주로 관재, 잡음, 구설로 가는데 본인이 사회적으로 활동하고 있는 사업적인 무대, 시장 여기에서 印星이 오니까, 印星은 도덕, 법이다. 법적인 제제들이 가해지거나 아니면 문서를 자기가 장악하거나 취해 나가면서 결국은 관재, 구설들이 많이 발생하는 것이죠.

이것을 사업적으로 연결해서 어떤 일을 계약한 거예요. 계약을 했는데 결국 그것이 官運으로 흘러가서 남 좋은 일 많이 해서 결국 개인적인 이익을 취해야 하는 어느 정도 피곤한 구조를 감당하는 것도 많이 발생하는 거죠. 그래서 적용하는 것은 八字에 저런 것을 해 두고 해석을 연결하면 무리 없이 할 수 있겠죠. 거기서 조금 더 확장하면 이중, 다중으로 갈 때죠.

어떤 사람의 八字에 丑, 卯, 巳, 午가 있는데 午가 왔다. 이때에 이 글자는 어떤 반응을 보일 것이고, 이 글자는 어떤 반응을 보일 것이고, 그런 다중적인 작용만 쭉 해석을 해도 충분히 가능한 거죠.

보통 이런 隔角 작용들은 위축이라고 해도 되고, 팔아치운다고 해도 되고, 빌려온다고 봐도 되요. 팔아치우고, 빌려오고, 잡혀먹고 이런 것들의 작용이 隔角의 자리에서 이루어지는 것이죠. 올해 丑年이라고 했을 때 隔角 작용이 있는 亥卯未 글자가 띠에 있든, 달에 있든, 時에 있든, 날에 있든, 이 글자가 있는 것만으로도 이 사람은 올해 뭘 잡혀먹든지, 팔아먹든지, 바꿔먹든지 하게 되죠.

질문
저런 경우 午까지 있으면 완전히 휘집어서 寅年이 오면 바꿔지는 것 아닙니까?

답변
그렇죠! 亥卯未가 무리를 지어 있는 경우는 우당탕퉁탕하고 전부 바꾸고, 조절하고, 옮기는 식으로 가죠.

질문
만약 저 사람이 辛卯日柱라면 올해나 내년에 교수가 될 수 있습니까?

時	日	月	年
	辛		
未	卯	亥	

그림 10

답변

丑年 같은 경우에는 본인이 주도권이 없는 거죠. 내년이나 내후년 중에 보통 경쟁, 경합이 있을 때는 자기가 주인공이 될 만할 때, 즉 寅年의 후반부나 卯年 정도 가야 자기가 주인공으로서 뭔가 역할을 도모할 수 있다. 지금은 혼자 힘으로 안 되고 무슨 힘을 빌려서, 빽줄을 빌려서, 가장 힘 있는 사람을 찾아서 기도하고 있는 중이다. 이렇게 보면 되죠.

질문

寅年 초반에는 된다고 하면 안 되겠네요?

답변

寅年 초반에는 무조건 장담할 수 없는 거죠. 亡身은 자기의 뜻이 이제 밖으로 뽀롱났다는 거죠. 본격적으로 내가 기도하다가 들켰다. 내가 소원을 빌기 위해서 새벽기도를 다녔는데 丑年까지는 자기 뜻을 감추고 또, 드러나지도 않잖아요. 寅年에 亡身에 이르면서 자기가 마음먹고 있는 게 드러나 가지고, 그것이 나쁘다는 것은 아니죠.

질문

저렇게 작업을 해 놨는데 임용에서 경쟁자가 나타나서 가져갈 수도 있겠네요?

답변

그건 원국 자체가 채용될 수 있는 그릇인가를 봐야죠. 午未가 空亡이니 未중에 있는 官星을 취해온다고 봤을 때, 이 자리가 空亡이면서 未라는 것은 우리가 공간을 높낮이로 보기도 하지만 중앙에서 원으로, 써클이라고도 보죠.

子나 亥의 자리가 에워싸고 있는 자리잖아요. 그 다음에 丑이 이 주변쯤에 있다는 것은 아시겠죠. 그 다음에 寅卯辰이 중간쯤에 있겠다. 午나 未는 밖으로 확 벌어져나간 陽이 五陽 巳가 六陽이고, 巳午未가 확 벌어져 있는 자리잖아요. 거꾸로 亥子丑은 안으로 엉겨붙어 있는 자리잖아요. 그래서 이게 중심이나 핵심 지역 또, 중앙이 아니라 이 자체로 변두리, 외부, 확 펼쳐진 곳, 눈에 확 드러난 곳, 들판 등이다.

질문

실제 구미에 자리가 생겼는데 안가더라고요. 亥년에 생겼는데 안가더라고요. 亥年에 생겼는데….

답변

확 벌어진 곳에 가야 되는 거죠.

질문

자리는 좋더라고요, 촌 동넨데.

답변

그것이 官이 空亡이거든요. 官이 空亡이 되어 놓으니까 항상 자기는 더 채워 넣으려고 하고 더 보상받고 싶어 하는 거예요. 그런데 空亡 맞은 모양대로, 이 벌어진 곳에서도 空亡을 맞았다는 것은 한 학년이 모자란다든지, 4년제가 아니고 3년제라든지 약간 뭐가 빈 구멍이 있는 모양이다. 예를 들어서 5년마다 다시 갱신을 해야 된다든지 하는 식으로 뭔가 아쉬운 모양을 가지고 있는 자리에 인연을 하면 거기서는 계속 또 굴러간다니까요.

이야기가 옆으로 나와 버렸는데 丑年에 돼지 亥자가 있는 사람이나 토끼 卯자 글자 하나만이라도 있는 사람은 이것의 隔角 작용에 의해서 팔아치우든, 바꾸든, 빌려 넣든, 끼워 넣든지 이런 동작이 六親에 상관없이 食神이든, 官星이든 아무 상관없이 해야 될 일이 자의든 타의든 발생한다 이거죠. 그렇게 여러분들이 접근할 수 있어야 四柱 해석을 구조주의적으로 해석한다는 거죠. 吉凶, 強弱, 五行론 이런 것이 아니라 소가 있으니 돼지와 토끼를 용납하지 않는다. 그리고 그 무리 또한 冲으로써 용납하지 않는다.

그래서 丑年에는 띠만 봐도 간단하잖아요. 돼지, 토끼, 양띠 변수가 많이 발생하는구나! 보따리 들고 짐 쌀 일이 많이 생기구나! 팔아먹든지 잡혀먹든지 八字 해석의 틀 자체가 이런 구조주의로 저절로 접근되어 버린다는 거죠.

제 27강 · 地支끼리의 관계 변화 XI

未가 子에 와서 작용할 때 기본적으로 元嗔이죠. 元嗔이고 癸水 入庫의 작용으로 子水의 활동력이 극히 위축되겠죠.

이건 설명 안 드려도 되겠죠. 丑未 相冲은 말 그대로 開庫작용이 이루어지고 開庫작용의 결과물이라는 것은 자기가 冲을 한 글자의 다음 글자로 넘어가죠. 丑中에 있는 辛金이 드러나는 작용을 하는데 초기에는 갈등 국면, 뒤에는 丑中에 있는 辛金을 끄집어 내는 작용으로 달린다고 보시면 되겠죠. 당연히 기본적으로 刑작용이 三刑으로 섞여 있으니까 丑戌未, 기본적으로 冲작용만 가지고도 충분히 여러 가지 설명을 해 나갈 수 있는 거죠. 丑하고 未하고는 五行的으로 土로서 무리를 짓는다고 생각하면 안 되고, 실제로 辰戌丑未에 대한 이해가 굉장히 四柱 해석의 핵심이다, 이렇게 볼 수 있죠. 아무튼 丑은 未에 의해서 크게 동요하게 되고 生申, 궁극의 목적이 生申을 하는 작용으로 귀결된다고 보시면 되죠.

그 다음에 寅이 未를 만나면 이 두 글자 사이에는 기본적으로는 甲하고 己하고 合을 이루는 듯한 작용에서 合에 의한 역할 둔화, 合濁, 貪合함으로써 자기 역할을 잃어버리는 작용이 발생하는 것이다. 그 다음에 甲木이 未에 入庫하므로 土의 대세가 되어버리죠. 未가 와도 하여튼 거의 자기가 마음에 안 드는 건 전부 초토화시키는 거죠.

辰戌丑未라는 것이 다른 글자를 잡아 가두고 조건에 따라서 자기 것을 끄집어내는 작용을 하니 작용 자체를 둔화시키거나 入庫시켜서, 결국은 활동력을 멈추거나 가장 위축된 모양으로 바꾸어 버리는 작용을 많이 하죠.

그 다음 卯하고 未하고 三合을 이루는데 결국 卯 中에 있는 甲木의 운동을 수렴해 나가는 작용을 하죠. 午가 戌을 봤을 때 일종의 보험이죠. 서서히 木氣를 수렴해 버리는 작용이오므로 土로서의 작용을 크게 굳건히 하고, 여기서 土는 金을 낳기 위한 작용이죠. 木의 활동력을 즉, 寅과 卯의 활동력을 결국은 거두어들여야만, 봄을 닫아주어야만 계절의 끝에 辰戌丑未가 다 존재하죠.

辰은 겨울의 운동을, 겨울을 에워싸 줌으로써 여름이 열리도록 해 주는 것이고, 未는 봄을 잡아들임으로써 가을의 인자가 열리고, 戌은 여름을 잡아들임으로써 겨울을 열리게 하는 작용이 기본적으로 열리는 거니까, 卯未가 무리를 지으면 木운동을 한 번 들어서 만들어 주죠. 그러므로 보통 건축 행위들이 만들어지죠. 六親이 무엇이든 상관없이 그런 작용이 있죠. 未年에 土와 木의 조화를 통하는 거니까 토목이나 건축적인 행위가 발생할 거라는 것을 알 수가 있는 거죠. 물론 巳나 巳午未 運에는 부동산의 활용이라든지 건축적인 행위를 통한 여러 가지 변화양상이 지상에 펼쳐진다는 거죠. 그러니까 陰曆으로 巳午未 月에는 아무것도 없던 허허벌판에도 산천초목이 기어 올라와서 무엇을 만들고?

그림 1

직립해 서 있는 존재들을 많이 만들어 내니 즉, 건축물을 지어 나가는 행위와 똑같은 작용이 이루어지는 거죠. 그러면서 보편적으로 辰巳午未에 이르면 부동산이나 건축행위가 기본적으로 많이 강화되고, 그것을 서로 사고팔고 교환하는 행위가 많이 발생하는 거죠.

그 반대편에 가면 亥子丑은 도리어 여기에ⓐ 열매 맺혀 있는 씨앗들을 땅으로 떨어지게 만들므로 결국은 부동산이나 건축의 운용이나 활용도가 크게 약화되는 거니까, 己丑年에도 부동산의 활용도는 계속 위축된 모양이기 때문에 丑年에 亥卯未를 八字 내에 가지고 있지 않은 사람들에게는 함부로 부동산이 팔리거나 바뀐다고 말해 줘서는 안 되는 거죠.

亥卯未도 억지로 파는데 원래 저것들이 삐쭉삐쭉 잘 기어 올라가는 놈들이잖아요. 그런 木의 수렴 작용을 이끌어내기 위해서 卯를, 木운동을 도와주는 척하면서 서서히 기운을 삭감시키는 과정을 발생시킨다는 거죠.

辰하고 未는 神殺상 破가 작용하죠. 이런 경우에 겨울을 잡아들이는 놈, 봄을 잡아들이는 놈이 무리를 지어서 水운동이 크게 약화되어 있는 모양이 되고, 辰하고 未 자체가 부동산, 터전, 근거, 기반을 서로 조정시키는 일이 발생하는 것이죠.

辰하고 未의 작용 들어보셨죠. 水의 작용력이 크게 위축되는 壬水가 入庫하고 癸水가 入庫한다. 일반적으로 水의 작용력이라는 것이 자녀 생산의 행위, 정신 활동 등이다. 水의 작용력을 크게 달아 놓아 정신적인 활동에 여러 가지 부담과 압력을 많이 주므로 건강상의 문제를 많이 발생시키죠. 부동산이나 터전의 변화….

辰이 나머지 동물을 다 모아 놓은 것이지만 未도 그 자체가 雜氣이기 때문에 이것저것이 다 뒤섞여 있다.

未가 巳를 만나면 당연히 隔角 작용이 이루어지고, 巳의 운동성에 방해를 받는다. 그리고 기본적으로 得類, 火로 무리를 짓는 작용은 당연히 이루어지는 것이고, 巳를 중히 쓰는데 저런 기운이 오면 巳의 변색…. 이런 것들이 운세적으로 상당히 불안함이라든지 피해를 많이 주게 되죠.

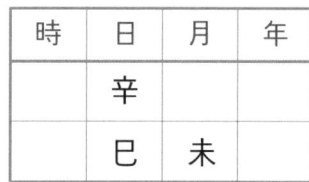

時	日	月	年
	辛		
	巳		未

그림 2

時	日	月	年
	辛		
	巳	未	

그림 3

일반적으로 五行적인 强弱에 의해서 辛巳에 未가 들어 왔을 때 이게(巳) 官星이 되는 것이죠. 이게(巳) 官이고 이게(未) 印星이지만 官印 소통이 잘 안되죠. 기존의 감투나 명예를 유지하고 있는 사람들이 오히려 입지 불안이라든지 감투에 여러 가지 불안한 과정을 연출하거나 겪게 된다.

八字에 그림3)처럼 巳와 未가 드러나 있는 경우에도 官印 소통이 잘 안 되는 것으로 보셔야 됩니다. 그래서 일정기간 조직사회 활동을 하다가도 결국은 그 인연이 오래가지 않고 직업 전변, 직장 전변이 발생한다. 午에 未가 오면 六合이 되는 것이고, 火가 무리지음으로써 得類가 되는 것이죠. 得類가 되어서 五行적으로 火와 土가 활동력이 크게 강해지는 작용이 발생한다. 午가 未를 만나면 攀鞍殺을 만났는데 저 경우에 午가 火로서의 작용력이 활발하죠. 활발한데 未까지 얻으면, 午와 未가 만나면 午의 火 운동을 심하게 꺾을 자가 별로 없다는 거죠. 子가 오더라도 未의 入庫 작용이 이루어지고, 亥가 오더라도 亥未合에 의해서 오고, 丑이 오더라도 丑未 相冲에 의해서 未의 희생 정도로써 午의 작용이 크게 지켜지는 거죠.

이런 경우가 제대로 된 攀鞍이라고 보면 되죠. 攀鞍이 무리 짓는 작용이 子午卯酉일 경우에는 그런 작용이 활발하게 이루어진다. 子가 丑을 얻는 것, 午가 未를 얻는 것, 卯가 辰을 얻는 것, 酉가 戌을 얻는 것, 다 마찬가지로 무리지어서 그 세력이 잘 깨지지 않는다는 거죠.

물론 方合이라는 말 속에 포괄되어 있지만, 攀鞍을 만나서 午 입장에서 보면 丑이 天殺이라 버르장머리가 없어지는 거죠. 天殺을 밀어 내는 작용을 하니까 하늘을 쳐다볼 일이 없다는 말은 즉, 하늘을 원망할 일이 없고 이 세상에 일어난 여러 가지 일들 중에 뭔가 원인이나 이유를 물어야 될 곳이 없다. 그럴 필요가 없다, 이 말이거든요. 자기가 편한 활동을 할 수 있는 그런 작용력을 주기 때문에 八字 안에 攀鞍이 있다는 자체가 세상의 여러 가지 문제를 해결할 수 있는 도구가 많다고 본다. 攀鞍 그 자체가 말안장이라는 뜻이지만 그 말에 올라탈 수 있는 조건을 이미 부여받는 거잖아요.

攀鞍이 있는 경우를 몇 케이스 봤는데 어떤 사람은 굉장히 건방져 보이죠. 天殺을 모른다고 했거든요.

"아 나는 그런 거 모릅니다." 이러면서,

"정신적으로 고민 좀 해 보세요."

하면 고민할 필요 없대요. 이것으로 해결하면 된다는 식으로 天殺을 벗어나 있기 때문에 고민을 하지 않는 작용이 그대로 깔린다는 거죠. 아무튼 午 입장에서 볼 때는 五行적으로 土

를 만나서 **뺏**기는 것이 아니라, **攀鞍**을 얻어서 자기 활동력을 그대로 지키는 작용을 한다.

未未는 무리지어서 **自刑**은 약하게라도 작용한다고 보고, **土**의 활동이죠. **申**에 이르면 **未**가 결국은 **未生申** 하는 작용을 하므로 처음에는 **火**에 의한 **金**의 역할이나 작용을 둔화시키죠. 그러나 결국은 **未**는 **木**의 운동을 거두어들여서 **申**을 돕는 작용으로 감으로써 **申**의 세력을 돕는 작용을 하죠. 물론 **申**이 굉장히 중요하고 촉박할 때, **未**가 왔을 때는 **申**입장에서 볼 때는 **未**가 **天殺**이잖아요. 그래서 한참을 쳐다보고 기다려서 목적이 이루어진다고 본다.

時	日	月	年
	丙		
	申		未

그림 4

丙 日柱가 **申 偏財**를 긍정적으로 쓴다고 봤을 때, **未**가 왔을 때 이 **未**가 **六親**적으로 **傷官**이죠. **傷官**이 법적인 틀에 매여 있지 않은 또는, 구설이나 관재에 말려 있는 그런 상태를 의미하죠. 이 경우 **未**의 역할은 결국 **生申**, **申**을 도와 주기 위한 작용이 되므로 이때 **未**에 의해서 정신적으로 번거롭고, 소모 지출이 발생하고 희생이 따르더라도 결과적으로는 **申**을 돕는다는 거죠.

이럴 때 이거 가지고 장난치는 사람 많아요. **午年**을 지나왔는데 얼마나 괴롭겠어요. **午年**부터 재판이 시작되어서 이거 잘못되면 있는 것, 큰 거 날아가 버리는 재판에 말렸다는 거예요. **午年** 말쯤 되면 슬슬 상대방도 칼을 들고 길길이 뛰는 모양이니까, 싸우고 있는 모양이잖아요. 재판이 안 끝나고 있는 거예요. **未年** 초쯤에 오면,

"이게 아마 8개월 아니면 10개월쯤 가닥이 잡힐 건데, 기가 딸린단 말이야."

왜냐 하면 이 사이에 엎치락뒤치락 할 수밖에 없잖아요.

"어떻게 하면 됩니까?"

"방법은 있지!"

직접 해결하려면 산에 가서 만배를 하면 되는데, 만배를 새벽에 가서 해라. 이렇게 도저히 할 수 없는 미션을 제시하면,

"아! 그걸 어떻게 합니까? 선생님!" 이러면,

"아, 그러면 우리가 가서 대신 해 주는 방법도 있지!"

그래서 봉투로 가는 분도 있는데, 알면 알수록 위험한 거예요. 아무튼 未의 궁극적인 작용은 申으로 간다. 그 다음에 未의 酉에 대한 隔角. 酉에 대한 隔角은 酉의 활동력을 크게 위축시키는 작용을 하게 되는 거죠. 이것도 五行적인 오류에 굉장히 잘 걸려드는 거죠. 未와 酉 있으면 生으로 봐서 되는 것이 아니라, 중간에 申이라고 하는 숨겨진 인자를 징검다리로 해서 약간의 소통 요소만 발생하고 酉의 활동력은 크게 꺾인다고 보면 되죠.

時	日	月	年
丁			
未	酉	亥	

未

그림 5

時	日	月	年
甲			
		酉	

그림 6

특히 丁酉 日柱에 未年이 오는 작용이 있을 때 마누라가 아파서 왔다면 土生金 하므로 봉투 열려고 하다가 큰일 나요. 기본적으로 羊刃이 일어서 있는데다가 酉가 항상 추상, 가을 서리가 오뉴월 炎天에 완전히 말라서 그 역할이나 기능을 확 잃어버렸기 때문에 몸에 크게 칼을 댄다든지 해서 신상에 병고나 어려움을 겪는 걸 의미하죠. 그렇기 때문에 未를 만났을 때 隔角의 해로움을 그대로 겪는다. 마찬가지로 이것을 官으로 쓰고 있는 사람도 마찬가지예요. 甲 日柱에 官星으로 쓰고 있는 경우에,

"와! 이거 財生官이다."

이렇게 이야기 하면 안 되죠. 天乙貴人 왔고 財生官에 이 해에 진급이다. 이렇게 하면 진급이 아니라 오히려 破官落職, 순간적으로 破官이 되거나 落職이 되거나 결국 어쩔 수 없이 이동을 해야 되는 이런 상황이 생기죠. 그것을 보상하는 시기는 申年이나 酉年에 이르러서, 申은 혼잡이니 자기 고유의 그릇에 맞는 업무 외에 잡무, 다른 성격의 업무에 가담하거나 걸쳐있는 상태를 거친 다음 酉에 이르러서 결국은 감투를 회복시키는 거죠. 보상 받는다….

그 다음에 未에 戌을 만나면 당연히 刑殺이 발생하죠. 주로 여름이 가을로 넘어가지 않도록 붙들어 잡아놓은 모양이죠. 여름이 무르익은 때에 가을의 작용을 하지 못하도록 괴롭힘

으로 戌이 그 용도를 다하지 못한다. 이 두 글자의 작용이 木의 入庫작용이다. 戌 가을에 乙 木이 入庫하고, 未에 甲木이 入庫함으로써 나무 木자가 크게 약화되는 작용이 발생한다. 亥 水에 未가 오면 三合 작용에 의해서 亥水의 작용이 크게 손상되는 거죠. 亥水 손상.

그러니까 亥水가 午를 만나서 亥水의 역할이나 기운을 잃어버리는 것과 亥水가 未를 만나서 마찬가지로 木운동을 돕기 위한, 이 중에도 보면 당연히 丁壬이 이루어지고 있죠. 亥中에 있는 壬水 그리고 甲木이 未中에 있는 丁火 己土하고 똑같은 午하고 같이 해서 暗合이 되어있는 구조가 만들어져 있는 거죠. 그러므로 亥水가 水로서의 역할을 크게 잃어버린다는 것이 주제가 되겠죠. 그리고 결국 亥未, 亥午 이게 다 木운동, 木의 운동을 도와서 水 고유의 운동 모양을 지키기 어렵다고 보시면 되죠.

그 다음 子에 이르러서 申이 오면 申子辰 三合인데, 子가 궁극적으로 水가 펼쳐진 모양이기는 하지만 申이 활발할 때는 子水가 아주 미세하게 응축해 있는 모양이라면 申을 만나면 응결을 해서 물방울이 커져 버리죠. 그러면서 결국은 癸가 壬으로 전환되는 통로가 이 申의 작용 때문에 그렇거든요. 그러니까 癸水가 申에 死하고, 壬水가 申에 長生하는 작용이 이루어짐으로써 子水 고유의 작용이 크게 훼손되어 버린다는 거죠. 그래서 이 글자(子)만을 중히 쓰고 있는 사람들은 이때(申) 변모라든지 역할이 크게 손상되는 작용이 오게 되겠죠.

그래서 戌 日柱가 子水를 財星으로 쓰고 있는데 申이 와 버리면 正財로서의 작용이나 역할은 없어지고 偏財로 변색되어 버리는 작용이 오므로 부부 간에 오히려 여러 가지 정신적, 현실적 분란이 발생한다는 거죠, 그 다음에 丑은 丑中에 있는 申의 노출로써 申을 드러내는 거죠. 金 入庫가 불가한 모양이라는 거죠. 그래서 土의 작용도 土도 물론 丑土라고 해서 五行적인 의미의 土하고 차이는 있지만, 土라고 하는 것이 에워싸서 뭐가 극단에 치우치지 않도록 붙들어 잡고 있는 작용이기 때문에, 결국 金을 붙들어 잡지 못하므로 자기 모양이 손상되는 거죠. 丑을 財로 쓰고 있는 경우에도 마찬가지예요.

時	日	月	年
	甲		
		丑	申

그림 7

甲 日柱가 丑을 正財로 쓰고 있는데 申年을 만나면 丑이 甲 日柱 입장에서 보면 官星을 만들어 내잖아요. 官星을 만들어 내면서 偏官 작용을 일으키므로 식구를 늘리는 작용이나 동작은 이루어지지만 正財로서의 형태가 손상되어버리니까, 부부 간에 배우자로서의 역할이 제대로 이루어지지 않는다. 몸이 아파서 그런 경우도 있고, 애를 낳아 거기에 매달리니 그런 경우도 있는데, 결국 남편에 대한 처의 역할이 크게 줄어들어 버리는 그런 경우도 많죠. 보통 이런 작용이 오면 남자들이 딴 데 관심을 갖기 시작하죠.

寅申 相冲은 말 그대로 하이라이트입니다. 冲 중에 제일 화려한 전쟁이 寅申相冲이죠. 三陽 三陰으로 寅은 陽氣가 陰氣를 밀고 나오는 단계고, 申은 陰氣가 陽氣를 밀고 나오는 단계니 그 싸움과 조화가 대단하다.

그래서 이 경우에 冲의 여러 가지 복합작용이 다 일어난다. 전쟁이 한번 벌어지면 끝이 안 나고 끝까지 가는 경향성을 가지게 되므로 희생이 어느 한쪽으로 발생하는데, 申年에는 申이 주인공이니까 寅이 크게 손상을 당하는데 寅이 성질을 내서 한참을 치고 박고 하는 과정이 발생하겠죠.

卯를 만났을 때 당연히 元嗔의 작용으로 인해서 卯木의 활동력이 위축되게 되어 있는데, 이 안에는 乙庚이 숨어있죠. 乙庚이 묘하게 숨어 있어서, 물론 저 卯를 자료 또는 재료로 해서 庚의 용도를 자꾸 채우는 金을 강화시키는 작용이 기본인데 乙을 재료로 삼는다는 거죠. 미워라 하면서 껴안는 모양이 申卯 元嗔이죠.

어떤 책에 奇合, 기이한 합이라고 해 놓은 부분 보셨습니까? 또는 特合이다 이렇게 써 놓은 곳도 있는데 특별하게 이상하게 엮인 合을 特合이라고도 하는데, 그냥 변태 合이라고 보면 됩니다. 싫어라 하면서도 새끼는 만드는 거라. 저 인간하고는 정말로 안 맞다 하면서 결국 또 合의 목적을 달성시키는 乙庚을 만드는 그런 작용이 오는 거죠.

실제로 토끼띠 남자에 원숭이띠 여자, 卯生男에 申生女의 경우에 보통 근본적으로 인생관 차이가 발생하지만 卯가 天殺그룹이죠. 天殺그룹이니까 매일 데모를 해도 잘 안 먹히고 할 수 없다 하면서 포기하고 사는데, 그러면서도 이 둘(卯申) 사이에 乙庚이 서로 잡아당기는 견인력을 가지고 있으므로 인연이 오래가더라는 거죠.

申과 辰은 기본적으로 三合이 되는 것이고 辰이 드디어 土의 작용력, 활동력을 마치고 辰土의 작용력이 이제는 내려앉기 시작하는, 주저앉기 시작하는, 변색이 되죠. 金을 만남으로써 변색이다. 저 내부에도 보면 庚하고 乙하고 辰中에 있는 乙木하고 서로 견인하고 있죠. 그래서 辰의 변색 저게 무서운 건데 저것을 官으로 쓰고 있는 사람들, 예를 들어서 壬에 辰을 官으로 쓰고 있다면,

그림 8

이런 모양으로 申이 왔을 때 이것도 官印 소통으로 보면 애매한 거죠. 새로운 결재권이나 결재환경을 만났는데 용무늬가 들어갔다는 것은 기본적으로 어명을 받은 대통령 표창을 받는 등 어떤 사회적 속성의 지위를 말하는 건데, 그게 변색되었다는 거죠. 그러면서 본인의 사회적인 활동성이나 운신의 폭은 매우 답답한, 분명히 표창장 무늬도 있는데 왜 나를 구석에다 놔뒀는지 고민하면서, 결재권만 형태상 조금 좋게 만들어 놓고 오히려 사회적인 위치나 官으로서의 보상은 훨씬 더 줄여 놓았다는 거죠.

이것을(辰) 남편으로 쓰는 경우에도 마찬가지로 그런 작용이 오겠죠. 申이라는 자체가 똑같이 比劫을 생성시키는 작용이 있으므로 남편과의 조화력도 굉장히 불안해지는 변화가 온다는 거죠.

그 다음에 申이 巳를 만나면 巳申 刑이요, 合이다. 巳申刑合의 과정을 통해서 결국 巳가 火로서의 역량을 크게 잃어버린다. 火로서의 역량이 크게 약화되는 경우도 순식간에 이루어지는 속성도 있어요. 전부 파워풀하잖아요. 범, 원숭이끼리는 合 하더라도 '되었나?' '되었다!' 이래서 바로 붙어 버리는 거죠.

時	日	月	年
	壬		
		巳	

그림 9

이런 것이 굉장히 중요한데, 예를 들어서 저 巳火가 사업을 하는데 있어서 壬水가 巳火를 偏財로 써서 사업성을 발휘하고 있다고 봤을 때, 申이 들어오면 巳申合으로 확 잡아 당겨서 이 화려한 유혹에 쫙 빨려 들어가 버린다니까요.

"그래, 이거다!"

하면서 申年을 만나면 그전에 寅卯辰巳午未 지나오면서 食傷과 財星이 기본적으로 무리지으면서 금전적인 확장 작용이 쫙 오고, 사업적인 무대발전의 작용이 왔죠. 그것이 申에 와서 저물기 시작하는데, 급속히 빠른 동작으로 빨려 들어가더라는 거죠. 여기에(申) 눈덩이 맞으면 申酉戌亥子丑까지 가버리는 거죠. 그래서 寅巳申끼리 붙었다 떨어지는 경우에는 급속, 신속, 구체, 양적으로 많은 것을 전제한다고 보시면 되죠. 제가 아는 분은 이 때(申年) 어떤 일을 도모해서 사업도 되고 명예도 됩니다만, 전 생애에 이룩한 것의 80%를 싹 다 날리더라고요. 좋은 일 좀 하라고 그만큼 강조를 했건만 그게 안 되더라고요. 한 번 빨려 들어가 버리니까요. 巳申의 결합은 그렇게 量的으로 강력하고 신속하게 이루어지더라.

申에 이르러서 손상, 午를 財星으로 쓰든 官星으로 쓰든, 食傷으로 쓰든 午 隔角이죠. 食傷으로 쓴다면,

時	日	月	年
	甲		
		午	

그림 10

時	日	月	年
	乙		
			午

그림 11

甲 日柱나 乙 日柱가 午를 보면 食傷으로 쓰는 건데, 申이 오면 食傷이 크게 흔들리게 되고 甲木 日柱의 경우는 偏官으로서의 작용도 감안한다면 乙木이 당하는 것보다는 甲木이 당하는 게 훨씬 더 食傷 불안의 환경에 놓이게 되는 거죠. 그래서 甲 日柱나 乙 日柱가 申年을 만나면 주거변동, 의식주 변동이 발생한다. 지상에 있는 食傷을 기본적으로 흔들고 바꾸고 하는 작용이 발생하기 때문에 오는 거죠.

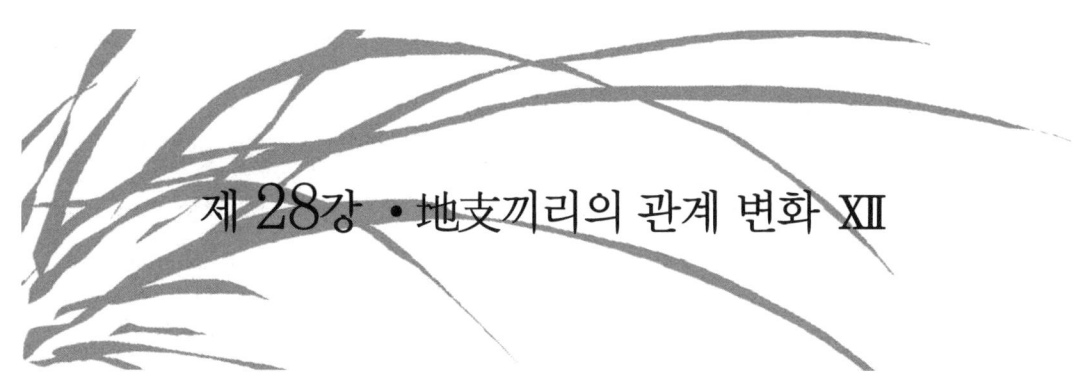

제 28강 · 地支끼리의 관계 변화 ⅩⅡ

未를 만나면 未申도 일종의 方向 合이죠. 方向 合이 되어서 저것을 天關地軸이라고 따로 명리해설에서 용어를 붙여 놓은 게 있죠. 戌亥, 辰巳가 天羅地網이고 未申戌亥가 天關地軸에 해당되어, 기억이 안 나시나? 안 나시면 몰라도 됩니다. 커닝만 잘해도 됩니다.

그림 1

방향으로 치면 子丑寅에서 반대 자리에 未와 申이 걸리잖아요. 未申酉戌亥子로 해서 未申이 火金, 火의 기운이 불씨가 되는 게 木이잖아요. 寅木이 되고 寅木에 의해서 열렸던 게 木이 未에 入庫하죠. 그러니까 그만 자라라! 이거잖아요. 木운동을 그친다. 그럼으로써 불이 문제가 아니라 불 밑에 불기운을 조장하는 木기운을 빼 버리니, 결국 火의 기운도 자연 물러가고 가을이 열리게 되죠.

그런 작용이 未申이라고 하는 것에서 이루어지는 것이죠. 본격적으로 未의 작용이 계절에 묶여 있었다면, 여름의 작용에 묶여 있었다면 여름작용을 가을을 여는 쪽으로 돕게 하는 작용을 하면서 申이 활발하게 강하게 작용하는 모양으로 八字에 영향을 주게 되겠죠. 이 未申은 무리라고 생각해 두시고 결국은 未가 申을 여는 동작을 한다고 생각하시면 되죠.

申이 申을 만나면 가벼운 自刑작용이 오고, 申의 활동력이 극대가 된다.

酉가 오면 申酉가 金으로써 무리가 되죠. 金을 낳아 주기 위한 작용이 申이니, 金이 크게 활동력을 강화시키는, 무리를 짓게 하는 작용이 기본적으로 이루어진다. 물론 운세 해석을 할 때 丁酉로, 酉를 偏財로 쓰고 있는 사람이 申을 만나면 작용이 많아요. 酉를 중심으로 보면 申이 亡身이죠. 즉 자기가 주도권을 장악하기에는 아직도 미진한 상태에 이것저것 내가 붙들려서 주도권을 쥐지 못하는 상태다.

그럼으로써 酉의 입장에서 볼 때 결국 金이 무리를 짓기는 하였지만 항상 혼잡 요소가 뒤섞여 있다. 그래서 자기 고유의 기능만 하기에는 번거로움을 겪고 있다. 그 번거로움의 양상은 여러 종류다. 그 혼잡을 겪으면서 大運 같은 것을 보셔야 됩니다. 혼잡은 구슬 따먹기 할 때 짤짤이라고 있거든요. 짤짤이는 1, 2, 3 해서 바로 따먹기 하기 귀찮으니까 그렇게 하는 것이 있는데, 뒤섞었다는 것은 교환을 전제로 하는 것이다. 그 때문에 그 뒤에 運의 환경이 크게 바뀌어 있다든지 할 때는 혼잡 과정에서 벌어진 일들이 원인이 되어서 결국은 그 運으로 끌고 가버리는 거죠. 그래서 官殺 혼잡, 財星 혼잡, 印星 혼잡 이런 것들이 正印을 쓰는데 偏印이 왔을 때 살짝 돌거든요.

"그래! 인생이란 똑바로 사는 것만으로는 답이 없어!"

그러면서 갑자기 초능력을 믿기 시작하고 偏印의 運에 갇히면, 印星이 한번 혼잡되었다는 것은 엄마가 뒤섞였다는 거잖아요. 이 엄마 말을 들을지, 저 엄마 말을 들을지 계속 왔다 갔다 하고, 이 엄마 저 엄마 말을 다 들었다가 다음 運이 나쁜 運으로 가면 발을 디딜 때 나쁜 엄마 말만 듣는 거예요.

偏印이 좋다, 正印이 좋다고 할 때 일반적으로 偏印이 좋지 못하다고 이야기 하고 偏印을 쓰고 있는데 正印이 오면 대체로 좋은 일이 많다고 설명되어 있지만, 혼잡을 겪었다는 것은 결국은 큰 환경이 안 좋으면 이런 것과 똑같은 것이죠.

쌈박질을 한 사람하고만 해서 '아! 싸움은 좋은 것이다, 나쁜 것이다.' 이렇게 되는 것이 아니고, 이놈 저놈하고 다 싸웠다면 두 가지로 나뉘죠. 정말 싸움은 나쁘다 하거나, 어차피 인생은 이판사판 싸움판이다. 이런 부정적인 것만을 더 많이 자기가 받아들여서 쓰는 사람이 있다는 거죠. 그것이 주로 혼잡을 겪은 다음에 그런 쪽으로 간다는 거죠.

여인도 마찬가지거든요. 여인도 正官만 쓰다가 또는 偏官만 쓰다가 正官 만나면 거기에 홀딱 빠져서 남자들에 대한 추억이 굉장히 좋은 사람들이 있다. 남자는 좋은 것이라면서 사는데, 거꾸로 혼잡을 겪으면서 이 세상 믿을 놈 하나도 없다 하는 부정적인 생각만을 가져가는 사람이 있다는 거예요.

그래서 혼잡이 없는 세상이 좋기는 더 좋다고 이야기 하고, 八字 내에서도 혼잡을 꺼리는 거예요. 짝지을 것이 복잡한 모양이 되어 있으면 그 사람의 정신과 행동이 복잡해지기 때문에 그것을 잘 제어하기 어렵거나, 약간 정신적인 편향성이 생기게 되어 있죠.

申이 戌을 만났을 경우에도 得類와 隔角은 반드시 구분해 줘야 된다는 거죠. 즉 木의 활동력이 극히 약화되어 있죠.

甲木이 申에 絶地, 乙木이 戌에 入墓다. 甲이나 乙이나 木의 운동이 매우 약화되어 있다는 것은 대전제로 하지만 申하고 戌이 친한 건 아니다. 사회적인 三合의 궤도상으로 볼 때 申이 날뛰니 戌이 깨갱! 이것도 土生金이라고 우기면 피곤하다는 거죠. 土生金이 아니죠.

申이 亥水를 만나면 말 그대로 壬水 長生, 壬水가 申을 만나서 長生의 기운을 얻어서 水의 활동력이 크게 좋아지고 강화되는 작용이 오면서 水가 많은 덕을 보게 된다. 申과 亥 사이에도 相破작용이 있죠. 破의 작용은 서로 자기 기능을 제대로 하기에는 모가 난 부분이 있어서 서로 불편하게 주고 받는 작용이 이루어진다고 보시면 되죠.

時	日	月	年	
	丁			
	亥	寅	申	

그림 2

時	日	月	年	
	丙			
	子	卯	申	

그림 3

丁 日柱에 亥水를 官으로 쓰고 있을 때, 年에 寅木이 있어서 官印이 무리지어 있는 모양일 때, 申이 와서 寅을 건드렸다면, 이 작용은 주로 正財가 와서 印星을 괴롭혔으니까 결재권의 변동 요소라고 볼 수 있고, 官印의 소통을 불안하게 하는 것인데 궁극은 亥水長生의 기운을 도와 주기 때문에 財生官을 만드는 모양이죠.

財가 官을 생한 다음에 正財가 들어온 저런 모양은 록봉의 단계가 높아진다는 거죠. 그래서 저런 것들을 구조주의적으로 해석하고 있어야 되죠. 똑같은 六親인데 아닌 경우를 해볼까요.

丙 日柱에 子가 있고 申이 들어왔다면 이런 경우에는 申子가 무리지어 水가 왕성해지는 것처럼 보이지만 순간적으로 子水의 색깔이 변색되어 버리죠. 그래서 자기 업무 외에 여러 가지 불안함이라든지 불편함을 겪게 되는 거죠. 子옆에 卯가 있으면 똑같은 正官에 正印으로 되어 있지만, 똑같은 申이 와서 財星을 돕고 있는 모양일지라도 (그림3)은 도리어 壬水로 化해 버리는 거잖아요. 그 다음에 申卯라고 하는 것이 冲보다는 못하지만 수뢰거든요. 수뢰 偏財가 들어와서 공돈이나 뜻밖의 록봉과 상관없는 돈이 들어와서 印星을 불안하게 하는 즉, 결재권을 불안하게 해서 도장을 삐딱하게 찍는다는 거죠. 그래서 경제적인 이득은 취해졌다 하더라도 결국은 감투 관직의 속성은 자기가 원래 원하던 패턴에서 벗어났거나 어쩔 수 없이 귀양살이를 하는 식의 감투를 감당하는 모양이기 때문에, 五行적인 형태상 거의 흡사하지만 결과는 전혀 다르다는 거죠. 이런 것을 구조주의로 공부를 하지 않으면 木이 어떠니 저떠니, 金이 와서 金生水해서 된다는 등 다른 소리를 하게 됩니다.

질문

저런 경우 八字에 寅이 없으면 감옥소에 가겠네요?

답변

그렇죠! 偏官 七殺로 갑자기 변색되어 버리거든요. 卯의 조절, 官印 조절이 없으면 자기가 거꾸로 獄中으로 잡혀들어가 버리는 거죠. 그러니까 五行으로 공부하는 것이 얼마나 위태롭고 위험한 일이냐 하는 거죠.

"선생님! 正官하고 正印하고 무리지어 있는데, 正財가 와서 財生官을 하면 어떻게 됩니까?"

"財星이 와 가지고 官을 도우면 어떻게 됩니까?" 이러면

"몰라!"

본인은 이것을(그림2) 설명하는 것이겠지만 이런(그림3) 케이스로 보라는 거죠. 특히 印星이 없는 사람은 높은 계급장도 아니고 五行적인 보조에 의해서 官運이 중간관리자 정도로 올라가는데, (그림3)에서 이런(申) 글자가 와 가지고 갑자기 正官의 색깔이 변색되어 버리면 자기가 쇠고랑 차고 들어가 있는 거죠. 그렇게 六親적으로 바꿔서 보는 오류가 굉장히 많이 발생한다는 거죠. 그래서 아예 친절하게 표를 만들어 가지고, 이런 작용이 이루어진다는 것부터 옆에 컨닝페이퍼 해 놓고 보면 구조적으로 보는 습성이 생겨나는 거죠.

酉에서 子를 보면 마찬가지로 子水의 癸水의 고유 작용이 病地에 들어가죠. 그래서 子水의 색깔이 크게 손상되는 것이고, 子酉가 金水로 陰의 무리지만 破의 작용이 이루어짐으로써 子水의 손상이나 기능이 크게 불안해지는 과정이 오죠. 그런데 특수한 용도나 임무를 채우기 위한 것으로 子나 酉의 모양새를 쓸 수 있겠죠. 申酉에 이르면 이미 지상에 펼쳐져 있는 것이 전부 다 壬水로 化해서 申酉戌부터는 申에서 子辰 이렇게 넘어갈 때, 申에서 子까지 달릴 때는 壬水의 활동력이 더 주도적으로 활발하게 움직여서 가버리니, 결국 子水의 작용력이 이(申에서 子) 단계에서는 매몰되어 있는 거죠.

거꾸로 陰의 작용은 辰에서 子를 넘어서 辰에 이르는 데에는 癸水가 더 주도가 되고, 壬水가 쇠락하게 되는 구조다. 반대편에 있는 巳午未는 둘 다 쇠락이다.

時	日	月	年
	丙		
	子		

申 酉

그림 4

저런 경우에는 여자 八字에 丙 日柱가 子를, 물론 申酉를 만나면 空亡이죠. 空亡 요소를 생각하지 말고 다른 곳에 있다 하더라도 결국은 子하고 申이 金대세에 빨려들어 가서 癸水 正官으로서의 역할을 못하니까, 남편의 사회활동이 크게 약화되거나 여러 가지 정신적 현실

적 희생을 치르더라. 이런 경우 돈은 들어왔는데 남편이 正官으로서의 역할을 크게 잃어버리더라는 거죠.

酉와 丑은 金局이죠. 金이 무리지어 있는데 丑이 달라붙어서,

"저도요~, 원래 金이에요."

그럼으로써 丑이 土로서의 역할이 없고, 金의 역할을 거의 따라감으로써 丑자체의 고유의 기능이나 역할이 없어진다는 거죠.

寅酉는 그 자체로 元嗔이죠. 그래서 寅의 작용력이 크게 삭감되는 작용이 당연히 발생한다. 寅이 고유의 木운동, 찢고 나오는 木운동이 가을바람에 五行적인 强弱이라고 생각해도 되죠. 木운동이 추상을 만나서 꺾여 버리는 작용이 이루어지는 거죠.

卯는 말 그대로 卯酉 相冲에 의하여, 卯의 활동력이 陰干이라고 하는 것이 冲이나 외부적인 환경에 의해서 그 변화량이 크다고 했죠.

이때는 가을서리가 풀을 마르게 하는 작용과 같다. 秋霜殺草다. 풀을 마르게 하는 정도니까 그 변화되는 量이, 현실이 굉장히 폭이 크다.

時	日	月	年
	辛		
	卯		酉

그림 5

時	日	月	年
	庚		
		卯	酉

그림 6

酉年에 卯를 財星으로 쓰는 경우, 辛卯 日柱나 庚 日柱에 卯를 쓰는 경우 酉가 당연히 羊刃이 되는 것이고, 辛卯도 祿이 와서 偏財를 冲하는 格인데 이 때 얻어터지는 정도가 작지가 않더라고요. 상당히 많이 얻어터지던데 특히, 주로 건설 쪽에 이런 모양을 하고 있는 사람은 삐져 올라오는 게 木이잖아요. 주로 건설, 장식, 의류 등 세워 올리고 꾸며 올리는 것이 財星이 되니 그런 분야의 일을 하고 있다. 하지만 결국 酉年에 이르러서 주로 건설 쪽에서 돈이 묶이고, 엮이고 해서 희생을 당하는데, 그 量이 작지 않더라는 거죠.

辰이 酉를 만나면 완전히 변색되어, 辰酉 자체가 六合이죠. 六合이 되면서 책에는 金으로 나오지만 실제로는 辰이 晩春之氣 하고 지상에 丙辛과 비슷하거든요. 이것이 계절적으로

晚春이잖아요. 햇살 따뜻하고 병아리가 구석에서 꾸벅꾸벅 조는 晚春. 晚春과 秋霜이 만나서 결국은 그 예리한 강한 기운의 물성이 물렁물렁 유연해지는 것인데, 이걸 金이라 할 것이냐? 水라 할 것이냐?

이게 하나로 설명하기 어려운데 아무튼 가을이 더 대세잖아요.

가을이 더 대세일 경우에 辰이 酉에 빨려오면 딱딱하고 굳어지는 작용이니까, 金의 작용이 더 대세가 되는데 문제는 土의 변색이죠. 土의 작용이 크게 훼손된다.

"나는 이제 더 이상 土가 아니다!"

辰이 申을 만났을 때는 살짝 맛이 갔다 이런 뜻이거든요. 이게(辰) 財星이든 무엇이든 三合은 궤도를 수정한다고 했죠. 궤도 수정을 위해서 살짝 자기 역할이 넘어온 상태인데, 辰을 그대로 戊土로 생각해도 좋아요. 戊土의 運氣와 크게 다름이 없다 생각해도 좋은데, 酉를 만나면 死를 만나서 완전히,

"더 이상 저는 土가 아니에요. 저에게서 土를 기대하지 마세요!"

이렇게 土의 작용이 크게 삭감된다.

이것이(辰) 官인 경우, 財星인 경우, 食傷인 경우에 변색이 팍팍 발생하죠. 단 丙 日柱나 丁 日柱는 食神이 財星을 바로 보고 있는 모양이니까 현금화라든지 자신의 여러 가지 능력을 金으로 대치시키는 효과가 있지만, 이것을 財星으로 쓰는 사람, 官星으로 쓰는 사람은 전부 처나 남편의 작용력이 크게 훼손되어서 거의 맛이 갔다고 봐도 된다.

그림 7   그림 8

酉가 巳를 만났을 때는, 巳가 酉를 만났을 때도 마찬가지로 六陽之處로 子丑寅卯辰巳다. 그러니까 陽의 6, 끝 단계에 있는 놈(巳)이 陰의 4단계(酉) 四陰이죠. 陽이 자기 모습을 지키지 못하고 陰운동으로 빨려 들어가 버리는 것이 丙이 酉에 死하는 것과 거의 같다고 보시면 되죠. 巳酉가 감동의 드라마죠. 빳빳하게 쳐들고 있던 놈이 결국은 빨려 들어가는 거죠. 그래

서 巳의 火로서의 역량이 크게 삭감되는 작용이 발생하는데, 긍정적으로 쓰면 좋은 것이 많아요.

그림 9

예를 들어 여인이 巳라든지 午未가 있어서 官星이 들어오기 어렵게 하는 환경을 가지고 있는데, 이 巳가 제일 먼저 申이나 酉를 만나서 나는 火로서 계속 작용하지 않는다. 이렇게 쭉 빨려감으로써 결국 이게 배우자와 소통할 수 있는 환경을 열어 주는, 여자 八字일 경우에요. 물론 이것이 官이 왔기 때문이라고 볼 수 있지만, 이(巳) 글자가 코를 서로 걸어 놓는 거죠. 걸어 놓는데 午와 未가 계속 방해물로 작용을 한다. 이렇게 인연이 서로 엮여서 新出할 수 있고 새로 만들어질 수 있도록 고리를 걸어 주는 작용을 하는 거죠. 대부분 다 자식이나 식구 발전, 남자인 경우에도 자식을 얻는 일들이 발생하죠. 물론 官이기 때문에 그렇기도 하지만 巳가 酉를 따라가서 대세가 된다는 뜻입니다.

酉와 午의 작용에서 물론 運에서 온 것이 더 대세라고 보지만 午가 酉에 長生하고 있죠. 午하고 酉 사이에도 일종의 破와 비슷한 神殺이 형성되어 있을 것인데, 불편한 모양으로 자기 용도를 채워 나가고 있다. 子午卯酉끼리니 金과 火는 서로 비등한 모양으로 서로 양보하지 않는 모양이다. 결국은 酉가 더 대세죠. 그래서 八字 안에 子午卯酉가 있다는 것은 서로 양보하지 않는 기운이기 때문에 다른 글자에 의해서 자기 역할이나 기능이 비교적 손상됨이 작다. 이렇게 보시면 될 겁니다.

申을 만나면 申과 酉가 결국은 得類죠. 무리를 얻어서 金이 크게 왕성해지는 작용이 동반한다. 보통 八字 해석을 할 때, 得類를 할 때는 주로 혼잡입니다. 혼잡에 의한 동요, 불안 이런 것들이 얼마나 발생하는지를 보시라는 거죠. 酉酉는 辰午酉亥 自刑작용, 自刑이 이루어지고 酉의 작용이 활발해지게 돕는 것은 당연한 것이고, 비어 있으면 대체한다.

酉戌도 마찬가지로 이 두 개 가운데 子午卯酉와 그 다음 글자가 만난 것인데, 이것도 得

類의 힘이 강해요. 무리를 얻고 있다. 개 戌자가 이때는 닭 酉자에 찰싹 달라붙어서,

"예! 형님." 이러면서,

"형님! 나는 金 아닙니까?" 하면서 따라다니죠.

時	日	月	年
	甲		
	午	未	

그림 10

午未 이런 식으로 무리 짓는 것을 잘 보셔야 되는 거죠. 子午卯酉와 그 다음 글자가 모여 있는 것들은 상당히 강력한 무리이기 때문에 쉽게 양보하지 않는다. 여자 八字에 甲午에 未가 있으면 물론, 조건 따라서 午와 未가 生申 申을 불러 들이려는 동작을 未가 어느 정도 하지만 손쉽게 이 자리에 印星이라든지 官星이, 이게 食傷 무리다.

官星인 金이나 印星인 水가 여기 쉽게 들어오지 못하게 하는 하나의 세력이다, 조직이다. 조직은 결국은 반대 기운들을 쉽게 용납하지 않는 세력화된 것을 의미하죠. 그래서 子午卯酉와 그 다음 글자는 得類, 무리짓는 기운이 강하다.

돼지 亥자를 만나면 酉와 亥사이에는 당연히 隔角이죠. 꼭꼭 밟아주마. 꼭꼭 눌러주마. 꼭꼭 눌러줌의 표현은 닭도 陰운동으로 들어가 버렸고 亥도 六陰之處로 들어와 버렸기 때문에 꼭꼭 눌러줘서 돼지가 움직이지 못하도록 하는 작용을 하더라는 거죠.

대충 당해봐서 아는데 저거 피곤해요. 둘 다 陰운동이 강화된 것과 陽운동이 강화된 것은 운동성이나 방향성이 다르다고 보면 되죠. 그러니까 卯가 巳를 봐 가지고 있는 隔角은 전부 다 들뜨게 하고 움직이게 만들잖아요. 酉가 亥를 보는 것은 전부 꼭꼭 목을 죄어 주는 작용으로 陰운동이 크게 진행된 모양이다. 저런 것들이 해석할 때 뭐에 쓰이냐 하면 재물의 속성을 따질 때 밖으로 들린 놈을 財로 삼느냐? 아니면 안으로 땅에 떨어져 있는 것을 재물로 삼느냐? 이런 무대를 가릴 때 저런 논리들이 사용돼죠.

정밀하게 봐 나가려면 어떤 八字를 봤을 때 확률적으로 이 八字는 이 케이스, 이 케이스…. 아주 예리하게 들어가려면 저런 원리들을 가지고 여러분들이 그동안 공부한 것을 조금

만 응용하면 충분히 가능해요. 그런데 그렇게 그런 논리를 써서 봐줄 수 있는 八字들은 그나마 비교적 양호한 八字다. 중간 정도는 되는 거죠. 그런데 이것 해도 안 되고, 저것 해도 안 되고, 앞으로 봐도 쪼리고, 뒤로 봐도 쪼리고, 뒤집어도 쪼리는 八字들은 글의 형식은 비슷하게 뭘 하면 잘 될 수 있다고 써주지만, '당신은 아무것도 안되거든.' 이 말을 써 놓은 것이거든요. 그러니까 여러분들이 공부를 하고 훈련을 하는 차원에서 정밀하게 보는 연습을 많이 해 보셔야 해요. 이런 구조를 꿰뚫어야 되는 거죠.

이 八字는 이런(1) 그룹에 속해 있고, 이(1) 중에 이ⓐ 패턴 속에서 움직이고 있고, 이 八字는 소발에 쥐잡기로 어쩌다보니까 이런(2) 모양을 하고 있기는 한데, 이것ⓑ도 답이 아니고, 저것ⓒ도 답이 아니고, 전부 다 짜가다. 짜가 비슷한데 그게 사이비잖아요.

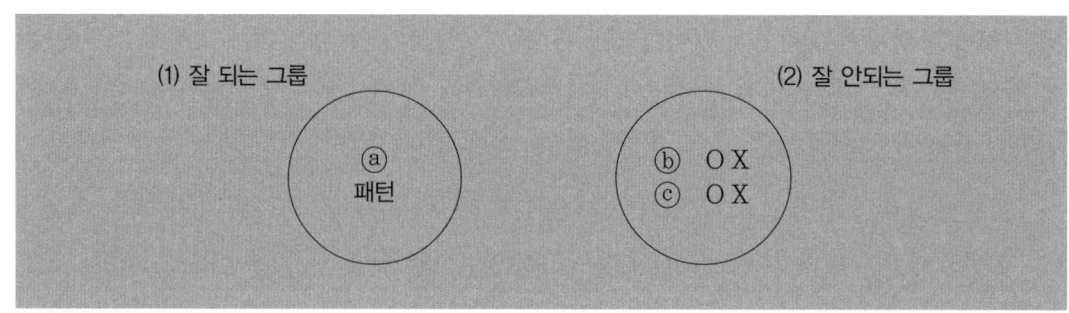

그림 11

비슷하고 유사하나 진짜는 아니다. 그런데 여러분에게 물으러 오시는 분들이 이게(2) 최소한 절반은 되죠.

"그러니까, 예리하게 좀 봐 주세요."

이렇게 이야기 하는데 여기(1) 있는 사람은 자기 직업적 특성이나 일의 특성이나 행동 패턴이 어느 정도 짜여 있기 때문에 이게 안 맞아도 되는 것이다.

"이것 해도 되고, 저것 해도 됩니다." 이러면

"아! 이 중에 내가 하나 하고 있다."

그걸로 끝이에요. 여기(2) 있는 사람은 어차피 이것도 아니고 저것도 아니고 답이 없다. 이런 경우에 예리하게 봐 주려고 하면,

"사실은 아무것도 답이 없다."

그러면 당장에 돌팔이 소리가 나오는 거죠. 여러분이 이런 왜곡된 구조를 알고 감명을 해 나가셔야 된다는 거죠. 그래야 이 인간이 이 쪽에 속하는데 내가 좀 표현을 잘 컨트롤 해 줘야 되겠다고 할 수 있죠. 그렇다고 해서 영 턱없는 글을 지어줄 수는 없는 것이다. 이것이 (地支 대 地支와의 관계) 運에서만이 아니고 八字 안에서도 그대로 쓰인다.

八字 안에서 이 글자와 이 글자가 있을 때 隔角에 의해서 운동성 제한이다. 그러면 저것 이 官이라면 제한적으로 써먹거나 驛馬라는 식으로 여러분이 확장만 하면, 거기서 吝하다 凶 하다까지 넣지 않더라도 이미 어떻게 떠돌아다닌다, 어떻게 움직일 것이다 하는 것은 나와 있다는 거예요. 거기에 사람들은 자꾸

"좋다는 말입니까? 안 좋다는 말입니까?"

하면 곤란하다. 그러니까 대부분의 사람들이 자기는 富하고, 자기는 貴하고, 또 타고날 때부터 신령스러운 기운이 많고 강한 것을 원하는데, 사실은 물으러 오는 사람들 약 절반 정 도는 원천적 불량이거든요. 그나마 괜찮다는 사람들은 이런 것을 맞춰줘 봐야 감동도 안 해!

"아 됐고요! 나 의사 맞거든요. 그게 중요한 게 아니고 이거, 이거, 이거 하고 있는데 이 게 어떻게 돼요?"

그러니까 감명하고, 우리가 연구자로서 뭔가 이렇게 학문적으로 접근하는 것 하고, 그 사람들이 상담 받아나가는 것과는 항상 어긋남이 있는 거죠. 그런 왜곡이 있다는 것을 충분 히 전제하시고, 여러분들이 이런 것을 가지고 잘 훈련해 보시고 정밀하게 하다 보면 답 없음 도 찾아야 된다.

이 八字는 답 없음! 그게 보이기 시작하면 여러분이 자유를 얻을 것이다. 이 八字는 뒤 집어 봐도 소용없다. 그러니까 뭘 하고 싶으냐고 물어보는 거잖아요.

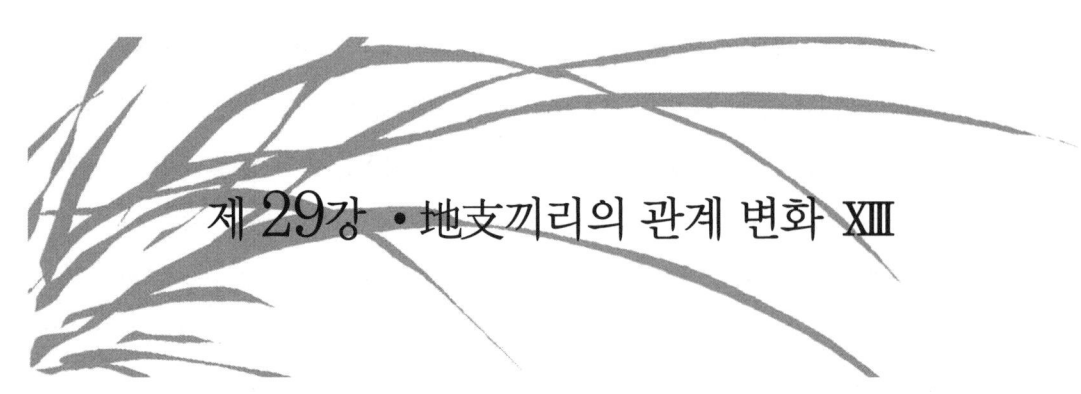

제29강 • 地支끼리의 관계 변화 XⅢ

여러분들이 이제 地支끼리의 상호작용을 해석하는 원리들은 대충 다 터득했을 거라고 보는데, 자! 봅시다.

子는 개 戌자와는 隔角이다. 기본적으로 隔角, 이 경우에도 五行적으로 土가 水를 극하는 것이 아니라 子의 운동성을 크게 위축하는 작용이 이루어진다는 뜻이고, 개 戌자에 대해서 쥐 子자가 일종의 驛馬작용을 일으키는 것이 되니까, 八字해석을 할 때 八字 안에 있더라도 준驛馬로 보면 되죠. 개띠 또는 개 戌자가 子年을 만나도 그런 작용이 오고 子가 개 戌자로 오더라도 일종의 驛馬에 의한 충동, 동요가 발생한다.

소 丑자는 기본적으로 刑작용이 오죠. 刑이라고 하는 것은 활동성이 크게 제한되는 작용이 발생하는 거죠. 그리고 자기의 고유의 기능에 刑에 의한 삭감이 발생한다. 소 丑자를 개 戌자가 와서 붙들어 잡았을 때 작용력은 丑中에 있는, 丑의 고유작용이 되는 金 入庫 작용의 교란이라고 보면 된다. 물론 丑中에 地藏干 속에 있는 것은 아니지만 丁火 入庫죠. 대체로 入庫자의 교란, 이 정도로 刑을 이해해 주셔도 무리가 없습니다. 그래서 주로 丑中에 있는 辛金이 많이 움직인다. 丑土 자체도 이해해 주고 있으니 포장지는 丑이고 그 안에 辛金이 들어있으니 포장지를 뜯고 내부에 있는 辛金도 결국은 끄집어내거나 새로 조정하는 과정이 발생하는 거니까, 刑은 외부적인 삭감이 있는 것이고, 破는 외부적인 손상이 아니라 내부적인 손상이나 교란으로 보기 때문에, 破는 찔러서 안의 내부를 교란한다. 그 다음에 刑은 외부를 삭감해서 포장지를 뜯고 기운적인 삭감을 발생시킨다. 그 다음에 寅에 戌이 왔을 때 三合이 발생하고, 火운동이 어떻게 해요?

그림 1

그림 2

보통 戌 다음에 寅이 오는 모양, 寅에 戌이 오는 모양이 있는데 寅에서 戌이 와 버리면 火의 長生地에서 火의 入庫를 유도해 버림으로써 寅중에 있는 丙火가 맥동, 활발하게 움직이지 못하게 하는 작용을 주게 된다. 그러나 三合이 발생한다는 자체는 생산성 요소가 발생하는 것인데, 보통 식구 발전을 볼 때는 저걸 그대로 채택해 주는 거죠.

그래서 寅木을 財星으로 쓰고 있는 경우를 보면, 辛 日柱가 寅을 財星으로 쓰고 있는데 戌자가 오면 戌자체가 羊刃이죠.

時	日	月	年
	辛		
		寅	

戌

그림 3

羊刃에 의해서 財분탈이 이루어지는 기본 작용이 있지만 六親상으로 보면 戌이 正印이잖아요. 그런데 財星의 분탈이 合에 의해서 기본적으로 발생해 버리고 寅中에 있는 丙火도 같이 손상되는 즉, 財星과 官星이 같이 손상되어 버리는 작용이 발생한다.

보통 이런 경우는 運에서 온 주인이 印星으로서의 모양새를 갖추고 있으니까 부동산이나 문서가 되겠죠. 부동산이나 문서를 취하고 결국은 財星이 삭감되는 작용이 오는 것이니 부동산을 취득하면서 돈이 들어가는 경우, 또 새로운 일을 벌이기 위해서 투자를 해서 돈이 묶여 들어가는 경우의 모양새다.

卯戌은 六合이죠. 六合이 이루어짐으로써 卯의 작용력이 크게 삭감되는 乙木이 戌에 入庫하죠. 그래서 가을이 되어서 산천초목이 秋霜, 가을 서리에 말라버리는 모양이다. 秋霜에 풀이 마르는 모양 즉, 戌亥가 乾이잖아요. 乾을 만나서 결국은 바짝 마르는 작용이 이루어지는 것이 토끼 卯자에 대해서 개 戌자가 왔을 때 그렇고, 거꾸로 되었을 때는 씨앗이 바짝 말라있는 상태에서 개 戌자가 있는데 戌中에 있는 丁火, 사실은 巳火, 이것이 결국은 밖으로 뻗쳐 나가려는 힘이다.

이글거려서 자기 기운을 밖으로 드러내는 힘인데 그 기운이 藏蓄, 숨어 있다는 거죠. 숨어 있는 것을 卯 四陽之處에 이르러서, 陽의 4단계에 이르러서 戌中에 있는 것을 끄집어 내니까 밖으로 뻗쳐 나오는 木운동이 같이 이루어지는 거죠.

바로 卯戌이 火가 되는 것은 戌中에 藏蓄되어 있는 陽氣가, 숨어 있는 陽氣가 밖으로 토끼를 타고 삐져나온다. 四陽을, 陽이라는 것은 균열이 생기게 한다. 틈이 생기게 한다. 陽의 3번째 단계가 寅이 陽이 陰을 이제는 이길 만한 상태, 토끼는 뻐적뻐적하고 갈라져서 밖으로 삐져나오는 상태, 초목이 튀어나오면서 陽氣가 한쪽에 갇혀있지 못하고 밖으로 삐져나와 버리기 시작하는 운동이 火운동이다.

火운동을 강의하면서 火가 불이다라고 하면 갑갑하거든요. 戊癸가 火를 만들어 내는 것도 단순하게 불기운을 지펴내는 것이 아니다. 물리적인 공간에 불을 만드는 것이 아니다. 癸水처럼 꽉 갇혀있는 놈을 더운 기운이 밖에서 전자레인지로 조그만 팝콘용 콘이 펑하고 모양을 펼쳐내는 운동, 이것이 戊癸 合이 되는 거죠. 火에 대해서 물리적인 火로 자꾸 이해를 하면 문제가 되는 것이고, 운동성 방향이라 생각한다면 무리가 없을 것이다.

토끼 卯자가 있는데 개 戌자가 와서 껴안았다 하는 말은 삐져 나가려는 놈을 개 戌자가 에워싸 버림으로써 생명력을 크게, 木운동이나 火운동을 크게 잃어버리는 거죠. 그래서 이걸 만났을 때 토끼 卯자가 있는데 개 戌자가 왔을 때 卯戌合火로 하면 안 되겠죠. 기본적으로 삐져 나가려는 놈을 에워싸 버린 거니까, 이게 火운동이 되는 것은 아니잖아요. 개 戌자에 토끼 卯자가 얼마나 처절하고 드라마틱하냐 하면 이걸(卯) 財星으로 쓰고 있는 八字가, 마누라가 이 때에 개 戌자에 당하는 것을 보면...

時	日	月	年
	庚		
		卯	

戌

그림 4

庚 日柱가 토끼 卯자를 마누라 正財로 쓰고 있는데 개 戌자가 와서 이걸(卯) 꼭 껴안아 버리니까 마누라가 말라 죽는 질병에 걸리더라는 거죠. 말라 죽더라. 풀이 마르듯이 그 싱그 러웠던 풀이 쫙 말라서 죽고 돈도 토끼처럼 항상 깡충깡충 없을만 하면 또 들어오고, 또 들어 오고 하더니 어느 날 바짝 말라가지고 들어오더라 이거죠. 이때는 기본적으로 偏印의 해석이 아니라 卯를 入庫시키는 작용으로써 해석하면 되겠죠.

그 다음에 辰에 戌이 왔을 때는 辰中에 있는 壬水, 亥水 기본적으로 干支 표현은 癸水다. 실제로는 壬水나 亥水가 자기 陽운동을 제대로 하지 못하고 辰 속에 갇혀서 예비 상태로 있 는 모양을 亥水라고 봤을 때 壬水, 亥水의 開庫죠.

그럼으로써 지상의 冲 다음에 冲의 결과물을 항상 이야기 했죠. 본인이 冲한 놈이 그 다 음 글자를 낳는 동작이다. 辰에 대해서 戌이 冲을 하니까 돼지가 튀어나와서 지상에 확 쏟아 지는 작용이 戌年 다음에 돼지로 넘어가는 것이니, 冲다음에 항상 冲한 놈이 그 다음 글자를 여는 작용으로 간다.

어느 분이 제가 힌트만 약간 드렸는데 그걸 싹 다 정리를 한 거예요. 그렇다면 子午相冲 을 하고 난 이후에 결국은 丑을 다시 생성시키는 작용이 동반하여 온다라고 하는 거죠. 그래 그걸 표로 싹 정리해 가지고 갖다 주신 분이 있다. 하여튼 冲 하면 그 다음 글자, 일단 그렇게 생각하시면 됩니다.

時	日	月	年
	甲		
	辰	卯	

戌

그림 5

辰이라고 하는 것이 갖는 六親적인 환경에 따라서 결국은 불안 동요가 발생하는데 이걸 (辰) 土로 쓰고 있다 하더라도, 甲辰 日柱에 戌이 왔다. 戌이 들어와서 冲을 했을 때 이루어지는 작용은, 남자 八字로써 辰 偏財를 財星으로 쓰고 있을 때 戌土가 와서 辰을 건드리면 기본적으로 이게(辰) 처궁이잖아요. 처궁의 불안 동요를 해석하기 애매하면 그 다음 글자를 적어 보라니까요. 돼지 亥자가 辰을 亡身시키죠. 辰의 五行적 土의 작용력 그대로 뜻을 계승하고 있는 게 五陽之處잖아요. 陽운동의 5단계에 이르러서 지상에 확실하게 土운동이 펼쳐진 틀이 辰인데, 이 틀을 깨부수는 작용이 이루어지잖아요. 그 결과는 辰이 허물어지고 그 다음에 子에 완전히 변색되어 丑에 돌아 버리는 작용으로 간다니까요. 辰丑도 破작용을 일으키죠. 運에서 온 놈(丑)을 더 임자로 본다면, 이게(丑) 天乙貴人이라 하더라도 辰에 대해서 짝을 짓고 있는 辰에 대해서는 결국은 破의 작용을 일으킴으로써 戌年에 충동, 동요가 亥子丑寅卯까지 밀고 나감으로써 여러 가지 고충과 어려움을 겪게 된다는 거죠.

최근에 이런 패턴의 나이 드신 분인데 戌年에 이 현상 그대로를 겪은 거죠. 戌年에 冲의 작용에 의해서 배우자에게 몸이 좋지 못한 작용이 와서, 亥年에 亡身이죠. 병원에 부끄러운 모양으로 누워 있다. 작년 2008년에 세상을 떠났고, 丑年에 본인도 세상 사는 맛을 잃고 지내고 있는 분이 있는데 그 원리대로 그대로다. 그래서 戌이 와서 辰을 건드리면 그런 작용이 이루어진다. 여자 八字에 辰이 官이라면 쪼로록해서 굉장한 고충을 겪더라.

巳는 기본적으로 元嗔, 元嗔 작용에 의해서 꼴을 손상한다. 저것이 偏財라 하면 丙의 入庫 작용, 丙 入庫와 같은 작용을 일으킴으로써 손상의 정도가 크게 펼쳐지는데 원래 원국에 있는 八字들은 주변 간섭자에 따라서 손상되는 정도가 차이가 나겠죠.

이게(巳) 五行적인 세력이 있으면 꼴만 손상이 될 것이고, 세력이 약한 모양이면 완전히 入庫까지 끌려가 버리는 작용이 오는 거죠. 元嗔殺을 재미나게 설명해 놓은걸 보면 개 사는 집에 뱀이 살지 않는다. 元嗔, 뱀의 활동력이 지극히 나빠지는 거죠. 陰曆 9月이 되면 뱀이 활동력을 서서히 줄여서 떨어뜨리고 결국은 겨울잠을 자기 위해 움직이게 만드는 동작이나 과정이 오게 되는 거죠.

午에 대해서 개 戌자도 한 때 三合의 무리를 만들죠. 그렇지만 결국은 午中의 丙火의 활동력을 서서히 갈무리시켜 午中에 있는 丙火 즉, 그 陽氣를 밖으로 크게 펼쳐지게 해서 유지시켰던 자리를 거두어들이는 작용이죠.

결국 三合이라는 것은 그 다음 글자로 운동의 글자를 거두어들였다가 다시 채널을 통해 펼쳐내는 것인데, 개 戌자의 기본 작용은 火운동을 거두어들였다가 결국 열어 주는 것이니까, 午를 만나면 午의 활동성이 크게 약화되는 것이죠. 물론 우리가 실제 四柱 해석에서 流年을 볼 때는 三合이니까 가족, 식구의 발전 이런 것들이 형성되는데, 저 글자를 官星으로 쓴다면 저게 아름다운 유혹이 되는 거죠.

時	日	月	年
	壬		
	午		戌

그림 6

壬午에 개 戌자가 왔을 때, 戌자 자체는 印星의 餘氣가 들어와 있죠. 官印이 소통되고 있는 자리고, 그 자체가 偏官이잖아요. 偏官인데 財星과 무리 지었다는 것은 자기 사업에 관련해서 큰 조직과 손을 잡거나 또는 실력행사가 가능한 타이틀, 명함을 가지게 되는 거죠. 이것이 이루어져서 그 순간은 좋은 것으로 봤는데, 결국은 戌 다음에 돼지 亥자가 대기하고 있고 戌자체도 偏財 入庫를 유도한다. 결국은 재물의 소모가 官을 통해서 발생한다.

官이라는 것이 갖는 여러 가지 기능이 있지만, 比劫을 억제한다. 財의 설기처, 財星을 결국 가져가는 놈이 되니 이 아름다운 유혹을 잘 못 피해요. 여인이 이런 모양을 갖고 있어 원국은 財의 설기가 없는 모양인데, 개 戌자를 만나서 성혼을 한다면 그 서방은 처음에 내 돈을 확 키워줄듯 하지만 결국은 내 재물을 떨어뜨리는 거예요. 시집만 갔다하면 이상하게 재물이 빠져 없어지고, 그 다음에 혼자서 일을 하면 財가 '及身而止급신이지'로 기운이 자기 자리에 멈춰 가지고 딱 서버렸다.

時	日	月	年
乙	壬		辛
巳	午	寅	亥	戌

그림 7

설기처가 없는 논리로 확장한다면 이를 及자 及財. 재물에 이르러서 어느 여인의 運命이 比肩도 있고 食傷도 있고 해서 比肩, 食神, 財星 다시 財星으로 五行적인 기운이 財氣에 머무르죠. 財氣에 머무르는 이런 八字들이 官運을 만났을 때 남자를 만나서 정신 못 차리게 사랑하고 죽을 듯이 잘 지내는데, 결국은 개 戌자의 작용이 財의 설기 작용을 일으키더라. 이혼하고 나면 이상하게 돈이 들어오고, 남자 만나서 잘 지내면 돈이 다 빠지고…. 그걸 제가 30년 동안 증명하는 사람을 봤어요.

그러니까 30년 동안 결혼을 2~3번 한 셈인데 혼자서 일할 때는 잘된다. 그런데 官運에 걸려들기 시작하면 정신없이 잘 해줘 버리고, 서방한테 벤츠도 뽑아 주고 있는 것 다 해주고 멋진 것 한번 해보라는데, 결국은 財星을 갖다가 巳도 入庫시키고 午도 슬슬 가지고 가서,

"성공했습니까?" 이러면,

"건물은 하나 겨우 살렸습니다."

이러면서도 불씨는 있다. 그러면 도장 찍고 그동안 행복했다면서 그 건물 가지고 자기가 또 살려 놓는 거예요.

질문

八字에 戌이 있으면 세금을 많이 낸 사람들 아닙니까?

답변

그렇죠! 평상시에 낸 사람들은 낫죠. 원래 개 戌자가 八字 안에 있는 사람들은 평상시에 무리지어서, 평상시에 좀 주고받고 했기 때문에 남자는 원래 저렇다 하고 생각하고 사니까, 대신에 굉장히 어려운 일 이런 것을 한 번씩 풀어 주잖아요.

이 경우에는 없는 경우에 官星이 와 가지고 재물을 싹 다 가지고 간다니까요.

질문

壬午 日柱 말고 그냥 壬 日柱일 때 戌띠 남자를 만나면 무조건 그런 일이 발생할 수 있다고 보면 됩니까?

답변

그렇죠! 八字를 보는 순간에 눈치 빠르면 졸업반이 되는 거라.

질문

남자가 壬 日柱인데 戌띠 여자를 만나면 그런 작용이 있을 수 있습니까?

답변

당연하죠! 男女 共히 재물에 관해서 戌이라고 하는 것이 財星의 入庫를 유도하고, 丑은 그 자체로 比劫의 무리고 正財 入庫니까, 특별히 생각을 안 해도 되는데 이런 띠 인연을 만난다는 자체가,

"아이고! 당신은 평생 돈 벌어서 결국은 그 쪽에 재물을 묻어야 되는 업입니다."

그런 작용이 이루어지고 있다. 그런데 이 이야기는 그 순간에는 절대 해 주면 안돼요. 다음에 안 옵니다. 아니, 내가 헤어질 수 없는 남자를 왜 때려치우라는 거냐? 이거죠. 그 순간에는 맞다! 맞다! 해서 찾아오는데 10년 걸린다니까요. 이러면 영업적으로 실패라.

"인연은 인연인데…."

해놓고 그 말을 흐리고 더 말을 안해야 되는 거죠. 때가 되면 알리라! 남자를 가까이 하면 결국은 재물의 소모가 많이 발생한다는 것을 알리라. 이게 자기 運命에 八字에 없는 것이니 八字에 없는데 財의 설기처 작용을 하잖아요. 그래서 八字 안에 차지하고 있는 글자만 보면 금세 각 일간이 어떤 地支를 만났을 때…, 답은 이미 거기에 다 있다니까요.

아무튼 午의 작용을 크게 갈무리 시켜서 삭감시키는 작용이 온다. 초창기에는 물고 빨고 난리라도 어쩔 수 없는 작용이죠.

그 다음에 戌하고 未하고 만났을 때 刑이 발생하고 未中에 乙의 작용을 개 戌자가 크게 붙들어 잡아들이죠. 未 포장지를 뜯고 '乙木 이놈, 나와!' 해서 乙木을 辛金으로 처단한다. 그런 어떤 刑의 작용에 의한 삭감요소가 발생한다. 주로 부동산에 관련된 조정사들이 발생하죠. 申과 戌이 만났을 때는 隔角이 발생하고 이런 경우는 거의 준驛馬죠. 申酉戌 다음 글자니 申이 결국 개 戌자에 떠밀려간다. 그래서 木과 대충 무리는 짓더라도 결국 두 글자끼리는 隔角 작용에 의한 소모 요소가 발생한다는 거죠. 甲申 日柱가 개 戌자를 만났을 때 또는, 丙申

生이 개 戌자를 만났을 때, 다 준驛馬로 봐서 이 때 주거, 명함, 배우자 환경의 이동, 변동사가 발생한다. 官이라면 명함이죠. 명함의 변화 과정이 동시에 발생한다.

그 다음에 申戌은 그 자체로서 파워풀한 것들이니, 파워풀하다는 것은 서로를 삭감하거나 이동시키는 정도가 남들 눈에 뜨이는 대규모다.

닭 酉자에 개 戌자가 金을 무리 짓게 하는 작용이 오죠. 金의 무리, 得類라는 거죠. 무리를 얻게 하는 작용으로 말 그대로 金旺의 작용, 형 있고 아우 있으니 우리는 확실하게 金이다. 글자 자체에 대해서 오는 戌戌은 준自刑이다. 自刑의 작용이 이루어지고 土, 戌의 작용을 활발하게 하거나 비워진 것을 채워주는 작용이 이루어진다.

개 戌은 돼지 亥자를 결국 돕는 작용을 하는데 초기에는 亥水의 동작을 통제했다가, 土剋水 때문이 아니고 天殺이죠. 그러니까 돼지 亥자에 대해서 天殺이다. 하느님 또는 큰형님이 출현했다. 그러니까 알아서 네 몫을 챙겨줄 것인데 빨리 움직이지 말라는 작용을 주는 것이고, 결국은 亥水를 돕는 작용으로 넘어가야 되겠죠. 土에 의한 克의 작용이 아니라, 결국은 亥水를 돕는 개가 출현했다는 것은 온 동네 불을 다 꺼뜨린다는 거죠. 전부 다 '불꺼!' 되는 거죠. 개 戌자에 乙木도 丙火도 다 山川草木에 밖으로 기어 나오는 놈들은 전부 다 거두어들여 줌으로써, 돼지 亥자가 겨울이 시작되도록 水운동이 시작되도록 도와주는 것이기 때문에 결국은 亥水를 돕는 작용 戌生亥가 되는 거죠.

저런 것이 五行적으로 오류를 범할 수 있는 것이죠. 五行인 해석 습관으로, 土剋水 해서 亥水가 나빠진다. 이런 게 아니고 亥水를 좀 붙들어 잡고 있되, 결국은 亥水의 온전한 몫을 주기 위해서, 동생에게 알밤을 주는데 밤 가시를 다 벗길 때까지, 가시를 벗겨서 알밤을 넘겨 주는 방식이 되는 거죠.

제 30강 · 地支끼리의 관계 변화 ⅪⅤ

돼지 亥자가 와서 마찬가지로 亥生子죠. 亥가 결국은 子를 낳아 주는 작용을 함으로써 결국 水가 무리짓도록 해 주는 거죠. 그 다음에 子가 亡身 상태에 있다는 것은 子亡身이죠. 亡身으로 온전한 모양으로 子水로서만 작용하기에는 결국은 중요한 발목을 잡혀 있는 상태, 이끌려 있는 상태를 의미한다.

물이 得類하는 것도 당연히 五行적으로 그런 것이고, 항상 여러분들 亡身 그룹을 잘 보셔야 합니다. 亡身, 天殺, 六害죠. 亡身, 天殺, 六害라는 이 亡身 그룹은 결국 자기 존재를 위한 절대적 힘, 환경이다. 그래서 까불면 간다는 거죠. 이럴 때 사실 현대인들이 힘들게 느끼는 것이, 이 그룹에서 힘들게 느껴요. 현대인들은 驛馬도 두려워하지 않는다는 거죠.

옛날 사람들은 驛馬를 만나서 객지로 가고 그 곳에서 할 수 없이 무언가 遺業, 윗사람이 물려준 것을 지키지 못하는 것을 굉장한 凶으로 봤는데, 현대사회는 이런 것을 두려워하지 않는다는 거죠. 오히려 자기가 자율성을 가지고 움직이기 어려운데, 驛馬그룹은 내가 움츠리든지 뛰면 되거든요. 그런데 그것이 아니고 준다 해놓고 기다리라니까 환장하는 거죠. 그래서 그런 대기상태, 매일 기다릴 수밖에 없으니 할 수 없이 기다려야 되는 거죠. 이런 그룹의 인자가 왔을 때 굉장히 정신적으로 번거롭고 힘든 것을 겪더라. 여러분들이 神殺을 보실 때 항상 띠나 태어난 날의 天殺, 그 해에 해당하는….

그러니까 올해는 범, 말, 개띠 들이 많이 물으러 와요. 丑年이잖아요. 범, 말, 개띠들이 물으러 오는데 별 내용도 없이 물으러 오는데, 답답하다 이거죠. 답답하다…. 이게 天殺의 상반기에는 닭 쫓던 개 하늘만 쳐다본다. 그러니까 자기가 바라는 변화들이 지상에 내려오지 않는다. 현실화되지 않는다. 그래서 정신적으로 굉장히 답답한 상태다.

하반기에는 썩은 동아줄이든, 아니면 해와 달이 된 오누이 전용의 제대로 된 동아줄이든 둘 중에 하나는 내려온다. 그러면 결판이 나는 거잖아요. 그 결판이 丑다음 寅年인 地殺에 궤도를 만들게 되는 거죠. 그래서 亡身이라는 것이 그 글자의 작용을 순간적으로 굉장히 답답하게 한다고 보시면 되죠.

	時	日	月	年
		戊		
		子		亥

그림 1

남자 八字에 戊에 子가 마누란데 亥年이 오면 남자 八字에서 보면 偏財와 正財의 혼잡이 발생한다. 正, 偏財의 혼잡이 발생하고, 마누라 입장에서 볼 때는 戊土가 偏財에도 관심을 줘서 내가 굉장히 불편하고 힘든 상태가 발생하는 거죠. 그렇게 어쩔 수 없이 정신적으로 소모적으로 시달려야 하는 상태.

여러분들 실제 해석할 때 이렇게 바로 연결해서 보시면 된다는 거죠.

그 다음에 丑年에 이르러서는 기본적으로는 隔角 작용이죠. 겨울끼리의 서로 습으로서 五行的으로 水를 만드는 것은 당연한 것이고, 丑의 작용이 隔角되는…. 丑을 중요하게 쓰는 사람은 굉장히 문제가 발생하는데, 주로 甲 日柱가 명조 안에 丑이 있어서 天乙貴人으로 쓰고 있다면 돼지 亥자가 들어오면 丑의 天乙貴人 작용, 正財 작용이 동작을 멈추거나 아니면 집 나가는 것이 된다.

질문
보통 그렇게 隔角 작용을 볼 때, 합에 의해서 빨려 들어갈 때 집 나가는 겁니까?

답변

그렇죠! 슴이 들 때 집 나갔다가 되는 것이고 이것(隔角)은,

"숨었다, 영구 없다!"

이런 거죠. 형태는 있는데 시체처럼 움직이는 거죠. 인형처럼 '사랑해.' 이러면 이렇게 있고, '누워 있어!' 하면서 던지면 이렇게 있고, 배 째라 이거죠. 隔角에 의해서 자기 기능이 거의 동작 정지된 상태, 안 그러면 아파서 누워 있든지 그런 상태죠. 그래서 나온 노래가 '못 찾겠다 꾀꼬리'죠.

寅과 亥는 기본적으로 六合 작용이고, 이 자체도 破가 섞여 있죠. 六合에 의해서 결국은 甲木, 木 長生이죠. 木 長生의 작용이 활발하게 이루어지는 것이 되고, 丙火 絕地죠.

時	日	月	年
	壬		
	寅		

亥

그림 2

寅中에 있는 丙火가 絕地에 들어감으로써 丙火를 중히 쓰는 사람들은, 예를 들어 壬寅 日柱에 돼지 亥자가 들어오면 亥水가 食神을 키우죠. 사업이라든지 활동분야를 확장시켜 나가는데 丙火를 絕地에 떨어뜨리잖요. 그러니까 있는 거 없는 거 싹 다 장사나 사업에 집어 넣는데, 주로 食傷의 모양을 갖춘다는 것은 제조, 생산에 관련된 것인데 실제로 이렇게 해서 아직도 고생하는 사람 있어요.

누구라고 밝힐 수는 없는데, 결국 戊子年 말에 원래 자기가 가지고 있던 영업장도 팔았어요. 개 값에 판 거죠. 그러면서 상품 개발은 다 된 거라! 그래서 기존 밥그릇도 亥年에 발을 쭉 담근 거예요. 근데 그 다음에 子가 준비하고 있어 결국은 여기서 이루어지는 건 특허 인증서, 라이선스, 식약청에서 나오는 것, 미국 FDA, 기타 등등 다 받은 것이죠. 羊刃에 다 받았는데 기존에 있던 본인의 사업장은 隔角으로 날려 버리더라는 거죠.

그 다음에 丑年에 捲土重來하고 있다. 丑은 寅의 발판이 되므로, 지금 丑년 3월 달쯤 됐으니까,

"아 대박나면 어떡하지?!"

이랬다가 또,

"골치 아파 죽겠네." 이러면서.

결국 丑이 寅에 대해서 天殺작용을 하니 밥그릇이 분명히 태어날 것인데, 丑을 발판으로 해서 寅이 태어나는데, 결국은 엄마 뱃속 모태 속에 있는 상태로 甲木이 존재하고 있는 거잖아요. 그래서 하늘만 멍하니 쳐다볼 수밖에 없는 상태니 매일 기도하는데, 새벽에는 교회 가서 새벽기도하고 낮에는 절에 가서 부처님께 절한다. 밥그릇의 입장에서 볼 때 이것을 내가 인간을 만들어야 되겠다. 뱃속에 들었는데 쥐어짜서 바로 나오게 할 수도 없으니, 결국은 뭔가 조금씩 진척은 되지만 답답함을 계속 안고 가는 거죠.

그런 논리적인 연결성 고리 속에 있다. 이 때에 여러분이 여기서 대단한 논리가 나오는데 이 사람이 亥年에,

"선생님! 제가 이런 굿 아이디어를 가지고 왔습니다. 이걸 진행할까요? 말까요?"

이러면 해라 해도 맞고, 하지마라 해도 맞다. 어차피 할 거잖아요. 合의 유혹이라는 六合은 陰陽合이기 때문에 남자여자가 서로 사랑에 빠져 가지고 쪽 하는 거예요. 子丑合 빼고 午未合 빼고, 子丑合 午未合은 어린 양끼리 서로 무리지어서 다음 것을 낳아 주는 작용이다.

나머지 六合 작용은 처녀 총각이 자빠지는지도 모르고 입술을 쪽 맞추다 자빠지는 것이고 말이죠. 그러니까 이럴 때 그걸 어차피 하게 될 것을 알잖아요. 子年에 고통 받을 거 알고, 丑年에 기도하고 다닐 거 알고, 寅年에 드디어 입 째고 다니는 이것도 다 보이잖아요. 그러니까 이때에 해라고 해도 맞고, 어차피 子年, 丑年은 고생할 게 눈에 빤히 보이니 하지 말라고 해도 너무 용하다 하는 거죠.

여러분들이 어느 날 이것을 구조적으로 볼 수 있으면

"야! 그렇구나…."

하고 이해하게 됩니다.

이런 것들이 사실 이런 연결 고리를 쭉 한눈에 꿰어서 볼 수 있는 논리가 보이면…. 대신에 알고 아무렇게나 말하는 것 하고, 모르고 말하는 것 하고는 다르다는 거죠.

질문

둘 다 壬寅 日柱인데 丁亥年에 둘 다 뿅 가서 만났어요.

답변

예예! 六合작용이라는 것이 陰陽이 짝을 채우듯이 쫙 사랑을 하게 되는 거니까, 이렇게 좋은 게 있나?

질문

亥年에 마누라한테 맡겨 놓고 자기는 골프 치러 다니면 안 됩니까?

답변

원래 기존 사업장이나 마누라한테 맡겨놓고 이러면 좋은데, 이 마누라가 다른 데 걸 덜어먹는다. 그 때는 比劫으로 가요. 마누라를 살살 꼬셔 가지고 다른 걸 덜어 먹게 만드는 거죠. 이러나저러나 큰 기어링 속에 빨려 들어가 있다는 거죠. 결국은 말해 주면 뭐하겠느냐 이거죠. 그러니까,

"음! 왔나?"

"복채는 들고 왔지?"

"거기에 놓고 가라!"

"아니, 선생님 제가 한 말씀 들으려고 왔는데…."

"시끄럽다! 어차피 네 일 할 거 아니냐? 고생스럽더라도 해야지."

이렇게 해서 보내줘도 되고,

"하지 마라! 당신 고생한다."

이래서 보내도 맞다. 역시 선생님이다. 무슨 말을 해줬다 하더라도. 그런 연결 고리가 보이시죠. 그래 하여튼 열심히 하고 있습니다. 기도를 열심히 하고 있는데 내년부터 기도도 땡이다. 바빠서 기도도 못한다 하면서….

토끼 卯자에, 결국 이 경우 乙이 亥水를 만나서 그 활동성이 크게 붙들려 잡혀 있는 거죠. 乙木이 亥水에 死하는 것 즉, 봄의 완연한 초목 기운이 초겨울을 만나서 완전히 잎 떨어

지고, 싹 떨어지고 다 떨어지는 그런 상태가 되므로 卯의 손상이 장난이 아니다. 특히 六親적인 오류를 많이 범하는 것이, 오늘 샘플이 있었는데 乙卯月에 戊戌日이었어요.

時	日	月	年
丁	戊	乙	癸
巳	戌	卯	亥

乾命

그림 3

庚	辛	壬	癸	甲
戌	亥	子	丑	寅

이런 남자 八字다. 오래 전에 감정한 八字였는데 大運이 甲寅 癸丑, 壬子, 辛亥로 흘러가는데 子丑 大運에 걸려서 기본적으로 남자가 陰 大運을 채우고 있죠. 陰 大運이 財神이라고 하더라도, 財星을 무리 짓는 大運이라 하더라도 陰 大運을 만나면 자기가 목적하는 바를 쉽게 얻는데, 그 중에서도 子나 丑은 생각이다. 눈에 보이지 않는 세계, 정신으로 하는 것들에 대한 활동이 비교적 활발하다.

이 八字의 단점은 官星은 정립되어 있는데 印星이 時에 나가 있고 時가 空亡이죠. 이 벌 때문에 아마 丑運 말이나 壬運 초쯤에, 지금으로부터 8~9년 전에 제가 뭐라고 써 줬느냐 하면 印星이 空亡과 미흡함을 갖추고 있기 때문에 국립대학이 기본인데 전공을 살리면 지방 국립이고, 학교를 살리면 전공을 어떻게 조절할 수밖에 없다.

그러나 배지는 正官이 딱 정립해 있잖아요. 正官 정립의 배지를 결국은 쫓아가더라. 서울대를 갔는데 과를 많이 조정했어요. 오늘 확인한 거예요. 국립대를 갈 것이다. 아니면 사립을 가더라도 국립 닮은꼴인데, 국립 닮은꼴은 나라 이름 들어간 건데 고려, 성균관이다.

지금은 나이 스물일곱이 되었죠. 취직 문제로 왔는데 丁亥, 戊子, 己丑年에 이 亥運은 오히려 官의 모양이 흐려져 버려요. 丁亥年에 군대를 가더라 이거죠. 배지를 달고 다니더라 이거죠. 이게 亥水가 와서 亥卯가 무리지어 있으므로 官星이 만들어지는 게 아니고 甲木이 만들어지더라 이거죠.

그러니까 서울대에서 K대를 가더라니까요. 〈K대=군대〉 가서 올해 제대해요. 驛馬죠. 亥

가 丑을 보니까 驛馬니까 짐 싸서 온다. 외국을 갔든 어디를 갔든, 짐을 싸 가지고 오는데 이때(己丑年)에 취직 문제가 해결 안 된다.

물론 天乙貴人 작용도 있고 이것저것 작용으로 해서 여자도 좀 있고, 공부도 대강 하고 할 수는 있지만 그 작용이 안 된다. 결국 이 경우에는 卯가 亥를 만나니까 순수한 正官 작용이 오히려 꺾여 버리고, 甲木 長生의 偏官 長生의 작용으로 군대를 가더라. 官星이 정립해 있으니 그래도 군대를 장교로 가더라는 거죠.

그래서 그릇이 중요하다. 그릇 안에 씨앗의 모양새가 잘 갖추어져 있어야 된다. 지금은 전공을 너무 애매한 것을 해서 직장 부분에 있어서 官印이 隔角이 되어서 官만 잘생기고 財星이 기본적으로 무리를 지어서 官자체가 五行적인 대세는 가지고 있잖아요.

조직이 큰 데를 자꾸 가려고 하는 것이다. 간다면 이 사람이 財星하고 무리 짓고 있으니 실제 財務를 다루는 분야로 갈 수도 있다. 이게 驛馬고 넓은 무대를 상징하잖아요. 굉장히 포괄적인 규모와 단위가 있는 국가 공사기관 쪽으로 간다는 거죠. 이 亥水가 驛馬 속성을 그대로 더 많이 드러내므로 무역진흥공사 이런 식으로 驛馬성을 가지고 있는, 이건(癸亥) 큰살림으로 보면 되거든요. 계급장이 낮을 때는 별 무리 없이 조직생활을 하지만, 계급장이 올라가면서 입지 불안이 오게 된다. 그래도 자기가 잘난 줄 알아요.

"내가 그래도 열심히 해서 이렇게 됐는데!"

사실 뒤에 가면 수염 만지고 보는 게 그거라니까요. 이런 게 한눈에 보이면 올 때 잘난 척하면,

"열심히 해라!"

한마디만 해주면 되잖아요.

"무슨 뜻입니까?" 이러면,

"음~ 때가 되면 다 안다!"

하여튼 乙木이 亥水에 묶여들어 가더라.

辰이 亥水를 만나는 것은, 辰이 五行적으로 土의 뜻을 그대로 계승하고 있죠. 그게 구멍이 나서 亡身이 되고 균열이 되는 상태다.

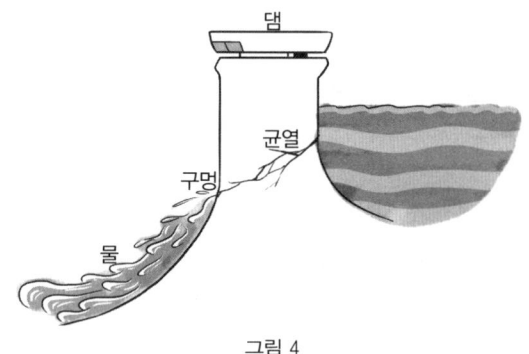

그림 4

그러니까 辰이 갖는 土의 속성이라는 것은 水의 운동을 크게 에워 잡아주는 것, 水의 入庫지로서 水의 운동을 열고 닫고인데, 결국 이 사이에 옆에 물이 밖에서 밀려들어오니까 구멍이 나서, 물이 구멍을 타고 흘러내리기 시작한다. 손으로 막고, 발로 막고 다 막았지만, 균열이 생겨서 土의 작용이 허물어지기 시작하는 작용이 본격적으로 이루어지는 것이다. 그래서 辰이 뭐냐 하면 믿을 것이 못 되게 되었다. 土로서의 작용력을 믿을 수 없게 되었노라.

巳亥 相冲은 기본적으로 冲의 작용을 그대로 적용해서 五行적인 요소로서 꼭 亥水가 巳를 이긴다고 생각하지 마세요. 亥水가 巳를 이기는 것이 아니라, 巳의 六陽의 운동을 극단적으로 더 펼쳐지지 못하게 잡아들여 버리는 冲의 작용이 이루어진다. 冲에 의한 여러 가지 현상이나 환경을 생각하시면 되겠죠.

그리고 자기 모습을 감추지 않는 뱀이 눈서리에 맞아서 활동성이 극히 위축된다. 그럼에도 그걸 능히 이기는 뱀이 있다고 했죠. 亥水의 冲을 맞고도 튕겨 나와서 뱀이 산삼 같은 걸 먹고, 넘치는 陽의 기운을 주체 못해 겨울잠을 못자고 눈 위를 기어 다니는 놈은 雪上蛇이다. 눈은 子나 丑쯤 되는데, 여기에도 죽지 않고 기어다니는 놈이니 白蛇가 돈을 비싸게 받을 만하겠죠. 일반적으로 뱀은 대부분 다 돼지 亥에 자빠진다.

亥와 午는 기본적으로 火운동의 삭감이 이루어지겠죠. 午中에 丁火, 亥水에 壬水, 午中에 己土, 亥中에 甲木이 서로 地藏干 속에서 暗合 작용을 일으켜, 丁壬合의 작용과 거의 흡사하게 보면 되겠죠. 작렬하는 더운 기운의 오뉴월 炎天에 물만 한 그릇 부어 놔도, 원래 亥水가 종핵인데 씨앗을 감추고 있잖아요. 亥中에 甲木이 있으니 亥中에 甲木이 생명이 태동하여 밖으로 내밀 수 있는 바탕이라는 뜻인데, 물 한 바가지 부어 놓으니 거기에서 싹이 올라오는 것과 똑같은 거죠. 사막에 비가 오지 않으니 황사가 일어나는 것도 결국은 사막에 비가 안 오니까 바짝 마른 땅이 午火의 자리인데, 자꾸 비가 오면 丁壬, 丁壬, 午亥, 午亥 해서 아이가 태어났다, 생명이 태어났다.

"그건 정말 오해야! 물만 줬을 뿐이야!"

亥水 속에는 이 壬水하고 같잖아요. 精이죠. 물만 줬을 뿐인데 애가 태어났다. 그것이 午에다가 亥水가 조화를 부림으로써 木이 형성되는 것이죠. 亥와 未는 三合작용이 이루어지는 것인데 未가 木의 入庫를 주관했다. 甲木의 갈무리를 했다면 이걸 다시 열어 놓는 작용이죠. 그래서 土로서의 작용을 지상에서 가장 잘 계승하는 것이 辰, 午, 未, 巳 중에 있는 戊土가 土의 성질을 그대로 계승하고 있는 것인데, 이것들이 土운동의 작용을 허물어버리는 거죠.

"나는 원래 土가 아니야."

이러면서….

辰戌丑未가 원래 그래요.

"이것도 맞고요! 저것도 맞고요!"

나는 조건 따라 달린다 하는 작용이 오는 거죠.

그 다음에 亥水가 와서 申金의 작용은 金의 病地죠. 庚金의 病地로 보면 되겠죠. 그래서 초가을에 건강하고 굳어지려고 했던 기운이 서서히 물렁물렁해지는 식으로 전환된다. 그러니까 감이 陰曆으로 7월 달, 陽曆 8월 달이죠. 陽曆 8월에 감을 씹어보면 대단히 단단하잖아요. 이때에는 金의 기운이 강하게 응결되어 있다가 陰曆 10월 달에 나뭇가지에 걸려있는 감도 물렁물렁해지기 시작하고, 따 놓은 놈도 마찬가지고 냉동실에 넣어 놔야 金의 기운이 지탱이 되는 거죠. 그래서 金의 건강한 기운이 서서히 해체되어 버리는 기운이 되니까 申하고 亥사이에는 이것도 破가 걸려 있죠. 내부적으로 허물어진다.

時	日	月	年
	丙		
	申		

亥

그림 5

그래서 財星이나 官星이 멍드는 모양으로, 丙申이 태어난 날에 財星을 쓰는데 돼지 亥자를 만나면 이게 물론 偏官 작용을 일으키기도 하지만, 申金 또한 자기 고유의 財星 작용을 못하게 되는 날이 오기 시작한다는 거죠. 본인 입장에서는 官을 잘 쓰는 경우라면 이것을(亥) 벼슬로 쓰겠지만 잘 써서 벼슬로 쓰더라도 마누라는 골병이 들고, 이것을(亥) 힘들게 쓰는 사람은 밖에 官災口舌도 골병인데 마누라까지 아프다. 그러니 총체적 난국이다.

酉는 隔角 작용이 있는 것이고 활동성이 위축된다. 그 다음에 驛馬죠. 이제 닭이 떠나야 할 차례, 엎드리든지 떠나든지 한다.

개 戌자는, 戌土 자체는 亥가 결국은 견인해 오는 거죠. 서서히 견인해옴으로써 戌의 작용력이 시간이 지나면서 허물어지는, 작용력 저하가 서서히 발생한다. 戌土이기 때문에 돼지 亥자를 만나더라도 土의 모양을 유지한다는 것이 아니고, 작용력이 무조건 저하되는건 결국은 戌中에 있는 火의 작용만 지킴으로써 亥에게 완벽한 손상을 당하지 않는다. 나머지는 전부 다 털 빠지고 이빨 빠져서 자기 모양이 손상된다.

時	日	月	年
	甲		
	戌		

亥

그림 6

時	日	月	年
	壬		
	戌		

亥

그림 7

甲戌을 쓰고 있는 남자가 亥年을 만나면 마찬가지로 처가 내도록 아프더라고요. 털 빠지고, 이빨 빠지고 결국은 아픈 모양으로 지내게 되더라. 그래 이걸 官으로 쓴다면 폼 안 나는 모양 즉, 개 戌자가 권력성이잖아요. '개 조심!' 이런 거 써놨잖아요.

'접근하면 뭄!!'

꼭꼭 물어들입니다. 권력성 인자가 돼지 亥자의 比劫에 즉, 경쟁 환경에 시달리면서 결국은 내가 좋은 명함이나 사회적 위치를 유지하지 못하고 흔들리게 되더라는 거죠. 아니면 閑職으로 가서 무늬만 개, 잘 무는 개가 아니라 애완용 개로 권력성이 크게 삭감된다는 거죠.

여자 八字에서 개 戌자를 남편으로 쓰더라도 마찬가지겠죠. 영양가는 적어도 폼은 잡고 다니는 사람인데 요즘은 통 재미가 별로 없다는 식의 상황이 발생하는 거죠.

돼지 亥와 돼지 亥의 自刑작용으로 특별히 설명을 안 붙여도 알 수 있을 것이고, 돼지끼리는 自刑작용으로 새로운 것으로 대체하더라도, 기존의 것을 어느 정도 삭감하고 새롭게 하는 과정을 거쳐서 이루어지더라. 왜 그렇게 되느냐 하는 것을 여러분들이 그런 구조로 쭉 연결시켜서 보실 수 있다면, 각 글자의 地支 변화에 따른 환경 변화, 모양새 변화를 여러분들이 정리를 해 놓고 나면 연결고리를 쭉 엮어 나갈 수 있다는 거죠.

官이면 官이 생긴 모양이 글자에 어떻게 영향 받고 있나? 財는 財의 생긴 모양이 어떻게 영향을 받고 있나? 食神이면 食神이 영향 받고 있는 모양만 流年法으로 훑고 있어도 된다는 거죠. 실제로 運命을 볼 때 質的, 量的인 것을 볼 때는 大運을 충분히 참작을 해야 되지만 사람들이 느끼는 것은 가까운 시기의 흐름이거든요. 저 아이가 3년 전까지만 하더라도 저렇게 또라이 짓을 안 했는데 왜 이런 짓을 하고 돌아다니는지 모르겠다.

이게 여러분들에게 물으러 오는 문점 사유의 대부분이라는 거죠. 작년까지는 장사가 잘 됐는데 올해는 왜 안 되는지 모르겠다. 사실은 運命의 내용을 분석하는 측면에서 본다면 大運 좋을 때 매달 천만원이 들어온다와 大運 나쁠 때 백만원이 들어온다는 레벨에 큰 차이가 있는 거예요. 그런데 매번 천만원씩 들어오고 있을 때는 사람들이 大運의 환경 때문이라는 것은 생각 안하고 그것은 당연하다고 생각하거든요. 그런데 천만원에서 팔백만원이 되면 옛날에 백만원 밖에 못 팔던 시절은 까마득히 잊어버리고, 왜 장사가 이렇게 안 되느냐 하면서 돌아버린다니까요. 그렇기 때문에 여러분이 流年의 연결성을 쭉 전제해 두시고 물론, 이걸 그대로 환경으로써 大運으로 그대로 확장해도 되겠죠.

환경으로 확장해서 자꾸 응용을 해서 쓰시다 보면 인생이라는 것이 어떤 나의 선택이 아니라 뿌려진 것들의 순환성, 환경의 전변에 의하여, 결국은 내 선택의 영역과 상관없이 그냥 맞물려가고 있다는 것을 보게 된다니까요. 근데 그걸 사람들이 자기 선택과 통제 하에 있다고 착각하는 게 많다는 거죠. 그런 것들을 여러분들이 구조적으로 이해하시다 보면 아무렇게나 말해도 되고요, 모른다고 해도 돼요. 제발 오지마! 라고 이야기해도 되고, 나는 한 개만 안다 이렇게 해도 된다.

어쨌든 그런 명리 해석의 자유를 찾는데 도움이 되었으면 좋겠습니다.

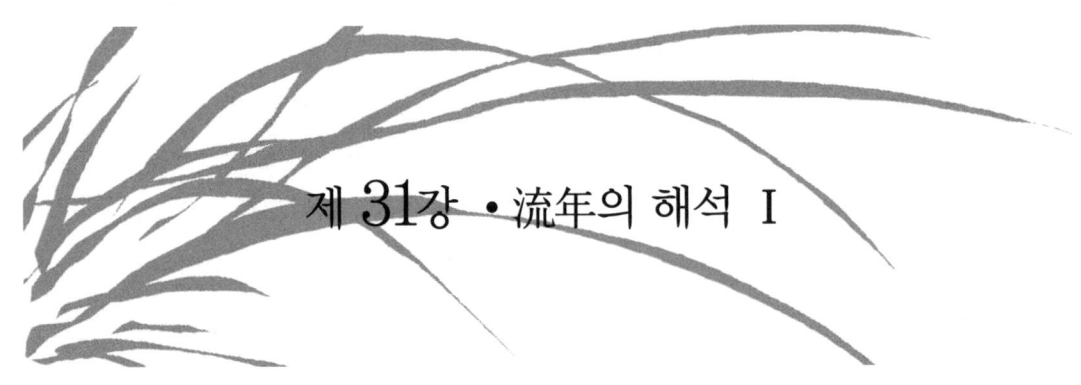

제 31강 • 流年의 해석 Ⅰ

地支끼리의 관계 변화와 流年의 해석을 눈치껏 정리하시다 보면 충분히 가능할 것 같은데요. 원래 진도에 넣으려고 했던 地支끼리의 관계 변화인데, 八字 안에 차지하고 있는 글자가 예를 들어서 이런(그림1) 식으로 地支 구성이 되어 있다면, 여기에 다른 글자들이 왔을 때의 연습입니다.

時	日	月	年
子	丑	酉	子

子, 丑, 寅, 卯, 辰,, 巳, 午, 未, 申, 酉, 戌, 亥

그림 1

子가 왔을 때, 丑이 왔을 때, 寅이 왔을 때를 한번만 연습해 보셔도 어느 정도 훈련이 되실 건데, 四柱해석의 큰 틀과 방향이 결국은 地支하고 運에서 오는 大運도 될 것이고, 歲運도 될 것이다. 大·歲運에서 공통적인 것도 있고 차이도 있겠지만 大運이라고 하는 것의 기본적인 접근이나 이해는 대부분 가능할 것입니다.

오늘도 왜 이래 늦었느냐 하면 아침부터 일번 타자가 부산에 있는 모 대학 앞에서 자신 만만하게 4年 공부해서 四柱 카페를 오픈했는데, 2달 반 정도는 줄을 서더니 갑자기 세 달째 부터 손님이 하나도 없다고 하네요. 그래서 이 사태를 어떻게 해야 되느냐? 그렇게 해서 왔는 데 이것이 손님이 줄어드는 정도가 아니고, 갑자기 없어졌다면 물론 계절적인 景氣도 있지만 그것에 상관없이 손님이 떨어졌다면 이게 문제가 있는 거다.

그렇게 해서 학문적인 토론이 조금씩 시작되기 시작하니까, 첫 손님 한 시간 잡아먹어 버리고 중간에 점심 때 이 분은 다른 데서 공부 실컷 하고, 그냥 잠깐만 시간 내달라고 해서 점심시간에 주저앉아 가지고 30~40분 해서 제가 책만 한 권 뺏겼는데, 大運의 해석도 六親 적 해석에 너무 매몰되어서 해석을 한다는 거죠.

이 양반의 명조가 癸卯年 癸亥月 戊午日 丙辰時. 남자 八字고 大運이 壬戌 辛酉 庚申 己 未 戊午 이렇게 들어가죠.

時	日	月	年
丙	戊	癸	癸
辰	午	亥	卯

乾命

丙丁戊己庚辛壬　大運
辰巳午未申酉戌

그림 2

지금 午 大運에 들어와 있는데 수많은 이 분야의 선생들한테 물어보니, 이 八字가 格用 論으로 보면 기본적으로 辰이 比劫이라고 해도 卯하고 辰이 무리를 짓고 있는 모양에 亥卯가 무리를 짓고 있어서 결국은 財官이 세력이 강한 모양이죠. 財官이 세력이 강한 모양에 구태 여 꼭 格을 취하자면 財多 또는 財旺, 財가 旺해서 身이 약하다. 원래 弱强이라는 것이 자기 자신이 弱强이 있는 것이 아니고, 상대적으로 財가 旺하니 결국은 身弱이 되는 것인데 財旺 身弱에 格用式으로 치면 用印格이 되겠죠.

이 경우는 亥中에 있는 戊는 일간에 해당되지만 甲이나 壬의 투출이 없죠. 결국은 旺者 入格해야 되는데, 旺者는 亥卯 財官이 무리를 짓고 있는데 財가 더 대세죠. 財가 더 대세에 상대적으로 身弱이 되었고, 이 경우 제가 볼 때는 실제로는 身不弱이에요.

그러니까 戊寅日이라면 확실히 身弱이죠. 사실 午가 있으면 地支에 印星이나 羊刃을 깔고 있는 경우에는 아무리 상대방이 강해도 내가 약하진 않다는 거죠. 그러나 상대적으로 결국 强弱을 따진다면 弱이 된다.

그래서 財旺身弱 또는 財多身弱, 財의 숫자가 실제로 많으니까 財多身弱에 用印星이라고 해서 戊午大運이 들어오면 '대끼리'다라고 했거든요. 근데 대끼리는 커녕, 있는 거 싹 다 까먹고 戊午 大運 중반부쯤 걸려 있을 거예요. 戊午 大運 들어오면 정말로 좋을 거라는 소리를 수없이 들었는데 결국은 火運이 안와서 發福이 안 됐다고 해서, 火運만 애타게 기다렸는데 정작 이 火運에 눈덩이 맞고, 엎어지고, 다 까먹었으니 도대체 이걸 어떻게 해석해야 되느냐? 이런 게 우리 역학계에 格用論적인 접근에 의한 해석 때문에 수없이 오류가 생기는 거죠. 이것도 六親도 되고 五行 强弱론이죠.

五行의 强弱에 의해서 大運이 좋을 것이다, 나쁠 것이다 하고 해석하는 습성 때문에 이런 오류가 생겨나는 거죠. 이 경우에는 子丑 空亡이 걸려 있고, 원래 八字에는 食神이 드러나지 못함으로써 올해는 재물의 연결성이 부족할 수밖에 없죠.

그래서 己未, 戊午 大運에 열심히 살았던 것이 亥卯未, 원래 八字는 저런 모양일 때 官印이 예쁘게 놓인 모양은 아니지만 大運의 흐름 자체가 사업성을 발휘하는데 방해가 있으니, 이게(卯) 亥에 의해서 合濁이, 합에 의해 濁이 되어버린 것이니 乙木이 亥水를 만나면 濁이 되잖아요. 12運星상으로 死地가 되잖아요.

天干이 亥水를 만난 것과는 다르지만 합에 의해 크게 훼손된 모양이지만 땅바닥에 있는 거는 있는 거니까 낮은 감투일지라도 조직사회 중심으로 무리지어 있는 것이 財星이니, 財務 분야의 조직사회 중심으로 활동을 구하면 체면유지 정도의 기반 정립은 이루어진다고 볼 수 있다. 그런데 이 글자(亥)를 이 양반은 교육으로 써먹어요. 교육인데 財星이 너무 年月에 많이 펼쳐져 있으니까, 소년에 공부가 매끄럽지 못했고 운동을 했어요. 운동을 해서 체육관을 했는데 결국은 己未, 戊午가 名高利薄이잖아요. 名高利薄의 大運에 있어 천천히 다 까먹은 거죠. 한 두번 다른 업종으로 옮겨보고 했는데 결국은 골병들고, 드디어 기다리던 午 大運이 들어오자 개업 후 두달 반 만에 손님이 없어서 파리를 날리고 있는데, 저 八字에 卯 때문에 자꾸 폼을 잡는다.

저 卯 때문에 계속 폼 나는걸 하려고 하다보니까 그런 거죠. 처음에 四柱까페를 시작할 때도 크게 시작한 거죠. 그러면서 이래저래 골병이 들고 있는 중인데 대책은 무조건 정리를 하고 가는 건데, 저 양반이 작년 겨울에 시작을 했는데 개업하기 전까지 나는 午 大運 들어온 다면서 너무너무 자신했던 거죠. 이게 五行 强弱, 六親 오류 때문에, 이거 가지고 자기 논법이나 삶의 내용에 손님들이 그대로 안 걸려드니까 결국은 그런 현상이 오게 된 거죠.

우리가 大運을 해석할 때는 이걸(五行强弱, 六親) 무시하라, 배제하라는 건 아니지만 이건 하나의 해석을 위한 보조적인 틀이라고 생각해야 됩니다. 사실은 크게 봐서는 환경이다. 모르겠으면 다시 春夏秋冬으로 돌아가라 이거죠. 이 사람은 子水 大運을 만나서가 아니라 동짓달 大運을 만나 천지만물이 활동성이 떨어지게 되는 환경 속에 걸려들었다는 거죠. 이렇게 크게 환경으로서 먼저 생각을 해야 되고 환경 때문에 富貴貧賤의 변화량이 어느 정도 발생할 수 있겠다 하는 것을 전제해 두고, 그 다음에 五行 强弱, 六親 요소를 부수적으로 참작하는 형태로 가야 하는 거죠.

六親을 참작하더라도 환경이라는 걸 됐다면 午 大運이라는 것 자체에 卯가 十二運星 상으로 長生의 기상을 갖게 되는 거죠. 그 다음에 午 자체의 요소가 강화되니 이때 印星이라 생각해도 되지만 印星의 간섭에 의해서 이게(午) 강화되는 과정이 발생한다.

그 다음에 辰은 당연히 隔角이 되는 것이고 그런 식으로 환경이라고 하는 것 속에는 저 글자 안에 木火土金水가 전부 다 다 펼쳐지고 닫혀지고가 이미 다 정해져 있는 거죠.

午 大運에 庚金은 沐浴하고 食神에 해당하는 글자가 이미 沐浴하고 있구나 하는 것을 저 글자 하나에 환경이라는 것을 축으로 두고 적용을 해서, 그 八字 안에서 어떻게 상호작용이 이루어지겠다 하는 것을 생각해야 되는 거죠. 그런데 대부분 다 强弱론 습성에 젖어 있는 사람들은 財多身弱에 印星이 왔으니, 이제 大發한다고 해석을 해서 '좋다!' 이렇게 보는 거죠.

질문

저런 경우 언론 방송 계통으로 유도하면 안 됩니까?

답변

소년에 글공부가 원활했더라면, 어릴 때(申酉) 大運이 印星이 세력이 없잖아요. 食傷과

財星이 무리지었잖아요. 그래서 소년에 공부를 통해서 어쨌든 말로 먹고 살 수 있는 에너지는 있는데, 여기(亥) 보면 道門이 있잖아요. 亥水 道門이 있으니까 결국은 저걸로 써먹어서 성공하는 과정이 오는데, 巳運이 들어오면 巳라고 하는 환경이 巳酉丑, 申子辰으로써 陰의 보조가 이루어지는 환경으로 들어가잖아요. 그러면 의식주나 금전이 안정이 되어 나가는데, 巳자체가 巳亥 相冲을 일으켜서 이것(亥)을 충동하잖아요. 卯도 충동 隔角시키죠.

그럼으로써 두 가지예요. 주로 교육, 종교, 철학, 부동산, 건축이거나 偏印이나 正印의 영향을 같이 받아서 임대. 이렇게 가거든요. 커피숍을 열었다는 것은 커피숍이라는 게 커피 유통업자가 아니잖아요. 유통업이 아니라 자리 빌려 주는 임대사업이 이미 전제되어 있는 거죠. 어차피 저 글자 속에 놀게 되는데 사회적인 보상이나 발전이 원만해지는 것은 丁巳 大運에 들어가야 되는 것이죠. 戊午 大運이 언제까지냐 하면 2011年인가 2012年까지 걸려요. 그래서 앞으로 3~4, 4~5년쯤 지나야 되는데 그 때까지 한해, 한해의 歲運을 떠나서 무조건 영양가 없다. 그래서 차라리 남의 집 마당을 쓸어주듯이 조직생활을 하면 안정할 것이고, 개인적인 일을 구하면 반드시 껍데기다.

그런데 그런 해석이 왜 가능하냐? 이렇게 되묻는 거예요,

오늘 일진도 丙戌日이죠. 이 丙字가 밝히는 작업을 하는 거예요. 무엇을 명확하게 한다는 뜻이 되는 것이고 저 자체가 白虎大殺이다. 저 양반이 戌날 새벽에 왜 줄을 섰느냐 하면, 토끼한테 戌이 天殺이에요. 天殺에 해당하는 존재. 그런 존재를 본인이 만나기 위해 왔는데, 남자가 丙戌日 날 점을 묻는다. 그러니까 저런 논리에 너무 습성화되어 있으니까 도저히 설명이 안 되는 거죠. 계속 설명을 해 줘도 이해하지 못해서 다음으로 넘어갔는데, 물론 본인이 어느 정도 납득하고 갔죠.

아무튼 大運을 봐 나갈 때 대부분 다 五行强弱이나 六親적인 해석을 붙이려고 하는데, 그러지 말고 환경이다라는 거죠. 그 다음에 歲運에서는 六親 요소를 당연히 참작하는데, 주로 사건 개념이라고 했죠. 어떤 큰 大運의 방향성을 구현해 나가기 위한 사건적 요소다. 그래서 大·歲運의 해석에 있어서는 본질적으로 같은 부분 즉 六親이나 사건적인 요소로 같이 해석해 나간다는 면에서는 공통점이 있는 것이고, 환경이라고 하는 큰 틀을 설정하는데 있어서는 大運이 의미가 더 큰 거죠.

歲運은 환경이라는 개념보다는 주로 사건이다. 그래서 관계를 해석해 나갈 때 이런(그림

3) 地支 구성을 하고 있는 사람이 子가 왔다면 순서가 있었죠. 1번 冲, 2번 合, 3번 五行적인 生, 4번 神殺관계인데 神殺관계는 冲과 合, 이 두 가지와 맞물려 있는 거죠. 神殺이 生보다 하위개념도 있고 상위개념도 있는데 冲合도 神殺이니까 결국 상위개념의 神殺, 生보다는 하위개념의 神殺 이런 것들이 있는 것이니 순서에 의해서 해석해 나가면 되는 거죠.

예를 들어서 子午相冲하면 午가 六親적으로 무엇인지 알 수 없으나 冲에 의한 효과가 발생할 것이다. 子丑 合에 의한 효과가 발생할 것이다. 子酉는 相破죠. 破는 네 번째 神殺 관계쯤에 놓여지는 거죠. 五行적으로 기본적으로 水를 공여하는 것이 이 중간쯤 설정되겠죠. 이걸 여러분들이 자꾸 연습을 하다 보면 그 사람의 大運을 펼쳐보지 않고도, 地支 구성에서 뭐가 들어와야 가장 좋겠구나! 뭐가 들어오면 가장 안 좋겠구나! 이런 것들을 본 다음에 그 사람 얼굴을 쳐다보면 이 사람의 大運이 어디쯤 간다. 이게 바로 바로 그려진다니까요.

時	日	月	年
	癸		
午	丑	酉	子

子, 丑, 寅, 卯, 辰,, 巳, 午, 未, 申, 酉, 戌, 亥

그림 3

이 모양에 天干이 癸가 있다면 이런 大運을 지나간다는 것은 얼굴 상태를 보니까 大運을 안적어도 알겠다가 되는 거죠. 얼굴 상태를 보니까 이 大運을 가고 있는 줄 알겠다. 이게 저절로 보여지는 건데 여러분들이 이 원리에 의해서 작용되는 것들을 자꾸 훈련해 보셔야 되는 거죠.

大運에 걸릴 때는 이게 환경이기 때문에 子 자체가 갖는 의미가 있죠. 기본적으로 子丑, 冬至와 섣달의 무리에 해당하기 때문에 있는 것, 다음에 子자체가 만들어내는 여러 가지 작용들이 있죠. 명조 구성을 떠나서 子가 만들어 내는 작용은 어둡게 만들잖아요. 더듬는다. 잘 안보이니까 빼앗긴다, 빼앗는다, 모르고 집어왔다 이거죠. 자꾸 더듬는 동작이 애정사, 아무것도 안 보이는 비밀사로 쭉 확장된다.

그 다음에 자식 문제 이런 식으로 子 자체에서 이미 형성되는 큰 환경으로 무조건 설정해 놓고 저런 원리들을 하나씩 확장해 나가면, 그것만 해도 떠드는데 너무 바쁘다 이거죠. 그 다음에 이 글자의 관계를 하나하나 다 엮어 보시라는 거죠. 이게 훈련이 여러분들이 안 되었기 때문에, 이런 논법은 일단 먼저 가는 게 구조주의거든요.

八字를 강하고 약하고 이런 것을 아는 게 아니라 구조로서, 이 글자와 이 글자의 작용에 의한 결과가 무엇이든 상관없이 일단 이루어진다라고 구조로서 해석을 하는 거죠.

그러니까 명조에서 이게(午) 내가 소중히 쓰거나 중요한 인자라면, 어떤 사건이 터질 거다. 그걸로 그냥 쭉 해석하면 되는 거예요. 거기에 强弱이라는 게 크게 의미가 없다는 거죠.

時	日	月	年
	乙		
午	丑	酉	子

그림 4

그리고 弱이라고 하는 거 있잖아요. 명조가 근본적으로 地支에 五行대세를 제대로 가지고 있지 못한 경우에, 이것도 저것도 다 순조롭게 쓰기 어려운 모양에 이(午) 글자 하나는 순조롭게 쓰겠죠. 쓰기 어려운 모양에 있을 때는 어떤 글자가 와서 간섭하더라도 봄에도, 여름에도, 가을에도, 겨울에도 늘 셋방이고 그 다음 봄에도 또, 셋방이다. 그게 근본적으로 八字 자체에서 안정되지 않은 구조를 가지고 있는 경우에는 運의 간섭 요소에 상관없이 아무렇게나 말해도 된다는 거예요. 여러분들이 그럴 자유가 없는 거예요. 언젠가는 좋아지겠지? 끝까지 안 좋게 가는 인생도 많다.

그래서 八字 자체 내에 地支와 地支끼리의 관계도 元嗔, 合, 沖 중에 逢合으로 그 자체에서 관계끼리 형성되어 있잖아요. 이것을 많이 해보시는 거나, 運에서 와서 무리 짓고 元嗔을 하고 해서 일어날 수 있는 것이나 똑같은 훈련이거든요. 내부에 있는 것끼리인가, 외부에 있는 것이 와서 간섭했을 때의 변화인가, 이 차이만 있는 건데 그걸 자꾸 훈련을 하셔야 된다니까요. 그래서 그런 훈련을 자꾸 하다 보면 어떤 측면으로 가서 공부하면 되겠다는 것을, 실제로 주변에 흘리온 히스토리를 아는 사람 것을 가지고 그 사람의 사건적인 일이 일어났을 때, 그해의 歲運이 있으면 그 歲運하고 관찰해 보라는 거죠. 年月日時에 있는 地支에 차지하고 있는 干支와의 변화작용을 관찰하다 보면 저절로 아! 이것을 건드린 작용 때문에 이게 왔고, 이거와 무리 지었기 때문에 이 작용이 왔고, 이게 좋고 나쁘고가 아니라는 거죠.

그러니까 햇볕이 와서 술잔 속에 술이 마르고, 우물에 물이 마르고, 바다에 물이 마르고, 그늘에 습기가 생기고 하는 이런 것들이 좋고 나쁘고, 吉凶의 문제가 아니라 자연의 운동이라는 거죠. 일종의 물리 법칙이죠.

四柱八字의 해석도 이렇게 길흉론이 아니라 자연의 물리법칙으로 이해해서 해석을 할 수 있어야 된다. 그래서,

"선생님! 좋다는 말입니까? 좋지 않다는 말입니까?"

좋다, 나쁘다를 제발 버려야 된다는 거예요. 이 글자가 와서 작용하는 것은 冲할 자가 있는가? 合할 자가 있는가? 生할 자가 있는가? 기타 神殺에 의한 왜곡이 발생하는 정도와 내용은 무엇이냐? 그것을 여러분들이 훈련을 하라는 거죠.

대부분 다 해석해 봐라! 하면 甲日柱에 己丑年이 왔으니,

"正財 왔네!"

"응! 天乙貴人도 나는 알아!"

이렇게 해석하면 안 된다니까요. 甲 日柱를 먼저 보지 말고 丑年이 와서 그 사람 八字에 干支 내에 차지하고 있는 인자들과 그 관계와 작용이 어떻게 이루어지느냐… 사실은 이것을 해석하는 데에 먼저 비중을 두고 접근하시라는 거죠. 그게 자꾸 되다 보면 어느 날 年地에 대해서도 十二神殺을 기본적으로 가해서 해석할 수도 있고, 많이 했잖아요?

隔角도 했고 冲, 合, 刑, 破 하는 여러 가지 수없이 많은 글자들이 丑이 와서 글자마다에 작용되고 있는 것들을 해 두고, 일간과의 관계를 해석해도 충분하다는 거죠. 그래서 대부분 八字는 八字 자체에서 70~80% 승부가 나 버리는 게 대부분이에요. 그러니까 『첩경』에 이런 말 나오죠. 『四柱捷徑』에 四柱에 자전이라는 말이 있죠.

四柱는 自轉과 같고 大運이 公轉과 같다. 그러니까 삶의 양상이나 모양을 이룩하는 게, 자전이라는 것은 지구가 한 바퀴 돌면서 이루어 내는 자체 그릇의 방향이나 역량이죠. 자체의 방향이나 역량이라고 하는 것이 自轉적인 것이고 大運이라는 것은 큰 환경의 변화잖아요.

근데 실제로 八字 자체의 모양새가 각진 돌이라면 자갈밭을 구를 때나 아주 좋은 아스팔트를 구를 때나 자신의 모난 모양 때문에 자갈밭도 때굴때굴, 덜컹덜컹 구르고 아스팔트 운

이 와도 덜컹덜컹 구른다는 거죠.

그러면 이 자체 八字 내에 각이 많이 졌느냐? 둥글둥글 하냐? 이것을 보는 게 결국은 地支와 地支끼리의 관계를 잘 관찰하라는 거죠. 이것을 잘 관찰하다 보면 자갈밭을 구르나, 아스팔트를 구르나, 午 大運을 만나나, 申 大運을 만나나, 덜컹거리는 것은 마찬가지로 계속 발생한다는 거죠. 그래서 그런 八字 내에 있는 것의 관계를 자꾸 연습해 보는 것이, 결국은 運에서 이 글자가 간섭하는 것도 거의 비슷한 작용력을 해석해 낼 수 있다는 거죠. 이게 개념학습이니까 조금 붕 뜨죠.

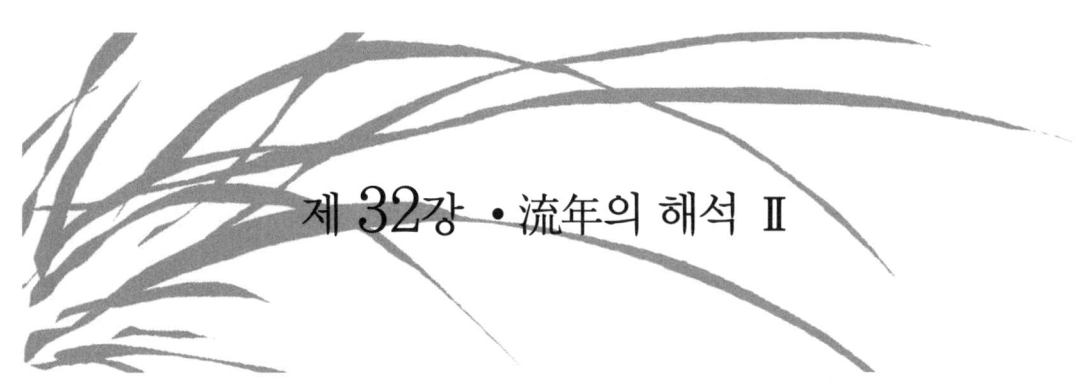

제 32강 · 流年의 해석 Ⅱ

그래서 일단 옛날 수업에서 다 한번 해드린 건데 실제로 글자가 왔을 때의 작용력을 봅시다.

時	日	月	年
丙	戊	癸	癸
辰	午	亥	卯

丙丁戊己庚辛壬
辰巳午未申酉戌

그림 1

이 八字는 癸未年에 반드시 새로운 일을 벌이거나 궤도수정을 하여 인생방향을 바꾸는 어떤 일이 올 것이다. 이 분에게 어떤 일이 있었느냐 하면 그전에 하던 업을 청산하고, 체육관을 청산하고 이(癸未年) 해에 세탁소를 차리죠.

그것을 하게 될 이유는 첫째, 癸未年에 물론 그전에 壬午, 辛巳가 있었으니까 이 때에 그 좋다는 印星의 運이 왔는데도 불구하고 大運이 불량하다. 歲運이 현금유동성의 부담, 규모에 따른 부담이 발생하는 모양에서 결국은 午 羊刃에 칼을 뽑았다는 거죠. 칼을 뽑아서 뭔가 조치를 하는데 구체적인 궤도수정은 壬午때 접고 癸未때 일을 시작했는데, 이(癸未年) 해에 물론 大運은 己未大運에서 戊午大運 막 건너올 때쯤 될 거예요. 大運의 접목 작용은 별로 크지 않고 午未 大運을 무리로 보기 때문에 새 일의 배경에서 일단 十二神殺로 봐 보세요. 三合이라는 것이 이루어지는 자체가 자의변동이라는 거죠.

즉, 地殺을 보더라도 마찬가지고 華蓋를 보더라도 마찬가지인데 자의변동의 인자가 발생해 있는데, 자의변동이 亥年이나 卯年, 未年이 오면 다 발생할 수 있는데, 서로 이야기가 오가는데,

"선생님 내 지나간 것 중에 한두 가지만 꼭 집어 보이소."

이렇게 된 거예요. 한참 설명을 하면서 六親이 다가 아니라 올해 己丑年이잖아요. 己丑年에 자기가 왜 안 되는지 안다 이거예요.

"왜? 안 되는데?" 하니까,

"劫財 아닙니까? 선생님."

"일단 참 훌륭하다. 劫財 맞다. 그거 말고 다른 이유는 없나?"

"또, 空亡이지 않습니까?"

"좋다 ,그것도 참 훌륭하다! 그런데 이 설명이 온전한 해석이 아니다."

라는 거예요.

그러면서 무슨 얘기를 하는가 하면 天乙貴人이라는 것이 굉장히 중요한데 貴人이 올해 임해 있으니, 필시 내 삶을 뒤바꾸게 하는 여러 가지 사건을 구성하게 된다는 거예요. 그래서 올해 이 貴人작용 때문에 그동안 역학 공부를 해왔던 것도 새로운 국면으로 들어간다.

"에~이 선생님! 저를 꼬시는 거 아닙니까?"

"내가 당신을 꼬셔야 할 이유가 뭐가 있냐? 일단 한번 들어봐라."

그러면서 癸未年으로 가는 거예요. 6년 전 癸未年에 이게 天乙貴人인지 아느냐 하니까,

"그게 天乙貴人입니까?"

하더라고요. 워낙 六親적인 자의변동에 天乙貴人이 말뚝효과를 준다고 했죠. 말뚝을 박았으니 빨리 정리해도 삼년 이상 걸릴 것이다. 이 해에 벌여 놓은 일이 실제로 세탁소를 해가지고 3년 반만에 접었어요.

그러면서 틈나는 대로 易學 공부를 했다니까요. 正財(癸) 때문도 아니요, 劫財(未) 때문도 아니요 뭐냐면 자의변동과 말뚝작용에 의해서 기본적으로 새 일에 가담하게 되어 있고, 그것은 이미 말뚝이 깔려있기 때문에 상당 기간 동안 갈 것이다. 짧게 3年 기본 5年 어지간하면 10년을 간다. 이게 그 작용이다 하니까,

"선생님 맞기는 맞는데, 당하는 기분입니다!"

하는 거예요. 당한다고 생각하지 마라 하면서 설명을 했는데 결국은 자의변동의 인자와 말뚝의 인자가 같이 오면 스스로 주동적으로 해서 일을 벌여나간다는 뜻이고, 그 다음에 오는 글자가 甲申, 乙酉다. 이때에 기본적으로 財星이 세력을 가지니까 어느 정도 영업적인 활동과 보상은 이루어졌지만, 大運이 결국은 껍데기를 조성하잖아요. 그것 때문에 丙戌, 丁亥年에 결국 변동을 주려고 했는데 물론 三年이면 丙戌年에 그만 두죠. 이게(戌) 天殺, 地殺에 항상 부동산을 변동하죠. 특히 사는 집을 포함한 부동산의 변동 요소가 天殺, 地殺에 이루어지죠.

十二神殺을 어떻게 접근하느냐 이걸 보자니까요 지금 수업의 목표는 내용을 전달하는 게 아니라 해석을 해 나가는 접근 논리가 뭐냐? 이때 亥年에 옮기려고 했는데 왜 안 되냐? 沖할 자가 남았다 했죠. 沖할 자가 남았으니 그래서 戊子年에 옮겼다. 접는 것은 丙戌年에 접고 갈 곳은 이때(丁亥年) 정했는데 沖이 남아 있으므로 결국 戊子年에 옮겨 와서 업을 새로 만들었는데 결국 손님이 없을 정도라면 심각하게 문제가 있는 거죠.

그래서 올해 다시 재수정이죠. 貴人作用에 의해서 새로운 학문 체계라든지 인생 노하우라든지 즉, 프로가 되는 작용이죠.

프로가 되는 작용을 따로 정리하자면 羊刃, 桃花, 貴人이 流年의 運에 만들어지고 그 다음에 六親 속에서는 印星이라는 거죠. 正印이든 偏印이든 印星이 들어오면 면허증의 취득이 되는데, 프로페셔널이 되는 것은 羊刃 運을 歲運에서 만났든지 桃花를 만났든지, 貴人이란 주로 天乙貴人을 말하는 겁니다. 印星을 만난 뒤에라야 프로가 된다는 거죠.

그 다음에 정신적 프로에 가담하는 자는 天殺이죠. 왕궁에 가서 임금님을 한번 쳐다보고 오는 것은 자기에게 새로운 삶의 방향을 제시하게 되는 것이다. 그래서 그런 것들이 流年에 발생하면 반드시 삶에서 새로운 수단을 얻는다, 새로운 무장을 한다, 이게 羊刃, 桃花, 貴人, 印星, 天殺 등이다.

그래서 저 양반이 올해에 결국 貴人의 작용에 의해서, 丑 자체가 이(亥, 卯) 둘을 압박하죠. 丑年의 해석에서 첫째 丑午 元嗔이죠. 印星은 元嗔하여 있고 亥丑은 전부 다 불안, 동요, 차용, 빌려놓은 격이다. 財星과 官星을 빌려놓은 격이라 억지로 뭔가 일의 모양을 갖추고 있다는 뜻이죠. 元嗔도 印星도 이걸 喜忌論 적으로 보는 게 아니라는 거죠. 이걸 喜神이다, 忌神이다가 아니고 印星을 元嗔하였으니 그 모친의 상태가 불량하므로 모친이 건강이 좋지 못하다든지, 개인적으로는 印星이라는 것이 부동산 형태도 최소한의 주거 모양을 구축하기 위한 작은 문서를 의미하는데, 그 또한 불안 동요의 모양이다.

辰과 丑은 破를 일으키잖아요. 劫財를 破하였다는 것은 평소에 재물 지출을 많이 유도했던 것들을 그나마 억제해 놓으므로 극단적으로 내가 희생을 치르지는 않는다. 그래서 이 양반이 空亡 運에 당연히 뭘 팔아치우고 없애는 작용이 기본적으로 발생하는데, 辰이라는 劫財 글자의 작용력이 소극적이므로 작은 손해를 본다.

이런 구조주의에 의해서 해석하는 게 굉장히 중요하고, 필요하고 그게 어떻게 보면 해석의 80%, 그러니까 땅바닥에 놓여있는 놈이 亥卯를 못 쓴다. 午는 寅午戌이라는 무리를 제대로 얻으려면 그 다음해가 되어야 되니까 스탠바이 상태잖아요. 올라오려고 하는 辰은 꺾인 놈이잖아요. 酉 바로 앞에 子잖아요.

申子辰이라고 하는 그룹에서 丑이 더 대세가 되었으니 申子가 결국은 약세가 된다. 午는 결국 시간이 흐르면 앞으로 활발하게 움직일 것이다. 내년에 寅年이 들어오면 亥卯들이 살아나려고 하죠. 기본적으로 亡身이고 印星(午)과 무리를 짓죠. 辰은 X표죠. 劫財는 억누르고 결국은 印星과 무리짓는다는 것은 午가 물론 寅에 死地가 되죠. 문서에 관해서 일단락 매듭 청산이 발생하겠죠. 있는 걸 내보내고 다른 걸로 대체하든지 이런 식으로 印星의 조절이 발생하는 것이고, 그 다음에 亥卯를 새로 끌어올리기 위한 전 단계에 일에 가담하는 거죠. 亡身殺이라는 것이 남들에게 보여 주기에 아직은 부끄러운 상태, 그래서 이 양반이 내년에 일을 모색한다면 뭘 모색하겠는가?

亥卯에 대해서 자기 八字 안에 원래 폼 나는 것을 쓸 수 있는 글자의 예비 단계니까, 예를 들어서 여러 사람이 공동으로 아니면 약간의 조직 형태를 갖춰서 거기에 내가 원래 四柱까페의 운영자였다면 오히려 四柱까페 운영자의 조건부 일원, 어차피 직장생활을 할 수 있는 것은 아니니, 서로 나눠먹기로 하는 방식의 일종의 계약 관계가 되겠죠. 계약 관계로 자기가 일을 하게 되는 식의 세월을 보낼 것이다. 그게 이 글자끼리 관계를 자꾸 엮어보는 훈련을 하다 보면 저절로 됩니다. 그 기준이 되는 것들이 여러 가지 神殺적으로 보면 있잖아요. 卯年이 되면 亥卯가 다시 주인공이 되잖아요. 주인공이 되므로 명함 정립에 대한 뜻을 가지게 되고 자기가 운영자 밑으로 들어갔다 하더라도 자기 목소리를 크게 낼 수 있을 만한 역할이나 지분을 가지든지, 아니면 나서서 하는 식의 모양새를 다시 복원시키겠죠.

午가 破의 상태라는 것은 아직도 印星이 불안하니 주거라든지 의식주 환경은 불안하다. 辰은 앞으로 뜰 놈으로 변신하고 있으니, 卯하고 辰하고 봄에 무리짓고 있으니 뜰 놈이지만 아직은 작동하지 않는다.

저기에 强弱論이나 吉凶이 없잖아요. 强弱이나 吉凶을 말하지 않고도 그 사람이 살아가면서 일어나는 사건적인 것이 저 글자의 해석에 거의 다 들어있다. 그러니까 해석이 안 되는 이유는 劫財, 空亡 식의 접근으로 마무리를 지으려고 하니까 답이 안 나오는 거죠. 그래서 地支끼리의 관계를 여러분들이 많이 연습해 보셔야 해요.

時	日	月	年
酉	子	戌	卯

子, 丑, 寅, 卯, 辰,, 巳, 午, 未, 申, 酉, 戌, 亥

그림 2

八字 안에 이런 식으로 있다면 이 두(卯戌) 글자가 合이 된 모양이잖아요. 合이 된 모양에서 子가 오면 어떠하고, 寅이 오면 어떠하고, 卯가 오면 어떠하고 이걸 연습을 해 보시라니까요. 子가 왔을 때 卯와 戌은, 일단 子하고 戌은 隔角이죠. 그 다음에 卯의 작용력은 卯가 子에 붙들려 잡혀있는 모양이죠. 잡혀있는 모양이고 隔角이니까 둘 다 활발하지 못하다. 그 다음에 丑이 와서 건드리면 마찬가지로 卯를 隔角하죠. 그리고 丑戌刑에 의해서 이 둘(卯戌)의 合이 원활하지 못하다.

그 다음에 寅이 와서 卯의 상승을 유도하고, 寅戌의 合을 견인해서 木의 활동력이 강화되고 戌의 작용력이 서서히 삭감되는 가을이니까, 가을이 봄으로 넘어왔으니 卯戌이 火를 만들어 내기에 기본적인 조건을 갖추게 되죠. 그래서 활발한 卯戌合의 작용이 이루어진다. 卯가 왔을 때 마찬가지로 卯의 활동이 활발해지므로 卯戌의 습을 유도하는 환경을 조성해 주는 거죠. 辰은 冲에 의해서 그 작용을 활발하지 못하게 만드는 거죠.

그러니까 습이라는 것이 어떤 인간관계라고 할 수도 있고 사물과 사물, 그것이 가만히 있는 게 아니라는 거죠. 계속 밖에서 영향을 주는 것에 따라서 이놈이 흔들렸다, 저놈이 흔들려다 계속 이렇게 왔다갔다 하는 거죠. 그런 것에 대해서 해석을 붙일 수만 있으면 다 되는 거죠. 가장 간단하게 하는 해석이 六親이라는 거죠. 일간을 중심으로 했을 때 이 자체만 해석을 해도 되는데 甲 日柱가 올해 丑년을 만났다면 단순하게 正財, 貴人을 만나서 일어나는 일만 있는 게 아니고, 각자 차이가 다 나거든요.

각자 차이는 丑이 그 사람이 가지고 있는 地支에 어떤 작용을 일으키느냐 이것을 따져보는 연습을 자꾸 하시면 저절로 됩니다. 地支를 일일이 다 글자 자체의 관계에 따른 변화를 보기 싫고 바쁘면, 丑 글자만의 기본적인 뜻을 해석하세요. 그런데 실제로 섬세한 질문들은 전부 다 이걸로(丑) 보거든요.

"선생님 땅이 팔리겠습니까?"

땅이 팔리겠는지 유무를 물었을 때,

"아, 이게 天乙貴人이라서 팔린다, 正財라서 팔린다!"

이렇게 단정해서는 안 된다는 거죠.

그림 3 丑

그림 4

時	日	月	年
	甲		
		酉	丑

그림 5 卯

그림3)에서 八字 내에 그 사람이 충동, 동요하는 亥未 글자들이 깔려있을 때예요. 亥 글자가 문서를 의미하는데 문서를 隔角, 동요케 하므로 잡혀먹든지, 팔아먹든지 할 수 있는 환경을 만드는데, 마찬가지로 年을 冲한다는 말은 오래도록 가지고 있던 것, 묵었던 것들에 변동을 가할 수 있다. 그 다음에 상가라고 하면 (그림4)처럼 時에 亥라, 이런 식으로 상가를

팔려고 한다. 오래도록 가지고 있던 주거나 땅을 팔려고 한다.

그게 꼭 財星이 아니라 해도 예를 들어서 八字 내에 年에 丑이 있고 닭 酉자가 있다. 이 때 卯가 오면 이게 劫財라 하더라도 여기에 있는 글자들을 충동, 동요하게 하죠. 충동, 동요 하게 함으로써 묵었던 것을 해치거나 아니면 잡히거나 이런 상황을 만들 수 있는 인자가 왔 을 때 팔린다는 거죠. 그런데 그 결과는 劫財 조건이기 때문에 손해다, 희생이다 그런 식의 상황이 깔려 있는 거죠. 그런데 사람들은 손해냐, 아니냐가 아니라 팔리느냐고 묻는다는 거 예요.

"지금은 글쎄올시다." 그러면 되죠.

왜냐하면 물론 환경적인 요소를 더 크게 확대하기에는 어려움이 있지만 사건을 좀 더 우 선 개념을 두고 환경적인 인자를 생각한다면 子年, 丑年은 어쨌든 동작이 느리다. 동작이 느 려서 무엇이든지 제때 이루어지지 않는다. 원활하게 이루어지지 않는다는 것을 전제하고 있 기 때문에 '글쎄올시다!' 하고 대답해도 되고…. 그 다음에 정밀하게 따지고 들어간다면 그 사람 八字 안에 충동, 동요하고 있는 인자가 있느냐, 없느냐. 이 八字가 戊子年에 일을 시작 했던 것도 地殺이니 冲할 자가 남아 있으니, 그러면 한발만 걸치고 뒷발은 떼지 못하는 모양 이니까 뒷발을 빼게 하는 子年에 와서 시작되었으니 亥年에 원래 마음을 먹었었는데….

선생님 일하고 싶어서 죽겠다. 언제 일을 하겠냐? 子年이다. 正財가 와서요? 아니다. 그 러니까 冲오면 무조건 좋다고 봐도 된다는데, 저 원리를 자꾸 여러분이 훈련을 하다보면 冲 할 자가 남아 있으면 이게 제대로 못 움직이는구나…!

그러면 보통 사람들의 삶에 있어서 변동을 일으키려면 冲을 만나야 되는구나! 그래야 죽 이 되든 밥이 되든 쌀통을 떠난다. 저런 관계에서 그런 것들의 해석을 붙이는 것을 자꾸 해 보셔야…. 실제로 저런 거에 의해서 상담되는 내용들이 최소 30%~ 50% 정도다. 좋으냐, 나 쁘냐를 놔 두고라도 팔리느냐, 안 팔리느냐?

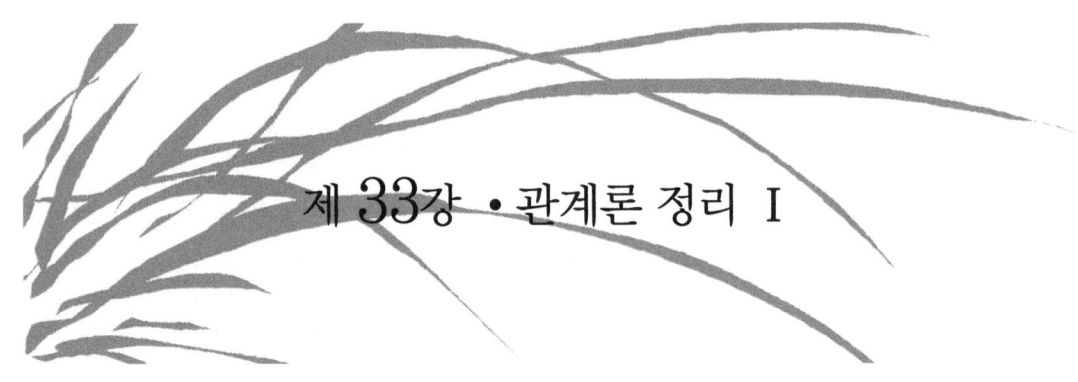

제 33강 · 관계론 정리 I

流年의 해석에서 어쨌든 大運은 환경, 歲運은 사건, 地支에 대해서 글자가 작용하는 것을 순서를 매겨 나가는 이런 것을 놓고 반복해서 해석해 보십시오.

개인적인 것도 쭉 해보면 됩니다. 자기 개인적인 사건들. 大運, 歲運에 있었던 일들 있죠? 그런 사건들을 두고 글자가 작용했던 것들을 쭉 보시라는 거죠. 거기에 동원되는 여러 가지 神殺이 뭐냐 하면 冲, 合, 五行的인 生, 그 다음에 기타 神殺이죠.

神殺에서도 상위개념이 있고 하위 개념이 있는데 여기에 12神殺, 그 다음에 隔角이죠. 그 다음에 여러 가지 貴人, 각종 貴人 중에서도 주로 天乙貴人. 그 다음에 여기에 언급되지 않은 刑, 破, 害 있죠? 이런 것들을 전체적으로 적용시켜 보는 훈련을 자꾸 하시면 올해는 이러이러하다 쭉 엮어나갈 수 있다는 겁니다.

일어날 수 있는 사건들에 대해서 자꾸 훈련을 하셔야 流年의 해석에서 올 수 있는 것들 10개 중에 약 7개~8개 정도를 캐치할 수 있다는 거죠.

그 정도만 해 나가더라도 일단 상대방이 묻는 질문에 무리 없이 답할 수 있을 겁니다. 설명할 때도 큰 것들 冲에 의해 동요되는 것들, 隔角에 의해 손상되는 것들 또는 위축되는 것들, 그 다음에 뚜렷하게 刑의 형성, 三刑의 형성, 이런 것들에 대해서 크게만 설명을 붙이고 상대방이 묻는 질문에 대해서 답을 해나가도 이런(冲, 合, 生, 神殺) 논리에 의해서 접근하면 충분히 해석이 가능하다는 겁니다.

그 다음에 하려고 했던 것이 관계론인데, 宮合이라는 것이 地支끼리에서 地支 內에서도 卯하고 未의 合이라고 하는 것이 子에서 亥까지 간섭하는 인자에 따라서 그 역량이나 내용이 달라진다. 그렇다면 合이 그렇게 달라진다면 궁합도 마찬가지라는 거죠. 그러니까 남녀 간의 궁합도 있을 것이고 부모자식 간의 궁합도 있을 것이다. 거기에서 항상 여러분들이 머릿속에 전제를 해 두고 정리를 해야 되는 것이 三合 그룹이 있죠.

寅午戌
亥卯未
申子辰
巳酉丑

그림 1

三合그룹에 의한 높낮이를 계속 머릿속에 그리고 써야 된다는 겁니다. 그러니까 八字 원국이 애매하면, 원국의 그릇이 좋고 나쁘다, 吉하다 凶하다 이것을 모르겠으면 그 부모의 띠를 물어라. 이렇게 해서 그 사람이 사회적으로 신분적으로 이룰 수 있는 에너지가 많고 적음을 충분히 알 수 있다는 겁니다.

예를 들어서 말띠가 問占을 하러 왔는데 엄마가 돼지띠고 부친이 닭띠였다면 여기서 벌써 판가름이 나는 거죠. 그러니까 酉生 父에 亥生 母에 午生자식이라는 거죠. 이런 관계를 이미 알고 있으면 酉에 대해서 午는 年殺이죠. 桃花殺이다. 그 다음 亥生에 대해서는 六害죠. 그래서 일단 母와 父는 無情이죠. 당연히 두 사람 사이에는 시소관계가 형성되고 떨어져 사는 세월이 많았든지, 한 사람이 아예 살림살이만 살고 안과 밖의 위치를 조용히 지켰든지, 대부분 다 현대사회에서는 그것이 조화가 잘 안 되죠.

조화가 떨어지는 모양에 六害殺에 해당한다는 것은 즉, 돼지띠 모친에게는 본인이 부모가 이룩한 신분보다 월등한 사회적인 신분을 이룩할 수 있는 에너지를 가지고 왔다는 뜻이죠. 또, 子午卯酉의 속성상 장자나 장손 역할을 수행할 수 있는 에너지를 가지고 왔다. 그런데 酉生하고는 아버지의 뜻에 부흥하는 정도의 성공이나 번영은 아니죠. 巳酉丑이 위의 그룹이고 寅午戌이 다음 그룹이기 때문에, 아버지의 기대에는 역량이 떨어진다는 말은 亥生, 午生만 가족 형성이 되고 酉生과는 떨어져 살든지, 酉生 입장에서 보면 午가 桃花라는 거죠. 桃花 沐浴이잖아요. 남들에게 자랑거리는 되지만 내가 실질적인 혜택이나 보상은 제대로 입을 수 없는 관계라는 말이죠.

떨어져 산다는 말은 酉生부친은 일찍 엄마와 떨어진다든지 아니면 수명이 길지 못해서 인연이 박해져 버리든지, 이런 식의 환경이 午生 자식의 運命 속에 酉生과 亥生의 부모를 만났기 때문에 이미 형성되어 있다는 겁니다. 그래서 午生이 亥生을 발판으로 삼았다는 말은 자기가 생애에 부모의 자랑거리가 될 만한 여러 가지 역량이나 일을 수행한다는 것이 이미 깔려 있는 거죠. 그러니까 四柱 원국을 보아서 판단하기 애매할 때 이런 부모 자식 간의 궁합만 보더라도 충분히 가능하다는 겁니다. 그래서 결국 뒤에 띠만 물어보더라도 충분히 이 사람이 움직일 수 있는 폭을 알 수 있다.

그러니까 아버지가 未生이고 엄마가 亥生일 때 부모를 능가하는 에너지를 가지고 있다는 뜻이 되겠죠. 그런데 이런 경우에 근본적으로 한 그룹 위에 있다는 것은 亡身과 같은 그룹이잖아요. 亡身이라는 것은 근본적으로는 부모가 가진 능력보다 뭔가 강한 에너지를 가지고 있어서 그것 때문에 亡身까지도 조장될 수 있다.

亡身이 조장되는 것은 형태가 여러 가지인데 부모가 기대하지 않는, 부모가 극복할 수 없는 질병이나 사고도 亡身殺에 포함됩니다. 그래서 번영의 에너지를 부모로부터 발판으로 가지고 와서 부모가 준 판이나 베이스보다 크게 오를 수도 있고, 크게 하락할 수도 있는 運命的인 질곡이 이미 생길 수 있는 그릇이다. 이것을 부모의 띠 속에서 이미 발견할 수 있고 그것을 베이스로 두고 해석할 수 있다는 겁니다.

질문
선생님 酉生父와 亥生母가 있는데, 亥生母와 유학을 간다든지 하면 더 잘 할 수 있습니까?

답변
그렇죠. 酉生 父가 午生자식을 두고 다닌다는 것은 내 뜻에 순응하여 따라는 오지만 내

능력을 능가하는 에너지를 발생시키기 어렵다는 거잖아요. 오히려 亥生이 끌고 가면 亥生이 午生을 마음대로 조절할 수 없잖아요. 그럼에도 불구하고 亥生이 이룩하지 못하는 것보다 더 나은 능력을 발휘하게 하고 효율성이 더 커지는 거죠.

질문

장남이 부모를 안 모시는 경우도 저런 것에 다 걸려 있는 겁니까?

답변

네. 저기에 다 걸려 있는 거죠. 부모가 결국은 서로 인연이 고르지 못하고, 어느 부모와만 잘 소통하거나 동거를 해서 지내는 모양새는 결국 이것을 보시면 됩니다.

질문

선생님 간단하게 유학 가는 것에 대해서 설명을 해 주십시오?

답변

요즘은 유학이 패션이죠. 실제로 유학 갈 필요가 없는 사람도 많이 가고 있는데 유학 갈 때 사실 성공 여부를 묻는다면 첫 번째, 크게 봐서는 직업적인 연결성이 해외출입과 관련이 있느냐 이런 것들을 기본적으로 전제해서 유학을 가도 좋은지를 제일 먼저 체크해야 되죠. 물론 앞으로 직업을 가지는 과정에 있어서는 Global 환경 속으로 가고 있으니까 어쩔 수 없이 해외 출입과 관련된 비즈니스가 많아지고, 절대적인 숫자가 늘어나니까 해외로 간다고 보고, 이것을 먼저 체크하는 겁니다.

두 번째는 유학을 가기는 가는데 학문성과 직업 연결이 되어 있느냐 하는 거죠. 이것이 굉장히 비효율적이거든요. 공부로 성공할 놈도 아닌데 국내에서 안 되니까 해외로 보내는 이런 일이 너무나 만연되어 있으니, 사실 국가적으로도 큰 문제죠. 그럼에도 불구하고 원주민의 꿈을 꺾지 말라는 거죠. 왜냐면 공부를 하는 행위는 돈을 소모하러 가는 행위거든요. 단순하게 대차대조표로 볼 때 돈을 쓰러가는 것이니까 나쁜 運에도 가능하다. 그래서 가고 싶어 한다면 그것을 의도적으로 역학에서 막아야 될 이유는 없다는 겁니다. 하다못해 어학이라도 건져 오긴 할 것이니까. 학문성과 직업의 연결성을 보고 효율, 비효율을 따져야 되겠죠.

　유학을 가긴 가지만 별 의미 없다는 것을 전제해 주는 거죠. 어차피 이 친구는 돌아오면 학문적으로 자기 능력 발휘해서 이 사회 조직의 일원이 되거나 이런 것이 아니라, 결국 마누라와 장사를 할 것이다. 그러나 그런 히스토리를 만드는데 조금이라도 도움이 된다면 갔다 오라고 하는 겁니다. 그래서 학문성과 직업의 연결성을 봐서, 공부로 좀 성공할만한 인자가 있는 사람은 해외에 가더라도 학문하고 직업을 연결시키게 되죠.

　그 다음에 일반적인 易學 요소에서 寅申巳亥 生이라서 객지성공의 인자가 기본적으로 깔려 있는 사람이죠. 年月에 空亡, 자기가 머물러 있는 또는 본래적으로 자기를 태어나게 했던 공간, 도시, 나라가 空亡에 빠졌을 때…. 年月이 空亡에 빠져서 자기를 낳아 줬던 터에는 별로 먹을 게 없는 그런 사람들은 마찬가지로 객지 성공의 인자로 가겠죠. 그러니까 역학적 인자로 해 줘야 되는 겁니다.

　그 다음에 調候的으로 보면 炎火土燥죠. 調候的으로 봐서 水부족의 환경 때문에 調候가 허물어져 있는 그런 모양일 때, 水부족의 환경은 물을 건너 왔다갔다 함으로써 기운 보충이 발생하더라는 겁니다. 여기가 낮이라면 저쪽은 밤이다. 너무 더워 작렬하는 기운이 있으면 물의 기운을 보충할 수 있는 해외가 좋다. 이것도 맞습니다. 실제로 효과를 제법 많이 봐요. 옛날에는 調候로 水부족인 사람에게 해외유학을 가라고 했거든요. 결과가 좋은 경우도 많았는데 컴백 홈을 하니까 또 안 좋아졌죠. 그래서 調候적으로 水부족의 인자를 꼭 보충해 줘야 될 필요가 있는 사람들은 해외 유학이 필요하다. 물론 뒤에 직업연결하고 똑같습니다만 공부는 안 되는데 해외와 관련된 비즈니스 인자가 있는 사람들은 공부하러 보내는 것이 아니라, 해외와 관련된 비즈니스를 도와주기 위해서 코치를 하는 겁니다.

　그 다음에 여섯 번째, 도저히 부모 동거 번영이 안 되는 八字들 있죠? 부모와 동거를 하면 번영이 안 되는 특성을 가진 사람들은 해외로 보내라는 거죠. 그런 것이 대표적으로 亥卯未生 부모에 巳酉丑生 자식이 이미 장성을 했는데, 부모가 활동력이 활발하다면 그럴 때 巳酉丑生 자식들은 氣를 못 펴게 되어 있거든요. 그렇게 氣 못 펴는 자식들은 해외로 떨어지면서 발전이나 번영할 수 있는 힘을 서서히 발생시키더라는 거죠. 그런데 그것도 運이 바뀌어야 갑니다. 부모 자식 간에 절대 동시에 번영할 수 없으니까 무조건 떼내 보내라 했는데, 한 5年 뒤에 運이 바뀌니까 가더라는 거죠.

그러니까 아무렇게나 말해 줘도 맞죠. 5년 뒤에 좋아질 거라 말해도 맞고, 유학을 가야 좋다 말해도 맞고, 유학을 안 가도 된다고 해도 맞는 것이 5년 뒤에는 유학을 갈 거니까 그렇죠. 運이 좋아지니까 해외를 안 가더라도 부산, 서울 떨어져서 살더라는 거죠. 아무렇게나 말해도 맞기는 하지만 이런 정도의 기준으로 八字를 봐주면 공부는 안 되는데 해외 비즈니스는 되니까, 어쨌든 해외에 관련된 일을 연결할 수 있도록 코치를 해 주는 겁니다.

결국은 부모 자식이라고 하는 것이 띠의 그룹만 잘 파악을 해도 그 사람이 얼마나 번영할 수 있는 에너지가 조성되어 있는지 없는지, 이것도 삶 전체에 작용한다. 그러니까 돼지, 토끼, 양 부모가 범띠 자식을 두었다면 亡身殺이죠. 부모가 도저히 꿈꾸지 않는, 감당할 수 없는 그런 사회적인 신분이나 위치나 일을 만들게 된다.

그래서 運이 극단적으로 나쁘게 흐르면, 부모가 정말로 꿈꾸지 않는 것이 뭐예요? 수명을 다하지 못하는 이런 것들이죠. 그런 것들이 발생하기도 하고 대부분 다 열에 여덟 케이스는 자랑할 만큼 뭔가 대단한 업적, 능력 이런 것을 발휘하더라. 그래서 부모가 자식의 큰 번영을 꿈꾸고 도모하고 있다면 그런 조건이 갖추어져 있느냐를 여러분이 보시라는 겁니다. 그렇게 해서 부모 자식과의 관계에 의해서 이미 제한된 것들이 많이 있더라는 거죠. 그리고 띠라고 하는 것도 집안의 가계라고 하는 것에서 예를 들어서 午生, 未生이 부부인데 午生의 형님이 辰生이고 부친이 辰生이다. 밑에 子生. 이런 식으로 위에 있는 조상코드 하고 한 다리 건너서 다시 쭉 연결되어서 오는 과정도 그 집안의 띠를 쭉 정리해 보면, 연결되어 있구나 하는 것을 알 수 있게 됩니다.

동일 집안 내에도 그 가문의 번영에 관여하고 있는 에너지나 방향이 다르죠?

"삼촌은 뭘 하셨나?"

이렇게 물어보면 그 삼촌이 이룩하고자 했던 일과 관련된 삶, 직업 이런 것을 많이 가지더라는 겁니다. 그런 것들이 일일이 다 가문 전체에 대해서 따져볼 필요는 없지만 적어도 부모가 무슨 띠였느냐 정도는 체크하면서 보면 그 사람이 이룩할 수 있는 삶의 폭, 정도 이런 것들을 알 수 있습니다. 그래서 그것을 대전제로 해놓고 실관을 하시라는 겁니다.

처음부터 똑같은 범이다. 그런데 누구 앞에서 만들어집니까? 'made of 亥.' 돼지로 만든 범이죠? 원숭이로 빚은 범은 다르다. 원래 범이라고 하는 물상이나 기운을 갖고 오기 전에, 돼지고기를 썰어서 만든 범하고 원숭이 고기를 썰어서 만든 범하고는 다르다는 거죠.

이런 것들을 여러분들에게 일일이 케이스를 설명하기 어려운데 그것을 비교해 보시라는 거죠.

"아! 이 친구는 왜 이 정도밖에 삶의 내용이나 폭을 이루지 못하느냐?"

"왜! 이 친구는 비슷한 干支 구성을 가진 사람과 비교했을 때 대단하게 능력을 크게 움직이느냐?"

이런 것들을 여기서 알 수 있다는 거죠.

그러니까 동일 그룹의 위나 冲, 이것이 크게 도약할 수 있는 에너지가 부여되어 있는 것이다. 이렇게 보면 됩니다.

그 다음에 같은 그룹이거나 한 단계 아래 그룹은 뜻의 계승자로서 이루어 나가는 것이기 때문에 부모가 아주 크게 번영했던 사람일 경우에는 본인의 번영도 원만하지만, 번영의 에너지가 크지 못했던 사람들은 작은 발전에 그친다는 겁니다.

일생 전체를 놓고 봤을 때 그것을 전제해 두고 八字 해석을 해 나가시라는 거죠.

그리고 부부 간에도 마찬가지로 이 논리에 의해서 전제해 놓고 보시면 되는데….

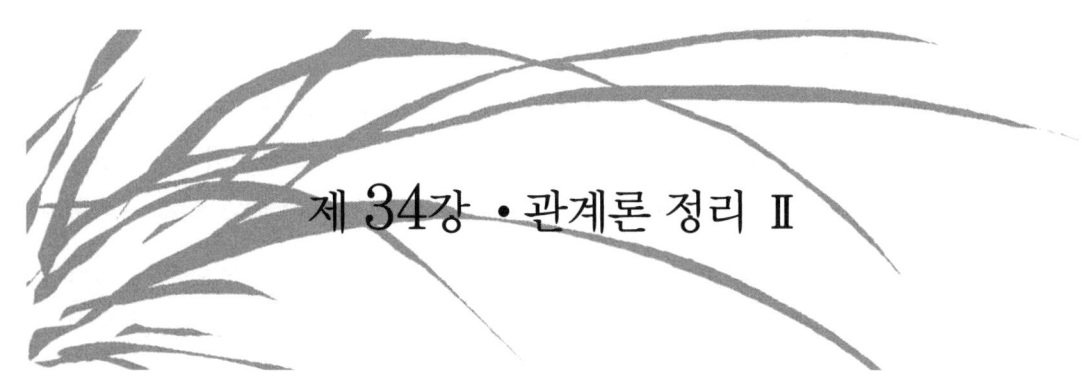

제34장 · 관계론 정리 II

예를 들어서 子生 남편이 卯生 부인을 만났다. 그룹핑을 해 보시면 한 그룹이 낮죠. 남자가 여자를 이끌어 나가기에 에너지의 편차가 발생되어 있죠. 이런 식으로 에너지의 편차가 발생되어 있으면 10년을 살면 후회하고, 15年을 살면 땅을 치고 후회하고, 20年을 살면 내가 미쳤지 하고 후회한다.

그런데 이 경우에 둘 중에 한명이 '미쳤지!' 하는데, 보통 이 경우에 부인이 살림을 주관합니다. 남편은 아주 일반적인 사회활동을 해서 고만고만하게 살았는데, 부인이 장사나 사업을 잘 벌여서 살림을 크게 이끌어 놓았다면 家權을 卯生 부인이 장악함으로써 경제적인 내용은 괜찮지만 결국 子生 남편이 이끌어 나갈 수 없기 때문에 둘 중 한 사람은 이런 과정을 겪는다는 겁니다.

보통은 卯生 부인이 어느 정도 이루고 나면 子生 남편이 사업이니 장사니 뭐 이렇게 있는 것을 들고 나가서 이 세상을 향해 갖다 던지죠. 그리고 돈 다 떨어질 때 되면 마누라한테 착 붙어서 '여보야! 당신이 최고다.' 이렇게 하는 식의 환경이 짜여질 수밖에 없다는 거죠.

이것은 뭐냐 하면 干支의 吉凶에 상관없이 이대로 설정되어 버린다는 겁니다. 그래서 남편의 八字를 봐서 남편의 八字가 어떠어떠하다. 그 내용의 吉凶을 따지더라도 부인이 무슨 띠냐 하는 것을 체크해야 하는 거죠. 처자 인연법이 왜 중요하냐 하면 배우자의 어떤 기운적인 간섭을 받느냐 하는 것 때문이죠.

그래서 그 관계론을 먼저 정리해 놓고 四柱 해석을 해 나가야 됩니다. 그래서 이 경우에 남자가 살림을 주관하면 五行的인 인자나 직업적인 인자를 떠나서 굴곡이 심하게 발생할 수밖에 없다. 그러니까 고양이가 호랑이를 끄는 격이죠. 고양이가 호랑이를 끌고 가니까, 한 두 케이스는 남편이 주관하더라도 결국은 호랑이가 고양이를 먹여 살리거나 여러 가지 삶의 주도권을 이끌어 나가게 된다는 거죠. 이런 어떤 큰 원리로 남편 八字의 大運, 歲運은 볼 것이 없다는 겁니다. 볼 거 없이 딱 깔아 놓고, 대신에 말을 안 하는 거죠.

"선생님 올해는 이런 運이 와서 좋겠습니까?"

이러면,

"그럴 수도 있겠지!"

이렇게 대답만 그냥 해 주는 거죠. 어차피 마누라가 좀 벌어 놓은 것을 가져다 엎어야 되니까, 그런 어떤 관계론을 대전제로 해야 되는데, 그것 때문에 처자 인연법을 하는 겁니다.

그리고 비교적 바람직한 것이 물론 그룹핑이 되는 것이 제일 좋은데 남편이 돼지, 토끼, 양이면 한 그룹 밑에 있는 원숭이, 쥐, 용 그 다음에 남편이 원숭이, 쥐, 용이면 뱀, 닭, 소가 부인이 되어 있는 경우에는 한쪽이 불만이 쌓인다 해도 작은 노력으로도 그 관계가 복원, 유지가 된다. 쉽게 복원, 유지가 된다는 것은 가정 형식이 큰 문제없이 물론 좋을 때, 안 좋을 때 어느 정도 기복을 겪더라도 쉽게 발전, 번영할 수 있는 에너지가 깔려있다는 거죠. 저것이 五行, 強弱, 직업적인 분야 이런 것보다 더 크게 작용하는 틀이더라는 겁니다.

마누라를 얻는다는 것은 결국 陰陽의 짝에서 발판이 될 만한 것을 어떻게 쓰고 있느냐 하는 거죠. 그래서 호랑이 등에 올라탔느냐, 고양이 등에 올라탔느냐를 저런 띠로써 관찰하시라는 겁니다.

질문

만약에 거꾸로 되어 있을 때 남편이 돈을 안 갖다 버리면 병약해서 갈 수도 있습니까?

답변

당연하죠. 남편이 돈을 마구 써서 없애지 않으면 실제로 병이 와서 수명을 마감하는 경우도 있고, 아니면 토끼띠 부인이 쥐띠 남편을 버리고 가는 거죠. 버리고 도망가는 겁니다.

질문

일지법에 궁합이 맞더라도 그런 일은 반드시 옵니까?

답변

그렇죠. 둘이서 속궁합이 아무리 맞아도 저 형식과 틀은 안 바뀐다는 겁니다.

질문

저것을 三合에 넣어서 이혼의 시기에 적용해도 되나요?

답변

당연하죠. 이런 경우 두 사람 사이에 골치 아픈 국면이 발생할 수 있는 해가 未年이죠. 子生이 天殺을 만나서 쥐띠가 감당하기 어려운 드디어 싸이렌이 시작됐다. 그 다음에 토끼띠 입장에서는 華蓋잖아요. 내가 정리하지 못한 것을 정리한다. 이렇게 되면서 未와 무리 짓는 亥卯未 이런 해에 불거져 나온다는 겁니다.

子띠가 감당하기 어려운 亡身, 六害, 天殺 이런 運에는 내가 감당하기 어려운 일들이 많이 발생한다. 이럴 때 보통 조상, 부모에 관련된 일이나 내가 마음대로 사고팔지 못하는 부동산 문제, 그 다음에 배우자 인연, 이런 것들에 관해서 번거로움이나 어쩔 수 없는 이동사가 발생하는데, 토끼 입장에서는 그동안 마음 먹었던 것을 궤도 수정에 옮긴다.

그러니까 이혼의 시기 이런 것이 六親的 습관이 아니라, 神殺이고 뭐 이런 것 없이 벌써 딱 설정되잖아요. 이것을 틀로 딱 짜두어야 된다는 겁니다. 짜두고 하나하나 해석을 해 나가기 시작하는 거죠.

앞에 맨 마지막 패턴도 부인이 未生, 酉生이 만났어요. 그런데 묘하게 이런 干支 구성에서 이 사람이 여잔데 닭띠를 만났다는 거죠. 이것은 일지에 인연이 쫙 들어와 있죠. 남자 八字에서는 거꾸로 태어난 날이 卯가 되어 있어서 未生하고 짝이 찾아지는 거예요. 일지가 이런 식으로,

時	日	月	年
	己		
	丑		未

그림 1

時	日	月	年
		卯	酉

그림 2

분명히 인연법에서 서로서로 파트너를 찾긴 찾았죠. 그런데 未하고 酉하고 근본적인 동거 조건이 나쁘잖아요. 그러니까 반드시 떨어져 사는 삶의 양상이 있어야 하는데 남편이 해운업계에 가 있는 거죠. 해운업계에 일등 항해사 라이선스를 가지니까 거의 나가 있는 것이 대부분이잖아요. 그러니까 별 문제없이 꾸준히 발전하고 있더라. 그런데 한사람이 완전히 휴직 상태이거나 隔角에 의해서 몸을 움츠린 모양이 아닌 그런 모양으로 집에서 오랫동안 동거할 수가 없다는 겁니다. 그래서 저 띠의 관계론에 의해서 배우자, 처자 인연법을 따져보는 이유는 사실은 저런 것을 미리 전제해 두는 거죠. 근본적으로 기름이 물과 섞이지 않듯이 극복되기 어려운 에너지 층이 있으니까, 이 층을 기억하라는 겁니다. 기억하고, 어떤 배우자가 왔느냐 어떤 자식을 뒀느냐를 그 사람의 질문 여부와 상관없이 챙겨 놓아야 합니다.

그런데 옛날에 유명했던 대가들은 그것을 알면서도 가르쳐 주지 않는 거죠. 무슨 띠 부인을 만났다는 것은 이미 이 사람이 인생에서 뭘 구축하게 된다는 것이 들어 있는데, 거기에 대한 논리를 설명해 주지 않는 거죠. 그래서 저런 기준에서 자꾸 정리해 보시라는 겁니다. 처음에는 내가 특징을 설명하는 것이 아니고, 그 사람이 살았던 내용을 들어 보고 이렇게 살았다 하면 그것을 케이스로 두는 거죠. 그리고 또 그룹핑을 지어서 똑같은 케이스를 보고 또 보고 하다 보면, 이것이 이미 이런 띠 조합 때문에 삶의 내용이 구축되어 있구나 하는 것을 알 수 있겠죠. 그것은 안 바뀝니다. 木이 오고, 火가 오고 그것이 아니에요. 그래서 그것을 크게 전제해 둔다면 八字 해석은 아주 손쉬워진다는 겁니다.

그러니까 91年도에 이런 공부를 하고 나서, 산에서 턱수염 논리라고 하죠.

턱수염을 만지면서,

"자네는 무슨 띠인고?"

"예, 저는 원숭이띠입니다."

"부인은 만났는가?"

"네."

"무슨 띠를 만났는고?"

'돼지띠 여인을 만났습니다.'

이러면 申生 남편에 亥生부인이 왔잖아요. 이 경우에 결국 또 걸리죠.

"부인은 따로 일을 하고 있는가?"

"예, 요즘 일을 하고 있습니다."

"무슨 일을 하는고?"

부인이 예를 들어서 교직의 일을 하고 있다면 교직이라고 하는 것이 이룰 수 있는 사회적인 성취나 보상의 틀이 있잖아요. 그 틀을 남편이 넘기 시작하면 남편이 반드시 망한다는 겁니다.

"자네는?"

"저는 직장 생활하다가 나와서 건축업을 해 보려고 합니다."

"고생이 될 텐데."

그런데 이것은 뭐냐 하면 점을 봐 주는 것이 아니라 무슨 대화를 하는 것 같잖아요. 대화를 하는 것 같은데 그 안에 할 말을 다 해 주는 거죠.

"너는 망해!"

이러면 안 찾아오겠죠.

"좀 고생스러울 건데, 차나 한잔 하게."

"애는 몇 명이나 두었는가?"

"둘을 두었습니다."

그래서 卯生 딸을 두고, 酉生 아들을 둔 거죠.

이런 것이 나왔을 때 이미 답은 딱 나와 있잖아요. 즉, 토끼띠는 뭐예요? 亥生 부인의 기상을 계승하고 있죠. 그래서 아버지의 역량보다 더 큰 일을 사회적으로 구현하기 위한 것이므로 사회 활동이 활발하거나 또, 장남을 대신할 정도의 인격적, 사회적 성취가 있을 것이다. 키울 때에는 힘이 들 수도 있다. 아버지의 신분을 넘어선 에너지를 가진 아이가 태어났기 때문에 그렇다. 그 다음에 갈등 국면이 심해지면 亥生 부인이 누구를 데리고 가려고 한다? 卯生 딸을 데려가려고 한다.

申生 남편에 酉生 아들은 치다꺼리를 거들 수 있는 정도, 부모의 뜻을 여러 가지 거스르지 않는 정도의 능력 발휘를 이루어 나가지만 사회적인 번영이나 발전의 에너지는 동거 형태로서는 이룩하기 어렵다. 결국 장자나 장손 역할을 자기가 복원할 수 있다는 말은 申生과 떨어져야 되는데, 떨어지는 것이 두 종류죠. 생별 아니면 사별이라는 겁니다. 아버지가 죽고 난 뒤에는 내가 새로운 신분을 갖출 수 있겠죠.

이것은 뭐냐 하면 30년~40년 동안의 그 사람의 어떤 가계에 형성된 띠들의 구성에 의해서 이미 짜진 형식이라는 겁니다. 거기에 格用이고 뭐고 아무것도 필요 없는 거죠. 남편이 건설업을 하다가 한 5년 뒤에 쫄딱 망하고 다시 찾아와서

"스님! 어떻게 할까요?"

그러면 부인이 이룩한 신분보다 천한 것을 하면 되죠. 그러면 부인이 안정된 공직이고 본인은 시원찮은 조직에서 진급이 별로 없는 그런 일을 하고 있다면 그 집안의 경제적, 일반적인 평화는 조성된다. 그것을 딱 전제해 놓고 올 수 있는 폭을 봐 두면 八字는 적을 필요가 없겠죠? 한마디만 물어보면 다 끝나는 거죠. 그것을 대가의 타이틀을 가지고 있는 분들이 자기만 살짝 써 먹는 거죠. 그러니까 비슷한 八字를 格局 用神的으로 보면 이게 비슷하게 닮았는데 해석은 전혀 다르게 해 놓은 것들이 있잖아요. 그 논법을 기준으로 이 친구는 삶이 번영의 에너지가 많다. 번영의 에너지가 별로 없다. 이것을 전제해 놓고 해석을 하더라는 겁니다.

질문

저렇게 되어 있을 때 쥐띠 남편이 토끼띠 여자한테 도저히 나는 당신하고 못 살겠다. 남자는 나는 도장 못 찍는다. 이러면 이혼이 안 이루어지는 거겠네요?

답변

그렇죠. 이런 경우에 거꾸로 매달려 버리면 복잡해지는 거죠. 그러니까 子生이 도저히 극복하기 어려운 것이 두 가지거든요. 하나는 자기 자존심 때문에 깨끗하게 정리해 버리는 사람이 있죠. 그러니까 '네가 차기 전에 내가 먼저 차마!' 이것이 자존심이죠. 그 다음에 자존심이고 뭐고 간에 일단 내가 살 길은 마누라를 물고 늘어져야 된다 해서 끝까지 도장 안 찍어주고, 피해 다니고 하는 그런 경우가 있어요. 그러나 그런 두 가지 케이스 역시 저런 에너지

차이에서 조성된 것이다.

질문

선생님 隔角에 걸려서 들어가는 경우도 띠의 높고 낮음을 보고 더 심하다, 덜 심하다로
보면 됩니까?

답변

그것도 채택해 쓸 수 있습니다. 띠를 가지고 四柱를 다 본다는 것이 말이 되냐 이렇게 하
겠지만, 오히려 30年~50年 간에 딱 고정된 틀이다.

질문

隔角 부분은 같이 동업 형태로 뭘 하면 안 되는 겁니까?

답변

동업을 하면 업무가 완전히 분리되어 있죠. 당신은 장을 보고 시간 남거들랑 산에 약수
터 가서 물을 떠놔라 이거죠. 완전히 역할을 분리하지 않으면 안 된다.

질문

서울에서 부산에 돈을 투자하려고 하는데 申子辰生이 寅午戌 돈을 가져다 써도 무방하
다고 보면 됩니까?

답변

멀리 원격되어 있으므로 이곳에서 해결할 수 없는 것을 먼 곳에서 빌려온다. 이렇게 서
로 금전거래 관계가 생겼을 때 서로 빚지지 않는다는 거죠. 隔角을 그대로 이용했기 때문에
빚지지 않고, 헤어져도 서로 원수로 삼지 않는다. 그래서 그런 논리들을 잘 확장해서 특히,
부부 관계의 축을 기준으로 보시고, 그 다음에 자식들이 어떤 식으로 구성되었느냐를 보시면
30年 짜리 운세를 바로 한방에 날릴 수 있습니다. 어느 運이 오고 말고가 아니죠.

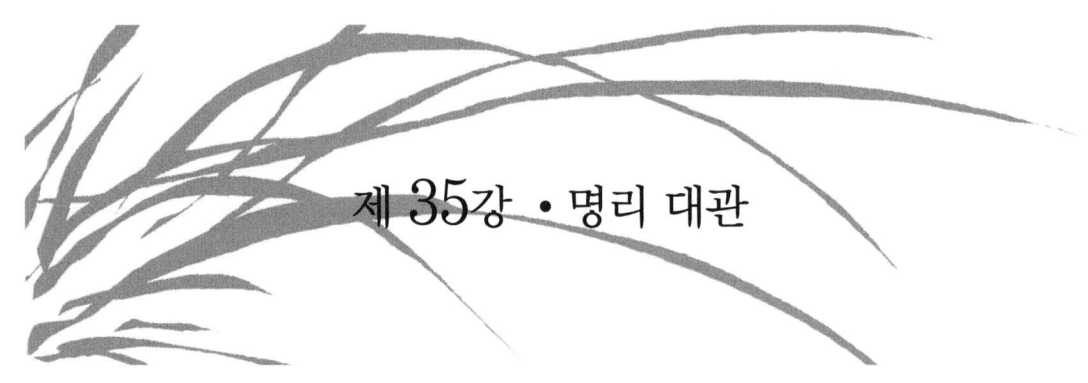

제 35강 · 명리 대관

命理大觀

　地支 구성을 보는 이유가 여러 가지 측면이 있지만 地支 구성이 전생 코드인데 전생을 봐 나가는 코드 중에서 제일 많이 정리해 드린 것이 寅卯辰 方合이었죠.

　亥子丑까지 方合 요소에 의해서 전생에 뿌려진 인자를 해석해 주는데 다 아시잖아요. 이러면서 사등론 보세요. 孔門, 儒門 기억 안 나십니까? 쭉 해서 亥子丑은 道門이다.

時	日	月	年
丙	庚	庚	辛
子	辰	子	丑

坤命

그림 1

　일반론적인 해석이 당연히 가해지는 것인데, 결혼해서 아이가 생겼다가 아이가 미끄러졌는데 八字에 분명히 食傷이 있기는 있죠? 土氣 부족 그것도 정답이고, 金寒水冷도 정답이죠. 그러니까 밑으로 미끄러져 내려가는 기운이 너무 많이 쏠려 있을 때 유산사가 많이 발생하는데, 그렇게 아이를 놓치고 배우자도 같이 인연이 멀어지고 그 이후에 혼자 있는데 일단은 교육이죠?

두 번째 傷官이 偏印과 무리지어 있으니 기술성, 예술성이 섞이죠. 傷官이니까 기호식품, 가공, 유통 등이죠. 그 다음에 상업예술, 장식, 이미용, 패션 디자인…. 아시죠?

실제로 뭘 했느냐 하면 화장품 유통을 했습니다. 화장품 유통을 해서 돈을 어지간히 벌기도 했는데 실제로 축적이 잘 안된 거죠. 大運 자체가 불리한 大運이었기 때문에 大運을 적어보면 辛丑, 壬寅, 甲辰, 乙巳 大運을 지나왔거든요. 아직도 巳 大運 초입 부분쯤에 있는데 그동안 열심히 모아 놓은 것이 전부 다, 가족이든 주변에 돈 버는 대로 없어지는 거예요. 그 이유가 뭐냐? 근본적으로 子丑道門 이것 때문에 그렇죠.

전생에 亥子丑이 저렇게 최소한 두 글자 아니면 세 글자가 몰려있으면 전생에 수행자로서 삶을 살았기 때문에 좋은 일을 많이 할 시간이 별로 없잖아요. 수행자로서 살면서 많은 것을 베풀지를 못했기 때문에 언젠가는 되갚아야 되는 환경이나 조건이 오면 되갚게 되어 있거든요. 그것을 볼 때 道門 쪽에 결국 인연이 되어서 전생에서 그런 환경 속에 있다가 튀어나왔다는 것을 먼저 보는 겁니다. 그래서 이번 生에 갚게 되는데 실제로 이 공부도 어느 날 관심을 갖게 되고 가담을 하게 된 거죠. 이것을 제대로 한번 해 보고 싶다 하는 쪽으로 전생에 인연이 되었던 분야에 그대로 다시 온 거죠. 그래서 실제로 우리가 사람으로 태어나서 죽는다는 것이 말 그대로 전생의 業이라는 것이, 꼭 업을 〈까르마〉라는 용어를 안 쓰더라도 두 가지잖아요.

가문의 업, 개인의 업…. 이 두 가지 힘에 의해서 쭉 떠밀려 나가는 것이 八字 干支 속에도 드러나 있다는 겁니다. 그것을 전제해 두고 八字를 해석해 나가는 것이 참으로 큰 단위의 운을 봐 나가는 논리가 된다. 그러니까 평생 너는 중 八字다. 이런 것들 있잖아요. 그런 식의 해석을 가하게 되는 것이 子丑寅卯 뭐가 와도 안 되는 것을 아시잖아요. 子年이 와도 안 풀리고 丑年이 와도 안 풀린다. 나는 언제 잘 풀리나? 죽을 때까지 안 풀린다.

그런 것들이 우리가 크게 八字를 봐 나갈 때 地支에 차지하고 있는 것들을 전생의 코드로 전제해 두고 보면 어느 날 그런 해석을 가할 수 있다는 겁니다. 그 해석이 가해지기 시작하면 저 양반이 大運에 상관없이 장차 어디로 갈 것 같아요? 1번 속세? 2번 산중? 산중에, 속세에 있다면 어떻게 살 것이다? 용처럼 살 것이다? 쥐처럼 엎드려 있을 것이다?

학생

쥐처럼….

햇볕 잘 드는 곳이다? 햇볕 들지 않는 곳이다? 그러니까 속세에 있다면 그늘지고 햇볕 들지 않는 곳에서 남들 눈에 잘 뜨이지 않는 종교적인 의식행위, 수행이라든지 이런 것을 밟아나가면서 살 것이고, 또 밤에도 조그마한 불을 켜놓고 그 앞에서 경 읽고 있을 거라는 겁니다. 그런 식의 활동 환경을 전생에서 흘러온 힘 때문에 그대로 쭉 밀고 나간다는 거죠.

이 八字에 용 辰자 때문에 세속성이 발생해 버렸잖아요. 그래서 이것저것 골고루 다루어 보는 인자로 인연이 되고 장식, 이미용 중에서도 많은 품목을 다루는 것으로 갔겠죠. 다 품목으로 가게 되고 사람들이 많이 왔다갔다 하는 골목을 자기가 한세월 지키게 되는 건데, 결국 궁극적인 것은 年月만이 아니라 地支에 있는 것이 다 전생 코드인데 年月은 젊은 날에 활발하게 영향을 받는 것, 日과 時는 나이가 들어서 영향을 받는 것이다.

그러니까 전생에 씨앗을 담장 넘어 던져놓고 내가 담을 넘어와 보니 丑子辰子 이렇게 있더라. 저것을 가지고 계절이 빠르고 늦더라도 결국 저 안에 있는 것을 가지고 살구놀이를 하고 있더라는 겁니다. 그런 것을 전제해 놓고 나면 50年 간 이 안에 갇혀 산다. 이런 것을 쉽게 봐낼 수 있는 거죠. 그런데 저건 안 보고 傷官이 어쩌고 저쩌고, 이것부터 오면 庚日柱에 子가 어쩌고….

전생에 담장 앞에 서 있다가 거기서 뿌려놓은 씨앗을 담장 넘어 던져놓은 거죠. 다음 생에 던져놓은 씨앗이 들어와 있다. 이렇게 이해를 해 두시면 되죠. 그리고 몸을 버리고 다시 현생에 태어나서 보니까 결국은 내가 전생에 담장을 넘겨 던져놓은 씨앗들이 이러이러한 것들이더라. 그래서 그 틀 속에서 영향을 활발하게 받는 것, 좀 적게 받는 것, 이 차이만 있을 뿐이지 살아가면서 저 인자들을 결국 하나하나 공기놀이….

질문

저런 경우 다음 생에 태어나도 또 소띠로 태어납니까?

답변

그러니까 토정 이지함 선생의 설화적인 글이긴 하지만 내용이 명확하진 않습니다. 내가 죽은 후 이모씨 집안에~. 천기누설을 하니까 일진강풍이 일어나네!

질문

오늘 庚子日입니다

답변

庚子日은 본질이나 씨앗에 관한 이야기를 하게 되어 있으니까. 토정 이지함 선생이 내가 죽은 후 25~6년 후에 모 대감 집에 둘째 아들이 태어날 것인데 그 사람이 바로 나인 줄 알아라. 이런 말을 합니다. 실제로 태어났는데 道學하고는 전혀 상관이 없이 살다가 갔는데, 그 삶의 내용은 전부 다 설명하고 있지는 않지만 그런 이야기가 나오는데 時라는 것이 귀결이거든요. 궁극적으로 달려가야 될 방향성, 귀결점을 향해 달려가는 이 귀결을 위해서 어느 날 이 논리를 가지고 八字를 보면,

"아! 보인다."

이런 것이 있을 겁니다. 年月, 日時에 뭐가 있고 時에 있는 어떤 글자가 삶의 귀결이구나 하는 전형적으로 보이는 패턴들이 있습니다. 그 귀결을 향해서 달려간다는 거죠. 그런 식의 논법이 여러분들 머릿속에 정리되어 있으면 大運이 좋다, 나쁘다, 힘들게 번다, 편하게 번다 이런 일반적인 해석을 가하지만 삶의 귀결점을, 그러니까 年에서 대포를 쏜 거죠. 대포를 '빵!' 하고 쏘았는데 대포알이 月日을 거쳐서 時에 떨어지는 그런 과정을 연출하게 된다.

그 사이에 자기 삶이 펼쳐져 있다. 이렇게 보는 논리가 되는 건데 전형적인 샘플들이 몇 개 있는데 그것을 제가 일부러 정리하지는 못했는데, 그런 측면에서 八字를 보다 보면 일반적인 六親 논리라든지 吉凶 논리를 떠나서 그 사람이 갇혀 있는 벽을 알게 된다는 겁니다. 이 사람이 아무리 물을 잘 주고 꽃을 피워도 이 안에 갇혀 있음을 알게 되고, 그 다음에 時에 있는 이것을 다음 생에 또 던져 놓는다니까요. 던져놓고 담을 넘어 가 있는 거죠. 육신을 달리 해서 거기에 가 있는 겁니다.

그 다음에 天干 기질이라는 것이 이 담을 넘어 몇 번 돌아도 잘 안 바뀝니다. 그러니까 庚日柱는 자빠져도 다음 生에 또 자기가 庚인줄 알고 그 인자에 이끌려 태어난다니까요.

대부분 기질이나 인자가 많이 바뀌는 것이 時에 亥가 1번이고, 2번이 巳고 이것이 이중성이거든요. 이중성이 되면서 확률성이 되어버려요. 그리고 실제로 환생, 다음 生에 남자에서 여자로 넘어간다든지 여자에서 남자로 넘어가는 이런 식의 과정이 발생하는 겁니다. 그런 과정이 발생하는데 왜 이것이 필요하냐?

그 사람이 태어난 時가 亥時로 갈무리를 한다면 젊은 날에 年月日에 쌓아왔던 것과 전혀 이질적인 모양새나 삶을 말년에 구축하기도 한다는 것을 이미 時라고 하는 귀결 속에 담아 놓은 거죠. 이것이 얼마나 유용하냐? 얼마나 자주 쓰느냐? 밥벌이 하는 데는 별로 많이 안 쓰여요. 손님을 보고 밥벌이 하는 데는 별로 쓰이지는 않는데, 태어나서 뿌려져서 결국은 가야 되는 길, 그런 논법이 어느 날 꼭 걸려드는 八字들이 있습니다. 그 八字들을 볼 때

"아! 이것을 원인으로 보고 日時를 귀결로 본다."

그러니까 年月을 원인으로 보고 日時를 귀결로 봐 나가는 거죠. 그 귀결점을 향해서 결국은 달려가고 있다. 그러니까 『연해자평』이라는 책을 보면 月을 軸으로 삼고 年에 있는 것이 日과 時를 조절하는 저울대형이죠.

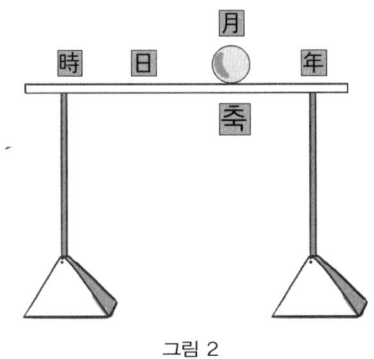

그림 2

저울대가 月에 있는 것이 軸이 되어서 年에 있는 것이 日時에 있는 것을 조절하게 되는 이 표현이 나오거든요. 年이 원인이고 日時에 있는 것이 결과로 표현되어 있거든요. 그것이 저울대처럼 맞물려 있다. 이것을 가지고 워낙 큰 개념을 딱 떠서 보여드리니까, 八字를 실관해 나갈 때 이것이 무슨 개념이야? 이렇게 정리하기 어려운 개념인데, 실제로 이것을 머릿속에 두고 八字를 한번 보세요. 八字를 보면 그중 다섯 개 중에 하나, 열 개 중에 하나 이런 것들이 눈에 확 보인다니까요.

저울대 그림은 뭡니까? 이 이론으로 생각하더라도 이건 주저앉아 버렸죠. 어느 하나가 위에 더운 기운, 차가운 기운으로 이렇게 서로 밸런스를 잡아 놓은 것이 아니고 한쪽이 확 주저 앉아버린 모양이니까, 결국은 짝을 짓지 않는다는 거죠.

그래서 이런 年月이 서로 역동적으로 움직이는 과정이 아니라, 그냥 전생에 던져진 에너지로 그대로 쭉 밀고나가는 거죠. 물론 중간에 龍 辰자 때문에 이런 모양을 만들기는 하지만 전체적으로 쭉 가버리잖아요.

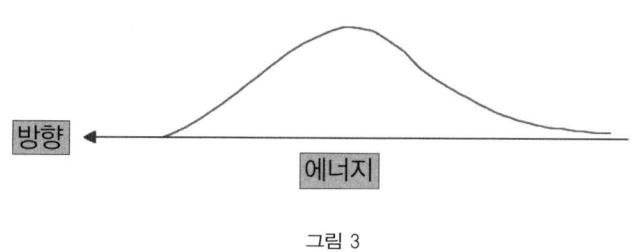

그림 3

저런 논리로 보면 확연하게 보이는 八字들이 있습니다. 확연하게 보이는 八字를 보면 결국 듣는 사람들은 수긍을 하지만, 학문하는 사람들은 무슨 귀신 씨나락 까먹는 소리냐? 하는 논리가 펼쳐지는 거죠. 사실은 그것이 더 큰 틀을 보는 것이다. 그러니까 보자마자 바로바로 해석되는 것이, 저런 것이 훈련되어 있으면 된다는 겁니다.

순식간에 이름을 물으러 와서 八字들을 봐 달라고 막 끼워서 컴퓨터에 생일을 입력해 넣고 바로 치자마자 직업을 이야기해 주는 거죠.

時	日	月	年
己	丙	丁	己
酉	寅	丑	丑

坤命

그림 4

時	日	月	年
	辛	丁	丙
	亥	酉	戌

乾命

그림 5

그러니까 이 八字에 傷官이 格을 취해있고 교육, 자격, 전문직이죠. 그래서 의약 쪽 전공으로 학교 활동을 하다가 개업환경이나 조건이 주어지지 않으면 어떻게 됩니까? 조직생활 중심으로 가다가 時에 있는 天乙貴人 있죠. 이 貴人을 따라서 사업성을 발휘하게 되는데 여기에 酉丑이 무리짓죠? 傷官이 간섭하고 있죠?

　　최근에 어떤 일에 손을 댔느냐 하면, 실제로 의과대학 교수로 재직하다가 퇴직하고 커피 프랜차이즈를 했어요. 커피인 이유는 기호성 때문에 그렇죠. 프랜차이즈를 한 이유는 貴人, 成格 그렇죠? 官星의 투출이 없는데 貴人이 있으니 격조 있는 것을 한다. 커피를 팔아도 격조와 품격이 있는 것을 한다. 그 인자가 뭐냐면 八字 안의 丑寅 자체의 별은 교육이 들어 있는 거죠.

　　그 다음에 成格이 양쪽으로 형태를 뚜렷하게 취하고 있으니까 당연히 자격이죠. 당연히 자격과 어울려서 오는 것이 전문직이죠. 그림5)의 八字는 이 분의 부군인데 年月에 官을 벌여 놓고 祿을 취하고 있죠. 또 羊刃을 취하고 있죠. 기본적으로 成格이죠. 그래서 전문직, 공직, 교수직 이 세 가지를 그대로 쭉 불러줬습니다. 이 세 가지를 다 하고 있죠. 의과대학교수, 그 다음에 공직도 부산에 있는 삼대 병원의 병원장이고 물론 오너 병원장이 아니라 CEO병원장 이겠죠. 다 하고 있는 거죠. 大運 적고 말고 할 것 없이 時 빼고도 거기에 대한 원인은 成格이 다. 물론 大運에서 간섭하는 것에 따라서 가감을 하겠지만 成格과 무리지어 羊刃, 그 다음에 官星이 年月에 무리지어 官印의 소통인자, 偏이 끼어들죠.

　　그래서 국가 공직보다는 공직이라도 전문성을 가진 분야의 공직, 조직사회 관리자로서의 활동, 그 다음에 戌亥자체가 의료 인자죠. 金水가 金水傷官을 만들어 내고 있죠? 교직, 그러니까 전생에 던져진 戌酉 제도 위에 그대로 서 있는 거죠. 戌酉 무리지어 돈이 될 만한 것으로, 地支를 가지고 자꾸 훈련을 하십시오. 저것이 또 卯酉戌 중 二字逢 그렇죠?

　　그림4) 八字는 젊은 날에 이런 傷官의 格을 갖추면 대체로 남다른 수단이나 능력을 얻어서 원하든 원하지 않든지 봉사와 희생을 많이 하게 되는데, 時에 떡~하니 재물과 貴人이 자리를 지키고 있죠. 그래서 말년에 어떤 형태로든 경제적인 번영이나 보상이 오는데 寅이 酉를 元嗔으로 삭감하고 있으니까 때깔 나는 재물은 아니고, 남들이 어느 정도 부럽다 하는 수준 정도의 재물 축적은 가능하다. 그것을 향해 달려가는데 기호식품 이런 것은, 자기의 원래 라이선스는 하기 싫고 저런 인자의 간섭 때문에 바로 시장 골목으로 뛰어 나가는 겁니다. 그래서 어디서 죽을 것이다? 산속에서 죽을 것이다? 절간에 자주 다니게 되어 있죠.

　　닭 酉자 자체가 釋門에 속하고 근본적으로 印星의 간섭을, 丑寅의 간섭을 받잖아요. 그러니까 정서적으로 좋아하는 인연이죠. 그래서 地支 환경을 많이 연습해 보는 시간을 잡으려고 상당한 시간을 많이 할애해 드렸는데, 매일 수업들을 때는 해야지 해놓고 또 가면 이 八字는 格이 이렇고, 저렇고….

정말로 글자 네 개만 적어 놓고 天干을 지워버리고 이 사람이 무엇을 할 것이다. 이것을 地支만 딱 놓고, 머리 좋은 사람은 이렇게 하죠. 壬日柱의 경우 壬辰 해 놓고 月에 羊刃이 든다면 물론 그렇게 해서 빨리 돌려도 되겠죠. 그 개념을 두지 말고 여러분들이 저것만 가지고 저 사람이 떨어져 놓여 있는 자리, 丑에서 출발해서 子로 빠져나왔다가, 子가 六害죠. 辰이 天殺이죠. 天殺 자리에 자기가 주저앉아 있다는 것은 자기가 대장이 되려고 하거나, 그렇지 않으면 뭔가 남들이 하지 못하는 것을 자기는 자꾸 구축하려고 한다. 일간을 붙이라는 것이 아니고 地支를 가지고 계속 해석하는 연습을 많이 해 보시라는 겁니다.

그 다음에 命이 子辰, 子丑, 子辰 合多하니 여러 사람과 어울려서 발전과 보상을 구하는 활동이 동반할 것이다. 그 무대는 대외적인 활동이 활발할 것이다, 아닐 것이다. 저것을 官으로 쓴다 하더라도 주로 교육적인 일이나 정신적인 일에 관련된 官이 될 것이다. 아니면 어두운 모양, 또는 지키는 모양이라는 뜻이잖아요. 지키는 동작에 관련된 분야일 것이다. 그런 식으로 地支를 가지고 연습을 많이 해 보시면, 결국 그 사람이 현실 속에 떨어져서 놓이게 되는 직업분야라는 것이 저 속에 사실은 다 숨어 있다는 겁니다.

그렇게 훈련이 많이 되고 나면 天干만 가지고 해석하는 논리로 제일 마지막에 갑니다.

時	日	月	年
	辛	丁	丙

그림 6

지상에 떨어져서 자기가 가지고 있는 고유의 기질에 이 八字는 官만 두 개 드러나 있죠. 저 八字에 정신적 보상의 궁극은 뭐냐? 결국 명예와 자식이다. 地支에 아무리 재물을 쉽게 구축할 수 있는 기운이 오더라도 결국은 자기가 정신적으로 보상을 받고자 하는 지향점은 명예, 그 다음에 六親으로서는 자식의 번영 …. 여기에 결국은 매몰되게 되어 있다는 겁니다.

그래서 정신적인 것을 분석해 나가고 거의 그 사람의 정신적 경향성에서 고치기 힘든 고질병이 저런 天干의 간섭이거든요. 그런데 대부분 행동에서 현실적인 면이 더 많이 드러나니까 행동은 地支的인 면에 갇혀있고 자기가 지향하는 진짜 정신, 살면서 가장 중요한 것을 판단해 낼 때 지향하는 지향점은 결국 天干에 매달려 있는 것이다.

地支의 조건이 무엇이든지 간에 月에 偏財라는 것이 간섭하고 있으면 기본적으로 官의 간섭을 받겠지만, 偏財의 간섭을 받겠죠. 이 사람이 일의 판단여부라든지 이런 것을 정할 때 결국은 財物에 관한 성취여부나 보상여부, 이런 것을 항상 염두에 두면서 선택을 한다. 이렇게 보시면 되죠. 그런데 되고 안 되고의 뜻은 하늘이 내지만 현실적인 성취는 땅이 거둔다.

그래서 八字를 읽어 나갈 때 이렇게 읽어 나가는 거죠. 年月에 天干에 있는 것이 결국은 時지에 있는 이 모습을 향해서 귀결해 나가는 거죠. 그림8)은 좌표법에 없는 이야기죠.

그런데 八字를 읽어나갈 때 젊은 날에 활발하게 영향을 받고 현실 속에 갇혀있는 것은 물론 年月이지만, 정신적인 면에 더 의존해 가다가 뒤에는 時지로 간다는 거죠. 이것이 배우자에 의한 왜곡, 時의 귀결점, 이런 형태로 영향을 주는 것의 흐름, 순위 이런 것들을 우선 순위로 매겨 나가라는 겁니다.

아무튼 제일 큰 개념은 전생 코드다. 전생에 담장 넘어 던져놓은 것들이니까 이것을 매일 바꿔야지, 때려치워야지 하면서도 안 바꾼다는 거죠. 그래서 八字 속에 갇혀 사는 것이기도 한데, 바라는 것이 없는 놈이 八字가 없는 거죠.

궁극적으로 행복이라고 하면 행복이 두 종류잖아요.

정신적 만족에서 오는 행복, 그리고 현실적 충족에서 오는 행복. 현실적 충족은 주로 어디다 많이 걸어요? 富貴죠. 富하고 貴하고 命이 길고 거기다 智까지 하면 현실적 충족이 되는 거죠. 물론 智라고 하는 것은 정신적 만족과 같이 맞물려 있는 것이지만. 현실적인 면에서 智가 면허증이고, 정신적 지적인 능력으로써 만족을 얻느냐, 얻지 못하느냐. 제일 큰 행복은 정신적 만족에 있는 것으로 보고 현실적인 면보다 정신적 만족에 필요한 조건이 뭐냐? 자유거든요. 결국 자유라고 하는 것은 어떤 것에도 얽매이지 않는다는 겁니다.

八字에 있는 地支라든지 天干이라든지 이런 것에 얽매이지 않는 상태에 있는 것, 그런 것을 만들어 주는 겁니다. 안 되는 줄 알지만 잠시 약이라도 풀어서 八字에 갇혀 있는 것으로부터 새로운 좌표론을 세운다면 일단 天干으로부터 분리잖아요.

時	日	月	年
	丙		
酉	寅	丑	丑

그림 7

물론 종교적 입장도 마찬가지죠. 종교적 입장도 현실적인 충족이나 부귀나 이런 것이 진정한 행복을 주는 것이 아니다라는 거죠. 天干에 있는 것조차도 연연하지 않으면,

"나는 누구인가?"

하는 의문이 나온다는 거죠. 그 다음에 이(丙, 일간) 색채마저도 잊어버린 자리가 無我죠. 나라고 할 것이 없는 단계죠. 그런데 이런 구조 속에서 사람의 옷을 입고 나오면 운동성이 생겨버리기 때문에, 운동이 있다는 것은 물질이든 에너지든 방향성을 가지고 있다는 거죠. 그 방향성이 설정되는 순간 자기 개성이 드러나는 거죠. 天干에 여기까지 오는 것만 해도 굉장히 어렵습니다. 地支를 다 버리고 天干에 있는 간섭을 다 버리고 혼자 이렇게

"나는 丙이다!"

이렇게만 있는 것이 정말 어렵습니다.

時	日	月	年
	丙		

그림 8

時	日	月	年
b	丙	b	b
b	b	b	b

그림 9

이것의 색깔이나 운동성마저도 버릴 수 있으면 거의 神의 존재가 될 수 있는 단계에 갔다고 볼 수 있는데, 그런 단계가 아니라 b를 다 끊는 사람도 못 봤다는 거죠. 나머지 7자 다 끊으면 무량한 자유를 누릴 수 있지만 무량한 자유는커녕, 같이 더 못 엉켜서 아침부터 눈뜨면 財, 官 또 할 수 없이 인연이 여기에 얽혀서, 그대로 인생이 꽂혀 가더라는 겁니다.

그래서 크게 運命이라는 것, 보편적인 삶의 運命이라는 것과 八字라는 구조를 저런 어떤 틀에서 이해를 해 두시고, 사람들을 이끌어 나가는 것이 결국 뭐냐 하면 '쟁이'로서 풀이를

잘 해주는 것만이 우리가 해야 되는 일이 아니다라는 것을 알 수 있거든요.

이것이 감옥이죠. 각자가 갇혀있는 감옥이거든요. 이 감옥에서 그래도 쓸만한 놈은 酉라고 생각하고 살았는데, 이 놈이 출소해서 날아가 버리면 괴로워서 못살고 이 놈이 들어오면 반가워 하고. 괴롭다가, 편안하다가 수없이 반복되니까 없는 상태가 痛과 快⋯.

痛이라는 것은 영어로 보면 필요needs가 발생하고 이 필요가 충족되지 않아 고통스러울 때 painful하다 이런 정도로 이해하시면 될 겁니다.

아무튼 필요가 발생하고 그 필요에 의해서 painful할 때 이것을 통이라고 할 수 있다는 거죠. 快는 채워졌다, 해소됐다 이런 거죠. 그러니까 이것도 fill, 채운다죠. 그래서 full한 상태가 만족하다. satisfied죠. 어쨌든 八字 안에 있는 것들이 뭐가 사라지면 痛을 느끼고, 다시 채워지면 快를 느끼고, 싫은 것이 오면 痛을 느끼고, 싫은 것이 빠져나가면 快를 느끼는⋯. 계속 반복하는 구조 속에 살고 있다는 겁니다.

그런데 결국 점을 봐 준다는 측면은 이 痛과 快가 현실적인 조건 속에서 채워지느냐 안 되느냐 이것만 봐 나가는 것이 점을 보는 방식이거든요. 그런데 그것만 해서는 사람들에게 오랫동안 지속되는 행복감이라든지 삶의 필요성, 긍정 이런 것들을 제대로 주지 못하는 거죠. 사람들에게 運命이나 삶의 주제로 다뤄나갈 때는 저 구조를 이해하고 행복감을 어느 정도 만들어 줄 수 있는 조건, 설득 이런 것들이 필요합니다.

痛과 快가 답이 아니다 하는 것을 수없이 볼 것이라는 겁니다. 잘 나갈 때는 연락 코 빼기도 없다가 힘들어지면 전화해서,

"선생님! 선생님 밖에 없습니다."

이러면서⋯. 빤한 구조죠. 드디어 痛이 왔구나! 언제까지 기다려라 해결될 것이다. 또 快의 단계가 되면 절대로 연락 안하죠. 안하고 있다가 한참을 지나서, 아이고 맞다! 한번 연락이나 해 봐야지 하면서,

"선생님 술 한잔 하시렵니까?"

우리가 그 자리에 서있다 이거죠. 그것을 오랫동안 사람들에게 충족의 요소를 설명할 수 있어야 되고, 궁극적으로 행복이라고 하는 단계로 사람을 리드한다는 입장 속에서 일을 해나가야만 하는 거죠. 그러니까 사람들이 그것 때문에 막 따지는 거죠. 보통 연구를 할 때는,

"아이 참! 왜 이게 안 맞았지?" 그러고 있는데,

"선생님! 그것은 됐고 일단 이것부터 해결해 주십시오." 하는 거죠.

"아니 난 이게 왜 안 맞는지 연구를 좀 해야 된다." 이러면,

"선생님! 그건 다 지나갔는데요 뭐."

그런 상황이 지나간 것도 그렇거니와 앞으로 다가올 것도,

"잘 된다고 말 좀 해 주세요."

이미 그런 심리를 깔고 있다는 겁니다. 특히 궁합 볼 때 처녀 총각이 같이 왔다. 그럴 때 진짜 난감하거든요. 열심히 노력하면 잘 살 수도 있다 그렇게 써 주는데, 그 두 사람의 마음을 알고 있으니까 할 수 없이 그렇게 써 주는데, 뒷날에 가서 문제가 안 생겼으면 좋겠다 해서 '열심히 노력하면' 이라는 것을 붙이는 거죠.

왜 그렇게 말장난처럼 끌려서 뭔가 해줄 수밖에 없느냐 하면 사람들이 정신적 만족, 현실적 충족을 이미 답을 구해서 가져온다는 거죠. 거기서 행복한 선택이라는 것은 기본적으로 심리적으로도 전제해야 되고, 현실적으로도 내가 해석하는데 모르겠다면 모르겠다고 하면 돼요. 다 알려고 하는 그 자체가 무리가 온다. 그런데 이 정도는 내가 보기에 이러하다. 이런 정도의 논리로 접근해 나가는 것이 맞다는 겁니다. 묻는다고 전부 다 대답한다? 이것은 안 되는 거죠. 전부 다 대답하려고 하다가 아홉 개 잘해 주고, 한 개에 눈덩이 맞는 거죠. 기분 나빠서 안 온다, 이러면서요.

사람이 사람을 다룬다는 것이 사실은 運命的으로 힘든 일이고 있을 수도 없는 것인데, 그 중간에 우리가 서 있기 때문에 어떤 삶이나 運命의 구조를 좀 크게 보고 있어야 된다는 겁니다.

질문

사람들이 정신적인 만족을 느껴서 좋아하는 사람이 있고, 현실적인 충족이 되어서 좋아하는 사람이 있는데 四柱를 보고 감정을 해 줄 수 있습니까?

답변

그것이 주로 天干에 官이나 印星이 있어서 결국 다시 우리가 배운 논리 속에 들어가는 거죠. 官印이라고 하는 것은, 이 사람들은 하늘계급장을 추구하는 사람들이죠. 官星이나 印

星 즉, 하늘이 내려준 정당성이 印星이고, 하늘이 내려준 명예로운 것들이 자기에게 가장 큰 충족이나 보상이 되기를 원하기 때문에 官은 드러나야 좋고, 財는 밑에 깔려야 좋다는 겁니다. 그것이 格 자체도 맑게 청하게 해주는 것이 되는 거죠.

天干에 官印이 드러난 사람들은 대체로 정신적인 충족에 많이 치중하고, 地支는 말 그대로 食神生財죠. 오나가나 食神이나 財가 현실 속에서 삶의 수단으로 가장 좋으니까 食神을 깐다는 것은 항상 運命的으로 밥상을 차려서 가지고 다닌다는 거죠. 도시락도 풀세트로 가지고 다닌다.

그런데 食神이 冲 맞고, 刑 맞고, 空亡 맞으면 도시락을 싸오기는 싸왔는데 음료수 빠졌고, 계란 빠지고…. 하여튼 중요한 것은 다 빠져서 할 수 없이 주먹밥보다 조금 나은 것을 먹는 방식이니까, 현실적인 면은 地支에서 食神이나 財星, 比劫은 활동성, 행동력 이런 것들이 되는 거죠. 건강 이런 것에 기본적으로 命이 대체로 身旺함을 기뻐한다는 것은 건강이나 활동성 인자로서 比肩, 劫財가 기본적으로 작용을 하기 때문이죠. 天干에 있는 比劫은 정신적인 추진력, 이런 거죠. 실천적인 힘 이런 것이 地支에 있으면 比劫으로 작용을 하죠.

질문
기본적으로 財官이 用神일 때는 신강일 때는 감당이 되는데….

답변
그렇죠. 身旺할 때.

질문
身弱한 四柱에서는?

답변
命이 身弱한 사람도 꿈꾸는 것은 財官이라니까요. 단지 취할 방법과 여러 가지 수단이 없을 뿐이다.

질문

그러면 결국 身弱한 사람은 財官을 추구하라고 이야기 하면 안 된다는 겁니까?

답변

세월이 흘러가면 독약이죠. 格用論식의 논법이 틀렸다는 것이 아닙니다. 결국은 喜忌同所다. 身弱한 놈도 그러니까 어린 것도 어떻든 간에 멋진 년이 있으면 어떻게 해봐야 되겠다 하고 꿈꾸고 있고, 身旺한 놈도 멋진 년 있으면 내가 어떻게 해 봐야지 이렇게 하고 있는데, 身旺하면 행동과 실천력이 확 벌어져 있잖아요. 그러니까 현실적인 면에서 문제해결 능력이 훨씬 더 많은 것이고, 身弱한 놈이 비록 구석에 있다고 해서 꿈꾸는 것이 대단한, 위대한 것이 아니라는 거죠.

질문

身弱한 四柱가 印星運을 만나면?

답변

그 때도 갑갑함을 느껴요.

질문

身弱한 四柱가 印星大運을 만났을 때 성취도는 높아집니까? 힘을 받기 때문에?

답변

印星 大運을 만났을 때 성취도가 높아지는 것이 아니에요. 무조건 印星을 만나서 좋다, 이것도 아닙니다. 食傷이 너무 과다하게 펼쳐져서 제어가 필요한 정도일 때, 그 때 외에는 身弱이라도 印星을 만나면 답답하다는 겁니다.

그러니까 엄마로부터 보호받아야 될 나이에 있는 것이 아니라면 무조건 財官을 쫓으려고 한다. 그렇게 디자인되어 있다. 그러니까 동물의 세계에서 종족번식을 위해서 힘없는 사자는 수사자하고 짝을 합니까? 그건 아니죠. 比劫이 用神이라고 해서 수사자와 짝을 짓는 것은 아니죠. 힘없는 사자도 암놈과 계속 짝을 지으려고 한다는 겁니다.

身旺한 놈은 자기가 힘이 있으니까 가서 취해 내는 현실적인 파괴력이 있는 것이고, 身弱한 놈도 구석에서 틈만 나면 나도 나의 목적을 달성시킨다 이거죠. 身弱한 놈이 뭐가 문제냐 하면 여러 개를 취하기 시작하면서부터 감당을 못하는 거죠. 재물을 벌어들이는데 세월이 흐르니까, 자기 몸이 그것을 감당 못하니까 자기 건강이나 수명에 압박이 오게 되고, 지게에 너무 많은 것을 지니까 결국은 지게가 솟아오르더라는 겁니다.

질문
身弱이 어느 정도의 짐을 지게 되는가요? 예를 들어서 어떤 운에 기본적인?

답변
祿이죠. 祿이나 羊刃이 오면,
"나도 라이온 킹이 될 거야!"
그러면서 祿이라는 것이 온 몸에 힘을 주는 상태를 의미하거든요. 財多身弱에 조직생활하고 있는 사람들은 祿運을 만나면 독립을 하려고 하죠. 身旺처럼 행위하려 한다고 보면 됩니다.

질문
羊刃 大運에는 財나 官이 약해지지 않습니까?

답변
그런데 이런 거죠. 내 몸이 허약한데 보석광산이다. 거기에 내가 활동력이 약한 상태인데 활동력이 생겨났다면 일시적으로 보석광산을 캐 나가기 시작한다니까요. 그런데 그것을 짊어져서 집에 가져올 힘이 없는 거죠.

질문
財官에 관계없이 그런 運이 오면 힘이 납니까?

답변

그렇죠. 자기가 독립적인 일을 영위하려고 하죠. 영위하려고 하고 실제로 가담해서 일부 성취도 합니다. 그런데 가져오려고 하면 比劫이 메롱 하면서,

"내가 빌려준 총과 톱을 내놔!"

그래서 할 수 없이 가져온 것의 절반을 배분한다는 겁니다. 그렇게 하고 그냥 가져와서 대충 주저앉아 살면 별 무리가 없는데, 여기서 욕심을 부려서 많이 취해오면 반드시 문제가 발생하는 거죠. 즉, 건강이나 재물 둘 중에 하나는 솟아야 된다는 거죠. 그러니까 命자체의 身弱身旺이 의미가 있는 것이 身弱하면 한마디로 뭘 취해올 수 있는 힘이나 환경이 제한적이라는 겁니다.

질문

제가 아시는 분이 굉장히 身弱인데 財官이 좋은 運에서 별로 못 취하시는 거 같더라고요? 12運星 자체가 身弱에는 적용이 안 됩니까?

답변

아니죠. 광산은 크다니까요. 광산에 보석은 번쩍번쩍 하고 주변 환경은 주어지지만, 그것을 취해올 수 있는 힘이 없는 거죠.

질문

결국은 身弱으로 태어나면 身强보다는 취할 수 있는 범위가 좁다는 말씀이십니까?

답변

당연하죠. 그러나 적게 취해왔다고 해서 불행한 것은 아닙니다. 身旺으로 태어나서 한참 빨아 당기다가 比肩, 劫財를 만나서, 身旺은 평상시에 권총 차고 칼 차고 있는 거잖아요. 평상시에 보석광산이 작살이 나도록 리어카에다가 담았다는 거죠. 身旺은 比劫 태왕도 있고, 印星 태왕도 있고 여러 가지겠지만 比劫 태왕은 저렇게 해서 실컷 농사지었는데 運이 딱 가면 이것은 내꺼 해서 말뚝 딱 쳐 놓았는데, 나쁜 運이 오면 알리바바와 40인의 도적이 떼로

출현해서 싹쓸이해 버리잖아요.

身旺하면 평상시에 많은 것을 취할 수 있는 힘을 주지만 결국 자빠질 때 시원하게 자빠지죠. 바닥을 확실하게 치게 만들어 줍니다. 身弱은 조금 올라갔기 때문에 깨질 것도 많지 않다. 그런데 命이 身弱하고 財星이 왕한 사람이 한번 취했다 하면 부러지는 모양이거든요. 몸이 부러지든지 財가 부러지든지 둘 중에 하나는 부러지더라. 결국은 財多身弱에는 喜忌同所가 되는 거죠. 그런데 身旺한테는 더 뼈아픈 喜忌同所다. 한 없이 나에게 기쁨을 주었는데 결국은 알리바바와 40인의 도적이 싹쓸이해 갔다는 거죠.

결론은 身旺도 괴롭고 身弱도 괴롭다 아시겠죠?

아래 위로 잘라서 들어보는 것, 이렇게 잘라서 분류해 보는 것, 이런 것을 여러분이 훈련을 해 보시면, 그 다음에 時가 귀결점으로서 年月이 원인이 되고, 결과가 되고 귀결점이라고 하는 이런 것들이 어느 날 딱 눈에 잡힙니다. 잡히면 八字를 굉장히 쉽게 보죠. 그러니까 地支가 이렇게 통일되어 있는 경우 있죠.

時	日	月	年
寅	寅	寅	寅

그림 10

이렇게 寅으로써 다 흘러간다면 너는 나서부터 선생으로 시작하여 죽는 그날까지 선생의 틀을 벗지 못한다. 이런 것들이 큰 환경으로서 범이라는 것이 해석을 여러 개 붙이겠지만, 저기에 일간을 붙이는 것에 따라서 직업분야를 다르게 보겠지만, 교육적인 행위라고 합시다. 그랬을 때 그 틀을 바꾸지 않고 그대로 갈 것이다.

이런 것들이 地支 놓인 순서를 가져다가 원인, 결과, 전생에서 던져놓은 꽃밭, 전생에 심어놓은 꽃밭으로 보면 시간적인 앞뒤를 정확하게 매칭해서 보면 보실 수 있다는 겁니다. 寅寅寅으로 가다가 卯로 가면 어떻게 됩니까?

時	日	月	年
卯	寅	寅	寅

그림 11

時에 桃花를 피웠잖아요. 桃花를 피웠으니 변종을 만들어 냈다. 즉 인공품, 가공품을 만들어 새로운 모양새로서 전생에 던져 놓은 것과 다음 생에 연결되는 모양새에 변화가 발생한다. 그래서 이번 생에 桃花, 타인의 시선을 모을 수 있는 작품이나 일을 이루고 갈 사람이다.

時	日	月	年
子	寅	寅	寅

그림 12

時에 子가 들어오면 말년에 자기가 살던 무대를 떠나서 다른 세계를 추구하거나, 해외나 객지로 나가서 삶의 무대를 바꾸는 환경 속에 살 것이다. 이렇게 되죠.

이것을 연습 몇번 해 보면, 이 인간이 왜 이 집안에 와서 이런 역할을 하고 가느냐 하는 것들이 業의 논리로 쭉 보입니다. 동일한 패턴이라 하더라도 저 글자 하나 차이에서 귀결점이 완전히 달라지는 거죠. 그런 논리로 보는 것이 꼭 필요할 때가 있을 겁니다. 자식을 봐 나가는 원리에 그대로 맞물려 있거든요. 개념들을 쭉 정리하다 보니까, 하기야 제트엔진이니까 이해는 다 하셨을 것이라고 봅니다.

다음에 필요가 발생하면 꼭 다시 특강을 하기로 하고, 여기서 이만 제트엔진 강의를 마치도록 하겠습니다.

끝